陕西省 2018—2022 年度
职业教育质量报告

中职篇

陕西省教育厅　编著

北京理工大学出版社
BEIJING INSTITUTE OF TECHNOLOGY PRESS

图书在版编目（CIP）数据

陕西省2018－2022年度职业教育质量报告.高职篇、中职篇／陕西省教育厅编著. －－ 北京：北京理工大学出版社，2024.5
ISBN 978－7－5763－4016－7

Ⅰ.①陕… Ⅱ.①陕… Ⅲ.①高等职业教育－教育质量－研究报告－陕西－2018－2022②中等专业学校－教育质量－研究报告－陕西－2018－2022 Ⅳ.①G719.2

中国国家版本馆CIP数据核字(2024)第100355号

责任编辑：多海鹏　　**文案编辑：**多海鹏
责任校对：周瑞红　　**责任印制：**李志强

出版发行／北京理工大学出版社有限责任公司
社　　址／北京市丰台区四合庄路6号
邮　　编／100070
电　　话／(010) 68914026（教材售后服务热线）
　　　　　　(010) 63726648（课件资源服务热线）
网　　址／http://www.bitpress.com.cn

版 印 次／2024年5月第1版第1次印刷
印　　刷／涿州市新华印刷有限公司
开　　本／787 mm×1092 mm　1/16
印　　张／37.25
字　　数／669千字
总 定 价／92.00元

前　言

《国家教育事业发展"十四五"规划纲要》提出，"中等职业教育是现代职业教育体系的重要基础"，巩固中等职业教育基础地位，既是教育现代化的重要组成，也是持续推进现代职业教育体系建设改革、服务经济社会高质量发展的重要支撑。

近年来，陕西中等职业教育战线以习近平新时代中国特色社会主义思想和习近平总书记来陕视察重要讲话精神为统领，深入贯彻落实党和国家对职业教育的规划部署，在陕西省委、省政府的坚强领导下，坚持以立德树人为根本任务，以培养德、智、体、美、劳全面发展，适应社会需求、产业需求的技术技能人才为主线，积极深化教育教学改革，大力开展校企合作，为陕西现代职业教育体系建设和区域经济社会发展提供了有力支撑。

一、基础地位不断夯实

为筑牢现代职业教育体系基础，陕西省印发《陕西省高水平示范性中等职业学校建设项目管理办法》《陕西省中等职业学校教学工作诊断与改进实施方案（2021—2025年）》《陕西省中等职业学校办学条件达标工作方案》《陕西省中等职业学校教学工作基本要求》等文件，就示范性中职学校建设、教学工作诊断与改进、办学基本条件建设、教学质量提升等提出系列政策措施，为中等职业教育发展提供了良好的政策指引和保障。

二、专业与产业发展基本匹配

陕西省围绕区域重点产业布局，严格按照《中等职业学校专业目录》调整、设置专业，积极配合教育部参与《中等职业学校专业目录（2010）》修订工作。近年来，陕西省教育厅引导中等职业学校服务区域经济社会发展和产业转型升级需要，重点面向现代农业、先进制造业、现代服务业设置专业，科学规划专业布局，避免盲目设置、重复建设专业。根据《陕西省统计年鉴（2022）》，我省中等职业教育专业布局与产业基本匹配。

三、学生培养质量持续提升

近年来，在全国职业院校技能大赛中职组比赛中，陕西省中职院校成绩不断上升。

2022 年荣获一等奖 2 项、二等奖 10 项、三等奖 26 项，获奖总数全国排名由 2018 年的第 29 名上升到第 15 名。同时毕业生就业的起薪待遇得到了明显改善，2022 年起薪待遇平均月薪为 3 485 元，3 000 元/月以上的人数占直接就业人数的 71.65%，相比 2018 年增加 35.55%。

四、师资水平有效改善

2022 年陕西省中等职业教育专任教师数 16 171 人，相比 2018 年增长 15.12%，其中职业高中增加 2 480 人，增幅明显。教师中共有 13 937 人次接受培训，相比 2018 年增加 3 097 人次，增幅 28.57%；专任教师本科学历人数占比较为稳定，硕士及以上学历占比为 9.46%，高于全国平均水平（8.4%）。

与此同时，陕西中等职业教育也存在发展定位有待优化、区域发展不平衡、办学条件压力较大等问题。为进一步落实中共中央办公厅 国务院办公厅《关于深化现代职业教育体系建设改革的意见》要求，持续深化陕西现代职业教育建设改革，不断提升职业教育对中国式现代化的服务能力，我们对 2018—2022 年陕西中等职业教育质量年报进行了汇编，为中等职业教育战线提供参考借鉴，向社会展示陕西中等职业教育发展面貌。

编著者

2018—2022 年陕西中等职业教育发展对比

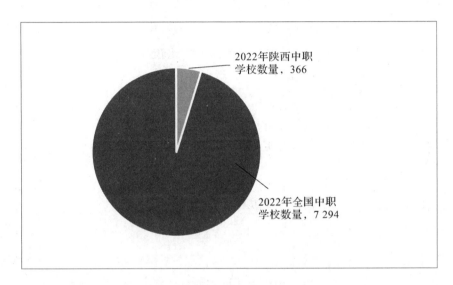

图 1 2022 年陕西中职学校与全国中职学校数量对比（所）

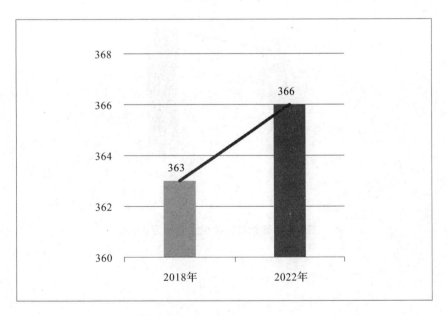

图 2 中职院校数量（所）

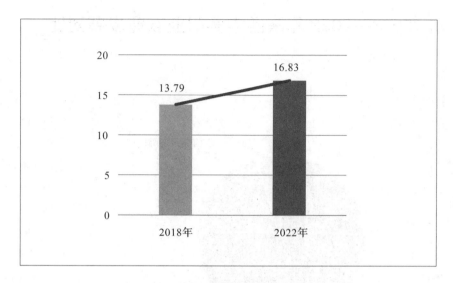

图 3　中职院校招生人数（万人）

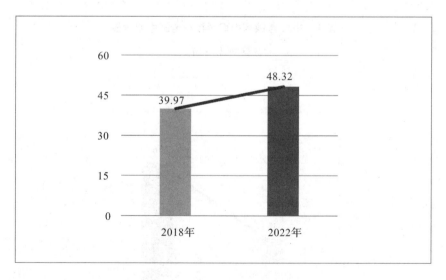

图 4　中职院校在校生人数（万人）

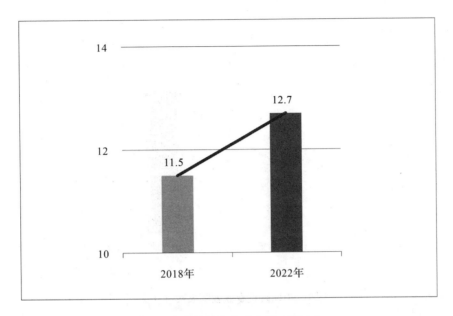

图 5 中职院校毕业生人数（万人）

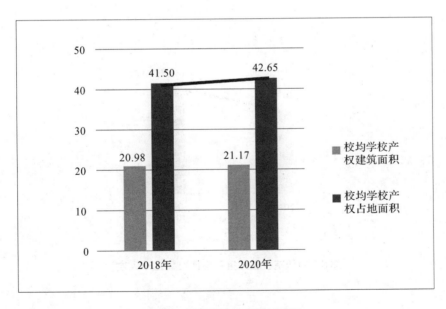

图 6 中职院校校均学校产权
建筑面积、占地面积（平方米）

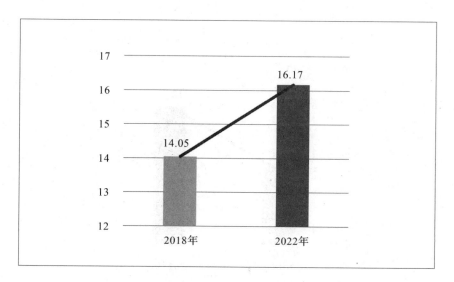

图7　中职院校专任教师人数（千人）

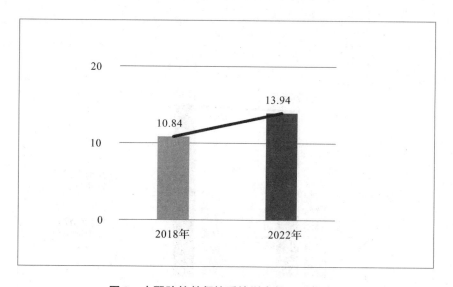

图8　中职院校教师接受培训次数（千人次）

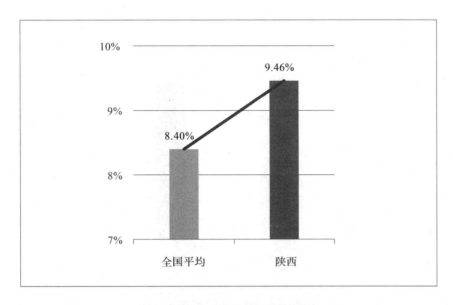

图 9　2022 年全国和陕西中职院校

专任教师硕士及以上学历占比

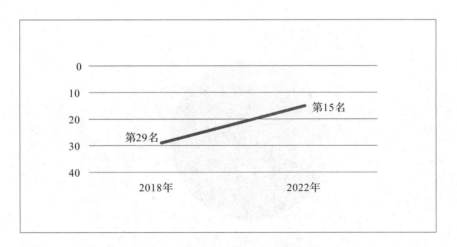

图 10　中职院校技能大赛获奖数

全国排名（名次）

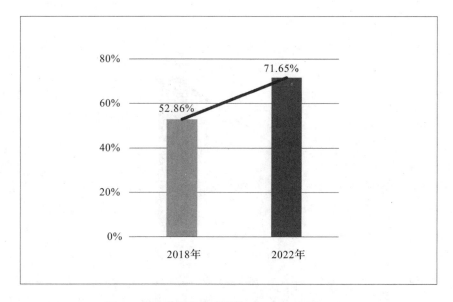

图 11　中职院校毕业生薪资 3 000 元/月以上占比

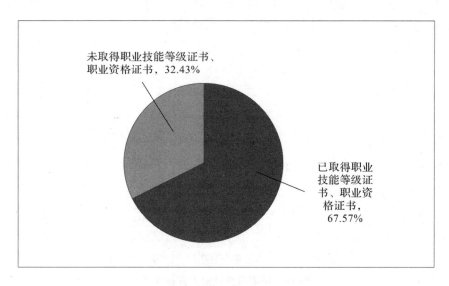

图 12　2020 年毕业生职业技能等级证书、

职业资格证书获取情况

目　录

2018—2021 年陕西省中等职业教育发展分析报告

为贯彻落实《国家职业教育改革实施方案》《关于深化现代职业教育体系建设改革的意见》，推进我省中等职业教育高质量发展，依据《陕西省中等职业教育质量年度报告》《中国统计年鉴》《陕西统计年鉴》，对我省 2018—2021 年中等职业教育发展情况进行分析。总体来看，陕西省中等职业教育学校规模基本稳定，学生规模呈上升趋势，师资队伍水平不断提升，学生培养质量有效增强，专业布局与产业发展基本匹配，但同时也面临着区域发展不平衡、办学条件压力大等问题。具体情况如下：

一、基本情况

（一）学校数量基本稳定

2021 年陕西省中等职业学校总数 366 所，相比 2018 年总体减少 3 所，减幅 0.81%；全国 2021 年中等职业教育学校 7 294 所，相比 2018 年减少 2 935 所，减幅 28.69%。

（二）学生规模逆势上升

全国中等职业教育学生规模呈下降趋势，而陕西省中等职业教育学生规模持续上升，体现在以下 3 个方面：

1. 招生情况

2021 年陕西省中等职业教育招生人数 16.83 万人，占全国中等职业教育招生人数的 3.44%，相比 2018 年增长 22.02%。全国中等职业教育 2021 年招生人数相比 2018 年下降 12.21%。

2. 在校生情况

2021 年陕西省中等职业教育在校生数 48.32 万人，占全国中等职业教育在校生数 3.68%，相比 2018 年增长 20.89%。全国中等职业教育 2021 年在校生数相比 2018 年下降 15.66%。

3. 毕业生情况

2021 年陕西省中等职业教育毕业生数 12.7 万人，占全国中等职业教育毕业生数 3.38%，相比 2018 年增长 10.5%。全国中等职业教育 2021 年毕业生数相比 2018 年下降 22.96%。

（三）办学条件存在压力

相比 2018 年，2020 年中职学校校均建筑、占地面积均有所增加，生均学校产权占地面积、建筑面积、教学仪器设备值、纸质图书、教学用计算机 5 个指标均出现不同程度的下降，降幅在 10%~17%，主要源于在校生人数的不断增加，其中生均校舍建筑面积低于国家标准的 20 平方米/生，见表 1。

表1 2018—2020 年陕西中职办学基本指标变化情况

办学基本指标	2018 年	2019 年	2020 年	2020 年相比 2018 年增幅/%
校均学校产权建筑面积/平方米	20 984.21	22 313.33	21 170.49	0.89
校均学校产权占地面积/平方米	41 499.29	46 816.72	42 648.54	2.77
生均学校产权占地面积/平方米	41.62	41.81	35.06	−15.76
生均学校产权建筑面积/平方米	21.04	19.93	17.4	−17.30
生均教学仪器设备值/万元	5 915.4	5 538.88	5 261.75	−11.05
生均纸质图书/册	33	31.74	29.58	−10.36
教学用计算机/[台·(百生)$^{-1}$]	22.19	20.42	18.21	−17.94

（四）师资水平有效改善

2021 年陕西省中等职业教育专任教师数 16 171 人，相比 2018 年增长 15.12%，其中职业高中增加 2 480 人，增幅明显。

2021 年，教师中共有 13 937 人次接受培训，相比 2018 年增加 3 097 人次，增幅 28.57%；专任教师本科学历人数占比较为稳定，硕士及以上学历占比为 9.46%，高于全国平均水平（8.4%）。

二、陕西中等职业教育优势分析

（一）基础地位不断夯实

为筑牢现代职业教育体系基础，陕西省印发《陕西省高水平示范性中等职业学校建设项目管理办法》《陕西省中等职业学校教学工作诊断与改进实施方案（2021—2025 年）》《陕西省中等职业学校办学条件达标工作方案》《陕西省中等职业学校教学工作基本要求》等文件，就示范性中职学校建设、教学工作诊断与改进、办学基本条件建设、教学质量提升等提出系列政策措施，为中等职业教育发展提供了良好的政策指引和保障。

（二）专业与产业发展基本匹配

陕西省严格按照《中等职业学校专业目录》调整、设置专业，积极配合教育部参与《中等职业学校专业目录（2010）》修订工作；2019 年新增设 37 个专业，20 个专业停止招生；2020 年，陕西省教育厅引导中等职业学校服务区域经济社会发展和产业转型升级需要，重点面向现代农业、先进制造业、现代服务业设置专业，科学规划专业布局，避免盲目设置、重复建设专业。根据《陕西省统计年鉴（2022）》，我省中职专业布局与产业基本匹配，但资源环境与安全大类、装备制造大类、生物与化工大类等专业建设需进一步加强。

（三）学生培养质量持续提升

1. 技能大赛成绩良好

在全国职业院校技能大赛中职组比赛中，陕西省 2022 年荣获一等奖 2 项、二等奖 10 项、三等奖 26 项，获奖总数全国排名由 2018 年第 29 名上升到第 15 名。

2. 毕业生待遇不断提升

陕西省中等职业教育毕业生就业的起薪待遇得到了明显改善，2022 年起薪待遇平均月薪为 3 485 元，3 000 元/月以上的人数占直接就业人数的 71.65%，相对 2018 年增加 35.55%。

3. 证书获取率显著提高

陕西省中等职业教育毕业生对获取职业技能等级证书、职业资格证书的重视程度不断提升，2020 年获取比率达 65.57%。

三、陕西中等职业教育面临挑战

（一）类型背景下中职教育发展定位有待优化

党的二十大强调"优化职业教育类型定位"。作为现代职业教育体系重要基础的中等职业教育，在国家大力推进职业教育改革的大背景下，办学导向从单纯"以就业为导向"转变为"就业与升学并重"，意味着中职在培养规格、课程设计、教学资源、师资队伍等方面的全方位调整。如何对中职学生进行有效定位，开展针对性培养，并与普通高中教育有所区分，是现阶段中职教育面临的首要挑战。

（二）区域发展不平衡问题较为突出

我省中等职业教育在区域、城乡、校际间存在明显差距，总体来看体现出关中强南北弱、省属强市属弱县属求生存的特点，见表 2。省会城市西安及周边的咸阳、宝鸡中等职业学校发展比较好，优质教育资源相对较多。从管理归口看，省属与市属职业学校发展不平衡，县属"职教中心"（或者职业高中）办学实力偏弱。部分中职学校办学条件相对薄弱，与经济社会发展和群众需求存在差距。不断增长的招生规模进一步摊薄了中职教育资源，普遍存在面积不够、校舍破旧、实验实训设备缺乏、专业教师配备不足等问题。

表 2　陕西各地中职学校分布情况　　　　　　　　　所

年份/年	地市											合计
	西安	铜川	宝鸡	咸阳	渭南	延安	汉中	榆林	安康	商洛	杨凌	
2018	77	5	25	29	25	14	12	25	11	7	4	234
2019	77	5	23	29	24	14	12	25	11	7	3	230
2020	74	5	23	29	24	14	13	26	11	7	4	230

（三）专业结构问题需引起重视

大部分中职学校目前尚处于"求生存"阶段，在专业设置时往往考虑"招生好、成本低"这两个条件，对区域产业的发展需求和学生的就业出口考虑较少，导致招生和就业出现倒挂现象，难以形成对陕西省经济发展及产业布局的有效支撑。例如陕西是装备制造大省，但中职学校培养新生代工匠（第二产业生力军）占比逐年下降，2021 年下降至14.16%，相比 2018 年下降近 3%；而现代服务业的相关专业占比逐年增加，2021 年占总毕业生人数的 81.65%，相比 2018 年增加近 9%。

（四）"职教高考"制度亟待建立

参加分类招生考试和普通高考是我省中职学生升学的主要渠道，普通高考录取的学生数略少于分类招生考试。在国家不再限制中职升入高职专科比例的政策导向下，原有的中职升学招生办法亟待改革。我省创新性实施的"3＋2"连读招生和贯通培养模式，以及专门针对中职的单招本科、单招专科的规模较小，比例过低；"3＋2"连读招生的高职阶段培养周期过短、配套经费难落实，难以达到预期的培养要求，优质高职院校积极性不高。

（五）教师业务能力存在下滑趋势

教师教学能力比赛是衡量教师业务能力的重要指标。但近年来陕西中等职业学校在全国职业院校技能大赛教学能力比赛中获奖总数呈下滑趋势，由 2019 年获奖 18 项，在全国 37 个参赛省市排名第 14，下降到 2022 年获奖 7 项，在全国 29 个参赛省市排名第 21。

（六）投入支持有待进一步加强

近年来，陕西中职教育生均一般公共预算各项经费均有所增长，但增长幅度均呈下降趋势。教育生均一般公共预算教育经费增长 2021 年达 14 117.67 元，但增长率相比 2018 年下降了 18%；教育生均一般公共预算教育事业费支出增长 2021 年达 13 495.16 元，增长率相比 2018 年下降了 19%；教育生均一般公共预算公用经费支出 2021 年增长 4 723.87 元，增长率相比 2018 年下降了 29%，见表 3。

表3 2018—2021 年陕西中职生均一般公共预算变化情况

年份/年	教育生均一般公共预算					
	教育经费		教育事业费支出		公用经费支出	
	增长/元	增长率/%	增长/元	增长率/%	增长/元	增长率/%
2018	12 861.45	17.26	11 850.56	19.36	4 263.52	28.64
2019	13 764.53	7.02	13 306.06	12.28	4 998.52	17.24
2020	14 426.42	4.81	13 498.43	1.45	4 769.26	-4.59
2021	14 117.67	-0.76	13 495.16	-0.02	4 723.87	-0.95

四、推进陕西中职教育高质量发展的建议

(一) 完善中等职业教育政策设计

中等职业教育是现代职业教育体系的基石，要实现职业教育的现代化，必须加快推进中等职业教育的现代化。鉴于我省中等职业教育主管部门的多头性、办学主体的多样性、办学实力的差异性等特点，建议在充分调研的基础上，依托省教育工作领导小组下设的厅际联席会议制度，以多部门联合发文的形式，出台《推进陕西省中等职业教育高质量发展实施意见》，从学校布局、办学方向、专业建设、招考制度、队伍建设、保障机制等方面作出省级顶层设计，并以此为依据，制定《陕西省中等职业学校整合资源优化结构实施办法》《陕西省"职教高考"招生制度改革实施意见》《陕西省优秀中职毕业生免试推荐升入高职院校学习计划》《陕西省高职院校帮扶中职学校协同发展实施办法》《陕西省中等职业教育师资队伍建设方案》《陕西省职业教育智库建设办法》等系列配套文件，完善中等职业教育的政策体系。

(二) 优化整合中等职业教育资源

根据国家对中职教育的政策设计和我省的实际情况，按照整合资源、分类发展的思路，对现有的中职学校进行优化整合，优化中职学校区域布局，推进中职学校多样化发展。

一是在全省高水平示范性中等职业学校中遴选办学条件好、办学实力较强的学校"扶优扶强"，加大支持力度，培育国家优质中职校，发挥示范引领作用。

二是支持特色鲜明但办学实力较弱的中等职业学校，采取合并、合作、托管、集团办学等措施，整合"空、小、散、弱"学校组成新的中等职业学校，实施中等职业学校办学条件达标工程，培育一批以升学为主要目标的省级优质中职学校。

三是抢抓国家鼓励中职学校多样化发展机遇，对办学实力较弱、特色不鲜明的县属"职教中心"（或者职业高中），探索发展以专项技能培养为主的特色综合高中，以就业教育和职业培训为主。

（三）加快推进招生制度改革

目前，山东、江苏、江西、四川、重庆、福建、安徽等省份已对"职教高考"进行了试点。山东省从 2022 年起开始实施"职教高考"制度，采取"文化素质＋职业技能"考试招生办法。建议参考兄弟省市经验，以分类招生考试为基础，探索建立职业教育"春季高考"制度，统一报考形式和录取标准。同时不断优化贯通培养，在我省"3＋2"中高贯通培养的基础上，根据高素质技术技能人才成长规律，探索实施"3＋3"贯通培养模式，并适度扩大"单招专科""单招本科"规模，鼓励优质高职院校、职业本科和应用型本科院校积极参与。

（四）完善激励保障机制

一是加大财政支持力度。建立省级层面的职业学校资助资金管理制度，规范资助资金的管理使用；制定中职学校生均经费标准或者公用经费标准，并按时足额拨付；鼓励市县根据财政情况合理设立职业教育专项资金。

二是鼓励开展经营活动，鼓励中职学校将开展校企合作、提供社会服务或者以实习实训为目的举办企业、开展经营活动取得的收入用于改善办学条件；收入的一定比例可以用于支付劳动报酬，符合国家规定的可以不受绩效工资总量限制。

三是完善督导评价体系。建立职业教育定期督导评估和专项督导评估制度，将中职教育发展情况纳入地方履行教育职责的督导检查；引入第三方评价机制，对各市、县中职学校推进职业教育的质量建设和改革成效进行客观、科学评价，评价结果作为差异化生均拨款、重要项目支持的依据。

陕西中等职业教育质量年度报告
（2018 年）

一、学校发展

（一）规模结构

2017 年陕西省具有中等职业学历教育招生资格的学校机构数 245 所，与 2016 年相比减少 20 所，减幅为 7.55%。全省中等职业学校招生数为 98 383 人，比 2016 年增加 5 069 人，增幅为 5.43%；毕业生为 95 895 人，比 2016 年减少 17 695 人，减幅为 15.58%；在校生 262 136 人，比 2016 年减少 15 696 人，减幅为 5.65%。其中在校生陕西籍学生 237 247 人，占 90.51%；外省籍学生 24 889 人，占 9.49%；在校女生 121 264 人，占 46.26%，见表 1 - 1 - 1。

表 1 - 1 - 1　2017 年陕西省中等职业学校分地市规模统计

年份/年	机构数/所			在校生数/人	招生数/人		毕业生数/人
	合计	公办	民办		合计	其中：五年制高职中职段	
2016	265	170	95	277 832	93 314	9 297	113 590
2017	245	154	91	262 136	98 383	10 493	95 895
说明：表中数据源自 2016—2017 年陕西教育事业统计年鉴，不含技工学校。							

从行政区划来看，西安地区学生数量规模最大，招生数为 25 899 人，占全省中职学校招生数的 26.32%；在校生为 70 469 人，占全省中职学校在校生的 26.88%；毕业生为 24 133 人，占全省中职学校毕业生的 25.17%。其次是咸阳地区、宝鸡地区，分别占全省中职学校招生数的 17.21%、12.86%，在校生的 16.62%、13.00%，毕业生的 17.19%、14.33%。如图 1 - 1 - 1 所示。

（二）设施设备

2017 年年底的数据显示，陕西省中等职业教育设施设备逐渐完善，占地面积、实训基地、教学仪器设备配置、信息化教学等指标保持增长态势。全省中等职业具有学校产权的占地面积为 12 678 161.41 平方米，生均占地面积为 48.36 平方米，同比 2016 年增长 13.72%，超过国家标准的生均 30 平方米；固定资产总值 681 980.16 万元，其中教学实训仪器设备资产值 142 353.59 万元，当年新增教学实训设备价值 14 904.35 万元，生均教学仪器设备值 5 430 元，同比 2016 年增长 19.53%，超过国家中等职业学校设置标准生均 3 000 元上限；纸质图书共计 8 231 661 册，当年新增 587 992 册，生均 31.40 册，同比 2016 年减少 1.82%，超过国家标准的生均 30 册；计算机台数共计 65 779 台，其中教学用计算机

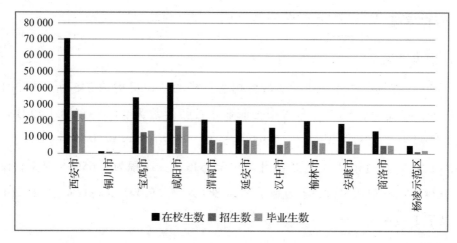

图1-1-1　2017年陕西省中等职业学校分市区学生统计（单位：人）（附彩插）

（说明：图中数据源自2017年陕西教育事业统计年鉴，不含技工学校。）

52 706台，占80.13%，生均0.25台，同比2016年减少4.39%，超过国家标准的生均0.15台；学校有产权校内实训基地939 561.31平方米，其中当年新增建筑面积29 643.74平方米，正在施工建设的实训基地44 678.74平方米；网络信息点数38 149个，其中无线接入12 022个，占31.51%，上网课程975门，数据库1 594 975个，电子图书102 521册，音频视频资料64 446小时，2016年接受过信息技术相关培训的专任教师3 762人次，信息化工作人员1 463人。2016—2017陕西省中等职业学校办学条件情况的统计和生均设施设备情况见表1-1-2和表1-1-3。

表1-1-2　2016—2017年陕西省中等职业学校办学条件情况的统计

项目	年份/年		增减	增减幅度/%
	2016	2017		
占地面积/平方米	11 815 615.75	12 678 161.41	862 545.66	7.30
建筑面积/平方米	5 780 823.66	5 200 724.61	-580 099.05	-10.03
实训基地/平方米	977 976.42	939 561.31	-38 415.11	-3.93
教学仪器设备资产值/元	147 974.93	142 353.59	-5 621.34	-3.80
纸质图书/册	8 886 056	8 231 661	-654 395	-7.36
计算机台数/台	72 920	65 779	-7 141	-9.79
网络信息化点数/个	31 920	38 149	6 229	19.51
说明：数据源自2016—2017年陕西教育事业统计年鉴，不含技工学校。				

表 1 - 1 - 3 2016—2017 年陕西省中等职业学校生均设施设备情况

项目	年份/年		增减	增减幅度/%
	2016	2017		
生均占地面积/平方米	42.53	48.36	5.84	13.72
生均建筑面积/平方米	20.81	19.84	-0.97	-4.65
生均实训基地/平方米	3.52	3.58	0.06	1.82
生均教学仪器设备资产值/元	5 326	5 430	104	19.53
生均纸质图书/册	31.98	31.40	-0.58	-1.82
生均计算机台数/台	0.26	0.25	-0.01	-4.39
生均网络信息化点数/个	0.11	0.14	0.03	26.67
说明：图中数据源自 2016—2017 年陕西教育事业统计年鉴，不含技工学校。				

（三）教师队伍

1. 数量

2017 年年底，全省中等职业学校有教职工 18 671 人，其中专任教师 13 962 人，专任教师占教职工数的 74.78%。专任教师中文化基础课教师 6 694 人，专业课教师 6 405 人，实习指导课教师 863 人。见表 1 - 1 - 4。

表 1 - 1 - 4 2016—2017 年年陕西省中等职业学校教师队伍基本情况

年份/年	教职工数/人	专任教师数/人	生师比	专任教师中各科教师人数/人		
				文化课	专业课	实习指导课
2016	21 218	15 471	1 : 16.03	6 823	7 594	1 054
2017	18 671	13 962	1 : 17.89	6 694	6 405	863
说明：表中数据源自 2016—2017 年陕西教育事业统计年鉴，不含技工学校。						

2. 结构

从学历结构看，专任教师中，具有博士研究生学位 8 人，硕士研究生学位 910 人，具有硕士及以上学历的占比为 6.58%；本科 11 612 人，占比 83.17%；专科及以下 1 432 人，专科及以下学历占 10.25%，见表 1 - 1 - 5。另外，聘请企业行业及外校教师 694 人。

从职称结构看，专任教师中，正高级专业技术职务人员 66 人，占比 0.47%；副高级 2 805 人，占比 20.09%；中级 5 644 人，占比 40.43%；初级及以下 5 447 人，占比 39.01%，见表 1 - 1 - 6。

表 1 - 1 - 5 2016—2017 年陕西省中等职业学校教师学历结构情况

学历层次	年份/年			
	2016		2017	
	人数/人	占比/%	人数/人	占比/%
博士研究生	10	0.07	8	0.06
硕士研究生	951	6.15	910	6.52
本科	12 484	80.69	11 612	83.17
专科	1 993	12.88	1 393	9.98
高中及以下	33	0.21	39	0.27
说明：表中数据源自 2016—2017 年陕西教育事业统计年鉴，不含技工学校。				

表 1 - 1 - 6 2016—2017 年陕西省中等职业学校教师职称结构情况

职称	年份/年			
	2016		2017	
	人数/人	占比/%	人数/人	占比/%
正高级	132	0.63	66	0.47
副高级	3 632	17.21	2 805	20.09
中级	7 599	36.00	5 644	40.43
初级	5 993	28.39	4 097	29.34
未评定	3 753	17.78	1 350	9.67
说明：表中数据源自 2016—2017 年陕西教育事业统计年鉴，不含技工学校。				

3. 专业教师结构分布

全省中等职业学校编制内专任教师 15 471 人，其中文化基础课教师 6 694 人，占 47.94%，同比 2016 年减少 1.89%；专业课教师 6 405 人，占 45.87%，同比 2016 年减少 15.65%；实习指导课教师 863 人，占 6.18%，同比 2016 年减少 18.12%。各专业大类专业教师分布情况见表 1 - 1 - 7。

表 1 - 1 - 7 2017 年陕西省中等职业学校编制内专业课教师分布情况统计　　　　人

专业大类	分科专业教师	普通中专	成人中专	职业高中
农林牧渔类	352	86	514	266
资源环境类	40	12	/	28
能源与新能源类	76	4	/	72

续表

专业大类	分科专业教师	普通中专	成人中专	职业高中
土木水利类	160	26	/	134
加工制造类	767	189	/	578
石油化工类	224	98	/	126
纺织食品类	49	/	/	49
交通运输类	370	5	/	365
信息技术类	1 120	131	3	986
医药卫生类	576	294	/	282
休闲保健类	39	6	/	33
财经商贸类	321	168	4	149
旅游服务类	275	11	39	225
文化艺术类	686	140	/	546
体育与健康类	272	60	/	212
教育类	791	48	3	740
司法服务类	42	/	/	42
公共管理与服务类	101	14	/	87
其他	144	37	1	106
合计	6 405	1 329	50	5 026

说明：表中数据源自 2017 年陕西教育事业统计年鉴，不含技工学校。

4. 专任教师接受培训情况

2017 年全省中等职业学校实际完成各层次教师培训 19 578 人次，相比 2016 年增长 1 384 人，增幅为 7.61%。其中校本培训增加 673 人次，县级培训增加 264 人次，地市级培训增加 98 人次，省级培训增加 377 人次。2017 年陕西省中等职业学校专任教师接受培训情况统计见表 1 - 1 - 8。

表 1 - 1 - 8 2017 年陕西省中等职业学校专任教师接受培训情况统计

类型	合计/人	培训层次/人次				
		国家级	省级	市级	县级	校级
总计	10 578	330	1 128	3 016	4 499	9 218

类型		合计/人	培训层次/人次				
			国家级	省级	市级	县级	校级
按培训时间分	一个月以内	16 593	140	645	2 412	3 952	8 606
	一个月至三个月内	1 907	97	304	430	391	367
	三个月至半年内	590	63	120	147	24	50
	半年至一年内	210	27	54	27	6	127
	一年及以上	278	3	5	/	126	68
按授课内容分	文化课教师	9 927	112	412	1 604	2 453	4 437
	专业课教师	8 686	189	624	1 315	1 898	4 425
	实习指导教师	965	29	92	97	184	356

说明：表中数据源自 2017 年陕西教育事业统计年鉴，不含技工学校。

二、学生发展

（一）学生基本情况

1. 招生情况

2017 年全省教育部门管理的中等职业学校累计招生 98 383 人，同比 2016 年增加 5 069 人，增幅为 5.43%，其中普通中等专业学校招生 13 560 人，职业高中招生 62 022 人，成人中专招生 131 人。新生中应届初中毕业生 93 028 人，占 94.56%。

2. 毕业生情况

2017 年全省中等职业学校（不含技校）毕业学生 95 895 人，同比 2016 年减小 17 695 人，降幅为 15.58%，其中，普通中专 22 889 人，职业高中 72 860 人，成人中专 146 人。毕业生中获得职业资格证书的有 75 713 人，占 78.95%。

（二）毕业学生获取资格证书情况

根据陕西教育事业统计年鉴，2017 年全省中等职业学校毕业生总数为 95 895 人，其中取得职业资格证书的毕业生为 75 713 人，占 78.95%，与 2015 年和 2016 年毕业生获取职业资格证书相比大体持平。

（三）毕业生就业质量

1. 毕业生就业总体情况

根据陕西省教育厅发布的《2017 年陕西省中等职业学校毕业生就业情况分析报告》

显示，2017 年全省教育系统纳入统计的 188 所中等职业学校统计上报的毕业生共 62 659 人，就业人数 59 562 人，就业率为 95%，直接就业人数 34 446 人，对口就业率为 75%。与 2014 年、2015 年和 2016 年相比，毕业生总数和就业人数呈逐年递减趋势，主要原因是人口下降，其次由于受论资排辈、唯学历论等传统用人观念的影响，中职学校的学生受学历限制，在用人单位的人事、薪资制度等方面，与本、专科学生不可同日而语。四年平均就业率相对稳定，基本保持在 95% 左右，对口就业率从 2014 年的 53.97% 提高到 2017 年的 75%。2014—2017 年陕西省中等职业学校毕业生就业统计及对比如图 1 - 2 - 1 所示。

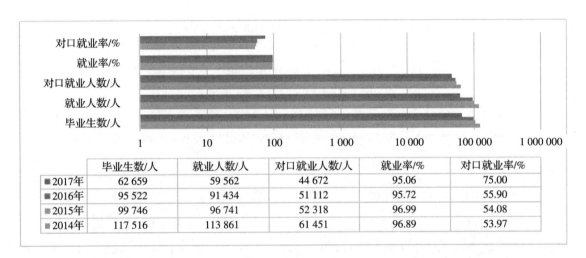

	毕业生数/人	就业人数/人	对口就业人数/人	就业率/%	对口就业率/%
■2017年	62 659	59 562	44 672	95.06	75.00
■2016年	95 522	91 434	51 112	95.72	55.90
■2015年	99 746	96 741	52 318	96.99	54.08
■2014年	117 516	113 861	61 451	96.89	53.97

图 1 - 2 - 1　2014—2017 年陕西省中等职业学校毕业生就业统计及对比（附彩插）

（说明：数据来源于 2014—2017 年陕西省中等职业学校毕业生就业分析报告，不含技工学校。）

2. 就业学生就业去向分布情况

2017 年纳入统计的 188 所中等职业学校就业人数为 62 659 人，其到各种所有制企事业单位就业的人数为 19 977 人，占就业人数的 33.54%；合法从事个体经营的人数为 4 738 人，占就业人数的 3.95%；通过其他方式就业的人数为 7 670 人，占就业人数的 12.88%；升入各类高一级学校的人数为 25 116 人，占就业人数的 42.17%。对比分析 2014 年、2015 年和 2016 年的数据，就业学生就业去向发生了明显变化，到各种所有制企事业单位就业和合法从事个体经营的毕业生人数逐年减少，升入各类高一级学校和应征入伍、境外就业的毕业生人数增加，升入各类高一级学校的比例接近一半，如图 1 - 2 - 2 所示。

3. 直接就业学生情况

（1）直接就业学生就业产业分布情况。2017 年纳入统计的 188 所中等职业学校直接就业学生 34 446 人，从事第一产业的人数有 3 000 多人，占直接就业人数的 9.98%；从事

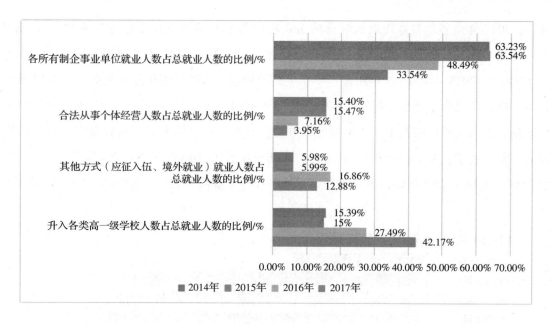

图 1 - 2 - 2 2014—2017 年陕西省中等职业学校毕业生就业去向分布（附彩插）

（说明：数据来源于 2014—2017 年陕西省中等职业学校毕业生就业分析报告，不含技工学校。）

第二产业的人数有 10000 多人，占直接就业人数的 30.01%；从事第三产业的人数为 20000 多人，占直接就业人数的 60.01%。与 2014 年、2015 年和 2016 年相比，从事第一产业比例从 2014 年的 17.11% 下降到 2017 年的 9.98%，下降 7.13%；从事第二产业人数比例从 2014 年的 36.92% 下降到 2017 年的 30.01%，下降 6.91%；从事第三产业的人数大幅增加，2017 年从事第三产业的人数比例已经达到了 60.01%，比 2014 年提高 11.80%，表明中等职业学校毕业生在第一、二产业就业比例有所下降，在第三产业就业成为主阵地。如图 1 - 2 - 3 所示。

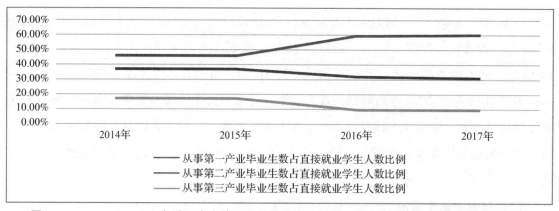

图 1 - 2 - 3 2014—2017 年陕西省中等职业学校直接就业学生就业去向分布变化情况（附彩插）

（说明：数据来源于 2014—2017 年陕西省中等职业学校毕业生就业分析报告，不含技工学校。）

（2）直接就业学生就业地域分布情况。2017 年纳入统计的 188 所中等职业学校直接就业学生 34 446 人，在本省就业的人数为 19 683 人，占直接就业人数的 57.14%；到异地就业的人数为 13 489 人，占直接就业人数的 39.16%；到境外就业的人数为 23 人，不到就业人数的 1%。通过与 2014 年、2015 年和 2016 年数据对比分析，直接就业学生就业地域分布呈现本省和境外就业逐年减少、异地就业逐年增加的趋势。本省就业人数占直接就业人数比例从 2014 年的 73.54% 减少到 2017 年的 57.14%，异地就业人数占直接就业人数比例从 2014 年的 26.25% 增加到 2017 年的 39.16%，如图 1-2-4 所示。

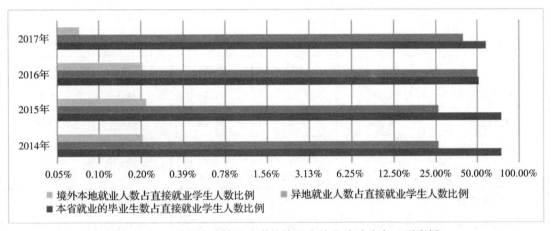

图 1-2-4　陕西省中等职业学校毕业生就业地域分布（附彩插）

（说明：数据来源于 2014—2017 年陕西省中等职业学校毕业生就业分析报告，不含技工学校。）

（3）直接就业学生就业地点分布情况。2017 年纳入统计的 188 所中等职业学校直接就业学生 34 446 人，其中在城区就业的人数为 25 779 人，占直接就业人数的 74.84%；在镇区就业的人数为 5 124 人，占直接就业人数的 14.88%；在乡村就业的人数为 2 090 人，占直接就业人数的 6.07%。通过与 2014 年、2015 年及 2016 年数据对比分析，城区和镇区是中职毕业生就业的主要选择地。在城区就业毕业生连续四年均在 75% 左右，在镇区就业从 2014 年的 16.55% 下降到 2017 年的 14.88%，连续四年到农村就业的毕业生比例均不超过 8%。

（4）直接就业学生就业渠道情况。2017 年纳入统计的 188 所中等职业学校直接就业学生 34 446 人，其中通过学校推荐就业的人数为 25 152 人，占直接就业人数的 73.02%；通过中介介绍就业的人数为 2 291 人，占直接就业人数的 6.65%；通过其他渠道就业的人数为 5 803 人，占直接就业人数的 16.85%。

4. 各专业大类就业情况

根据教育部《中等职业学校专业目录（2010 年修订）》划分的 19 个专业类别标准，2017 年全省中等职业学校毕业生在 19 个专业大类的就业情况见表 1-2-1。

表 1-2-1 2017 年陕西省中等职业学校毕业生就业情况分布

专业类别	毕业生数/人	就业人数/人	就业率/%	对口就业人数/人	对口就业率/%
农林牧渔类	4 420	4 344	98.28	3 981	91.64
资源环境类	176	106	60.23	41	38.68
能源与新能源类	335	332	99.10	193	58.13
土木水利类	1 247	1 101	88.29	906	82.29
加工制造类	8 605	8 590	99.83	5 828	67.85
石油化工类	750	486	64.80	384	79.01
轻纺食品类	347	342	98.56	329	96.20
交通运输类	7 132	6 888	96.58	5 961	86.54
信息技术类	9 367	9 065	96.78	7 172	79.12
医药卫生类	12 245	11 353	92.72	8 378	73.80
休闲保健类	127	126	99.21	124	98.41
财经商贸类	1 968	1 766	89.74	1 379	78.09
旅游服务类	2 507	2 491	99.36	2 184	87.68
文化艺术类	3 105	2 758	88.82	2 026	73.46
体育与健康类	733	651	88.81	420	64.52
教育类	8 009	7 454	93.07	6 553	87.91
司法服务类	157	4	2.55	4	100.00
公共管理与服务类	300	296	98.67	276	93.24
总计	62 659	59 562	95.06	47 188	79.23

2017 年陕西省中职学校毕业生平均就业率为 95.06%,其中加工制造类、旅游服务类、休闲保健类、能源与新能源类、公共管理与服务类、轻纺食品类和农林牧渔类就业情况较好,就业率均在 98% 以上,其中以加工制造类就业率最高,为 99.83%,其次是旅游服务类,就业率为 99.36%;石油化工类、资源环境类和司法服务类就业情况相对较差,就业率在 70.00% 以下。

从毕业生数量看,医药卫生类专业毕业生人数最多,为 12 245 人,占毕业生总人数的 19.54%;其次是信息技术类,毕业生人数为 9367 人,占毕业生总人数的 14.95%;毕业生人数最少的是休闲保健类,占毕业生总人数的 0.2%。

从就业学生数量看，医药卫生类专业毕业生就业人数最多，为 11 353 人，占就业学生总人数的 19.06%；其次是信息技术类，毕业生就业人数为 9 065 人，占就业学生总人数的 15.22%；毕业生就业人数最少的是司法服务类，就业人数少于毕业生就业总人数的 0.01%。

从就业专业对口率看，全省平均就业对口率为 79.23%。其中，司法服务类毕业生就业专业对口率最高，为 100%；休闲保健类、轻纺食品类、公共管理与服务类、农林牧渔类等 12 个大类专业毕业生就业专业对口率均高于全省平均；专业对口就业率最低的是资源环境类，对口就业率仅为 38.68%。

5. 毕业生就业特征分析

（1）毕业生总数有所减少。由于近年来陕西省中职招生人数持续下降，导致毕业生人数逐年减少，2017 年陕西省中等职业学校毕业生为 62 659 人。

（2）毕业生升学比例增加。2017 年通过各种形式升入高一级学校的毕业生人数为 25 116 人，占毕业生总数的比例由 2016 年的 26.31% 升至 40.08%。

（3）对口就业率大幅提高。2017 年陕西省中等职业学校对口就业率为 75.06%，较 2016 年有较大幅度的提高，说明陕西省中职专业设置和区域经济结构更加吻合。

三、人才培养质量

（一）学校专业布局

2017 年，中等职业学校在校生在 19 个专业大类中，规模排在前 5 的专业大类依次是信息技术类、交通运输类、加工制造类、教育类、医药卫生类，分别占总人数的 22.92%、14.82%、13.80%、11.25%、10.70%，与 2016 年学生分布基本相同。其中信息技术类专业中主要是准备参加普通高等学校职业教育单独招生的学生，在县级职教中心中居多；交通运输类专业中主要是轨道交通专业学生；医药卫生类专业中主要是与高等职业学校联办的护理专业学生；教育类专业中主要是学前教育专业学生。排名靠后的 5 个专业大类分别是司法服务类、公共管理与服务类、资源环境类、能源与新能源类和纺织食品类专业。见表 1 – 3 – 1。

表 1 – 3 – 1　2016—2017 年陕西省中等职业学校分专业大类在校生情况

专业大类	2016 年本专业在校生/人	2016 年本专业在校生所占比例/%	2016 年本专业规模排名情况	2017 年本专业在校生/人	2017 年本专业在校生所占比例/%	2017 年本专业规模排名情况
农林牧渔类	19 370	6.97	6	15 625	5.96%	6
资源环境类	925	0.33	17	747	0.28%	17

续表

专业大类	2016年本专业在校生/人	2016年本专业在校生所占比例/%	2016年本专业规模排名情况	2017年本专业在校生/人	2017年本专业在校生所占比例/%	2017年本专业规模排名情况
能源与新能源类	1 486	0.54	16	781	0.30%	16
土木水利类	5 888	2.12	11	3 846	1.47%	11
加工制造类	41 117	14.8	2	36 164	13.80%	3
石油化工类	2 334	0.84	13	2 019	0.77%	13
纺织食品类	1 713	0.62	14	862	0.33%	15
交通运输类	35 694	12.85	3	38 856	14.82%	2
信息技术类	55 926	20.13	1	60 092	22.92%	1
医药卫生类	32 380	11.65	4	28 044	10.70%	5
休闲保健类	1 495	0.54	15	1 160	0.44%	14
财经商贸类	10 430	3.75	9	9 614	3.67%	9
旅游服务类	13 111	4.72	8	11 765	4.49%	8
文化艺术类	13 983	5.03	7	12 716	4.85%	7
体育与健康类	2 460	0.89	12	2 985	1.14%	12
教育类	31 636	11.39	5	29 489	11.25%	4
司法服务类	595	0.21	19	400	0.15%	18
公共管理与服务类	815	0.29	18	375	0.14%	19
其他	6 474	2.33	10	6 596	2.52%	10
合计	277 832			262 136		

说明：表中数据源自2016年和2017陕西教育事业统计年鉴，不含技工学校。

（二）质量保障体系

1. 开展全省中职学校教学工作诊断与改进工作检查督导

组织省中职学校教学工作诊断与改进专家委员会部分委员于2017年10月11—24日对陕西省电子信息学校、眉县职教中心、彬县职教中心、西安旅游职业中专四所中等职业学校教学诊改工作进行检查督导，并在眉县召开了推进中职教学诊改工作座谈会，总结省专委会诊改督查情况，进一步明确诊改工作的任务要求。

2. 组织中等职业学校教师信息化教学大赛

2017年，陕西省组织举办了全省中等职业学校信息化教学大赛，项目包括信息化教学设计比赛、信息化课堂教学比赛、信息化实训教学比赛三项，14 个市（区、县）、145 所中等职业学校的 430 名教师参加了本次大赛。经评审，信息化教学设计比赛共评出一等奖 36 名、二等奖 59 名、三等奖 72 名；信息化课堂教学比赛共评出一等奖 33 名、二等奖 54 名、三等奖 76 名。通过连续多届信息化教学大赛，陕西省已经形成了学校校内选拔、市级选送、省级大赛的信息化教学三级赛事体系，覆盖了省内各中等职业学校。

3. 举办中等职业学校学生职业技能大赛

2017 年陕西省中等职业学校学生技能大赛于 3 月 1 日至 3 月 10 日在 12 个赛点学校完成了 51 个项目的竞赛。参加此次技能大赛的共有 14 个市（区、县）的 94 所中等职业学校、14 所省属中等职业学校和 41 所技工学校的 1 809 名选手，经过激烈的角逐和技能比拼，共评选出获奖选手一等奖 211 名、二等奖 412 名、三等奖 547 名，优秀指导教师奖 152 名，优秀组织奖 11 名，特别贡献奖 2 名。2017 年全国职业院校技能大赛于 5 月 8 日至 6 月 29 日在天津等主（分）赛区举行。陕西省 35 所中等职业学校参加了中职组 26 个常规赛项的 14 项团体和 12 项个人项目的比赛，经过参赛学校、选手和指导教师的共同努力，在 19 个赛项中取得 3 项二等奖和 16 项三等奖的成绩。

（三）教师培养培训情况

1. 中等职业学校（中德）校长高级研修班

为全面提升陕西省中等职业学校校长队伍的整体素质和水平，促进职业教育内涵发展，根据陕西省教育厅《关于印发〈陕西省 2017 年中等职业教育与成人教育工作要点〉的通知》（陕教职办〔2017〕5 号）精神，2017 年举办了全省中等职业学校（中德）校长高级研修班，参加培训校长 100 名，研修主题为"发展职业教育，助推经济发展"，通过将德国职业教育体系与中国职业教育体系进行对比，来了解我国中等职业教育发展的趋势与方向。

2. 中等职业学校班主任培训

为进一步提高中等职业学校学生管理水平，增强中职学校班主任业务能力，陕西省教育厅举办了 2017 年陕西省中等职业学校班主任培训班，培训对象为经批准实施职业学历教育的省内中等职业学校的班主任、德育管理人员及德育课教师，培训人数为 100 人。其培训内容主要包括职业教育政策法规，教师开展班主任工作所需的专业理论知识，班主任工作研讨与学生管理、开展班级活动等专业技能训练，班主任工作考察、观摩及培训总结等。

3. 举办 2017 年全省中等职业学校信息化教学专题培训会

省教育厅委托省教育科学研究院于 6 月 24—25 日举办了 2017 年全省中等职业学校信

息化教学专题培训会，对参加全国职业院校信息化教学大赛中职组比赛的 30 多名选手进行了培训和磨课。2017 年 7 月 3—5 日，组织了全省参加 2017 年全国职业院校信息化教学大赛信息化实训教学赛项参赛作品遴选工作，确定了平面锉削、手工点钞、餐巾折花、幼儿简笔画四个赛项的参赛团队。2017 年 7 月 10—12 日，组织全省中等职业学校信息化专题培训班，辅导全国职业院校信息化教学大赛（中职组）陕西国赛选手（赖珍明）团队，最终，陕西参赛队在 2017 年全国职业院校教师信息化教学大赛中取得 1 个二等奖、3 个三等奖的良好成绩。

4. 承办了全国职业院校教学工作诊断与改进专家委员会在陕西举办的全国中等职业学校教学工作诊断与改进实施方案编制培训班（第四期）

省教育科学研究院参与承办本次全国大型会议，来自全国各省市区中等职业学校、教科研机构共计 750 多人参加会议，规模大，培训会组织周密，获得主办方的充分肯定。陕西省 160 余所中职学校参加了这次全国诊改培训，陕西省电子信息学校在培训会上进行了教学诊改案例分享。

四、校企合作

（一）开展现代学徒制试点工作

省教育厅印发《关于做好 2017 年现代学徒制试点工作的通知》（陕教职办〔2017〕15 号），组织完成了第一批现代学徒制试点单位（咸阳市、陕西电子工业学校）年度自检和第二批试点单位（5 个）申报工作。向教育部报送《关于报送陕西省第二批现代学徒制试点推荐名单及有关材料的函》（陕教函〔2017〕489 号），推荐陕西省电子信息学校、西安旅游职业中等专业学校等 5 所中职学校申报第二批现代学徒制试点单位，经教育部现代学徒制试点专家委员会审定，确定陕西省电子信息学校承担国家第二批现代学徒制试点任务。省教科院 2 名同志入选教育部现代学徒制工作专家指导委员会入库专家。

（二）职业教育跨区域合作办学

实施苏陕、陕西对口支援西藏阿里职业教育协作计划。经过反复协商，陕西省教育厅与江苏省教育厅签订了《苏陕职业教育东西协作行动计划落实协议书》，制定了《苏陕职业教育东西协作行动计划工作方案》，开展交流干部挂职、共建特色专业和实训基地、师生交流等协作。江苏省开放大学为陕西省举办了首届全省社区教育管理干部高级研修班，陕西省榆林、汉中、安康、宝鸡等市教育局组织中职学校教学管理人员和骨干教师赴江苏对口地市进行了学习交流。陕西省教育厅与西藏自治区教育厅签订了《陕西 – 西藏（阿里地区）职业教育东西协作行动计划落实协议书》，由省教育厅相关处室组织，陕西省电子信息学校和西安旅游职业中等专业学校对口支援西藏阿里中等职业学校，开展了互学互帮教学交流活动。

五、社会贡献

（一）技术技能人才培养

2017 年，全省中等职业学校坚持以服务区域经济社会发展为主线，努力培养服务经济社会发展的技术技能人才，不断加强学生文化基础知识教育和专业技能培养，分层分级定期开展技能比武、质量测评、考试评价，积极组织师生参加各级各类竞赛，取得了较好的成绩，增强了学生的专业能力和就业水平。全省各中等职业学校共培养毕业生 95 895 人，其中获得职业资格证书 75 713 人。这些毕业生中 95% 以上走上生产、技术、管理一线或者升入高等职业院校继续学习，经历了人生发展的重要阶段，实现成长成才，为经济发展与社会和谐稳定提供有力的智力支持。

（二）社会服务

1. 开展职业教育短期技能培训

省教育厅印发《关于发挥县级职教中心综合功能做好职业技能培训和精准扶贫工作的通知》（陕教职办〔2017〕3 号），对全省职教扶贫工作做了具体安排和要求。2017 年全省开展各类培训 3 558 期、30.91 万人次，其中开展农村实用技术培训 12.21 万人次，农村劳动力转移培训 6.07 万人次，职教精准扶贫培训 4.5 万人次，新型职业农民培训 2.03 万人次，其他培训 6.08 万人次；形成了如"紫阳修脚师""米脂家政月嫂""泾阳茯茶""洛川苹果""周至猕猴桃""子洲山地果业"等致富培训品牌，为全省实现 2017 年脱贫目标做出了积极贡献。

2. 推动职教扶贫

省教育厅印发《关于发挥县级职教中心综合功能做好职业技能培训和职业教育精准扶贫工作的通知》和《关于进一步做好中等职业教育精准扶贫工作的通知》，做好省级工作部署，夯实工作责任，实施"一县一策""一校一策"，形成"一县一品""一校一品"。督促各地各校做好招生面和培训规模"两扩大"工作，同时要求各中职学校落实建档立卡中职学生选择一个好专业、找到一份好工作、获得一个好发展的"三个好"目标。组织在渭南市澄城县召开陕西省职业教育精准扶贫工作推进会，各市（区）主管职业教育局局长、职教科科长、省属中职学校校长、56 个国家贫困县职教中心校长约 120 人参会，渭南市、澄城县、千阳县、旬邑县、洛川县、米脂县、洋县、紫阳县、镇安县 9 个单位交流发言。会议以现场参观、经验交流、案例推广、座谈研讨等形式，进一步夯实扶贫工作责任，交流方法措施，加强工作力度，提高职教扶贫工作的能力和效果。

3. 组织中高职城乡联合办学

发挥职业教育在脱贫攻坚中的重要作用，协调高职院校与贫困县职教中心举办"3 + 2"高职教育联合办学，扩大定向招生规模。协调 10 所高职院校、13 个县级职教中心开展"3 + 2"五年制高职教育联合办学试点，计划招生 1 750 名；推广陕西省旅游学校与贫困县职教中心联合招收培养技能型人才的模式；开展省属中职学校与贫困县职教中心城乡合作办学，扩大定向招生规模；协调指导省旅游、银行、电子信息等学校与子洲、定边、米脂、镇安、镇巴、横山等县职教中心开展城乡中职学校精准扶贫合作办学，定向招收贫困家庭子女。

4. 开展两联一包扶贫

协调指导陕西省旅游学校与子洲县职教中心开展教育助学扶贫工作，2017 年定向招收子洲县贫困生 26 名，免除一切费用，全校师生与他们建立了"一对一"的帮扶机制。指导、支持子洲县职教中心围绕在册贫困户开展短期技能培训，重点围绕山地苹果、核桃种植，以及舍饲养羊、养猪等畜牧养殖知识培训，让贫困户掌握技术，从技术层面保证其实现产业脱贫。其主要采取集中面授和送教下乡两种培训方式，解决生产中的实际问题，全年培训 2 153 人次。

六、政府履职

（一）财政投入

根据 2018 年 5 月陕西省 188 所中等职业学校上报的办学能力评估统计数据显示，重点统计分析了县级职教中心经费投入。2017 年全省 83 所县级职教中心投入经费共计 93 446.10 万元，相比 2016 年增长 3.49%。2017 年，全省范围内生均财政经费投入最高的为延安地区，生均达 47 347.11 元；生均最低的为西安地区，生均经费仅为 4 579.12 元，低于中等职业学校生均 5 000 元的标准，见表 1 - 6 - 1。

表 1 - 6 - 1　陕西省 2016—2017 年地市财政经费投入情况

地市	2016 年		2017 年		生均财政经费增减幅度/%
	财政经费收入/万元	生均财政经费收入/元	财政经费收入/万元	生均财政经费收入/元	
西安市	6 612.52	6 367.38	5 332.84	4 579.12	−28.08
咸阳市	14 322.96	10 084.46	13 732.86	9 060.41	− 10.15
宝鸡市	11 682.90	10 945.19	8 288.40	8 198.22	−25.09
渭南市	8 998.66	9 731.44	9 660.84	8 872.11	− 8.83

地市	2016 年		2017 年		生均财政经费增减幅度/%
	财政经费收入/万元	生均财政经费收入/元	财政经费收入/万元	生均财政经费收入/元	
铜川市	613.10	45 753.73	712.90	47 211.92	3.18
汉中市	7 767.97	10 227.74	8 681.48	10 686.48	4.48
安康市	7 508.65	11 824.65	9 928.48	13 407.81	13.39
商洛市	6 181.92	8 653.30	7 394.71	10 045.80	16.09
延安市	3 763.81	32 785.87	5 915.90	47 347.11	44.41
榆林市	22 040.85	18 966.40	23 013.47	17 083.71	−9.91
杨凌区	1 161.00	11 398.90	784.00	7 589.55	−33.42
全省	90 654.35	11 540.77	93 446.10	10 780.46	−6.58

说明：数据源自 2018 年 5 月陕西省中等职业学校办学能力评估数据。渭南市含韩城市，榆林市含神木市、府谷县。

（二）政策支持与规范管理

1. 加强和改进中等职业学校教学管理工作

为进一步贯彻落实《国务院关于加快发展现代职业教育的决定》和陕西省人民政府的实施意见，加强中等职业学校教学工作，规范教学管理，提高技术技能人才培养质量，根据教育部《中等职业学校管理规程》等有关规定，结合实际，陕西省教育厅制定印发《关于加强和改进中等职业学校教学管理工作的通知》（陕教职办〔2017〕33 号），就加强学校德育工作、严格专业设置管理、落实专业教学标准、强化教学过程管理、规范学生实习工作、加强就业创业指导等方面提出具体的要求。强化监督检查，夯实管理责任；印发《关于开展全省中等职业教育办学大检查的通知》（陕教职办〔2017〕30 号），按照学校自查，县级、市级、省级逐级检查的方式组织开展了全省中职学校办学大检查工作；印发《关于做好 2017 年中等职业学校专业设置管理工作的通知》（陕教职办〔2017〕7 号），加强中等职业学校专业设置管理，完成省属中职学校专业备案工作，组织完成全国职业院校中职交通运输类 5 个、旅游类 2 个示范专业点的申报工作。

2. 启动实施"陕西省特色中等职业学校"等三个建设项目

为贯彻落实《陕西省人民政府关于加快发展现代职业教育的意见》《陕西省现代职业教育体系建设规划（2015—2020 年）》和《陕西省教育事业"追赶超越"工作方案》精神，立足全省中职教育实际和发展需要，优化配置，强化基础，突出优势，凸显特色，以重点项目建设凝聚新动能、打造新高地、激发新活力，建立骨干体系，引领中等职业教育改革创新，促进办学质量全面提高。经研究，陕西省教育厅组织实施"陕西省特色中等职业学校""陕西省中等职业教育精品专业""陕西省中等职业教育综合性实训基地"三大重点建设项目。首批遴选陕西省特色中等职业学校10所，包括阎良区职教中心、岐山县职教中心、礼泉县职教中心、白水县职业中专学校、宜川县职教中心、米脂县职教中心、洋县职教中心、旬阳县职教中心、镇安县职教中心、神木职教中心，每所学校给予100万元省级专项经费支持；首批启动陕西省中等职业教育综合性实训基地建设项目10个，包括西安旅游职业中等专业学校、眉县职教中心、铜川市印台区职业技术学校、武功县职教中心、富平城乡建设高级职业中学、子长县职教中心、子洲县职教中心、略阳县天津职教中心学校、汉滨区新建中等职业学校、洛南县职教中心，每个基地给予200万元省级专项经费支持；首批安排陕西省中等职业教育精品专业建设项目20个，分布在全省各地市，每个专业给予80万元财政专项经费支持。省级财政安排专项建设经费4 600万元。

七、中等职业学校党的建设及德育工作

（一）党组织建设工作

2017年全省中等职业学校党组织以学习宣传贯彻党的十九大精神为指导，不断加强和改进党的思想、组织、作风和制度建设，不断加强党员队伍和教师队伍建设，增强党组织的凝聚力和战斗力。

一是将党的建设列入全省职成教重点工作任务，组织职教战线深入开展习近平新时代中国特色社会主义思想学习宣传，领会习近平总书记关于中国特色社会主义建设的思想，尤其是习近平总书记关于新时代教育发展的论断，统一广大职业教育战线对新时代中等特色职业教育改革发展的认识。

二是扎实开展"两学一做"学习教育实践活动，使学习实践活动常态化、制度化。根据"两学一做"学习教育活动要求，扎实开展了一系列丰富多彩的教育活动，充分发挥了党组织的战斗堡垒作用和党员的先锋模范作用。

三是按照与教育管理体制相适应、管党建管业务相结合的原则，中等职业学校党建工作由各县区教体局党组织统一领导和指导，各级教育行政部门党组织加强了对中等职业学校党建工作的指导、督促和检查，与教育教学业务同部署、同落实、同考评。

四是着力加强"学习型党组织"创建活动。各地中等职业学校切实发挥党组织的战斗堡垒作用，发挥党员先锋模范作用，制定方案，成立机构，明确任务，创新形式，广泛开展系列学习教育活动，通过举办报告会、党的知识竞赛，开辟学习专栏，撰写心得体会，重温入党誓词等形式，认真开展学习型党组织创建活动。

五是加强师德师风建设。认真组织广大教师学习《中小学教师职业道德规范》《教师法》等规章制度，加强法治教育，规范广大教师的从教行为，并把师德纳入年度考核，提高教师的职业道德水平。宝鸡市以"人人创先争优、建强基层组织"为目标，落实党员发展"三审一评两考核"和"双培双带三培养"制度，重点在优秀青年骨干教师、学科带头人及名师中发展党员。健全师德师风建设规章制度，完善师德建设评估体系，开展服务窗口"三亮三比三评"活动，推行了党员先锋岗、示范岗和责任区，激发了党员干部教师立足岗位比奉献、做表率、创业绩的精神动力。

六是深入推进党风廉政建设。各职业学校党组织能够认真落实党风廉政建设主体责任和"一岗双责"，坚持把党风廉政建设与教育教学各项工作同部署、同落实、同检查。组织党员干部认真学习贯彻《中国共产党廉洁自律准则》《中国共产党纪律处分条例》《中国共产党问责条例》和各级要求，不断加强党的纪律建设、作风建设和廉政建设，坚持开展"廉政文化进校园"活动，不断增强广大党员干部的廉政意识和拒腐防变能力。

（二）中职学校德育工作

1. 完成中等职业学校德育课程"职业生涯与规划"资源开发任务

2017 年 9 月，省教科院组织召开了中等职业学校德育课程——"职业生涯与规划"课程资源开发中期总结推进会，总结交流前期开发工作经验，通报工作进展，安排部署后期工作任务。之后，各项目学校加强工作力量，加快工作进度，到 2017 年 12 月月底，圆满完成课程资源开发任务，编辑印制包括课程目标设计，授课教案、学案，课程辅导视频、音频等在内各种教学资源汇集 5 册共 30 余万字。

2. 举办全省中等职业学校德育研讨会暨班主任基本功选拔赛

首次组织陕西省电子信息学校等 5 所中等职业学校班主任代表，于 3 月 18—20 日代表陕西省参加全国第二届中等职业学校班主任基本功大赛，陕西省教育科学研究院获得优秀组织奖。12 月 7—8 日，举办了全省中等职业学校德育研讨会暨首届班主任基本功选拔赛，全省中等职业学校德育副校长和优秀班主任共计 200 余人参加会议，会议邀请全国德育知名专家俞国良教授做专题报告，岐山县、神木市和镇安县职教中心大会交流德育工作经验方法，28 名由各市选拔推荐的班主任参加比赛，最终 5 人获得一等奖、10 人获得二等奖、13 人获得三等奖。会议期间，陕西省中等职业学校德育教学研究中心组召开了理事会第一次会议，选举产生第一届理事长及常务理事单位，陕西省岐山县职业教育中心被确定为理事长单位，该校校长被推选为理事长。

3. 中等职业学校学生"文明风采"大赛

2017 年 8 月，陕西省教育厅举办第十四届全省中等职业学校"文明风采"竞赛活动，由省教育科学研究院承办。以"文明风采伴我行,成就出彩人生梦"为主题,设置4类常规项目和1项特设项目,包括征文演讲、职业规划与创新设计、摄影与视频、才艺展示、《中等职业学校学生公约》宣传作品赛,参赛对象为各类中等职业学校(普通中专、职业高中、成人中专)在校生。在中职学校广泛开展"文明风采"竞赛活动,逐步形成了校校组织、班班活动、人人参与的文明风采竞赛活动机制。最终参与省级复赛的作品共计5 436份,与上一届相比,进入复赛的学校有所增加,复赛作品大幅增加。活动共评出一等奖282名、二等奖815名、三等奖1 086名、优秀奖1 619名。

八、典型案例

(一)宝鸡市全面实施"双返生"培训工作

2017年,宝鸡市教育局、市财政局联合印发了《宝鸡市"双返生"培训工作实施方案》(宝市教发〔2017〕499号),从2017年开始,启动实施宝鸡市"双返生"培训工程,完善措施,提高培训针对性、实用性,促进就业,实现"培训一人、就业一人、脱贫一户"。从2018年起,实现当年初、高中毕业返乡和有学习需求的往届返乡毕业生技能培训全覆盖,培训后就业率稳定在70%以上。为做好全市"双返生"培训工作,成立宝鸡市"双返生"培训工作领导小组,全面负责全市"双返生"培训工作的统筹安排。领导小组下设办公室,办公室设在市教育局,具体负责培训方案的审批、培训过程的督查指导和培训效果的审批认定等工作,各县区对应成立县区"双返生"培训工作领导小组,全面负责统筹实施县域内"双返生"培训工作。"双返生"培训工作以县区为单位开展,培训院校资格由市"双返生"培训工作领导小组办公室统一审定。

具体工作步骤是:

1. 任务申报

每年12月10日前,具有"双返生"培训资格的院校向县区"双返生"培训工作领导小组申报下年培训方案和计划,县区汇总审定后统一报市"双返生"培训工作领导小组办公室审定。

2. 任务审定

每年1月20日前,市"双返生"培训工作领导小组办公室结合全市"双返生"培训年度安排,审批下达当年培训任务。

3. 组织实施

各培训院校依据市、县审批下达的培训任务积极组织开展培训工作。

4. 培训考核

培训结束后,各县区将培训院校工作总结、培训名册和"双返生"培训就业登记表审核汇总后报市"双返生"培训工作领导小组办公室审定，对培训组织工作成绩突出的县区和培训成果优秀的院校进行表彰奖励。

2017 年以来，市教育局认真贯彻落实市委、市政府教育扶贫工作要求，把全力推进"双返生"培训作为教育扶贫、提升农村人才技能水平的重要抓手，充分发挥县区职教中心综合功能，大力开展职业技能培训和精准扶贫工作，取得了一定成效。

一是统一思想，全面动员，积极施训。为了全面贯彻市委、市政府有关扶贫工作会议精神，助力脱贫攻坚，促进返乡初高中毕业学生人才技能提升，2017 年 5 月 22 日，市教育局在千阳县召开全市"双返生"培训暨职业教育精准扶贫工作现场推进会，对职教脱贫攻坚工作进行全面动员和安排部署。根据省教育厅下发的《关于发挥县级职教中心综合功能做好职业技能培训和精准扶贫工作的通知》，要求县级职教中心充分发挥统筹职能，积极开展包括"双返生"在内的各类培训教育。会后，各县区认真落实会议精神，成立机构，建章立制，教体局牵头对全县"双返生"进行了摸底，职教中心牵头对"双返生"培训需求进行了摸底，全市摸底建档 16～30 周岁"双返生"14 130 人，其中具有培训意向 11 169 人。根据培训需求，各县区职教中心制定培训方案和培训计划并认真组织开展培训工作，全市组织开设餐饮服务、酒店管理、种植养殖、家政服务、农村电商、服装加工、电器修理、平面设计、烹饪 9 个专业大类培训 130 期，完成"双返生"培训 8 312 人。培训中，对参训学员实行"六免政策"：即免费开展技能培训、免费开展技能鉴定、免费推荐就业、免吃、免住、免费发放学习用品。

二是立足实效，强化设计，积极推动。为了充分调动县区职教中心开展"双返生"培训工作的积极性，将"双返生"培训工作进一步做实做细，2017 年年底，市教育局、市财政局联合印发了《宝鸡市"双返生"培训工作实施方案》（宝市教发〔2017〕499 号），明确了"双返生"培训工作的指导思想、目标任务、组织机构，特别对"双返生"培训的实施步骤、培训单位的确定及保障措施进行了明确界定。在此基础上，根据各县区摸底建档、培训计划及培训学校资格申报，市教育局、市财政局联合下发了《关于下达 2018 年"双返生"培训任务的通知》（宝市教发〔2018〕206 号），全市共下达"双返生"培训计划 3 058 人。

三是面向就业，精准施策，精准施训。首先是以就业为导向，引导初、高中毕业返乡生认真、科学选择培训项目；其次是以提高培训质量为目的，精准施策，采取"先下单、后上菜"的方式，对接学员就业创业技能需求制定培训方案，确定培训计划，精准设置培训专业，精选培训内容；再次是以强化培训效果为目的，优化培训模式。各培训机构根据学员培训需求，聘请专业人员授课；采取理论授课和实践训练相结合的方式，提升培训效果。截至2018年10月,全市组织开设电子商务、信息技术、电子电工、机械加工、汽车维修、民间工艺、农村实用技术、中餐烹饪、现代服务9个专业大类培训122期,培训人数3 652人。培训后,成功实现就业创业的有1 958人,占到培训人数54%;继续深造的有454人。太白职教中心通过订单培养,输送4批72人到企业工作,月均工资3 500元。太白县职教中心对太白县咀头镇下白云村村民赵恒进行了三期电商培训后,资助其4 000元开设太白土特产电商实体店一个,年收入五万元以上。

(二)渭南市统筹职教招生

渭南市教育局认真贯彻省政府《关于加快发展现代职业教育的意见》精神,紧抓中职资源整合、职教招生、标化建设以及质量提升工程等重点工作,始终把职业教育招生工作作为职业教育发展的生命线,健全组织机构、建立常态机制、协调职普比例、落实招生计划、统一工作步骤、加强督查落实,全力以赴做好招生工作,扩大办学规模。连续三年,渭南职教招生人数过万,职普教招生比例稳步提升,2016年招生数为11 716人,2017年招生数为11 863人,2018年招生数为10 524人。

1. 加强宣传,扩大职业教育社会影响

组织开展各类宣传活动,让社会全面了解、参与、支持职业教育,积极营造"崇尚一技之长,不唯学历凭能力"的良好氛围。

一是组织安排"职教活动周"系列宣传活动。市级每年组织开展"渭南市职业教育活动周"启动仪式,市域内的中、高等职业院校都能踊跃参加,通过制作展板、技能展示、宣传演出等形式,广泛宣传中、省关于发展职业教育的新举措、新政策、新成就。

二是持续开展"职校进初中"活动。为了进一步提高广大师生对职业教育的认可度,自2016年以来,每年组织开展"职教进初中"宣传活动,参加活动的中职学校数量不断增加,影响不断扩大。特别是2018年,市教育局进一步贯彻"一切为了学生""为了学生的一切"思想,组织市内外高职、中职,公办、民办,教育、人社,部门、企办50余所职业院校,分三组在渭南各初中学校开展活动,全面宣传中、省职业教育政策,展示职业教育办学成果。活动期间,编辑印发《渭南教育研究》(职教专辑)2万余册,市、县、校三级联动,举办专场宣讲活动50余场,发放职业教育法律法规、免学费、资助以及招生政策等宣传资料3万多份,为广大初中学生上了一堂高水平的职业教育启蒙课。

三是充分利用电视、广播、报刊、微信公众平台等新闻媒体,采取形式多样的宣传,让广大群众、社会全面深入了解职业教育,引导家长、学生理性选择、主动接受中等职业教育,有力地促进了中职招生工作。

2. 严格管理，维护高中阶段招生秩序

市教育局按照《全国职教工作会》精神和中、省职普教大体相当的工作要求，结合渭南高中阶段学校发展现状，严格管理，以维护高中阶段招生秩序。

一是市政府召开中考招生工作专题会议，安排部署高中阶段教育招生工作，明确年度中等职业教育招生任务，要求各县市区要组织安排好高中阶段的招生工作，严格控制普通高中招生人数，杜绝超计划招生。

二是制定印发了渭南市高中阶段学校招生工作方案，要求各县、校严格普通高中招生计划，不得随意扩大招生范围，并在全市高中阶段招生工作中实行统一计划、统一录取、统一建档的改革措施，确保中考招生工作有序进行。

三是从 2017 年开始，全市中考招生实行网上统一录取的方式，职业学校采取网上录取和注册入学相结合的方式，面向全市招生，由学生和家长自愿选择填报，有效地满足了学生的多样化需求。

四是市教育局、市监察局联合开展高中阶段招生督查工作，严厉查处高中阶段违规违纪行为，对违反招生政策的县校将进行严肃处理、通报批评，确保中考招生工作井然有序地进行。

五是市纪委制定了违反中招政策处罚办法，并设立招生举报电话，为扩大中职招生提供了有力的制度保障。

近年来，渭南市职业教育招生规模稳步提高，取得了较为理想的效果。

3. 周密部署，扎实做好职教招生工作

为了扎实推进中职招生工作，市教育局每年年初组织召开职教招生工作会，分析形势、提出问题、总结经验、明确任务、提出建议，为全年招生工作打好基础。

一是在年初制定好春招工作方案，通过召开初中毕业生、返乡两后生动员会和家长会，解答学生和家长疑惑，宣传中职优秀毕业生事例等，动员有就读意向的初中毕业生、返乡两后生及时报名入学，并做好信息统计和后期服务工作。

二是在中考结束后，组织学校教师进村入户，与学生、家长面对面宣讲交流、解疑释惑、做好动员，正确指导家长、学生选择满意的职教专业就读。

三是在普通高中招生结束后，对未升入普通高中和未选择职业学校的学生，再次进行动员、鼓励和引导，使其选择合适的专业就读职业学校。

四是反复督查中职招生情况，及时发现典型、总结经验，对招生工作进度较慢的县校提出建议，分析原因、调整措施、解决问题，并要求县市区教育局积极帮助学校破解招生难题、落实招生政策，确保招生任务的顺利完成。

4. 典型引领，调动职教招生工作积极性

职业学校是中职教育招生的组织者、实施者，其工作成效决定了招生工作的成败，为此，渭南市教育局要求各职业学校充分调动全体教职员工积极参与职教招生工作，进一步解放思想，拓宽思路，制定灵活的招生办法，建立有效的招生机制，努力打好职教招生这场硬仗。同时，渭南市还对在职教招生中做出较大成绩和贡献的县市区、单位和个人进行通报表彰，为全市职教招生鼓劲加油、营造氛围。

九、存在问题及改进措施

（一）主要问题

1. 中等职业教育发展不平衡

一是地区间职业教育发展水平差距进一步拉大，宝鸡、榆林、咸阳、渭南、安康等地职业教育加快发展，改革创新取得新成就，但延安、铜川等地职业教育发展缓慢，事业规模持续萎缩，这些发展缓慢地区部分中等职业学校面临较为严峻的发展困境。

二是中等职业学校内部办学不够平衡，重招生轻教学问题比较普遍，规模、质量和效益三者矛盾突出，中等职业教育加快发展协调性不足，人才培养质量难以满足社会需要。

2. 教师队伍结构不合理已经成为制约发展的首要问题

一是存在结构性矛盾。就中等职业学校而言，受办学规模锐减影响，全省专任教师与在校学生比为1∶16，专业教师占专任教师的56.77%，总体结构较好，但专任教师中"双师型"教师仅占专任教师的22.18%，占专业教师的39.07%，达不到50%的最低要求。同时，专业教师在专业分布上不尽合理，部分专业的专业教师数量饱和，但一些专业的专业教师数量却严重不足。

二是专业课教师"入口"不畅。教育部门和职业学校没有用人自主权，市、县区人社部门对职业学校录用教师的调配政策一直沿用对普通中学教师调配模式，专业类大学毕业生到职业学校任教因为缺少教师资格证书，往往连报考资格都没有。而人社部门认可的具有教师资格证的高校，大多属于师范类院校，这些院校培养的大多属于文化基础学科学生，无法胜任职业院校专业课教学任务。此外，"入口"不畅也带来"出口"困难，一些无法胜任职业学校教学的教师调出难，学校缺乏办学活力。

3. 职业教育经费落实不到位，生均经费减少

多数市、县（区）没有设立职业教育专项经费；教育附加费用于职业教育的比例不低于30%的规定大部分地方没有落实；中等职业学校生均拨款5 000元标准基本没有落实；大部分职业教育专项资金在各级财政部门滞留时间较长，不能及时拨付使用，影响项目实施。

4. 中等职业教育人才培养质量不高

中等职业教育因为中高职衔接培养的实施，许多学校迎合考试政策，背离中职办学方向，忽视专业技能教学，学生实践能力水平不断下滑。职业教育人才培养质量的评价导向偏离办学应有坚持。中等职业学校毕业生专业性特点不突出，对口就业率有所下滑，反映中等职业教育人才培养的针对性不强，培养目标与岗位需求缺乏有效对接。2017 年陕西省中职教师在全国教学能力比赛中最好成绩仅有 1 名二等奖，学生参加全国职业院校技能大赛也仅有三项 5 人次获得二等奖，一等奖缺失反映中职人才培养质量远远落后于兄弟省份。

5. 中高职衔接政策不尽完善

2017 年，陕西省普通高等学校职业教育单独招生考试政策做出了调整，增加了技能测试，但由于专业技能作为一种资格考试，未纳入录取成绩总分，同时，由于技能测试由招生院校自主命题，绝大多数院校在考试内容的设计上并未与中等职业教育专业相对接，考试内容不合理，导致不少县级职教中心在课程安排上主要开设语文、数学、英语、计算机基础 4 门课程的问题没有从根本上扭转，相当多的中等职业学校不开或少开专业课程的现象普遍存在，职业教育特点不突出。

（二）改进措施

1. 巩固中等职业教育基础地位

切实落实党的十九大精神，进一步完善职业教育和培训体系，真正把中等职业教育纳入职业教育整体类型体系中最重要的基础地位去建设、去发展，给予更加重要的政策支持，从认识上纠正与扭转中等职业教育"过时论"和"无用论"的错误观念与看法；在行动上，加强各级教育行政部门政策引导和舆论导向引领，强化中等职业教育在高中阶段教育与职业教育类型中的基础性地位和作用，坚定发展信心，正确引导社会舆论，加强政策宣传，进一步发展和巩固好中等职业教育。

2. 推动以市为主政府统筹

推动各地成立以市教育局牵头、各县职教中心负责人参加的市级职教统筹委员会，统筹规划各县职教发展，指导职教中心办学；在职教中心统筹建设上，采取市县携手、共建共管的体制，按照"县区保运转，市上促发展"的原则，县级财政负责职教中心的教师工资和日常教育教学需要，市上利用省市职业教育专款，依据各职教中心发展实际需要开展专业设施和相关重要设施建设；在统筹专业设置上，依据各县经济结构、优势资源和传统强项优化，形成布局合理、特色鲜明、优势互补的区域专业发展体系；在统筹资源配置上，依据各职教中心专业调整需要，统筹调配市域内专业设备、专业教师等教育资源，避免专业设备和人员的闲置浪费，增强举办学校的专业实力。

3. 着力解决中等职业学校教师有关问题

要把中等职业学校师资队伍建设放在突出重要位置，确实解决专业教师结构性矛盾。一是建立健全专业教师数量质量考评制度。制定发展政策及评估指标体系时要把专任教师及专业教师作为一项硬性指标，实行"一票否决"。二是扩大学校用人自主权，放开放活专业教师准入政策，除部分文化课教师外，其他教师大量录用非师范类院校高学历和高能力毕业生、社会能工巧匠、企业专业技师、民间工艺传承人及有一技之长人员进入中等职业学校担任专业教师，这方面亟待政府部门出台相关政策措施。

4. 落实中等职业教育经费投入政策

建立中等职业教育经费来源长效机制，推行职业教育经费保障专项事务报告制度和问责制度，督促各地建立健全公共财政职业教育专款制度，开展中等职业学校生均拨款制度专项检查，落实专项经费地方配套政策，以及教育费附加用于职业教育不低于 30% 制度，加大公共财政对职业教育重大改革和薄弱环节的专项投入，引导社会特别是行业企业投入，适应职业教育办学规模和培养成本需求，尽快缩小中等职业学校与普通高中、普通高等学校事业费和公用经费差距。

5. 努力扩大中等职业学校办学规模

目前中职招生规模出现企稳回升势头，但增长缓慢，在招生上始终存在"一放就乱，一管就死"的现象，需要在中等职业学校招生政策上适当松绑，给予优惠倾斜。

一是将五年制高职计划全部用于实施"三二连读五年制高职"，由纳入高水平示范校建设计划的中职与区域内高职合作办学，实施五年制联合招生。允许高水平示范性中职学校跨区域、面向全省招生，并严禁各县区封锁生源信息；允许省级以上示范性中职学校跨省招生或开展跨区域联合招生，扩大省外生源，省、市教育行政部门要加强联合招生计划的审批管理，规范办学行为。

二是独立设置的高职院校不再安排五年制招生计划，将五年制高职招生计划全部用于开展"3 + 2"五年连读培养。

三是人口少，学校办学实力薄弱的部分县区中等职业学校不再开展学历教育招生，以全面开展短期职业技能培训业务为主。

四是统筹高中阶段招生计划，按照普通高中与中等职业教育招生规模大体相当要求下达招生计划并严格执行，严格落实普通高中学籍管理规定，普通高中不再超计划线下招生，给中职留下了一定的生源空间。

6. 提高教育教学质量

一是加强专业教学和技能培训。各中等职业学校要进一步加强专业建设，开齐开全专业课程，保证实训教学时间，突出职业教育特色，扭转升学教育倾向。

二是结合高等教育招生考试制度改革，尽快启动实施中职学生学业水平测试和综合素质评价工作。学业水平测试原则上分年级举办，测试科目应包括语文、数学、外语、德育四门公共基础课（二年级下学期），计算机基础（一年级下学期，机考），专业基础课程综合测试和专业技能考试（三年级下学期）。将学生学业水平测试及综合素质评价作为学生能否毕业并走上社会的重要依据，也是学生对口升学的主要依据。

三是全面开展中等职业教育教学工作诊断与改进。完善体制机制，建立诊改数字管理平台，加强自主诊改，落实市级检查指导，搞好省级诊改复核，全面推进中等职业教育质量年度报告制度，完善职业教育督导评估办法，健全行业、用人单位和第三方机构参与的质量评价机制，坚持开展办学质量评估并向社会公开。

来源：职业教育与成人教育处　陕西省教育科学研究院

陕西中等职业教育质量年度报告
（2019 年）

一、基本情况

（一）规模情况

1. 学校数量

2018 年，全省中等职业学校 234 所。其中，普通中等专业学校 29 所，中等师范学校 2 所，成人中等专业学校 3 所，职业高中学校（包括区县职教中心）200 所，附设中职班 48 所。近三年来由于全省中等职业学校进行资源整合，故学校数量有所减少，如图 2 - 1 - 1 和表 2 - 1 - 1 所示。

2018 年，全省普通高中 471 所，其中，完全制中学 198 所，高级中学 232 所，十二年一贯制学校 41 所，特殊教育学校 65 所，工读学校 1 所。

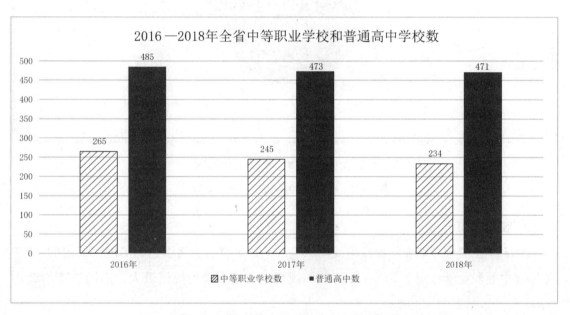

图 2 - 1 - 1　近三年全省中等职业学校、普通高中数变化

数据来源：《陕西教育事业统计年鉴（2016—2018）》

表 2 - 1 - 1　陕西省各地市中等职业学校数量分布情况

时间	地市											合计 /所
	西安	铜川	宝鸡	咸阳	渭南	延安	汉中	榆林	安康	商洛	杨凌	
2016 年	88	6	28	32	31	16	13	25	14	8	4	265
2017 年	77	5	27	32	29	14	12	25	12	8	4	245
2018 年	77	5	25	29	25	14	12	25	11	7	4	234

2. 在校生数

2018 年全省中等职业学校在校学生共 233 336 人，其中全日制学生 233 221 人，非全日制中职学生 115 人；普通中专学生 55 078 人，成人中专学生 428 人，职业中专学生 177 830 人，如图 2 – 1 – 2 所示。

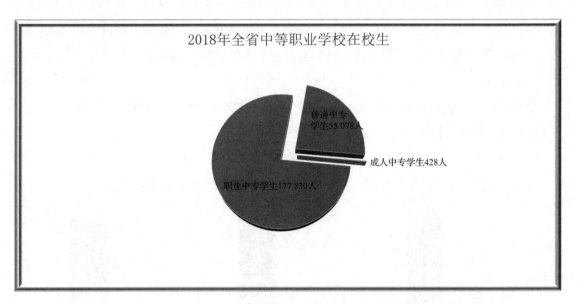

图 2 – 1 – 2　2018 年全省在校生构成

数据来源：《陕西教育事业统计年鉴（2018）》

3. 校均规模

2018 年全省中等职业学校校均规模 997 人，延安市、商洛市达到了国家规定的 1 200 人（《中等职业学校设置标准》）的校均规模，商洛市校均规模最大，连续三年均超过 1 700 人，如图 2 – 1 – 3 所示。

4. 类型办学情况

近三年来，全省民办中等职业学校的办学活力逐渐增强，如图 2 – 1 – 4 及表 2 – 1 – 2 和表 2 – 1 – 3 所示。

5. 全省各地市百万人口中接受中等职业教育学生占比

由于自然人口出生率下降，全省中等职业学校学生百万人口占比由 2017 年的 68% 下降到 2018 年的 60%，如图 2 – 1 – 5 所示。

（二）结构情况

1. 招生情况

2018 年全省中等职业学校共招生 82 498 人，普通高中招生 232 057 人，全省高中阶段

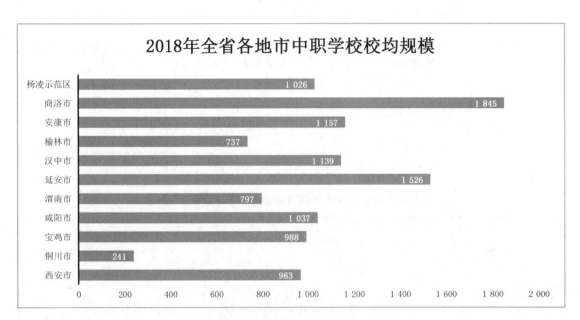

图 2 - 1 - 3　各地市 2018 年校均规模

数据来源：《陕西教育事业统计年鉴（2018）》

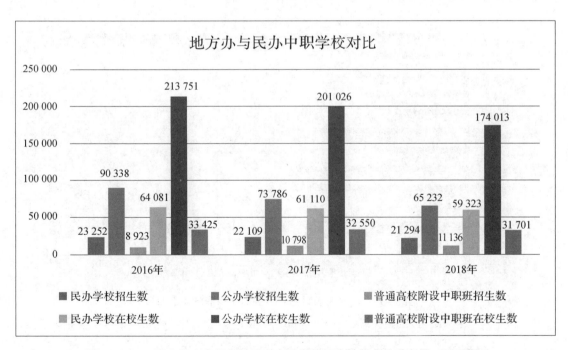

图 2 - 1 - 4　近三年全省民办与公办中职学校招生数和在校生变化（附彩插）

数据来源：《陕西教育事业统计年鉴（2016—2018）》

表 2 - 1 - 2　2016—2018 年陕西省各类中职学校招生数占比　　　　　%

时间	类别		
	民办学校招生数占比	公办学校招生数占比	普通高校附设中职班招生数占比
2016 年	19	74	7
2017 年	21	69	10
2018 年	22	67	11

数据来源:《陕西教育事业统计年鉴（2016—2018）》

表 2 - 1 - 3　2016—2018 年陕西省各类中职学校在校生数占比　　　　　%

时间	类别		
	民办学校在校生数占比	公办学校在校生数占比	普通高校附设中职班在校生数占比
2016 年	20	69	11
2017 年	21	68	11
2018 年	22	66	12

数据来源:《陕西教育事业统计年鉴（2016—2018）》

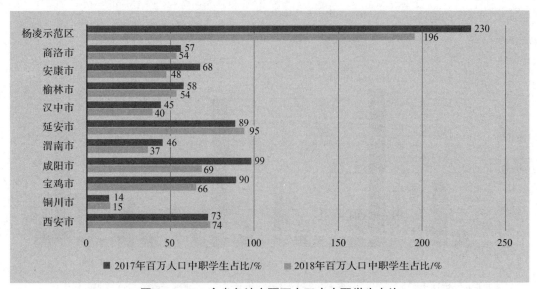

图 2 - 1 - 5　全省各地市百万人口中中职学生占比

数据来源:《陕西教育事业统计年鉴（2017—2018）》《陕西统计年鉴 2017—2018》

教育在校生职普比为 0.32，招生职普比为 0.36。由于生源减少，与 2016 年、2017 年相比，2018 年全省中等职业学校招生数有所减少。如图 2 - 1 - 6 所示。

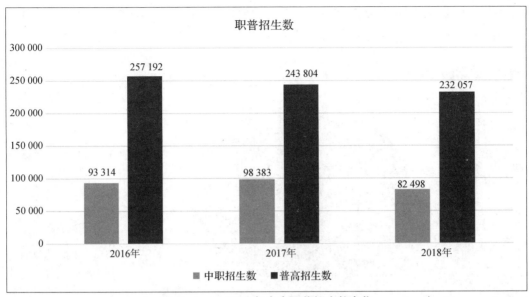

图 2 - 1 - 6 近三年全省职普招生数变化

数据来源：《陕西教育事业统计年鉴（2016—2018）》

2. 毛入学率

与 2016 年、2017 年相比，2018 年全省中等职业学校毛入学率有所降低，如图 2 - 1 - 7 所示。

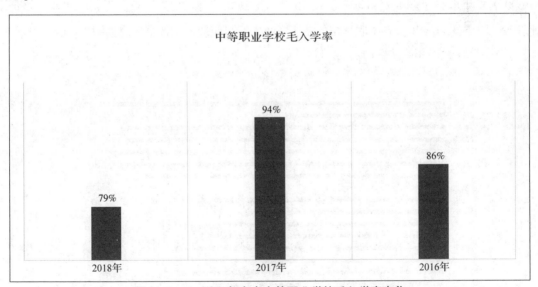

图 2 - 1 - 7 近三年全省中等职业学校毛入学率变化

数据来源：《陕西教育事业统计年鉴（2016—2018）》

3. 毕业生情况

2018 年全省中等职业学校毕业生共 84 877 人，除去 1 054 名其他各专业毕业生外，共有 16 个专业 83 823 名毕业生，其中信息技术类、加工制造类、交通运输类、教育类和医药卫生类专业学生最多，分别占21%、14%、14%、13%、12%，并且人数均超过10 000人，如图2-1-8所示。

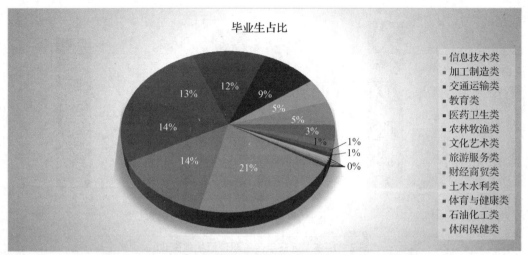

图2-1-8 2018年全省中职学校各专业毕业生数（附彩插）

数据来源：《陕西教育事业统计年鉴（2018）》

4. 毕业生获取资格证书情况

根据陕西教育事业统计年鉴，2018年全省中等职业学校毕业生总数为84 877人，其中63 690名学生取得了职业资格证书，占75%，与2016年和2017年毕业生获取职业资格证书比较大体持平。2018年全省中职学校各专业毕业生取得职业资格证书情况如图2-1-9所示。

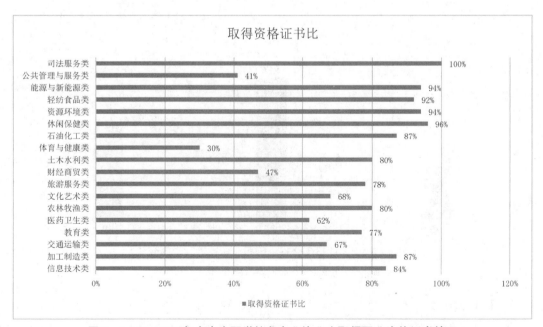

图2-1-9 2018年全省中职学校各专业毕业生取得职业资格证书情况

数据来源：《陕西教育事业统计年鉴（2018）》

5. 民办中等职业学校接近四成

2018 年全省共有民办中等职业学校 84 所，占全省中等职业学校的 36%，主要集中在西安、咸阳、渭南等市，如图 2 - 1 - 10 所示。

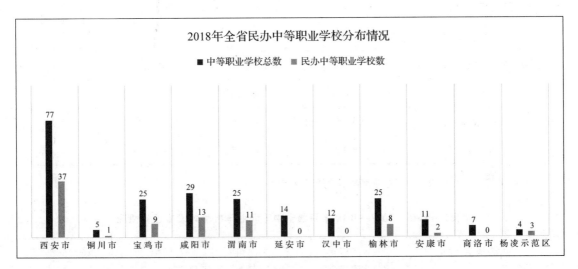

图 2 - 1 - 10　2018 年全省民办中等职业学校分布情况

数据来源：《陕西教育事业统计年鉴（2018）》

（三）设施设备

2018 年年底的数据显示，陕西省中等职业教育设施设备逐渐完善，实训基地、教学仪器设备配置、信息化教学等指标保持增长态势。全省中等职业具有学校产权的占地面积为 9 710 834.33 平方米，生均占地面积为 41.62 平方米，超过国家标准的生均 33 平方米；固定资产总值 701 083.61 万元，其中教学实训仪器设备资产值 138 027.53 万元，当年新增教学实训设备价值 10 890.94 万元，生均教学仪器设备值 5 915.40 元，同比 2017 年增长 8.93%，超过国家中等职业学校设置标准生均 3 000 元上限；纸质图书共计 7 699 219 册，当年新增 373 132 册，生均 33 册，同比上年增长 5.10%，超过国家标准的生均 30 册；计算机台数共计 145 937 台，其中教学用计算机 51 788 台，生均 0.22 台，超过国家标准的生均 0.15 台；网络信息化点数 36 445 个，其中无线接入 11 705 个，占 32.12%，上网课程 849 门，数据库 2 247 942 个，电子图书 434 161 册，音频视频资料 71 477.23 小时，2018 年接受过信息技术相关培训的专任教师 4 449 人次，信息化工作人员 1 469 人。2017—2018 陕西省中等职业学校办学条件情况的统计见表 2 - 1 - 4 和表 2 - 1 - 5。

表 2 - 1 - 4 2017—2018 年陕西省中等职业学校办学条件情况统计

项目	2017 年	2018 年	增减	增减幅度/%
占地面积/平方米	12 678 161.41	9 710 834.33	- 2 967 327.08	- 23.41
建筑面积/平方米	5 200 724.61	4 910 303.97	- 290 420.64	- 5.58
固定资产总值/万元	681 980.16	701 083.61	19 103.45	2.80
教学仪器设备资产值/万元	142 353.59	138 027.53	- 4 326.06	- 3.04
纸质图书/册	8 231 661	7 699 219	- 532 442	- 6.47
计算机台数/台	65 779	145 937	80 158	121.86
网络信息化点数/个	38 149	36 445	- 1 704	- 4.47

（数据来源：2017—2018 年陕西教育事业统计年鉴）

表 2 - 1 - 5 2017—2018 年陕西省中等职业学校生均设施设备情况

办学基本指标	2017 年	2018 年	增幅	设置标准
校均占地面积/平方米	25 402.03	25 535.48	5.25%	40 000 平方米
生均占地面积/平方米	48.37	41.62	- 13.95%	33 平方米
生均建筑面积/平方米	19.84	21.04	6.05%	20 平方米
生均教学仪器设备值/元	5 430.52	5 915.40	8.93%	2 500 ~ 3 000 元
生均纸质图书/册	31.4	33.0	5.10%	30 册
教学用计算机/[台·(百生)$^{-1}$]	20.11	22.2	10.39%	15 台/百生

（数据来源：2017—2018 年陕西教育事业统计年鉴）

（四）教师队伍

1. 基本情况

2018 年年底，全省中等职业学校有教职工 18 590 人，其中专任教师 14 047 人，专任教师占教职工数的 75.56%。专任教师中文化基础课教师 6 848 人，专业课、实习指导课教师 7 199 人。中等职业学校在校生 233 336 人，生师比为 16.61∶1，由于招生人数的下降，生师比与 2017 年的 18.77∶1 和 2016 年的 17.96∶1 相比，有了明显的下降。如表 2 - 1 - 6 及图 2 - 1 - 11 ~ 图 2 - 1 - 13 所示。

近三年来，全省中等职业学校"双师型"教师占专任教师比例逐年提高，但与国家规定的 30% 标准仍有一定的差距。

表 2 - 1 - 6　2017—2018 年年陕西省中等职业学校教师队伍基本情况

年份/年	教职工数/人	专任教师数/人	"双师型"教师数/人	生师比	专任教师中各科教师人数/人		
					文化课	专业课	实习指导课
2017	18 671	13 962	2 876	18.77∶1	6 694	6 405	863
2018	18 590	14 047	3 094	16.61∶1	6 848	6 255	944

（数据来源：2017—2018 年陕西教育事业统计年鉴）

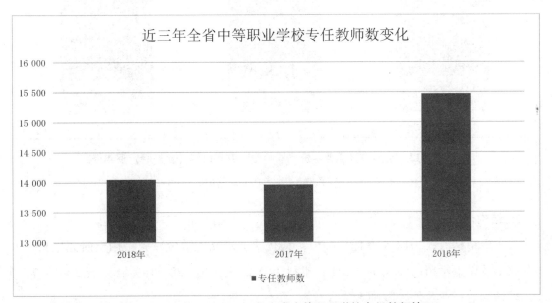

图 2 - 1 - 11　2016—2018 年全省中等职业学校专任教师情况

数据来源：《陕西教育事业统计年鉴（2016—2018）》

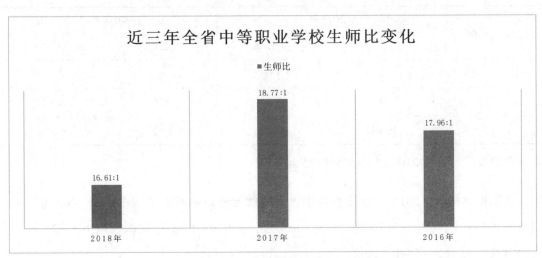

图 2 - 1 - 12　2016—2018 年全省中等职业学校生师比

数据来源：《陕西教育事业统计年鉴（2016—2018）》

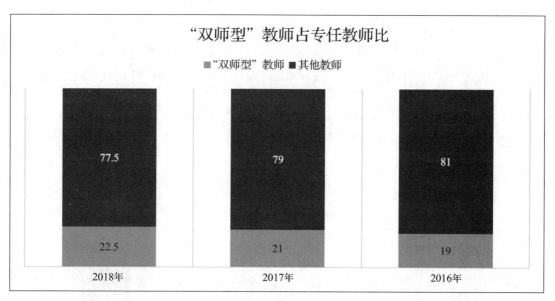

图 2 - 1 - 13　全省中等职业学校"双师型"教师比例（含外聘）逐年提高

数据来源：《陕西教育事业统计年鉴（2016—2018）》

2. 结构

从学历结构看，2018 年专任教师中，具有博士研究生学位 6 人，硕士研究生 958 人，具有硕士及以上学历的占比为 6.9%；本科 11 825 人，占比 84.18%，见表 2 - 1 - 7。另外，聘请企业行业及外校教师 657 人。

表 2 - 1 - 7　2017—2018 年陕西省中等职业学校教师学历结构情况

学历层次	2017 年		2018 年	
	人数/人	占比/%	人数/人	占比/%
博士研究生	8	0.06	6	0.04
硕士研究生	910	6.52	958	6.86
本科	11 612	83.17	11 825	84.18

（数据来源：2017—2018 年陕西教育事业统计年鉴）

从职称结构看，2018 年专任教师中，正高级专业技术职务人员 30 人，占比 0.21%；副高级 2 706 人，占比 19.26%；中级 5 889 人，占比 41.92%；初级及以下 5 422 人，占比 38.6%，见表 2 - 1 - 8。

表 2 - 1 - 8   2017—2018 年陕西省中等职业学校教师职称结构情况

职称	2017 年		2018 年	
	人数	占比	人数	占比
正高级	66	0.47%	30	0.21%
副高级	2 805	20.09%	2 706	19.26%
中级	5 644	40.42%	5 889	41.92%
初级	4 097	29.34%	3 946	28.09%
未评定	1 350	9.67%	1 476	10.51%

（数据来源：2017—2018 年陕西教育事业统计年鉴）

3. 专业教师结构分布

全省中等职业学校编制内专任教师 14 047 人，其中文化基础课教师 6 848 人，占 48.75%；专业课教师 6 255 人，占 44.53%；实习指导课教师 944 人，占 6.72%。2016—2018 年文化课教师与专业课及实习指导课教师比例分别约为 41∶59、47∶53、48∶52（见图 2 - 1 - 14），专业课、实习指导课教师占比有所下降。2018 年陕西省中等职业学校编制内专业课教师分布情况见表 2 - 1 - 9。

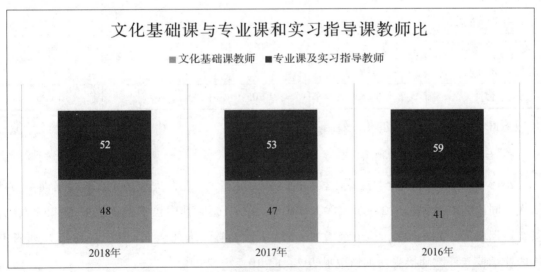

图 2 - 1 - 14   全省中等职业学校专业课教师比例

数据来源：《陕西教育事业统计年鉴（2016—2018）》

表 2 - 1 - 9   2018 年陕西省中等职业学校编制内专业课教师分布情况   人

专业大类	分科专业教师	普通中专	成人中专	职业高中
农林牧渔类	344	82	/	262
资源环境类	38	9	/	29

续表

专业大类	分科专业教师	普通中专	成人中专	职业高中
能源与新能源类	61	/	/	61
土木水利类	144	25	/	119
加工制造类	700	171	/	529
石油化工类	181	86	/	95
轻纺食品类	38	/	/	38
交通运输类	402	16	/	386
信息技术类	1 088	110	3	975
医药卫生类	538	246	/	292
休闲保健类	38	6	/	32
财经商贸类	251	115	4	132
旅游服务类	329	7	32	290
文化艺术类	656	140	/	516
体育与健康类	316	98	/	218
教育类	837	36	4	797
司法服务类	19	1	/	18
公共管理与服务类	96	16	/	80
其他	179	41	1	137
合计	6 255	1 205	44	5 006

（数据来源：2017—2018年陕西教育事业统计年鉴）

4. 专任教师接受培训情况

2018年全省中等职业学校专任教师的培训力度加大，实际完成各层次教师培训41 645人次，同比2017年增长22 067人次，增幅为112.71%。其中校本培训增加17 757人次，县级培训增加2 582人次，地市级增加1 523人次，省级增加987人次。2018年陕西省中等职业学校专任教师接受培训情况见表2-1-10。

表2-1-10　2018年陕西省中等职业学校专任教师接受培训情况

类型	合计/人	培训层次/人次				
		国家级	省级	地市级	县级	校级
总计	10 840	934	2 115	4 539	7 081	26 975
集中培训	/	227	955	3 342	4 984	22 842

类型	合计/人	培训层次				
		国家级	省级	地市级	县级	校级
远程培训	/	700	1 073	999	1 822	343
跟岗培训	/	7	87	198	275	3 790

（数据来源：2017—2018 年陕西教育事业统计年鉴）

二、学生发展

（一）立德树人

落实立德树人根本任务，结合职业教育人才培养的特点，努力践行社会主义核心价值观。通过课程教学、实习实训、学校管理、校园文化、志愿服务、职业指导、心理辅导等全面落实《中等职业学校德育大纲（2014 年修订）》。积极推进中等职业学校"文明风采"活动的开展，丰富德育实践活动，推进课程育人、文化育人、实践育人、活动育人；加强班主任专业能力提升，继续开展专业能力研学比赛，提高班主任整体育人水平；同时，挖掘德育资源，积极探索具有地域特色和中职特点的德育课程模式，德育教育序列化，取得一定成效。

1. 推进"文明风采"，展示中职生风采

根据《关于印发〈第十四届全省中等职业学校"文明风采"竞赛活动方案〉的通知》，各地市和中等职业学校积极开展"文明风采"竞赛活动，经过学校初赛、市级预赛，共推荐 5 436 件作品参加省级复赛。经专家评审，共评出一等奖 282 名、二等奖 815 名、三等奖 1 086 名、优秀奖 1 619 名、优秀指导教师奖 538 名、优秀组织奖 22 个，并选送 113 件作品参加全国中等职业学校文明风采优秀作品展示，陕西省电子信息学校等 3 所学校的学生作品在全国文明风采优秀作品展上展示。2018 年 4 月，陕西省教育厅发文对获奖单位、选手和优秀指导教师予以表彰。6 月 23 日，由陕西省教育厅主办，陕西工业职业技术学院承办、陕西省教育科学研究院协办的全省第十四届中等职业学校文明风采竞赛优秀作品展演活动成功举行，全省展演尚属首次，反响热烈，充分展示了近几年"文明风采"活动成效和中职学生精神风貌。省教育厅领导到会并发表讲话，充分肯定了近年来组织举办学生竞赛活动对加强中等职业学校德育工作，促进人才培养质量提升所做出的积极贡献。

2. 加强班主任专业能力提升，提高班主任育人水平

把班主任能力提升作为中职立德树人质量推进的着力点，是全省中职德育探索和研讨的主题。2018年11月28—30日，"陕西省中等职业学校德育研讨会暨第二届班主任专业能力研学提升活动"在城固举办，活动由陕西省教育科学研究院主办、陕西省中职德育教学研究中心组理事会和汉中市教育局协办，城固县教育局、城固县职业教育中心承办，省教育厅职成处领导出席本次活动并发表重要讲话，全省160多所中职学校分管校长参加研讨活动，35位班主任参加了专业能力研学比赛，5位班主任获得一等奖。与会专家学者及各市县优秀班主任所带来的主题报告和经典案例，得到了广泛分享和传播。城固县职业教育中心向与会代表们展示了校园思品文化、经典红色文化、中国传统文化等诸多元素构筑起来浓郁的以德育人的校园文化氛围，并以"德技双馨 丝路追梦"为主题，推送了一场"城固县职教中心德育成果汇报展演"。

3. 结合地域文化，打造特色德育模式

岐山县职业技术教育中心秉承"立德树人，德育为先"的教育理念，挖掘德育资源、更新德育思路，开创一条"周礼文化进校园"的德育模式。以"亲近国学经典，传承周礼文化，提高人文素养"为主题的经典诵读进课堂活动，把国学经典诵读设为学生的必修课。每天第一节课为国学经典诵读课，每周前四天以班为单位组织诵读，周五早操在教学楼前进行全校集中诵读，月月有主题，周周有活动，让学生享受读书的乐趣，感悟经典文化的魅力，潜移默化，完善人格，增强民族自信心和自豪感，促进学生核心素养的全面发展。在传承优秀周礼文化中不断创新，逐步形成了"以德治校、改革活校、教研兴校、特色立校、质量强校"办学理念，实施雅言、雅行、雅思、雅量、雅趣、雅致为主要内容的周礼优秀文化传承。积极推进1166德育教育模式，即通过构建一个载体丰满的德育体系，打造一支专兼结合的德育团队；开展理想信念、社会主义核心价值观、传统文化、生态文明、心理健康、人文素养六项教育；实施形式多样的课堂育人、文化育人、活动育人、管理育人、实践育人、协同育人的六大育人工程，走出了一条特色发展的德育之路。在承办全省中职学校德育研讨会暨首届班主任基本功选拔赛期间，岐山县职业技术教育中心"周礼文化进校园"德育主题活动成果展演得到与会成员的一致好评。

陈仓区职业教育中心，根据学生自身实际情况，制定了"围绕社会主义核心价值观教育这一主线，抓住学生行为习惯养成教育和心理健康教育两个重点，建设班主任、教官、学生干部三支队伍，努力提高学生思想道德、文化礼仪、专业技能和身心成长四个方面素质"的德育工作思路。深入开展传统文化教育、红色文化教育，创新思政课教学形式，开展德育序列化教育工作，全方位实现课堂蕴德、文化润德、读书养德、教育明德活动。每天早操后坚持诵读《弟子规》《论语》等国学经典；采取引进来、走出去的原则，持续开展革命传统教育；每周二、周四晚自习，对全校学生开展以"明德教育"为主线的德育序列化教育工作，先后开展"感恩教育""我们的节日""如何做一个高品质的淑女""做一个自信的人""沟通的艺术""九九重阳节，浓浓爱国情""爱护公共财物""了解青春期烦恼，做快乐阳光女孩""学习'时代楷模'，传承爱国精神"等教育活动。

（二）劳动教育

劳动教育是中等职业教育彰显自身特点和引领办学方向的必然载体，更是学生健康发展、适应社会生活的重要基础。全省中等职业学校坚持教育与生产劳动相结合，遵循职业教育规律，培养学生职业道德和职业技能，积极构建劳动教育课程体系，除专业实习、实训外，开展劳动精神、劳模精神、工匠精神等专题教育，不断创新劳动教育方法和组织形式，激发学生以实习实训为载体的"做中学，学中做"兴趣，激活学生内在的劳动需要和动力，增强学生的劳动意识。

1. 劳动教育进课堂，增强劳动意识

商洛市镇安县职业教育中心将劳动教育与实习实训教学、学生社团活动结合起来，制订计划，确立目标，设计形式，以参观领悟、实践体验、集体培训、手工制作等活动，涵盖了日常生活劳动、生产劳动和服务性劳动，有效增强了学生尊重劳动、热爱劳动的意识，使学生在流汗中感受劳动的内涵、在出力中领会劳动的技能、在过程中懂得劳动的崇高。

2. 劳动教育进校园，养成行为习惯

陈仓区职业教育中心对学生实行准军事化管理，从日常行为习惯养成着手，培养学生良好的行为习惯、劳动意识。学习军队内务，实行统一标准化内务管理，严格宿舍内部管理；推行宿舍卫生打扫制度，门庭、楼道、宿舍、楼梯、厕所轮流打扫，实行星级标准，培养学生劳动观念。在实行准军事化管理以来，优势明显，管理水平不断提高，学生的文明意识、生活能力、卫生习惯和劳动观念得到普遍改善，纪律意识也得到了明显提高。

3. 劳动教育进社区，展示职教风采

汉中市以"职业教育活动周"为契机，组织开展职业体验、发展成果展示、爱心志愿服务等活动，在宣传职业教育的同时，对学生进行了很好的劳动教育。勉县职业教育中心充分利用和发挥自身资源优势，组织师生走上街头、走进社区，开展家用小电器维修、汽车四液检查、汽车故障诊断、计算机维修等多项惠民服务和办学成果展演活动，让学生在劳动中增强获得感，展示中职生风采。宁强县职业教育中心邀请了该校荣获2018 年全国第五届"TCL 希望工程烛光奖（创新奖）"和"马云乡村教师奖"的原幼教专业毕业生张翠琴回校作专题讲座，分享专业成长体会，培养学生奋斗、创新、奉献的劳动精神；举办"便民服务志愿者"活动，组织学生志愿者到县养老院进行了送温暖慰问服务；组织学生走进校企合作企业，了解专业人才需求规格，体验实际岗位的工作流程和职责要求。

（二）综合素质

根据各市区教育行政部门报送的中等职业教育质量报告，2018 年全省中等职业学校毕业生文化课合格率为 93.40%，相比 2017 年的 94.59% 略有下降；体质测评合格率为94.41%，相比 2016 年的 95.54% 下降了 1.13%；毕业生取得资格证书率为 75.04%，与2016 年和 2017 年相比有所下降。如图 2 - 2 - 1 所示。

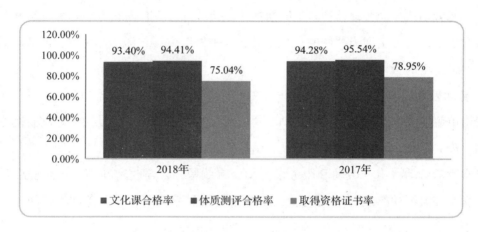

图 2 - 2 - 1　2017—2018 年文化课、体质测评合格率及获取职业资格证书比例（附彩插）

（数据来源：各市区中等职业教育质量报告，2017—2018 年陕西省教育统计年鉴）

中职学生的综合素质是中职学校办学质量的重要指标。全省中等职业学校以校园文化建设为引领，以建设学校思政团队和提升班主任能力为支点，以发展校园社团组织为抓手，通过技能大赛、文明风采、经典诵读活动等平台，推动素质教育延伸到技能实训、社团活动、宿舍管理、第二课堂等各个校园活动中，注重学生文化素养、科学素养、综合职业能力和可持续发展能力的培养，进一步促进学生综合素质的全面提升。

2018 年，由陕西省教育科学研究院主办的陕西省中等职业学校"爱我中华 魅力职教"经典诵读活动，得到了全省中等职业学校的积极响应，在 5 个月的时间里，各地市推荐提交学生作品 66 件、教师作品 43 件，经过省级复核、网络投票、专家评审，评选出 8 个一等奖、13 个二等奖、19 个三等奖，6 名教师获"优秀指导教师"。12 月 7 日，获得一等奖的 8 个作品在全省中职语文教学改革研讨会上展演，集中展示中华经典诵读活动成果。活动取得很好的社会效果，营造了传承中华优秀文化、展示中职学子风采的良好氛围，切实增强了职教文化自信。

商洛市镇安县职业教育中心以"创新'文明风采'活动，夯实中职德育基础"为主题，把"文明风采"活动作为丰富校园文化生活、提升学校办学内涵的重要举措，与共青团活动、省级文明校园创建活动、书香校园建设有机结合起来，进一步改进活动组织形式，将过去的阶段性学生竞赛活动变为全校广泛开展的常态化德育实践活动，使"文明风采"活动与日常德育工作相统一，引导全体学生参与，让每位中职生在校期间至少进入一次爱国主义教育基地、加入一个学生社团、发展一项兴趣爱好、参加一次竞赛竞技、参与一项志愿服务、展示一项才艺特长，促使学生综合素质的全面提升，提升学校的育人效果。

（四）技术技能

根据各地市质量年度报告对中等职业学校学生专业技能水平测试抽样显示，2018 年学生专业技能合格率为 96.47%，较 2017 年提升 1.47%。中等职业学校通过对接省、市技能大赛，在校内广泛开展学生技能训练和赛事活动，同时以学生社团建设为抓手，以开展活动为载体，以提高学生综合素质为目的，搭建平台，促使学生专业技能和文化素养的全面提升。

"普通教育有高考、职业教育有大赛"，举办中等职业学校学生技能大赛是引领教学改革、提高教育质量、打造"大国工匠"的重要举措。2018 年陕西省中等职业学校学生技能大赛于 3 月 12 日至 23 日在西安、宝鸡、咸阳、渭南 4 个市的 12 个赛点学校完成了 43 个项目的竞赛。参加此次技能大赛的共有 15 个市（区、县）的 110 所中等职业学校、省属 14 所中等职业学校和 27 所技工学校的 1 757 名选手，经过激烈的角逐和技能比拼，共评选出一等奖 183 名、二等奖 346 名、三等奖 523 名，优秀指导教师奖 136 名，优秀组织奖 12 名，特别贡献奖 2 名。2018 年全国职业院校技能大赛于 5 月 6 日至 6 月 30 日在天津等主（分）赛区分别举行，陕西省推荐 171 名选手参加了 26 个中职组常规赛项的比赛，经过参赛学校、选手和指导教师的共同努力，取得 9 项二等奖和 15 项三等奖的成绩，国赛获奖选手人数及奖项等次都较 2017 年有所提升，二等奖较 2017 年增加 6 项。通过大赛，有效检验和促进了中职学校的教学水平，改善了教学改革和实训条件，充分展示了中等职业教育教学改革发展的成果，给师生以学习交流的机会和施展才能的空间，促进校际之间、校企之间的相互了解、交流和合作，营造全省中等职业教育内外发展的良好氛围。

（五）就业质量

1. 毕业生就业总体情况

根据陕西省教育厅发布的《2018 年陕西省中等职业学校毕业生就业情况分析报告》显示，2018 年全省教育系统中等职业学校统计上报的毕业生共 61 925 人，就业人数 60 766 人，就业率为 98%，其中直接就业人数 33 042 人，平均对口就业率为 69.7%。与 2017 年相比，毕业生总数减少，就业人数增加，就业率提高 3%，对口就业率下降 5.3%。

2. 就业去向分布情况

到机关和企事业单位就业的人数为 19 863 人，占就业人数的 32.69%；合法从事个体经营的毕业生数为 5 511 人，占就业人数的 9.07%；通过其他方式就业人数为 7 668 人，占就业人数的 12.62%；升入各类高一级学校的人数为 27 724 人，占就业人数的 45.62%。相比 2017 年，到机关、企事业单位就业及合法从事个体经营的毕业生人数逐年减少，升入各类高一级学校的毕业生人数增加，升入各类高一级学校的比例接近一半，如图 2 - 2 - 2 所示。

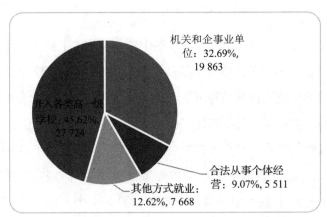

图 2 - 2 - 2 2018 年陕西省中等职业学校毕业生就业去向分布

（数据来源：2018 年陕西省中等职业学校毕业生就业分析报告）

3. 直接就业学生情况

（1）就业产业分布情况。2018 年从事第一产业的毕业生数为 1 826 人，占直接就业人数的 5.5%；从事第二产业的毕业生数为 9 442 人，占直接就业人数的 28.6%；从事第三产业的人数为 21 774 人，占直接就业人数的 65.9%。

2017 年从事第一产业的人数为 3 000 多人，占直接就业人数的 9.98%；从事第二产业的人数为 10 000 多人，占直接就业人数的 30.01%；从事第三产业的人数为 20 000 多人，占直接就业人数的 60.01%。

2018 年与 2017 年相比，从事第一产业人数的比例从 9.98% 下降到 5.5%，下降 4.48%；从事第二产业人数的比例大体持平；从事第三产业的人数大幅增加，2018 年从事第三产业人数比例已经达到了 65.9%，比 2017 年提高 5.89%，表明中等职业学校毕业生在第一产业就业比例有所下降，在第三产业就业成为主阵地。

（2）就业地域分布情况。在本省就业的毕业生数为 18 514 人，占直接就业人数的 56.0%；到异地就业的人数为 14 501 人，占直接就业人数的 43.9%；到境外就业的人数为 27 人，不到就业人数的 0.1%。与 2017 年相比，到异地就业人数比例有所增加，从 39.16%增加到 43.9%。

（3）就业地点分布情况。在城区就业的毕业生数为 26 938 人，占直接就业人数的 81.5%；在镇区就业的人数为 5 331 人，占直接就业人数的 16.2%；在乡村就业的人数为 773 人，占直接就业人数的 2.3%。城区是中职毕业生就业的主要选择地，从 2014—2017 年的 75%左右增加到 2018 年的 81.5%，乡村就业比例继续减少，从 2017 年的 6.07%下降到 2.3%。

（4）就业渠道情况。通过学校推荐就业的人数为 25 526 人，占直接就业人数的 77.3%；通过中介介绍就业的人数为 2 985 人，占直接就业人数的 9.0%；通过其他渠道就业的人数为 4 531 人，占直接就业人数的 13.7%。

（5）就业合同情况。直接就业的毕业生就业合同签订情况如图 2－2－3 所示，有 31 958 名就业学生签订了劳动合同，占直接就业人数的 96.7%。其中签订 1 年及以内期限就业合同的人数为 15 549 人，占直接就业人数的 47.0%；签订 1～2（含）年期限就业合同的人数 9 894 人，占直接就业人数的 29.9%；签订 2～3（含）年期限就业合同的人数为 4 480人，占直接就业人数的 13.6%；签订 3 年以上期限就业合同的人数为 2 035 人，占直接就业人数的 6.2%。

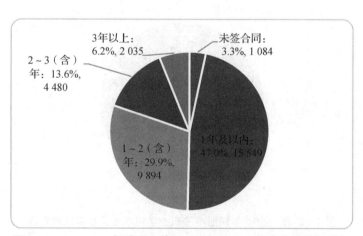

图 2－2－3　2018 年陕西中等职业学校毕业生就业合同签订情况

（数据来源：2018 年陕西省中等职业学校毕业生就业分析报告）

（6）起薪情况。直接就业的毕业生起薪情况如图 2－2－4 所示。起薪 1 000 元/月及以下的人数为 101 人，占直接就业人数的 0.3%；1 001～1 500 元/月的人数为 2 144 人，占直接就业人数的 6.5%；1 501～2 000 元/月的人数为 6 243 人，占直接就业人数的 18.9%；2 001～3 000 元/月的人数为 12 941 人，占直接就业人数的 39.2%；3 000 元/月以上的人数为 11 613 人，占直接就业人数的 35.1%。

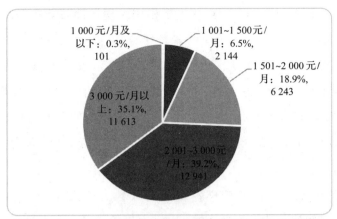

图2-2-4　2018年陕西中等职业学校毕业生就业起薪情况

（数据来源：2018年陕西省中等职业学校毕业生就业分析报告）

（7）社会保险情况。直接就业的毕业生社会保险情况如图2-2-5所示。没有社保的人数为4 228人，占直接就业人数的12.8%；享有三险的人数为9 937人，占直接就业人数的30.1%；享有五险的人数为8 188人，占直接就业人数的24.8%；享有三险一金的人数为4 823人，占直接就业人数的14.6%；享有五险一金的人数为5 866人，占直接就业人数的17.7%。

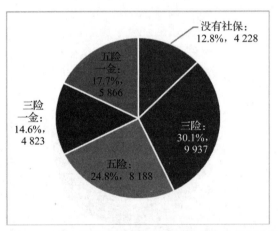

图2-2-5　2018年陕西中等职业学校毕业生社会保险情况

（数据来源：2018年陕西省中等职业学校毕业生就业分析报告）

（8）就业满意度情况。毕业生中就业满意度调查"无法评估""不满意""比较满意""满意""非常满意"的人数分别为7 468人、766人、12 199人、25 766人、15 726人，分别占毕业生总数的12.1%、1.2%、19.7%、41.6%和25.4%。

4. 各专业大类就业情况

根据教育部《中等职业学校专业目录（2010年修订）》划分的19个专业类别标准，2018年全省中等职业学校毕业生在19个专业大类的就业情况见表2-2-1。

表 2 - 2 - 1　2018 年陕西省中等职业学校毕业生就业情况分布　　　人

专业类别	毕业生数	就业人数	对口就业人数
农林牧渔类	1 742	1 676	1 372
资源环境类	338	338	296
能源与新能源类	213	211	121
土木水利类	816	801	534
加工制造类	7 804	7 728	4 924
石油化工类	608	608	165
轻纺食品类	355	349	320
交通运输类	7 509	7 409	6 576
信息技术类	12 297	12 114	7 844
医药卫生类	10 463	10 090	6 474
休闲保健类	149	148	147
财经商贸类	3 143	3 118	2 299
旅游服务类	3 424	3 406	3 022
文化艺术类	2 884	2 788	1 848
体育与健康类	819	708	494
教育类	7 172	7 099	5 241
司法服务类	58	58	0
公共管理与服务类	661	653	404
其他	1 470	1 464	1 072
合计	61 925	60 766	43 153

（数据来源：2018 年陕西省中等职业学校毕业生就业分析报告）

从毕业生数看，2018 年信息技术类专业毕业生人数最多，为 12 297 人，占毕业生总数的 19.9%；其次是医药卫生类，毕业生人数为 10 463 人，占毕业生总数的 16.9%；毕业生人数最少的是司法服务类，毕业生人数 58 人，不到毕业生总数的 0.1%。

从就业学生数量看，信息技术类专业毕业生就业人数最多，为 12 114 人，占就业学生总数的 19.9%；其次是医药卫生类，毕业生就业人数为 10 090 人，占就业学生总数的 16.6%；毕业生就业人数最少的是司法服务类，就业人数少于毕业生就业总数的 0.1%。具体情况如图 2 - 2 - 6 所示。

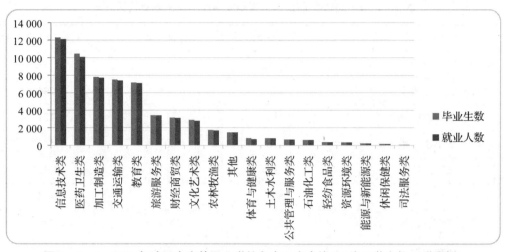

图 2 – 2 – 6   2018 年陕西省中等职业学校各专业大类毕业/就业学生数（附彩插）

（数据来源：2018 年陕西省中等职业学校毕业生就业分析报告）

2018 年陕西省中职学校毕业生平均就业率为 98.0%，其中资源环境类、石油化工类、司法服务类、旅游服务类、休闲保健类、财经商贸类、能源与新能源类就业情况较好，就业率均在 99% 以上，就业率最低的是体育与健康类专业，为 86.4%。具体情况如图 2 – 2 – 7 所示。

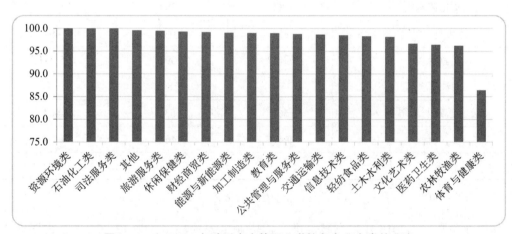

图 2 – 2 – 7   2018 年陕西省中等职业学校各专业大类就业率

（数据来源：2018 年陕西省中等职业学校毕业生就业分析报告）

从对口就业率看，全省平均对口就业率为 69.7%。其中，休闲保健类毕业生对口就业率最高，为 98.7%；轻纺食品类、旅游服务类、交通运输类、资源环境类 4 个大类专业毕业生对口就业率均高于 80%；能源与新能源类、石油化工类、司法服务类对口就业率低于 60%，其中司法服务类对口就业率为 0。具体情况如图 2 – 2 – 8 所示。

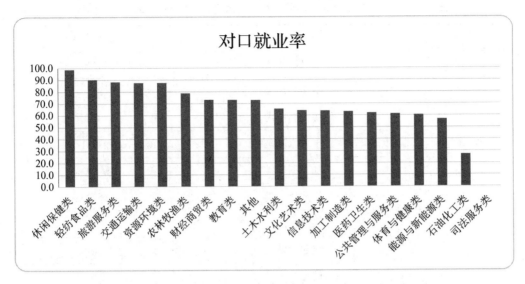

图 2 - 2 - 8　2018 年陕西省中等职业学校各专业大类对口就业率

（数据来源：2018 年陕西省中等职业学校毕业生就业分析报告）

5. 毕业生就业特征分析

（1）毕业生总数持续减少。由于近年来陕西省中职学校招生人数持续下降，导致毕业生人数逐年减少。2018 年陕西省中等职业学校毕业生为 61 925 人，比 2017 年减少近 2 000 人。

（2）毕业生向第三产业转移。2018 年直接就业的学生中，65.9% 的学生进入第三产业就业，比 2017 年高 5.9%；进入第一产业和二产业的毕业生数分别占直接就业学生数的 5.5% 和 28.6%，分别比 2017 年低 4.5% 和 1.4%。

（3）毕业生待遇和保障水平稳步提高。2018 年直接就业的学生中，起薪在 2 000 元以上的学生占总数的 74.3%，比 2017 年高出 10.6%；社会保险覆盖的毕业生占直接就业人数的 87.2%，比 2017 年高出 6.9%。

三、质量保障措施

（一）专业建设

1. 专业布局

根据《陕西省"十三五"发展规划》和省内经济与社会发展形势，陕西省动态调整 2018 年三大产业各专业大类招生人数，招生总数为 77 714 人，为省内经济与社会发展提供人力资源保障。招生情况详见表 2 - 3 - 1。

表 2 – 3 – 1　2018 年全省中等职业教育三大产业 19 个专业大类招生情况　　人

产业	专业大类名称	招生人数
第一产业	农林牧渔类	2 710
第二产业	资源环境类	391
	能源与新能源类	374
	土木水利类	1 081
	加工制造类	9 092
	石油化工类	672
第三产业	轻纺食品类	231
	交通运输类	12 396
	信息技术类	19 519
	医药卫生类	7 841
	休闲保健类	224
	财经商贸类	3 497
	旅游服务类	4 051
	文化艺术类	4 614
	体育与健康类	858
	教育类	8 653
	司法服务类	/
	公共管理与服务类	423
其他		1 087
合计		77 714

（数据来源：2017—2018 年陕西教育事业统计年鉴）

　　通过数据分析可知，信息技术类、交通运输类、加工制造类、教育类、医药卫生类 5 个专业大类的规模较大，其中信息技术类人数占总数的 25%，交通运输类占总数的 16%，加工制造类占总数的 12%，教育类占总数的 11%，医药卫生类占总数的 10%，司法服务类暂停招生，专业格局与陕西省经济社会发展相匹配。

　　2018 年，中等职业学校在校生在 19 个专业大类中，规模排在前 5 的专业大类依次是信息技术类、交通运输类、加工制造类、教育类、医药卫生类，分别占总人数的 24.94%、15.82%、12.39%、11.59%、10.34%，与 2017 年学生分布基本相同。其中信息技术类专业中主要是准备参加普通高等学校职业教育单独招生的学生，在县级职教中心中居多；

交通运输类专业中主要是轨道交通专业学生；医药卫生专业中主要是与高等职业学校联办的护理专业学生；教育类专业中主要是学前教育专业学生。排名靠后的 5 个专业大类分别是司法服务类、轻纺食品类专业、公共管理与服务类、能源与新能源类、资源环境类。

2017—2018 年陕西省中等职业学校分专业大类在校生情况见表 2 - 3 - 2。

表 2 - 3 - 2　2017—2018 年陕西省中等职业学校分专业大类在校生情况

专业大类	2017 年本专业在校生数/人	2017 年本专业在校生所占比例/%	2017 年本专业规模排名情况	2018 年本专业在校生数/人	2018 年本专业在校生所占比例/%	2018 年本专业规模排名情况
农林牧渔类	15 625	5.96	6	10 573	4.53	8
资源环境类	747	0.28	17	742	0.32	15
能源与新能源类	781	0.30	16	714	0.31	16
土木水利类	3 846	1.47	11	3 315	1.42	10
加工制造类	36 164	13.80	3	28 919	12.40	3
石油化工类	2 019	0.77	13	1 783	0.77	13
轻纺食品类	862	0.33	15	569	0.25	18
交通运输类	38 856	14.82	2	36 908	15.82	2
信息技术类	60 092	22.92	1	58 196	24.94	1
医药卫生类	28 044	10.70	5	24 136	10.34	5
休闲保健类	1 160	0.44	14	823	0.35	14
财经商贸类	9 614	3.67	9	9 381	4.02	9
旅游服务类	11 765	4.49	8	10 847	4.65	7
文化艺术类	12 716	4.85	7	12 536	5.37	6
体育与健康类	2 985	1.14	12	3 089	1.32	11
教育类	29 489	11.25	4	27 054	11.59	4
司法服务类	400	0.15	18	0	0.00	19
公共管理与服务类	375	0.14	19	662	0.28	17
其他	6 596	2.52	10	3 089	1.32	12
合计	262 136			233 336		

（数据来源：2017—2018 年陕西教育事业统计年鉴）

2. 专业调整

2018 年省教育厅出台《中等职业学校专业设置管理办法》，严格按照《中等职业学校专业目录》设置调整专业，通过教育部职业教育专业信息平台，扩大了学校专业设置自主权，对企业真正参与建设的新专业一律备案；对没有企业实质性参与的老旧企业，分步淘汰。经各市（区）上报，省教育厅审核公布了具有学历教育招生资质的中等职业学校名录和招生专业表。据各市区县中职质量年报统计，2018年全省严格按照《中等职业学校专业目录》调整、设置专业，根据《中等职业学校专业设置管理办法（试行）》，积极配合教育部参与《中等职业学校专业目录（2010）》修订工作，增补新专业。陕西省安康市白河县职业技术教育中心开设增补新能源汽车、护理、机械加工技术3个省级示范专业，以示范、品牌专业为核心，形成了对接产业发展的信息技术、加工制造和现代服务类专业群；安康市高新中等职业学校新增工业机器人专业；神木市职业技术教育中心开设增补航空服务、飞机维修专业；洛南县职教中心增设了城市轨道运营与管理（高铁乘务方向）和城市轨道交通供电专业；商南县职教中心新开设增补茶叶生产与加工、高铁服务、工业机器人、计算机平面设计、中医美容5个专业；宝鸡市金台区4所中等职业学校调整推出美容美体、老年人服务与管理、客户信息服务、家政与社区服务4个新专业；高陵职教中心新开设有广播影视节目制作专业；西安旅游职业中等专业学校新开设计算机动漫与游戏制作（与达内集团联办）和美容美体（与"花之吻"美容企业联办）两个专业，等等。

3. 骨干专业建设

陕西省中等职业学校普遍重视专业设置，分别根据学校历史沿袭、师资状况、区域产业经济发展等自身实际科学合理地开设专业。

陕北、关中、陕南分别对接区域产业经济发展进行骨干特色专业建设。

陕北地区各中职学校利用煤炭、石油、天然气等能源丰富的区域优势，设置了能源化工机电类专业群，包括采矿技术、化学工艺、化工机械与设备、机电技术应用、火电厂热力设备运行检修、矿山机电6个专业；根据当地农业特色设置现代特色农业群，包括农业生产技术、现代农艺技术、果蔬花卉生产技术等8个专业。

关中地区各中职学校围绕当地产业发展现状，针对性地开设骨干特色专业：眉县职业教育中心依据本县打造"中国砖机城"建设目标与太白山旅游开发需要，开发了机械加工和旅游服务专业；陈仓职业教育中心依托市域物流中心有利条件，开设物流专业，并根据吉利汽车宝鸡公司需要，开设汽车维修专业和机械加工专业；千阳县职业中专凭借"工艺美术之乡"的优势，开设服装设计和织绣专业；麟游县职业教育中心为适应本地煤矿企业技术工人培训需求，开设采矿专业。在合理设置专业的基础上，宝鸡市中职学校整体生源状况不断趋好，一些学校紧贴市场和产业结构，动态调整学校专业设置：高陵职教中心新开设广播影视节目制作专业；西安旅游专业中专与达内集团联合办学，新开设计算机动漫与游戏制作专业，与"花之吻"美容企业联办美容美体专业，等等。

陕南地区部分中等职业学校在巩固原有骨干精品专业基础上，打造了一批较有地域特色的专业：紫阳县职教中心设置了茶叶生产与加工专业，已建成 3 个校企合作实训基地，为县域茶业经济发展培养人才；汉阴县借助"陕菜之乡"名片，依托职教培训和富硒美食两大资源，将烹饪专业作为职教中心精品专业；石泉县职教中心依托"秦巴水乡 石泉十美"旅游招牌，在强化旅游服务与酒店管理传统专业的基础上，围绕产业发展趋势，推进新兴专业建设，与上海万家物流有限公司合作打造物流专业。

（二）质量保证

1. 开展陕西省中等职业学校教学改革现状调研

2018 年 9 月，陕西省教育科学研究院牵头开展了"陕西省中等职业学校教学改革现状调查"课题研究，对全省各地市及省直属中专学校的教学改革整体情况进行了实地考察调研，并选取有代表性的中职学校及相关校企合作企业，以深化教学改革为主题进行了深度研究，主要围绕生源状况、省市校对教学改革整体部署情况、德育工作、文化基础教育、专业设置、中高职人才培养衔接、校企合作、产教融合、课程改革、教学规范管理、教师培养培训、信息化教学、研究能力等方面展开调研，全面细致地审视了各地市及省属中职学校教学改革的现状，总结了全省中等职业学校教学改革的主要成效，也发现了普遍存在的主要问题，提出相应的对策建议，并起草了《陕西省关于加强中职学校教学改革的实施意见》。

2. 积极推进教学工作诊断与改进工作

不断深化中等职业教育教学改革，深入实施中等职业学校教学诊断与改进工作，全面提高中等职业学校人才培养质量。根据教育部《中等职业学校教学工作诊断与改进指导方案（试行）》，结合陕西实际，省教育厅制定并印发《陕西省中等职业学校教学工作诊断与改进规划及实施方案》（陕教职办〔2018〕15 号），要求各中等职业学校根据方案开展教学诊断改进工作。具体任务包括：建立中等职业学校教学工作自主诊断、持续改进的工作制度和运行机制；搭建中等职业学校人才培养工作状态数据管理系统；完善内部质量保障体系。

省教育厅高度重视诊改复核工作，认真分析目前全省中等职业学校诊改工作开展的实际，坚持问题导向，制定详细的计划方案，召开专题培训会，明确工作方式方法，落实工作责任和纪律要求。成立省诊改专家委员会，组织开展省级试复核、现场复核，分三阶段逐步推进诊改工作，逐步实现"第一诊改周期（2016—2020 年）内市级教育部门对所属中等职业学校教学工作诊改覆盖面达到 90% 以上"，逐步建立中等职业学校内部质量保证长效机制。

第一阶段为诊改准备及试诊改阶段（2016 年 6 月—2018 年 12 月），省教育厅通过专家委员会开展中等职业学校诊改实施方案编制工作培训，组织专家深入部分学校进行指导。诊改复核工作首先从教育行政部门管理的国家级中等职业教育改革发展示范学校实施，省教育厅在各学校自主诊断的基础上，从省属及每个市各抽取 1～2 所学校进行复核，指导各市、学校开展好诊改工作，并适时召开现场会推进工作。2017 年对全省 4 所中等职业学校的教学诊改工作进行了调研（试复核）；2018 年对全省 19 所中等职业学校的教学诊改工作进行了现场复核，并就省专家委员会诊改复核情况进行总结，见表 2－3－3。

表 2－3－3　2017 年、2018 年陕西省中等职业学校教学工作诊断省级（试）复核学校名单

所在市（区）	2017 年	2018 年
西安市	西安市旅游职业中等专业学校	西安综合职业中等专业学校
		西安市灞桥区职业教育中心
宝鸡市	眉县职业教育中心	凤翔县职业教育中心
		岐山县职业教育中心
咸阳市	彬县职业教育中心	礼泉县职业教育中心
		咸阳市秦都区职业教育中心
铜川市	/	铜川市耀州区高级职业中学
渭南市	/	合阳县职业教育中心
		韩城市职业中等专业学校
延安市	/	洛川县职业中等专业学校
榆林市	/	米脂县职业教育中心
		靖边县职业技术教育中心
		神木市职业技术教育中心
汉中市	/	汉中市南郑区职业教育中心
安康市	/	旬阳县职业教育中心
商洛市	/	镇安县职业教育中心
省属	陕西省电子信息学校	陕西省自强中等专业学校
		陕西省电子信息学校
		陕西省建筑材料工业学校
合计	4 所	19 所

通过省级复核，进一步引导中职学校聚焦教学工作，落实质量保证的主体责任，以提高人才培养质量为核心，以落实教学标准为重点，以数据平台为支撑，以诊改要素为引领，查找不足与完善提高，有效推进教学自主诊改制度和运行机制建设，逐步建立和完善内部质量保证制度体系，营造现代质量文化，提升师、生与员工的满意度和获得感；引导市、县两级教育行政部门加强事中事后监管，切实履行推进中职学校建立教学诊改工作制度的职责；规范省级复核工作基本内容和程序，推进教学诊改工作的全面实施。

西安、咸阳、渭南、榆林、安康、汉中等市教育局对诊改工作认识明确，高度重视。西安、榆林市组织举办了全市教学诊改培训会，咸阳、榆林市成立了市级诊改专家委员会。咸阳、渭南、安康市均扎实开展了市级复核，对市域内申报 2018 年度复核的学校做了有效引导和督导。

案例　搭建"五横五纵"内部质量保证体系，促进特殊教育特色发展

2018 年，陕西省自强中等专业学校制定了《陕西省自强中等专业学校教学工作诊断与改进实施方案》，并在此基础上推进教学诊改工作的开展。依据学校"十三五"教育发展规划制定的一系列发展目标，逐步搭建起五横五纵为总体架构的内部质量保证体系。五个横向层面：学校层面以建设陕西省特教高职学院为目标；专业层面以中医康复保健专业为骨干专业打造精品专业，以点带面，带动其他专业形成特教特色为目标；课程层面以开发、建设精品专业课程、特教精品课程，逐步建设特教职业教育资源库为目标；师资层面以建设教学名师、优质团队为目标；学生层面以塑造学生自强自立品质，形成"以特长带特色，以特色促发展"为目标。逐步打造一个以现代信息技术为支持的全方位教学管理平台。

建立教学督导办公室、教务科、教研室三级质量保障体系，建立完善了质量管理和质量监控保障措施。教学管理方面，健全了《教师课堂教学效果评价制度》《教学质量目标管理制度》《专业教学计划动态管理规定》《教学工作事故认定及处理办法》《教学督导制度》《学生毕业岗位实习管理办法》《教学安全管理制度》等，使教学日常管理有章可循。建立课程教学管理、教师培训培养、专业带头人评选、教学常规管理以及专业建设等教学管理制度，保证教学的有效实施。根据学校《学生职业技能鉴定管理办法》和《关于技能鉴定等级的补充规定》严格组织、考评，对按照规定技能水平确实不能达标的学生，采取降级鉴定，保障学生技能水平质量。学生管理方面，通过《学生行为准则》《学生违纪处理办法》《学生综合素质测评办法》《学生创优评先办法》《学生课外活动管理办法》等 12 项管理制度保障日常学生管理平稳有序，同时又增加了《学生晨检制度》《学生因病缺勤病因追踪与登记制度》《校园欺凌专项治理工作制度》《校园欺凌事件应急处置预案》

《学生校内申诉处理办法（试行）》等学生管理制度，使管理更加规范、细致，保障校园突发事件处置有章、有序。强化教学督导的工作，进一步明确教学督导工作督教、督学、督政的职责和工作程序，以保障和推动学校教育教学、管理服务等各项工作不断提高。

3. 开展中等职业教育年度质量报告编制工作

根据《教育部办公厅关于开展中等职业教育质量年度报告工作的通知》（教职成厅函〔2016〕2 号）和《关于编制和发布 2018 年度中等职业教育质量报告的通知》（教职成司函〔2018〕151 号）要求，陕西省教育厅要求各地市组织市（县）和省属中职学校做好 2018 年度中等职业教育年度报告的编制和发布工作，发布陕西省中等职业教育年度质量报告，并在市（县、区）教育行政部门网站公布辖区内所有中职学校年度质量报告。

4. 组织全省中等职业学校教师信息化教学大赛和微课比赛

2018 年，陕西省组织举办了全省中等职业学校信息化教学大赛，项目包括信息化教学设计比赛、信息化课堂教学比赛、信息化实训教学比赛三项，15 个市（区、县）、145 所中等职业学校的 513 名教师参加了本次大赛。经评审，信息化教学设计比赛共评出一等奖 35 名、二等奖 59 名、三等奖 80 名；信息化课堂教学比赛共评出一等奖 24 名、二等奖 43 名、三等奖 59 名；实训教学能力比赛共评出一等奖 4 项、二等奖 6 项、三等奖 8 项。通过连续多届信息化教学大赛，陕西省已经形成了学校校内选拔、市级选送、省级大赛的信息化教学三级赛事体系，覆盖了省内各中等职业学校。11—12 月组织优秀教师参加了 16 个专业（课程）的全国中等职业学校信息化教学设计与说课交流活动，4 名教师获得一等奖、25 名教师获得二等奖、20 名教师获得三等奖。陕西省教育科学研究院获得优秀组织奖 5 个。

陕西省教育科学研究院组织了 2018 年全省中等职业学校微课教学大赛，来自全省 99 所中等职业学校的 480 余件作品参加了比赛，经作品初审、网络海选、专家评审和联评审核四个阶段，共评选一等奖 46 件、二等奖 97 件、三等奖 144 件，并评选出优秀组织奖 8 个。此项赛事已连续开展五届，得到各地市职业教育教研部门、全省各中等职业学校师生的关注和热评，在促进中等职业学校教师专业发展和教学能力提升，以及促进教育信息技术与教学过程的充分融合方面起到积极作用。

5. 组织开展 2018 年陕西省中等职业学校教学能手评选活动

根据陕西省教育厅 省人力资源和社会保障厅《关于组织开展 2018 年全省中等职业学校教学能手评选工作的通知》（陕教〔2018〕40 号）精神，在各市评选推荐，省级资格审查的基础上，于 7 月 1—3 日分别在陕西省电子信息学校和西安旅游职业中专举办了 9 个组别、97 名参评教师参加的省级教学能手评选活动，72 名教师获得省级教学能手称号。

6. 组织开展首届中等职业教育省级教学成果奖评审工作

2018 年，陕西省为加强中等职业教育教科研工作，深化中等职业教育教学改革，不断提升人才培养质量，做好中等职业教育教学成果的遴选和推荐工作，在全省开展了首届中等职业教育省级教学成果奖评审工作。经资格审查、专家评审和网络公示，46 项教学成果最终荣获中等职业教育省级教学成果奖，其中一等奖 6 项、二等奖 11 项、三等奖 29 项。

7. 启动中等职业教育教学改革研究项目培育工作

为鼓励全省中等职业学校及教育工作者积极开展教育教学研究，深化教育教学改革，努力提高教学水平和教育质量，省教育厅印发了《关于做好中等职业教育教学改革研究项目培育工作的通知（陕教职办〔2018〕17 号）》，紧扣新时代本省中等职业教育发展和教学改革的大局，聚焦人才培养过程中的难点重点或教学前沿问题，组建优秀教育教学团队，建立有效工作机制，加强科学指导和协同研究，培育一批具有引领性、实践性和创新性的教学成果，引领全省中等职业教育教学改革与发展。

（三）实习实训

1. 贯彻落实《职业学校学生实习管理规定》

省教育厅根据《教育部办公厅等五部门关于开展职业学校学生实习管理联合检查的通知》（教职成厅函〔2017〕15 号）精神，组织开展了全省中等职业学校学生实习管理情况自查工作和中等职业学校学生实习备案工作。各市（区、县）和省属学校均能落实主体责任，加强实习管理，严格按照五部门规定做好实习备案工作，确保学生实习规范有序；指导学校细化完善实习流程，高标准筛选实习企业，建立健全实习生保险制度，全方位保障实习学生身心健康和技术技能稳步提升。各中职学校组织学生跟岗、顶岗实习，提前 1 个月将实习情况以正式文件形式报主管部门备案，做好实习"三跟踪"，即"跟踪教育、跟踪管理、跟踪服务"工作。

案例　山阳县职业教育中心制定了《就业安置处基本制度及管理办法》《学生实习安全管理规定》《学生实习安全及突发事件应急预案》等制度，并根据学生顶岗实习情况制定了《顶岗实习考核表》。学校多方联动、多措并举做好实习组织，加强过程管理。一是通过"三看""三访""三核实"考察企业，选择合法经营、管理规范、实习设备完备、符合安全生产法律法规要求的实习单位安排学生实习；二是教导处安排，安置处配合，指导教师上好"职业道德教育""就业指导"课，加强学生职业意识和职业习惯教育，培养学生的岗位责任意识和社会责任意识，教育学生熟悉劳动法律规范，掌握生活及工作过程中的安全防范措施；三是实习前向家长发放《顶岗实习家长意见征求书》，征求家长对孩子顶岗实习的要求、实习单位的选择等；根据人才培养方案，与实习单位共同制订实习计划，明确实习目标、实习任务、实习考核方式等；四是学校、实习单位、学生三方签订实习协议，明确各方责任、权利、义务；五是实习过程中，学校和企业严格遵守《职业学校实习管理规定》第十五条、第十六条，依法保障实习学生基本权利；六是不定期对实习学生进行回访，了解实习情况，县内实习学生以实地回访为主、电话回访为辅，西安及省外实习学生以电话回访为主、实地回访为辅。

2. 稳步推进实习实训基地建设

"陕西省中等职业教育综合性实训基地"重点建设项目于 2017 年启动实施，首批启动实训基地建设项目 10 个，每个基地给予 200 万元省级专项经费支持。各地市和中等职业学校以项目建设为抓手，精准投入，与区域内支柱产业、新兴产业和特色产业紧密结合，进一步提升自身骨干专业、特色专业实力，改善办学条件，持续提升中等职业教育基础能力，校企合作、育训结合、资源共享。

案例 引企驻校、引校入企，共建实习实训基地

石泉县职业技术教育中心一方面引企驻校，共建生产车间。学校提供 1 000 平方米场地、200 余万元汽修专业设备引入石泉赛浪等汽修企业，提供 10 余台数控加工设备引入陕西奥邦，为学生提供了"真刀实枪"的实习机会。一方面引校入企，共建实训车间。学校和陕西奥邦锻造有限公司合作在县工业园区建立了一条精密数控加工生产线，学校投入了一百余万元设备，共同建立了 1 条精密机械加工生产线，设置了 40 个生产岗位，这条生产线成为学生的"厂中校"。企业参与学校专业建设、教学设计、教材研发、课程设置和实习实训，学校推行企业环境下的培养模式，三年来共计 600 余名学生进入基地实习实训，其中 100 余名学生毕业后进入该企业就业。

案例 澄城县职业教育中心与部分职业学校合作成立渭南市汽车职业教育集团，投资 500 余万元，建成集实训、培训、维修、考试等于一体的综合性实训基地，对内承担汽修专业学生的实训教学，对外承接各类汽车钣金、电路、喷漆和维修，以及驾驶员的提升培训业务，年培训各类驾驶员 3 000 余人。

（四）教师培养培训情况

全省中等职业学校教师分层、分类、分期参加国家级、省级培训，有计划、分步骤实施五年一周期的教师全员培训，推进教师和企业人员双向交流合作机制，建立教师到企业实践和企业人才到学校兼职任教的常态化机制。

1. 中等职业学校（中德）校长高级研修班

为贯彻落实国务院《国家职业教育改革实施方案》精神，加强全省中等职业学校校长

队伍建设，提升校长政治、业务理论素养、宏观策略和管理能力，提高中职学校整体办学质量和水平，2018 年 10 月 21—27 日，在江苏省苏州工业园区举办全省中等职业学校（中德）校长高级研修班，全省 87 所中职学校校长参加了培训。培训围绕"产教融合校企合作"主题展开，系统学习了职业教育产教融合校企合作的基本理论、政策要求和实践经验，在苏州工业园区入企进校开展现场教学。德国莱茵学院、韩国人力资源部服务产业振兴院的专家讲解了工业革命 4.0 及人工智能的缘起兴盛、世界职业教育的发展潮流与实践创新，学员考察了当地中职学校及苏州工业园区人工智能产业园和纳米科技产业园。

2. 中等职业学校教师省级培训

为落实《教育部财政部关于实施职业院校教师素质提高计划（2017—2020 年）的意见》，进一步提高我省中等职业学校教师教学能力和管理水平，省教育厅举办了 2018 年度陕西省中等职业学校教师省级培训班，培训涵盖信息技术应用能力、乡村振兴专题、教学管理人员、心理健康项目及相关专业专任教师培训等。全省 650 名中职老师参加了培训，如图 2-3-1 所示。

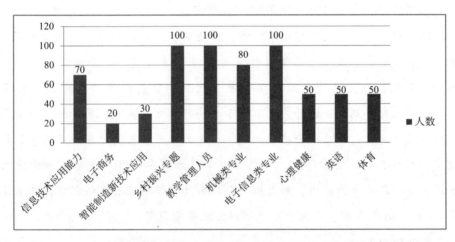

图 2-3-1　2018 年度陕西省中等职业学校教师省级培训各项目人数分布图

3. 举办 2018 年全省中等职业学校信息化教学专题培训会

2018 年 6 月 19—20 日，省教育厅主办、省教育科学研究院承办的 2018 年全省中等职业学校信息化教学培训暨研讨会在西安举办，全省各中等职业学校分管教学领导、各地市职业教育教研员、骨干教师共 300 余名代表参加了培训。会议邀请了 2017 年全国职业院校信息化教学大赛、创新杯大赛一等奖获得者为大家做信息化教学大赛案例分享，省赛组委会对 2018 年全省信息化教学比赛进行总结并做主题为"信息化教学——从大赛到常态"的培训。会议还结合信息化教学发展前沿以及热点问题，开展了研讨与交流，对促进教师更新教学理念、转变教学方式、提高信息化教学能力具有积极的指导作用。

4. 重视"双师型"教师培养

2018 年陕西省持续深化职业院校教师队伍建设改革，培养造就高素质"双师型"教师队伍，组织中等职业学校"双师型"教师省级培训。根据陕西省教育统计年鉴，2018年全省共有 3 094 名专任"双师型"教师，聘请了 170 名校外"双师型"教师，全省中职学校"双师型"教师占专任教师比例为 22%。2018 年各类职称专任教师中"双师型"教师所占比例如图 2-3-2 所示。

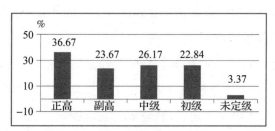

图 2-3-2　2018 年各类职称专任教师中"双师型"教师所占比例

（数据来源：2018 年陕西教育事业统计年鉴）

案例　多措并举，全力打造"双师型"教师团队

旬阳县职业中等专业学校通过国省培训、企业实践、校本研修、校级公开课、赛教和各类评赛、竞赛活动，以及组建名师工作室等措施，建立了一支由专业带头人、骨干教师、校内外专兼职教师组成的"双师型"教学团队，目前学校"双师型"教师比例达80%。专业带头人每年到企业进行为期不少于个一月的专业实践，展示一次专业带头人专业操作，与专业教师进行一次专业技能比武；指导教师开展技能大赛、省教学设计（教学能力）比赛、校级赛教（公开课）三赛活动。学校近几年通过"走出去和请进来"的校企互动方式，提高教师专业能力，加大校企合作力度。学校现有省级教学能手 8 名、市级教学能手 14 名，46 人在国、省级中职教师教学比赛中获奖。

（五）信息化教学

近年来，陕西省坚持信息技术与教育教学深度融合的核心理念，坚持应用驱动、机制创新的基本方针，加强顶层设计，多方协同推进，经过"完善环境、拓展应用"两个发展阶段，各项工作取得了显著成效。

1. 中职信息化基础设施得到提升

统一部署了无线网络的校园达到 73.68%，多媒体教室普及率达 96.05%，其中配备了交互式电子白板的学校达到了 74.35%，配备了先进的录播教室的学校达到了 63.82%，这些设施均得到了充分的应用。

2. 信息化教学研究和应用成为常态

全省中等职业学校教师对信息化教学呈现积极态度，普遍意识到应用数字化资源和信息化工具对教学、教研的促进作用。93.42%的教师选择使用了各种数字教学资源开展信息化教学，包括PPT课件、微课视频、专用学科教学软件、授课视频、在线试题等资源，信息化教学系统不断拓展；56.58%的学校使用了网络教学平台；1/3左右的学校使用了教学资源制作和管理系统、网络考试系统；18.42%的学校使用到了虚拟仿真实训系统，如图2-3-3所示。

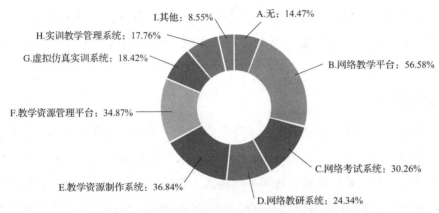

图2-3-3　陕西省中职学校最常使用的信息化教学系统

（数据来源：《陕西省中等职业学校信息化建设现状及发展对策研究》）

案例　校企合作共建信息化系统线上教学平台

秦都职教中心通过校企合作共建信息化系统KTS线上教学平台，将中职汽车检测与维修专业课教学内容分为"汽车维修工具使用""汽车构造"等16个教学课程，每个课程分为数目不等的教学项目模块，每个模块设置明确的知识、能力和素质目标。通过形象的动画视频讲解理论知识、生动的真人实操视频解剖工作步骤，向学生清晰地展示了教学内容，激发了学生的学习兴趣，教学效果显著。

案例　数字化教学资源和资源库建设得到重视

榆林市近年来搜集整理了2010年以来该市参与的15个学科、34个专业、225个优秀信息化教学案例，整理成套，为教师在信息化教学方面提供素材，同时组织相关专业教师自主开发中职语文、数学、化工单元、工厂供电等专业教育资源。

3. 强化培训研修，提高教师信息技术应用水平

各级教育行政部门构建以深度融合信息技术为特点的省、市、县级等多层培训体系，持续提升中职学校教师信息化教学能力，培训面向不同专业、不同教学水平、不同信息技术素养的教师分级分类地进行设计和实施。

4. 以赛促教促学，提升师生信息素养

各级教育行政部门定期举办教师教学能力、微课教学设计、信息化论文评选等比赛，为中等职业学校师生提供信息化应用的学习交流平台，展示和共享优秀作品，并持续跟踪赛后获奖教师的信息化资源和平台使用情况，以促进教育信息化在教学中的应用和提升；举办学生电脑制作、人工智能、机器人编程等比赛，引导学生积极学习和探索新兴信息技术，提升信息素养，培养实践能力和创新精神。

5. 加强优质数字教育资源共建共享

中等职业学校采取自主研发或与企业等单位合作研发等形式，加强校级资源库建设，在校园网搭建校本资源展示平台，方便教师分享和使用。省教育厅搭建全省中职教育教学资源库平台，共享优质教学资源，供全省乃至全国中职学校教师使用，突出资源库"能学、辅教"的功能定位。

四、校企合作

产教融合、校企合作是职业教育的基本办学模式，是办好职业教育的关键所在。陕西省积极落实教育部等六部门印发的《职业学校校企合作促进办法》文件精神，围绕区域产业，积极推进专业与产业的融合；改革办学模式，推进教学与生产的融合；深化教学模式的改革，推进教学过程和生产过程的融合。中等职业学校产教融合、校企合作持续深入推进，产教融合、校企合作、工学结合、知行合一的共同育人机制初步形成。

（一）搭建产教对话平台

省市各级教育行政部门积极搭建中等职业教育与产业对话交流的平台，指导、协助中等职业深化校企合作，构建长效合作机制；推动学校与行业、企业签订战略合作协议，促进教育链和产业链有机融合、校企协同育人。

案例 引进行业企业标准，打造职业院校专业建设

2018 年 10 月 26 日，"2018 陕西省职业院校与京东集团校企合作专业建设研讨会"在北京隆重举行。教育部职业教育研究所、陕西省教学科学研究院、京东集团、陕西省各职业院校等单位参加了本次会议。陕西省教学科学研究院职业教育与继续教育研究中心惠均芳主任为大会致辞，重点介绍了陕西省职业教育的发展现状并对此次研讨会给予极大的期望，希望在京东集团的助推下将陕西省职业教育的发展提升到更高的层次。京东客服中心校企合作总经理杨程先生指出校企合作学生的社会就业优势，重点解读分析关于京东业务开放、专业赋能、实战教学的情况，提出职场情商、工作抗压对于在校职业学生的重要性。他表示会继续深入加强校企合作，实现学生、学校、企业三方共赢。教育部职业教育研究所邓泽民教授以电商专业人才特点与培养途径——产教融合、校企合作为突入点来重点解读校企合作产教融合政策及职业教育发展现状，并引出职业教育培养出来的人对于社会、国家以及人民的价值与意义，深层次地挖掘出职业学校目前的办学定位。华育集团京东校企合作运营总监李庆武介绍了京东校企合作模式及部分产教融合共建项目成果展示，为广大参会院校直观而详细地解读了电商专业共建、实战项目进校园、校园综合体的运营等合作模块。

案例　搭建产教融合、校企合作平台

宝鸡市、咸阳市教育局在陕西晨华科技信息有限公司"校企合作网"的协助下先后主办了 4 届"校企合作人才供需暨联合办学专业共建洽谈会"，邀请喜星电子（南京）有限公司、厦门三安光电、宁波福特继电器有限公司、中航国铁等国内著名企业 340 家，咸阳市、宝鸡市县（区）职教中心、国内大中专职业院校 336 所，共 1 370 人参加了洽谈活动，4 次会议提供就业岗位 32 712 个，毕业学生约 124 788 人，现场实现签约 131 对，其中陕西省彬县职教中心与安徽美芝制冷设备有限公司、秦都职业教育中心与深圳市天发教育投资有限公司、陕西省高教系统中等专业学校与中国 Wi－Fi 运营商深圳市柠檬网联科技股份有限公司等陕西职业院校与全国著名企业签约 84 家，实现学生就业 16 800 人。

（二）集团化办学

全省各中职学校均参与集团化办学，由中职牵头成立的职教集团快速发展。在省级教育行政部门和各级政府的推动下，组建了以各地市职业技术学院为龙头，各县区职教中心、行业企业为成员的职业教育集团；深化中高职衔接，促进各中职学校优势互补，创新校企、校校深度合作，促进区域集团化办学水平快速提升，有效推进现代职业教育体系的建立。部分中职学校率先牵头建立职业教育集团，实现了学校与学校、学校与企业、学校与生产的紧密结合，建立起了学校与企业双向参与、双向服务、双向受益的办学机制，初步实现了中等职业教育规模化、集约化发展态势。

案例　组团发展、集团办学、跨界合作、多元共建特色区域职教中心

咸阳市以秦都区职教中心为主体，以渭城、三原等县区职教中心为联盟学校，组建咸阳市现代服务业区域职教中心；以武功职教中心为主体，以乾县、兴平职教中心为联盟学校，组建咸阳市先进制造业区域职教中心；以礼泉职教中心为主体，泾阳、淳化等县级职教中心为联盟学校，组建咸阳市现代农业区域职教中心；以彬县职教中心为主体，以旬邑、长武、永寿等县职教中心为联盟学校，组建咸阳市能源化工区域职教中心。区域职教中心依托各相关职教集团，统筹专业发展规划，优化专业结构，实现错位发展；协同制定课程设置标准，统一学生专业技能考核。区域内学校开放实习实训资源，开展教师互派交流活动，实现教学实训资源共享，使全市职业教育资源进一步得到优化，引领全市职业学校向特色化、集团化、规模化方向发展。

（二）积极探索校企合作新模式

各中等职业学校不断深化校企合作改革，探索实践工学交替、"订单"培养、校中厂、厂中校、助力脱贫攻坚等校企合作模式。延安市努力实践"学校与企业对接、专业与产业对接、课程与岗位对接，产教结合、教学做合一，把学习过程与生产过程融为一体，把职业素养、文化知识、专业技能、顶岗实习有机融合"的人才培养模式。安康市积极实施东西部合作，与天津经济开发区、长三角、珠三角企业建立职业教育就业战略合作关系，各学校主干专业都有固定的实习就业基地，在长三角、珠三角就业学生占全市中职毕业生66.7%。渭南市中等职业学校与全国五百强企业开展联合办学，实行订单式培养。旬阳县职教中心借助企业的资源，助力脱贫攻坚。联办企业上汽大众向联办专业学生每年捐赠一套工作装，向专业前5%的学生发放奖学金500元。靖边职中与金鹏驾校携手合作，面向全县农村贫困家庭劳动力开展驾驶员技能培训。

案例　西安市教育局助推校企合作共赢

2018年4月27日，在西安市教育局组织协调下，灞桥区职教中心和吉利集团校企合作签约暨"吉利定向班"开班仪式在灞桥区职教中心举行。此次定向班的开班是吉利集团与西安市中等职业学校开设的首个人才定向培养班，标志着吉利集团与西安市职业院校校企合作拉开序幕。吉利集团、西安市教育局、灞桥区教育局相关负责人共同为"吉利集团人才培养基地"揭牌。"吉利定向班"将按照吉利集团人才标准，引进企业文化、专业技术与师资，进行校企合作人才培养，为吉利集团在西安的发展提供人才支撑。

（四）现代学徒制试点

陕西省大力推进现代学徒制试点工作，专门下发了相关政策支持文件。各试点中等职业学校通过工学交替、师徒结对的培养模式，实现了人才培养和岗位需求的无缝对接，促进了职业教育质量和水平的提升。2018年6月，教育部现代学徒制试点工作调研组对陕西电子工业学校、咸阳市等首批现代学徒制试点单位进行了调研验收。调研验收组通过听取汇报、实地查看、查阅资料、座谈访谈等方式，在试点工作方案、试点工作协议书（四方协议）、校企联合调研报告、共同制定人才培养方案、招生招工一体化协议、共同招生简章、校企互聘共用教师文件名册、各类教学文件、学生成长记录、校本教材、制度汇编、资金投入凭证等方面进行了全方位的调研，各学校现代学徒制试点工作顺利通过教育部现代学徒制试点工作调研组验收。

陕西省将进一步在全省推进现代学徒制试点工作，完善现代学徒制试点评价标准、现代学徒制工作指导手册，开展第二批试点项目学校省级年检。

案例　秦都区职教中心现代学徒制试点工作

秦都职教中心与陕西天益教育科技有限公司合作开展现代学徒制试点，积极推进招生招工一体化、人才培养一体化，建立了一支专兼结合教学团队，构建以项目为主体的"学校＋企业"双课程体系，探索适应现代企业需要的学生评价体系，形成"2446"，即"二元管理、四段培养、四位一体，六个合一"的人才培养模式。在管理上"企业、学校"二元合一，时间上试行"1.5＋0.5＋0.25＋0.75 学期"四段推进，身份上做到"学生→学徒→准员工→员工"四位一体，初步实现了"学校与企业合一、招生与招工合一、学习与工作合一、学生与学徒合一、教师与师傅合一、教室与车间合一"六合一。

案例　西安市启动市级现代学徒制试点工作

西安市教育局印发了《关于开展 2018 年现代学徒制试点工作的通知》（市教办发〔2018〕115 号），确定西安市机电职业技术学校制冷和空调设备运行与维修专业、长安区职教中心电梯安装与维修专业及未央区职教中心中餐烹饪与营养膳食专业为首批市级现代学徒制试点专业。

五、服务贡献

（一）技术技能人才培养

1. 保障新生劳动力供给，促进一线产业工人技能水平提升

全省中等职业学校坚持以服务区域经济社会发展为主线，努力培养服务经济社会发展的技术技能人才。2018 年，全省中等职业学校招生 82 498 人，向社会输送 18 个专业大类合格毕业生共 84 877 人，其中获得职业资格证书 63 690 人，这些拥有一定技能的新就业人群为社会新生劳动力供给提供了有效保障。全省各中职学校承担各类社会培训 4 549 期，参训人员 4 108 575 人，其中专业技术培训 1 495 477 人次，职业技能培训 1 702 909 人次，农村实用技术培训 1 064 665 人次，劳动力转移培训 262 563 人次，坚持对"双返生"全覆盖实施职业教育（技能培训）。职业学校通过培养具有一定技能水平的新增劳动力和承担企业员工培训等形式，促进了一线产业工人技能水平提升，充分发挥了职业教育服务社会功能，为全省经济社会发展做出了贡献。

2. 提升劳动者学历层次，改善劳动力素质结构

2018 年，全省劳动年龄人口平均受教育年限为 10.5 年，总人口中，初中及以下文化程度占比逐年减少；高中阶段文化程度占比 2016 年较高，2017 年和 2018 年整体与全国平均水平基本持平，其中中等职业教育在提升劳动者学历层次方面发挥了重要作用。

2016—2018 年陕西省人口受教育程度构成见表 2-5-1。

表 2-5-1　2016—2018 年陕西省人口受教育程度构成　　　　　　　　%

年份/年	初中及以下		高中阶段		大专及以上	
	全国	陕西省	全国	陕西省	全国	陕西省
2016	70.15	68.14	16.90	19.07	12.94	12.79

续表

年份/年	初中及以下		高中阶段		大专及以上	
	全国	陕西省	全国	陕西省	全国	陕西省
2017	68.57	67.68	17.55	17.03	13.87	15.28
2018	68.43	65.45	17.55	17.13	14.01	17.42

数据来源：《2016—2018中国统计年鉴》

3. 培养现代农业产业毕业生7 578人（第一产业毕业生人数）

2018年，全省中等职业学校依托大职教网络体系，通过开设涉农专业、举办各类涉农培训班，在开展农业实用技术培训、培养新型职业农民方面发挥了重要作用，为农村培训了大批现代农业生产经营者和致富带头人。2018年，全省各中等职业学校涉农专业毕业生达7 578人，占总就业人数的8.9%。

案例　眉县职业教育中心助力社区教育开展全民培训

眉县职业教育中心是宝鸡现代农业职业教育集团秘书长单位，自2018年以来，又承担了眉县全民学习中心和社区教育学院功能。学校聚焦"构建全民终生教育服务体系"的目标，积极践行学历教育与社会培训并举的职责。一是通过开展教师岗位能力提升培训、农村实用技术培训、劳动力转移培训，提高从业人员就业能力。二是聚焦农村"双返生"和贫困家庭劳动力，大力开展技能扶贫培训，助力全县脱贫攻坚。全年开展"双返生"培训650余人，贫困家庭劳动力培训800余人次；自编《旅游服务》《电子商务》等"双返生"和贫困劳力培训教材5本，为农民发放自编《实用技术手册》1 000余本，利用学校"为农服务网站"等网络平台向农民推送农村实用技术200多条。三是坚持"旅游培训带动，'双百工程'助力"的思路，开展行业企业员工培训。全年共开展"双百工程"活动11次，其他行业培训活动13期，培训旅游行业从业人员800多人，其他行业（酿酒企业员工、企事业单位计算机操作人员、汽车驾驶员等）1 500余人。2018年，全年共培训3.4万余人次，提高受训人员的就业能力，服务区域经济社会发展，促进了社会稳定，树立了良好的社会形象。

4. 培养新生代工匠14 244人（第二产业毕业生人数）

全省中等职业学校根据现代制造业转型升级要求，进一步优化了加工制造业专业设置。2018年，全省第二产业就业的中职毕业生14 244人，占总就业人数的16.78%，其中，加工制造业就业的毕业生有11 348人，占比为13.36%。通过各中等职业学校通过举办"大国工匠进校园""劳模进校园"及设立"技能大师工作室"、评选技术能手等活动，同时创新人才培养模式，在多个专业大力开展现代学徒制试点工作，将企业文化、工匠精神培育融入人才培养全过程。

5. 培养现代服务业急需人才 61 823 人（第三产业毕业生人数）

2018 年，全省中等职业学校为社会培养输送现代服务业各专业毕业生 61 823 人，占比 72.83%。根据服务业转型升级要求，中等职业学校积极开设物流管理、家政服务、老年康养、涉外导游、电子商务等专业，部分学校形成服务业品牌专业，见表 2-5-2。

表 2-5-2　2018 年陕西省现代服务业专业毕业学生专业类别分布　　　　人

专业类别	交通运输类	信息技术类	医药卫生类	休闲保健类	财经商贸类	旅游服务类	文化艺术类	体育与健康类	教育类
毕业生数	11 325	17 310	10 285	409	2 724	4 025	4 113	715	10 917

数据来源：《陕西教育事业统计年鉴（2018）》

2018 年陕西省中等职业学校毕业生分布各产业大类构成如图 2-5-1 所示。

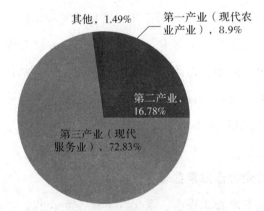

图 2-5-1　2018 年陕西省中等职业学校毕业生分布各产业大类构成（附彩插）

数据来源：《陕西教育事业统计年鉴（2018）》

（二）技术服务（培训、技术）

1. 为现代农业发展提供技术支持和智力支撑

2018 年，全省 90% 以上中职学校开展了农村实用技术培训，其中，县级职教中心全部开展农村实用技术培训。通过开展农村实用技术培训、推广应用农业新技术、参与现代农业技术攻关、开发农业新产品、参建现代农业项目等措施，为现代农业发展提供技术服务和智力支持。

2. 积极开展应用技术服务，助力企业发展

2018 年，全省各中职学校发挥专业教师技术特长，通过专业教师进项目、专业团队驻企业等方式，为企业特别是中小企业设备升级及生产线优化、工艺改进等提供技术服务。

陕西省石油化工学校开展化工行业企业职工培训，承担延长集团、陕西煤业化工集团下属企业以及陕西省石化行业、燃气行业职工技能大赛技术方案及赛务工作，协助企业选拔、培训指导优秀职工参加全国职工技能大赛；西北工业学校、陕西商业学校面向社会开展化工总控、西式烹调、中央空调系统操作员等多项技能鉴定；陕西省建筑材料工业学校根据专业特点，在周边许多水泥厂设置培训点，解决企业技术问题和培训问题；陕西商贸学校通过学校商务专业硬件设施，为省社帮扶县级以下电子商务平台服务；渭南市多家职业学校与企业合作成立职教集团，开展实际生产。蒲城县职业教育中心与大连思美娅服饰有限公司、部分职业学校合作成立了渭南服装职业教育集团，接收社会剩余劳动力近1 000人，实现产值2 000万元，已成为县域内剩余劳动力致富的强有力引擎。商洛市职业学校主动与政府相关部门积极联系，展开合作，实施培训，优化专业结构，提升与当地产业的吻合度，毕业输出人才，帮助家庭增收；围绕"一镇一业""一村一品""一户一技"农村产业化进程，设置了果蔬花卉与生产、畜禽养殖及疾病防治、民间传统工艺、农副产品加工、果树、烟草生产与加工等专业，为农村产业发展和农民技能提升做出了积极贡献。商州、洛南、丹凤、商南、山阳等县区职教中心，从技术帮扶、文化传承方面开展培训，提高学员课程过关率与培训合格率，掌握一技之长，在产业实践中发挥作用。安康全市10所中职学校积极主动对接本地企业办学，培养技术技能人才，实现了家门口就业增收。

案例 安康市深化校企合作效果显著

安康市中职学校对接本地企业办学，深化技术服务和合作，实现专业和产业对接，服务地方经济效果显著。全市10所中职学校积极主动对接本地企业办学，培养技术技能人才，实现了家门口就业增收。石泉职中与本县企业奥邦锻造合作，实训室建在企业车间；汉滨区新建职中与地方引进企业德迫机器人公司合作，将生产线建在学校；旬阳职中与本县金力源建筑集团合作办学，订单培养；岚皋职中与昆山金莎美容美发集团合作，共建金莎美容示范店；汉阴职中与绿健实业公司合作，培育汉阴小吃；紫阳职中与远元修脚集团合作，在校内建成培训基地；安康育英中等职业学校依托市青创协会，聘请30多名企业家担任"客座讲师"等。全市每一所中职学校都同本地1~2家企业深度合作，推动了全市职业教育与就业创业紧密对接，实现了专业与产业对接、课程与标准对接、教学与生产对接，一大批优秀毕业生已经成为本地企事业单位的管理人才和技术骨干，部分学生自主创业成为致富带头人。

（三）文化传承

1. 扎实开展了传统（民族）文化进校园系列活动

2018 年，全省各中职学校加强对传统文化、民族文化进校园的宣传和引导，不断扩大培养传统文化、民族文化传承创新技术技能人才规模，省教育科学研究院连续两年举办全省中等职业学校经典诵读活动。眉县职教中心举办"眉职大讲堂"，开展传统文化张载关学思想、非遗文化威风战鼓进校园等系列活动；凤翔职教中心开展民间传统工艺——马勺脸谱等民间艺术文化进校园等活动；西安美术学院附属中等美术学校开展指尖上的中国——传统文化进校园剪纸体验活动；岐山县职教中心以传承优秀周礼文化、弘扬社会主义核心价值观为核心，提质校园文化，创新学校文化育人形式。学校依托周礼文化优势，引周礼优秀文化进校园，让学生汲取周礼文化精髓，树立"立品、立行、立业"的理念。

2. 建设了一批民族（传统）文化教育传承创新基地

全省中等职业学校结合各市教育资源和优势，建立了一批传统文化和民族文化教育传承创新基地，大力传承非物质文化遗产及传统文化、民族技艺和民族工艺品等，成为弘扬和创新传统文化及民族文化的有效载体，如泾阳茯茶、凤翔民间传统工艺——马勺脸谱、眉县威风战鼓、张载文化、千阳刺绣等。

案例　咸阳市各县区传承传统文化，服务县域社会发展

咸阳市泾阳县将传统文化和促进经济发展相结合，围绕"传承历史文化，复兴茯茶产业"战略思路，把茯茶定为县域经济发展的四大支柱产业之一。为服务地方经济，助力县域茯茶产业持续健康、稳步发展，泾阳职教中心成立并开设了非全日制茶叶生产与加工班，同时聘请国家级优秀茶艺师为师生开展普及性的茶艺培训，共计开班 22 期，每期培训两周、16 个课时，共培训学生 710 人，学校从中选取优秀学生组建了校茶艺队，参加了全市中职学校学生文艺汇演，并多次参加泾阳县茯茶镇茶艺表演、茶企产品推介活动。学校建立了电商销售平台，主营茯砖茶，既解决了电子商务专业学生的实践需求，扩大了泾阳茯砖茶影响，又宣传了传统文化，促进当地群众增收。泾阳县具有完善的工作机制和富有特色的涉农专业教育，2018 年顺利通过教育部第四批国家级职业教育和成人教育示范县评估验收，被教育部确定为 2018 年全国涉农职业教育干部培训观摩点，进而带动咸阳市面向农村的职业教育走出陕西、走向全国。

旬邑县大力推广剪纸、唢呐等传统艺术形式和非物质文化遗产，成立了县政府主管副县长为组长，文旅、人社、教育、财政、民政、旅游等部门主要负责同志为成员的"旬邑县非物质文化遗产传承培训中心"。建成设施齐备的剪纸实训室和唢呐实训室各一个，探索确立了"课堂与实训场地结合、教学与实践结合、实践与生产结合"的教学模式，针对该培训对带动旬邑旅游、拉动旬邑文化产业发挥了积极作用。

案例　宝鸡市结合传统文化开设专业，助力区域经济发展

宝鸡市凤翔职教民间传统工艺——马勺脸谱专业现共有专兼任教师 10 名，各类专业设备共 130 多台（件）。凤翔社火马勺脸谱简称马勺脸谱，是在继承西府民间社火脸谱的基础上发展的一种新兴的民间手工艺术品。该专业主要针对农村剩余劳动力进行技能培训和学生素质教育实训，主要开设工艺美术、素描、色彩、中国民间工艺、彩绘泥塑、马勺脸谱制作工艺、罩金漆器等专业课程，面向马勺脸谱、泥塑工艺品生产、销售等企业就业，年培训技能人才 200 余人次，为推进当地劳动力就业和弘扬传统文化做出了一定的贡献。

宝鸡市千阳县是古丝绸之路的重要驿站，是国家级非物质文化遗产"西秦刺绣"的重要传承地。脱贫攻坚以来，千阳县职业中专抢抓机遇，围绕传承非遗文化，壮大刺绣产业，带动群众增收目标，"非遗 + 扶贫"工作取得良好成效。学校采用引企入校、校社合作的方式，相继引进非遗传承人王秀萍的秀萍刺绣专业合作社、杨林转的鑫兴工艺品专业合作社，开展刺绣产业的文化传承、品牌创新和技能培训。通过"雨露计划"、就业技能培训项目，面向全县贫困妇女定期开展刺绣、布艺技能培训，每天为参与培训的贫困妇女提供交通、伙食补助 50 元，让她们在学习过程中劳有所获，提升了培训效果。两个合作社通过西交会、广交会、西洽会等大型展览活动推介产品，采用现场布展、网上销售等方式，扩大产品销路。其刺绣、布艺作品已畅销国内，远销到欧美、东南亚、日本等 9 个国家和地区，形成"千阳绣娘"这一响亮招牌，现已发展为县域刺绣产业的龙头企业。近年来，先后培训建档立卡贫困妇女 1 000 多人，带动当地群众 6 000 余人参加刺绣、布艺产品制作，从业人员年增收 8 000 多元。

（四）东西协作（对口支援、校际帮扶）

1. 落实东西职业院校协作全覆盖行动

全省 10 个地级市分别与江苏省对口地市签订了教育协作及职业教育东西协作行动计划落实协议书，进一步落实苏陕"职业教育东西协作行动计划"，苏陕教育扶贫协作持续深化。安排教师培训专项经费 500 万元及配套经费 200 万元，已安排两批共 250 人赴苏开展培训。结合《苏陕教育支援及职业教育东西协作行动计划实施方案》协作任务目标，指导结对帮扶协作院校落地一批有实质合作内容的协作项目，重点做好共建特色专业和实训基地等基础能力提升建设；以建档立卡户学生为重点，积极搭建学生赴江苏就业平台和渠道；深入开展教师支教和挂职交流工作。

案例　宝鸡市开展苏陕交流形式多样

2018 年以来，宝鸡市与江苏省徐州市两地教育系统 71 所学校结对签订《结对帮扶协议书》：双方围绕干部教师交流、专业建设与教学改革交流、校企合作、实训基地建设等重点任务开展互动交流和帮扶促建工作，共建专业点 15 个，选派 9 名中职学校管理干部赴徐州市结对职业学校开展为期 5 个月的跟岗学习，双方开展挂职锻炼、支教送教、教研交流 87 次，参与交流教师共 558 人，共撰写课堂笔记、心得体会 800 余篇；邀请徐州市教师培训专家团来宝鸡市开展暑期送教培训活动，对全市 720 名乡村骨干教师开展新理念教学专题培训；结对职业院校充分利用结对职业院校的专业优势，共建专业点已达成协议 15 个；组织召开了第 41 届校企合作人才供需暨联合办学专业共建洽谈会，推荐 173 名学生在东部就业；徐州市结对县区和学校、企业共捐赠 61 万元，用于全市结对县区、学校改善办公条件及资助贫困学生。两市教育交流互访不断，结对帮扶形式多样，成效显著，有力促进了两市教育协作纵深开展，为提升宝鸡市教育脱贫自身造血功能工作注入了活力。

案例　汉中市开展苏陕交流成效显著

汉中市按照中、省苏陕协作工作要求，结合本市教育工作实际，指导各县区以职业教育结对帮扶和教师交流培训为重点，注重项目规划，重点与南通做好技能大师工作室和专业共建，强化帮扶措施，持续深化教育帮扶协作交流。汉中市与南通共建专业点 7 个、实训基地 3 个，南通优秀骨干教师帮扶对口县区培训教师 786 名。汉中市共选派 652 名教师赴南通进行跟岗学习，南通市选派 177 名教师来汉开展教学教研交流；汉中选派 76 名优秀管理干部赴南通市开展挂职锻炼和交流学习，南通市选派 41 名教育专家对全市 900 余名教师开展了业务培训，教师交流培训和人才培养持续深入推进。南通市累计来汉进行学校结对帮扶 53 次，其中，镇巴县学校结对帮扶工作交流频繁，与该县结对的通州区有关学校已累计开展帮扶活动 11 次。

近年来，全市教育系统已累计接收对口县区各种帮扶资金 1 131.069 8 万元，其中西乡县争取苏陕扶贫资金 1 058 万元，858 万元全部用于西乡县教育信息化建设，150 万元用于培训。社会帮扶方面，如皋市商务局为洋县职教中心捐赠新衣服 500 件，江苏省银洲房地产开发有限公司向洋县城南学校捐赠图书款项 30 万元，南通江山农药化工股份有限公司为留坝中学捐赠足球发展基金 10 万元。11 月中旬，南通市 14 名名师专家来汉开展专业示范课，两地职业院校交流深入推进。通州区开展"百企帮千家"行动募集，社会资金 64.2 万元，全部用于贫困家庭学生资助；通州中专向镇巴县职教中心捐赠了 12 台价值 6 万余元的焊接专业实训设备，同时在该中心挂牌成立了江苏省职业教育姜汉荣机电技术名师工作室镇巴工作站和江苏省俞华德育名师工作室镇巴工作站两个名师工作站；留坝县依托国家教育资源公共服务平台，与崇川开设了空中课堂，通过网络平台看课、评课、议课、资源上传、下载等形式开展网络教研，实现了两地优质教育资源的共建共享、互促共进。

2. 落实东西协作中职招生兜底行动（东西部联合招生）

自苏陕两省开展教育协作以来，职业院校合作建设成效显著。职业院校围绕共建特色专业、实验室和实训基地等协作内容，形成一批有实质合作内容的协作项目，积极搭建陕西省职业院校学生赴苏就业平台和渠道，不断加强职业教育校企合作平台建设，持续落实东西协作中职招生兜底行动。

案例 各地市多措并举，开展东西协作联合招生

商洛市山阳县职教中心赴江苏六合区中等专业学校联系职教兜底招生工作，并签署了《2.5＋0.5人才培养模式协议》。山阳县职教中心机电、电子、计算机、焊接等专业班37名学生进入两区县遴选优质"校企合作"单位——扬州中科半导体照明有限公司、乐金显示（南京）有限公司、南京高速齿轮制造有限公司开展实习工作。

在安康市，一是加强学校间对口合作，分别组织旬阳县职教中心对口江苏省武进中等专业学校、石泉县职教中心对口金坛中等专业学校、汉阴县职教中心对口溧阳市职教集团按照合作协议进行深度合作，邀请常州对口学校帮扶专业建设、实训基地建设和师资队伍培养。二是分期分批选派干部教师交流学习。2018年4月选派了第四批中等职业学校校长、中层干部和专业教师共10人赴常州职业学校开展为期三个月的跟岗学习并于6月底结束。三是加强东西协作中职招生兜底行动联合招生培养，石泉县职业技术教育中心和江苏省金坛中等专业学校采取"1＋2"紧密办学模式，就服装设计与工艺专业开展贫困学生兜底培养30人；白河县职业教育中心和江苏省溧阳市中等专业学校采取"1＋2"紧密办学模式，就新能源汽车、电器运行与控制（电梯运行与维护方向）合作培养20人。目前，两地已共建中职专业（专业点）72个、实训基地29个、分校5个，共同组建职教集团5个。2018年完成中职招生兜底行动联合招生培养291人，2019年落实招生计划300人。

咸阳市9所职业学校与泰州4所学校建立了帮扶合作关系。截至目前，在机械加工、数字设计艺术、网络布线、工业机器人、机电技术应用、学前教育、电子商务、中餐烹饪等10多个专业进行共建合作，以职业教育助推精准脱贫，以精准脱贫带动职业教育发展，形成精准脱贫与职教发展相互促进的良好局面。

3. 落实中职学校全面参与东西劳务协作行动

陕西省认真贯彻执行教育部援藏工作总体部署，按照两省（区）教育主管部门职业教育东西协作计划落实协议，加强具体规划和项目落实，确定陕西省电子信息学校、西安旅游职业中等专业学校与阿里地区中等职业技术学校开展对口支援工作。协议签订以来，三所学校积极落实，深入交流，经多次协商达成共识，在师资培训、课程体系和专业建设、实习实训条件改善和人才交流等多个方面开展合作交流。

案例　榆林市与扬州市签订中等职业教育对口合作交流协议

2018 年 5 月，榆林市与江苏省扬州市签订了《扬州市榆林市中等职业教育对口合作交流协议》，这是两市共同落实东西部教育扶贫协作和对口支援的具体行动，将切实推动苏陕教育支援及职业教育东西协作在榆林落地生根。对口交流合作主要包括五项内容：一是合作培养中等职业学校学生和共建 7 个专业基地；二是开展职业学校管理者领导力提升培训；三是两市互派职校优秀教师柔性交流挂职；四是搭建职业学校对口合作网上交流平台；五是由合作职校在扬州定向培养榆林学生。目前，榆林市教育系统与扬州市教育系统开展互访交流进入常态，各县区教育部门和相关学校积极主动对接扬州市有关学校开展交流学习活动，形成了全方位、多形式、求实效的工作局面。

（五）精准扶贫

1. 实施职教扶贫，让贫困生有"出彩"的机会（资助 586 703 人次中职学生）

全省中等职业学校发挥职教优势，助力教育脱贫攻坚工作，据陕西省学生资助管理中心统计，2018 年全省共资助中等职业学校学生 58.670 3 万人次（其中建档立卡学生 6.984 万人），资助金额 68 146.69 万元。陕西省教育厅发布了《关于进一步做好职业教育扶贫工作的通知》，重点关注贫困地区贫困家庭学生，引导学生及家长优先选择适应经济社会发展、就业前景广阔、适合学生个人发展的专业；对深度贫困地区贫困家庭学生，在中职学校期间给予重点关注；努力落实中职学生选择一个好专业、找到一份好工作、获得一个好发展的"三个好"目标。

案例 5－11　【贫困学生通过职业教育成就出彩人生】

眉县职教中心贫困学生张昕在老师的帮扶下，2018 年代表我省参加全国中职院校学生技能大赛并获三等奖，被陕西电子信息学院免试录取。张昕同学的励志故事，被宝鸡电视台扶贫在行动报道，入选 2018 年全国教育扶贫典型案例，激励了无数贫困学子。

2. 多种形式让贫困人口掌握脱贫致富本领

全省积极发挥县级职教中心的集聚效应和规模效应，坚持扶智、扶技、扶志相结合的原则，立足当地主体产业培育需求，创新培训方式，广泛实施订单式、定向式和项目制培训，力争实现"职教一人、就业一人、脱贫一户"的目标，加强了当地初高中未升学毕业生的培训组织工作，实现"双返生"；加强在岗农民工、新型职业农民培训，扶持培养一批农业职业经理人、经纪人、乡村工匠、文化能人、非遗传承人；有针对性地开展村干部培训；开展面向贫困地区青壮年农民和干部职工的普通话培训工作。

案例 发挥职教职能 助力脱贫攻坚

米脂县职业技术教育中心以"技能拔穷根，培训促致富"为切入点，广泛调研贫困户实际需求，精准设置专业，施行"菜单式"培训，依托实训基地，拓展培训的深度与广度，较好地打出了一套精准培训的"组合拳"，助推了县域产业结构的调整和发展方式的转变。2018 年以全县 5 702 户产业脱贫户和 2 064 户外出务工人员为重点，围绕县域"山地苹果、米脂小米、电子商务、光伏发电"四大扶贫支柱产业，开展山地苹果栽培与管理、舍饲养殖、特色种植、电气焊、农机维修、汽车驾驶与维修、电工、电子商务、家政月嫂、酒店服务与管理培训，使专业服务于产业、技能服务于脱贫、培训服务于致富。学校根据农民农闲时节和农作物生长周期，采取集中授课、现场指导、观摩学习等方式进行培训。同时紧密依托校内现有的化工类、机电类、信息技术类、现代服务类实习实训基地和现代农业生产技术示范园，精选了印斗镇对岔村省级现代农业产业园、沙家店镇益农省级现代农业示范园、石沟镇荣泰农业等作为校外实训基地，满足了学校各涉农专业的培训、实训需要。此外，学校编制了《农民实用技术资料汇编》《种植实用技术知识挂图》《养殖实用技术知识挂图》校本培训教材，在米脂县"八镇一办"开展交叉"轮训"，通过培训，实现了"培训一人，致富一家，带动一片"的综合效益，实现了真正意义上的"职业教育助力脱贫攻坚"。

3. 提升了贫困地区中等职业学校办学水平和内涵层次

全省重点加强县级职教中心建设，努力改善办学条件；引导和支持贫困县职业学校与省内高职院校举办"3＋2"高职教育，拓宽贫困地区学生接受职业教育渠道；指导中职学校面向贫困县区扩大招生面，应上尽上；加强定向培养，优先安排贫困学生在校企合作程度较深的订单定向班或企业冠名班学习；大力实施"1＋X"证书制度改革，加强培育持有中等职业教育学历证书和若干职业技能等级证书的技术技能人才。

4. 服务乡村振兴战略，促进地方经济发展有一定成效

陕西省现有 107 个县级职教中心，其中省级规划重点建设 51 个，建成 30 个省级现代农业职教发展工程示范县，建立起覆盖县、乡、村三级的农村职业教育与技术技能培训体系，覆盖全部贫困县区。各市区按照区域重点布局，强化统筹，重点建设 3~4 个专业较强的职教中心，辐射周边县区。98 个县区职教中心实施"一县一策""一校一策"，按照"一县一品""一校一品"打造品牌，特色发展。连续 3 年平均开展各类培训超 30 万人次。

案例 陕西省安康市旬阳县实施职业教育"三结合"办学模式助力脱贫攻坚

陕西省安康市旬阳县是国家秦巴山集中连片特困地区扶贫开发重点县、全国首批农村职业教育和成人教育示范县。近年来，该县充分发挥职业学校在脱贫攻坚中的独特优势，立足农村实际，深度开展校企合作，着力解决民工"就业难"和企业"用工荒"矛盾，积极探索落后山区职业教育促农增收、助力脱贫新路子。

长短结合促发展。坚持将长期学历教育与短期技能培训相结合，把引导贫困家庭学生接受职业教育、走上就业创业道路，组织富余劳动力参加短期培训、获得工作岗位作为职业教育助农惠民的重要任务。根据经济社会发展需求，组织职业学校开设农学、城市轨道交通运营、旅游服务等专业，并将汽车、建筑、学前教育等专业打造为省级骨干专业。严格按照 4∶6 的"职普比"引导未继续升学的初高中毕业生（即"两后生"）接受职业教育，着力培养有良好道德品质和突出技能专长的"德技双修"有用之才，将毕业学生推荐安置到企事业单位就业，努力实现规模、质量、效益协调发展。近三年，全县职业教育在校生由 2 200 余人增长至 3 000 余人，除继续攻读大专、本科的学生外，累计有 2 500 余名学生参加工作，部分学生成为企事业单位管理人才和技术骨干，部分学生自主创业成为当地致富带头人，实现"培养一人、就业一人、脱贫一户"。大力加强短期技能培训，成立劳务扶贫技能培训中心，统一组织实施全县各类培训，每年对"两后生"、退役军人、城镇未就业人员、下岗失业人员、农村富余劳动力等不同群体实施"菜单式"培训，通过"旬阳建工""美豪服务"等项目，由学生自主选择农作物种植、山羊土鸡养殖、家电维修、电商服务等 20 余个培训项目。坚持把社会公德、职业道德教育、人生发展规划设计和意志品质培养作为通识培训内容，让受训人员通过自身良好品质和过硬技能获得满意的工作岗位，做到志、智双扶助脱贫。近三年，累计培训 4 万余人次，推荐安置未就业人员 6 000 余名，通过培训实现转岗再就业 3 000 余人，直接促农增收 10.2 亿元。

校企结合促就业。各职业学校坚持产教融合、校企合作、订单培养办学思路，按照双赢原则与企业开展深度合作，在人才培养方案制定、课程设置、教育教学、办学评价以及实习就业等方面与企业充分互动。在汽车专业方面，与国内汽车企业合作，签署"双元制"模式合作框架协议，企业员工定期到校和教师交流，为学生授课，推动县职业中学成为上汽集团"人才培养基地"；开办生产性汽车实训厂和驾校，免费为贫困家庭人员提供汽车、摩托车保养维护和汽车驾驶技术培训；组织学生定期深入县内汽车服务企业，按照现代学徒制模式进行教学实习。在学前教育专业方面，与市、县内幼儿园开展合作办学，形成"学做合一、教习一体"的办学模式；在城市轨道交通运营管理专业方面，与北京地铁、西安地铁等开展合作办学，学生实践教学全部在集团运营线上进行。近三年来，累计实现毕业生就业 2 538 名，同时提供就业跟踪服务，对其中 320 名学生进行了第二次、第三次免费安置，努力实现"学生满意、家长放心、社会赞誉、企业信赖"的就业工作目标。

　　校农结合促脱贫。针对企业、市场人才需求和县域经济发展实际，以区域农业产业发展总体规划为指导，以服务农业产业促脱贫为重点，以就业、创业为出发点，不断创新办学模式，扎实推进"学校+"扶贫工作思路。实施"学校+成人农技校+合作社+贫困户"模式，县职业学校指导各镇成人农技校为贫困户开展种植、养殖技术培训，贫困户依靠所学技术，通过流转土地发展种植、养殖业或生态产业，产品由当地合作社统一保价回收、统一销售，实现农民增收脱贫。实施"学校+产业协会+基地+贫困户"办学，农学专业教师深入农村，对各产业协会进行技术帮扶和经营指导，谋划产品销路和产品深加工等；到家庭院落、田间地头，面对面、手把手进行讲解示范，指导贫困户因地制宜发展农业产业。实施"学校+市场+贫困户"模式，针对个别特殊贫困家庭劳动力参加培训意愿不足的情况，按照市场用人需求和用人标准，组织开展"送培到家"活动，培训合格后由组织单位根据学员情况推荐到相应单位。实施"学校+工作队+贫困村+贫困户"模式，切实做好联村帮扶工作，各职业学校分别向帮扶村派驻扶贫工作队常年驻村，利用学校资源优势与贫困户结对帮扶，指导其发展农业主导产业。三年来，累计扶植蔬菜种植、土鸡养殖、药材栽培等合作社25个，促农增收1.2亿元；扶持蚕桑、水果等产业协会13个，促农增收2 000余万元；开展农村贫困户家庭富余劳动力培训5 000余人次，安置就业2 000余人，实现脱贫2 000余户。（来源：教育部网站）

　　2017年以来，按照陕西省委、省政府脱贫攻坚总体部署，陕西省教育厅充分发挥县级职教中心的综合功能，大力组织开展农村实用技术培训和农村劳动力转移培训，形成了如"紫阳修脚师""米脂家政月嫂""泾阳茯茶""洛川苹果""周至猕猴桃""子洲山地果业"等致富培训品牌，实现了"培训一人、脱贫一户"目标。

　　陕西省还通过大力推进职业教育分类考试招生改革、畅通职业教育中高本职衔接通道、整合中职教育资源、完善资助补贴政策、创新城乡职业教育精准扶贫联合培养等，全力推动职业教育改革和发展，有效推进职业教育扶贫全覆盖，为广大学生提供不同层次、满足不同需求的职业教育，中职毕业生就业率始终保持在96%以上。

　　按照陕西中职学校生均财政拨款标准，建档立卡贫困家庭中职和高职在校生，除享受国家资助政策外，给予每人一次性助学补助3 000元。在招生计划下达、中职学校基础能力建设、就业帮扶等方面持续向贫困地区、革命老区倾斜。陕西省教育厅还协调指导高职院校、城市中职学校积极与贫困地区县职教中心开展精准扶贫联合培养，扩大面向贫困地区的定向招生，目前已有10所高职、13个县级职教中心开展"3+2"五年制高职教育联合办学试点，陕西省旅游、银行、电子信息等学校与子洲、定边、米脂、镇安、镇巴、淳化县等10多个县职教中心开展精准扶贫合作办学。

案例　职业教育服务脱贫攻坚成效显著

国家级扶贫开发重点县洋县职教中心通过专业对口就业、专业对接产业、课程对接岗位、产教精准融合等方式，帮助贫困学生精准就业。目前学校与吉利汽车控股集团、上汽大众宁波六厂、赛斯电子（无锡）有限公司等 11 家中外大中型企业在教学、实习、就业等方面开展密切合作。近三年，洋县职中共安置毕业生 1 102 人，对口就业率 98%，贫困生就业率接近 100%。

国家级贫困县紫阳县是劳动力输出大县，年均 10 万余人外出务工，因缺乏技术，大多从事苦、累、重、脏且收入低的工作。自 2014 年以来，紫阳县围绕"村村有致富产业，家家有致富门路，人人有致富技能"的目标，大力发展职业教育，把免费职业技能培训作为帮助贫困户增收脱贫最快捷、最有效的手段与途径，形成了以修脚足疗培训为核心、以政企合作为基础、以定向输出为保障、以部门联动为支撑的免费职业技能培训工作新机制，"紫阳修脚师"这一职教品牌悄然兴起。此后，相继又开展茶叶生产与加工、家政月嫂、特色烹饪、电子商务等几大模块的免费技能培训。自 2014 年以来，全县各项培训共培训 14 000 余人，就业率高达 70%，其中 1 200 余人自主创业。

柞水县职教中心充分发挥职教功能和培训学校职能作用，开展技能培训，深化校企合作，奋力担起扶贫扶志重任，取得了显著成绩，焕发出职业教育助力脱贫攻坚的活力。柞水县属国家级贫困县，总人口 16.5 万人中有 32 899 人被确定为贫困人口，占总人口的 20%。柞水职教中心结合多年为农培训的经验和贫困人口的实际情况，针对贫困人口中不同的人群开展不同形式的培训，效果显著。2018 年，开展贫困人口实用技术培训 81 场次、3 856 人；结合实际开展就业创业培训，按照"培训一人，就业一人，脱贫一家"的思路，探索出了"政府主导＋龙头企业＋定向就业"的扶贫新思路，选择"文化水平要求不高，操作性强，易学，易就业，男女不限、年龄较宽，工资较高"的专业进行培训，引进西安米多多公司和远元集团合作办学，职教中心投入 100 余万元，新建了 9 个旅游、家政和育婴师专业实训操作室，四个足部保健实训室和必备的设施设备，实行"三包两免一补"（包吃包住包就业，免教材学习用品费，免培训费，补交通费）优惠培训政策。由镇村选派贫困劳动力到县职教中心集中强化培训，考核合格后发给技能培训等级证书，由公司一次性全部安排上岗。2018 年，已完成家政护理和月嫂培训 7 期，足部护理培训 3 期，所培训的学员均为贫困户，他们当中除少数有病或有阶段性困难者外，全部安排上岗，目前已安置 100 余人，月工资为 3 500～8 000 元，还享受着就业单位的扶贫优惠政策。同时举办"村集体经济法人及会计""镇村财务人员""农村电商""微商"等专业培训班，共 4 期、300 余人，助力特殊人群发挥示范带动作用。总之，柞水县职教中心对不同贫困人口，采用不同的培训方式和培训内容，取得了良好的培训效果，且在扶贫培训及扶志、扶智工作中，有针对、有选择，做到了"有的放矢"，有创新、有实效。

陕西省56个贫困县职教中心按照因地制宜、特色发展的思路，建立了一批特色鲜明、管用实用的培训及实训基地。山阳县建立中药材基地10余个、果树栽培基地8个；米脂县建成集种植、养殖及涉农专业培训为一体的现代农业生产技术示范园；眉县建立齐峰现代农业、金果园艺公司等产业示范培训基地，培育出一批乡土特色浓郁的劳务品牌。在发展像"米脂家政""宝鸡技工""秦巴茶艺""洛川苹果""武功手织布"等一批老劳务技工品牌的同时，结合陕南旅游、药材，陕北能源、家政，关中机电、电子、建筑等产业，培育和发展了一批如"紫阳修脚师""米脂家政月嫂""泾阳茯茶""眉县猕猴桃""子洲山地果业"等新兴致富培训品牌；山阳县的山药加工、鄠邑区农民画、凤县花椒、周至苗木、凤翔泥塑、杨凌本香肉等品牌在社会产生较大影响。

2018年，陕西省中等职业学校承担各类社会培训4 549期，参训人员4 108 575人次，其中岗位证书、资格证书培训883 416人次，党政企事业员工培训79 796人次，专业技术培训1 495 477人次，职业技能培训1 702 909人次，农村实用技术培训1 064 665人次，劳动力转移培训262 563人次，其他培训830 383人次。特别是针对建档立卡贫困劳动力开展实用技术和务工技能培训，进一步增强了职业教育精准扶贫的针对性、实效性，帮助更多贫困人口通过掌握技术技能增强了"内力"，实现自我"造血"拔穷根。

六、政府履职

（一）经费保障

1. 经费总投入逐年增长

2018年，全省教育经费总投入为1 343.77亿元，比2017年增长8.89%。其中，中等职业教育经费总投入为49.34亿元，比2017年增长6.57%。近三年，全省中等职业教育经费总投入不断增长，但占教育经费总投入比例略有下降，如表2-6-1和图2-6-1所示。

表2-6-1　2016—2018年陕西省中等职业教育财政经费投入情况

年份/年	全省教育经费总投入/亿元	高中阶段教育		中等职业教育	
		经费总投入/亿元	占教育经费总投入比例/%	经费总投入/亿元	占教育经费总投入比例/%
2016	1 174.04	156.00	13.29	44.89	3.82
2017	1 234.01	164.54	13.34	46.30	3.75
2018	1 343.77	176.15	13.11	49.34	3.67

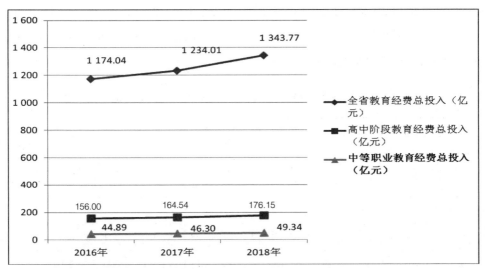

图 2 - 6 - 1　2016—2018 年陕西省中等职业教育财政经费投入情况

（数据来源：陕西省教育厅"2016—2018 年陕西省教育经费统计快报"）

2. 生均教育经费总支出增长 17.85％

近三年，全省中等职业教育生均教育经费总支出情况不断增长，2018 年生均教育经费支出为 15 928.70 元，比 2017 年增长 17.85％，如图 2 - 6 - 2 所示。2018 年，全省普通高中生均教育经费支出为 17 371.33 元。

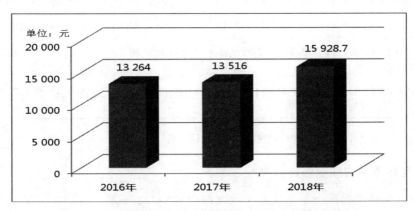

图 2 - 6 - 2　陕西省中等职业教育生均教育经费总支出情况

（数据来源：陕西省教育厅"2016—2018 年陕西省教育经费统计快报"）

3. 生均公共财政预算教育经费增长

陕西省中等职业教育财政预算经费逐年增长，为其发展提供了保障。2018 年，全省中等职业学校生均一般公共预算教育经费为 12 861.45 元，比 2017 年增长 17.26 ％；生均一般公共预算教育事业费支出为 11 850.56 元，比 2017 年增长 19.36％；生均一般公共预算公用经费支出为 4 263.52 元，比 2017 年增长 28.64％。

全省大部分地市2018年生均公共财政预算较上年有所增长,其中,榆林市增长幅度最大,生均一般公共预算教育经费、教育事业费支出、公用经费支出分别增长53.37%、55.78%、77.26%,见表2-6-2。

表2-6-2 陕西省各地市2017—2018年中等职业教育生均一般公共预算情况

项目 地市	生均一般公共预算教育 经费增长情况			生均一般公共预算教育事业费 支出增长情况			生均一般公共预算公用经费 支出增长情况		
	2017年/元	2018年/元	增长率/%	2017年/元	2018年/元	增长率/%	2017年/元	2018年/元	增长率/%
陕西省	10 967.92	12 861.45	17.26	9 928.49	11 850.56	19.36	3 314.37	4 263.52	28.64
西安市	11 256.33	16 495.74	46.55	10 320.14	14 070.92	36.34	2 921.98	4 258.84	45.75
铜川市	62 274.08	68 399.31	9.84	61 186.73	60 273.13	-1.49	6 603.82	6 042.67	-8.50
宝鸡市	9 187.78	10 584.99	15.21	8 270.68	9 432.28	14.04	2 609.42	2 946.46	12.92
咸阳市	8 776.49	10 614.57	20.94	8 160.04	9 149.33	12.12	3 837.25	4 223.19	10.06
渭南市	25 495.81	20 919.83	-17.95	16 824.93	17 887.40	6.31	4 224.46	4 405.33	4.28
延安市	10 838.89	11 455.62	5.69	10 312.32	11 221.57	8.82	2 625.37	2 817.61	7.32
汉中市	15 484.94	14 368.62	-7.21	13 720.17	13 996.94	2.02	5 485.94	3 309.94	-39.67
榆林市	19 846.92	30 438.70	53.37	18 986.26	29 577.51	55.78	6 587.36	11 676.72	77.26
安康市	11 345.13	16 614.88	46.45	11 345.13	14 754.85	30.05	5 352.54	6 690.18	24.99
商洛市	12 971.29	13 271.31	2.31	9 987.43	12 021.61	20.37	2 170.86	2 678.37	23.38
杨凌 示范区	14 652.99	11 925.66	-18.61	14 652.99	11 925.66	-18.61	6 689.83	5 632.40	-15.81

(数据来源:"2018年陕西省教育经费执行情况统计公告")

案例 各地市落实职业教育经费

2018年,宝鸡市财政全年下拨职业教育经费6 572.8万元,其中中等职业教育质量提升专项资金1 780万元,中等职业学校学生免学费3 122.57万元,中等职业教育国家助学金1 345.98万元,中等职业教育家庭经济困难学生生活补贴324.25万元。

咸阳市财政设立每年2 000万元的职业教育专项资金,县级财政按人口总数每人2元的标准设立职业教育专项资金。财政足额列支中职教育生均公用经费,将城市教育费附加、地方教育附加用于职业教育的比例由国家规定的30%提高到35%。

榆林市进一步完善了职业教育经费投入机制,全市中职学校项目规划总投资1 478万元,其中中央财政补助1 260万元,县级财政自筹218万元,项目涉及10所中职学校,重点在实训基地建设、校舍维修改造、教学仪器设备及图书购置、技能大赛基地建设等改善基本办学条件方面按计划实施。榆林职中改建了技能大赛网络搭建实训基地，定边职中实施了汽修实训基地和计算机实训基地建设，子洲县职中建起了集酒店管理、中西餐、文化艺术为一体的实训中心，米脂县职中实施了智慧校园建设。

安康市下达中职免学费资金 1 260 万元，中职助学金 1 339 万元。对扶贫部门建档立卡的贫困家庭子女，就读中、高职的每人在现有国家资助政策之外，一次性发给 3 000 元扶贫补助。继续加大职业教育能力提升计划、职业教育产教融合发展项目、职教中心基础能力三大项目建设，争取现代职业教育质量提升计划和职业教育产教融合工程建设项目 24 个，落实到位资金 4 700 万元，2018 年全市职业学校（含民办职业学校）累计投入 1 亿余元，加强中职学校基础能力建设。

4. 全省 58.670 3 万人次中等职业学校学生得到资助，资助金额增幅 89.48%

进一步健全职业教育经费保障机制，教育惠民政策落到实处。2018 年，陕西省落实中等职业教育资助金额 68 146.69 万元，共资助学生 58.670 3 万人次，比 2017 年增加 32 182.49 万元，增幅 89.48%。其中，28.677 8 万学生享受免学费政策，资助金额为 29 227.94 万元；11.208 4 万学生享受国家助学金政策，资助金额为 10 341.64 万元；全省各级政府共下拨家庭经济困难学生生活补贴 4 177.97 万元，惠及困难学生 13.926 6 万人次；下拨扶贫助学补助资金 2 568.9 万元，惠及贫困家庭学生 0.856 3 万人次；共有 1.691 7万名中职学生获得学校设立的各类奖助学金及学费减免，共计 596.45 万元；共有 215 名学生获得社会各界不同形式的资助，资助总额约 62.1 万元；共有 2.288 万人次中等职业学校学生顶岗实习，顶岗实习资助金额共计 21 171.69 万元。对 6.984 万名建档立卡家庭经济困难学生落实资助资金 8 527.02 万元。

案例　镇安县助力脱贫攻坚，服务经济发展

镇安县严格落实国家中职教育"一免一助一补"惠民资助和县建档立卡贫困生生活补助政策，落实《镇安县教育扶贫"教师 + 学生"结对帮扶实施方案》，建立教师 + 学生"1 + 1"结对帮扶责任制，让所有学生应享尽享、应助尽助、应扶尽扶，实现了建档立卡贫困户子女帮扶全覆盖。加强家校联系，扩大职业教育影响力，获得精准帮扶的第一手资料。通过实施党员 + 学生"三联一创"帮扶、挖掘潜力为困难学生排忧解难等措施，争取中央电大"长征带"教育精准扶贫项目资金，每年免费为镇安县培养乡村基层干部，并为建档立卡贫困户子女免费提供上大学的机会，不断拓宽扶贫帮困渠道，构建起立体式帮扶体系。以农村产业发展和全县脱贫攻坚需求为重点，依托专业和师资优势，与西安工程科技大学、商洛职业技术学院、西安科技大学、西安财经学院知行学院、陕西交通职业技术学院 5 所高校合作建立农民培训基地，大力开展农村实用技术推广、农村劳动力转移就业、教育扶贫等技能技术培训。三年来，累计完成劳动力转移和教育精准扶贫等培训 3 300 余人，贫困户参与率达 30% 以上。职教扶贫工作为农村脱贫攻坚提供了有力支持，为县域经济社会发展做出了应有贡献。

（二）政策推动

1. 建立制度保障体系

深入学习贯彻习近平新时代中国特色社会主义思想和党的十九大精神，按照 2018 年全国教育工作会议的要求和陕西省中等职业教育"十三五"规划的总体部署，陕西省教育厅制定并印发了《陕西省 2018 年中等职业教育与成人教育工作要点》（陕教职办〔2018〕5 号），坚持"一县一策、一县一品和一校一策、一校一品"的发展思路，深化改革，优化布局，突出特色，提高质量，以"分类指导、骨干引领、质量提升"为抓手，破解短板，增强动力，激发活力，持续加快推进职业教育现代化建设，为区域经济发展和全省产业升级转型以及教育精准扶贫做出新的贡献。聚焦质量提升，围绕工作要点，在学校办学、教学诊改、师资队伍建设、教学改革、教育督导、规范招生等方面进一步深化改革，从制度层面建立保障体系，见表 2-6-3。

表 2-6-3　2018 年陕西省关于中等职业教育改革的相关文件

类型	政策文件
普及高中阶段教育	关于印发《陕西省高中阶段教育普及攻坚计划（2017—2020 年）实施方案》的通知（陕教规范〔2017〕16 号）
年度工作要点	关于印发《陕西省 2018 年中等职业教育与成人教育工作要点》的通知（陕教职办〔2018〕5 号）
学校办学	关于印发《陕西省高水平示范性中等职业学校建设三年行动计划（2018—2020 年）》的通知（陕教职办〔2018〕7 号）
	关于做好 2018 年中等职业教育质量年度报告工作的通知（陕教职办〔2018〕19 号）
	关于陕西省高水平示范性中等职业学校立项建设的通知（陕教〔2019〕24 号）
产教融合	关于做好 2017 年度现代学徒制试点工作的通知（陕教高办〔2017〕18 号）
教学诊改	关于印发《陕西省中等职业学校教学工作诊断与改进规划及实施方案》的通知（陕教职办〔2018〕15 号）

类型	政策文件
师资建设	关于举办 2018 年全省中等职业学校信息化教学大赛的通知（陕教职办〔2018〕3 号）
	关于组织开展 2018 年全省中等职业学校教学能手评选工作的通知（陕教〔2018〕40 号）
	关于做好 2018 年中等职业学校省级教学能手评选工作的通知（陕教职办〔2018〕18 号）
	关于举办 2018 年度陕西省中等职业学校教师省级培训班的通知（陕教职办〔2018〕30 号）
	关于举办 2018 年全省中等职业学校（中德）校长高级研修班的通知（陕教职办〔2018〕27 号）
教学改革	关于开展 2018 年中等职业教育省级教学成果奖评审工作的通知（陕教职办〔2018〕2 号）
	关于做好中等职业教育教学改革研究项目培育工作的通知（陕教职办〔2018〕17 号）
教育督导评估	关于印发《陕西省教育质量提升督导评估 316 工程幼儿园小学初中普通高中中等职业学校指标体系》的通知（陕教规范〔2018〕1 号）
	关于做好 2018 年全国职业院校评估工作的通知（陕教职办〔2018〕9 号）
东西协作行动计划	陕西省教育厅关于印发《江苏省教育厅 陕西省教育厅开展教育支援及职教合作协议》《苏陕教育支援及职业教育东西协作行动计划实施方案》的通知（陕教〔2017〕523 号）
规范招生	关于做好 2018 年中等职业学校招生工作的通知（陕教职办〔2018〕10 号）
	关于公布 2018 年陕西省具有学历教育招生资格的中等职业学校名单的通知（陕教〔2018〕159 号）

2. 落实区域实施方案

2018 年，各地市认真贯彻落实中省有关职业教育政策精神，把中等职业教育纳入区域经济社会发展总体规划，全面统筹普职教育协调发展，持续提升区域内中等职业学校基础能力，制定措施、落实方案，切实推动我省中等职业教育规模发展、内涵发展、特色发展，见表 2 - 6 - 4。

表 2 - 6 - 4　2018 年陕西省各地市落实中等职业教育改革政策的具体措施

地市	政策措施
西安市	印发了《关于开展 2018 年中等职业教育市级示范专业申报认定工作的通知》（市教办发〔2018〕67 号），以评促建，加强中等职业学校专业建设
	印发了《关于开展 2018 年现代学徒制试点工作的通知》（市教办发〔2018〕115 号），以此深化产教融合、校企合作，构建校企深度协同育人机制，改革技术技能人才培养模式
	印发了《关于设立中等职业教育专业技能大师工作室的通知》（市教办发〔2018〕476 号），为西安市中等职业学校专业发展及高技能人才培养创新方式方法
铜川市	《铜川市中等职业学校教学工作诊断与改进规划及实施方案》
宝鸡市	宝鸡市教育局、市财政局联合印发了《宝鸡市"双返生"培训工作实施方案》（宝市教发〔2017〕499 号），启动实施宝鸡市"双返生"培训工程，完善措施，提高培训针对性、实用性，促进就业，实现"培训一人、就业一人、脱贫一户"。在此基础上，根据各县区摸底建档、培训计划及培训学校资格申报，下发了《关于下达 2018 年"双返生"培训任务的通知》（宝市教发〔2018〕206 号）
	签订《徐州市宝鸡市教育支援及职业教育合作协议》，为推进两地教育支援深度合作搭建了平台
咸阳市	市委、市政府提出了"把咸阳建成西部职教名城的战略目标"
	出台了《关于加快推进职业教育改革和发展的决定》及 5 个配套文件，积极构建具有咸阳特色的现代职业教育体系，形成了"1234"制现代职业教育格局（组建 1 个联盟，共建 2 所院校，建立 3 个集团，建设 4 个区域职教中心）
渭南市	市教育局、市政府教育督导室联合制定下发了《关于印发渭南市中等职业学校标准化建设提升工程三年行动计划实施方案的通知》，全面推动渭南市中等职业学校标准化建设
	制定了《渭南市中等职业学校合格专业建设标准》，部署开展标准化专业评估验收工作，加强中职学校专业建设工作，统筹专业布局
延安市	《延安市优化整合中等职业教育资源实施方案》
	《延安市人民政府关于加快发展现代职业教育的实施意见》

地市	政策措施
汉中市	为加快推进汉中市职业教育体制机制创新和内涵高质量的发展，形成"有优质品牌专业、有优秀中职教师、有优秀毕业学生、有优秀实习实训基地"的四优职业教育发展局面，充分发挥职业教育在服务经济发展和助力脱贫攻坚的能力，印发了《汉中市中等职业教育质量提升五年计划（2018—2023）》的通知（汉教发〔2018〕227 号）
	汉中市人民政府办公室印发了《关于推进职业教育和成人教育提质升级助推社会经济发展的实施意见》
	印发了《汉中市加强中等职业学校专业建设的指导意见》的通知（汉教发〔2018〕234 号）
	出台《加强中等职业学校德育工作的指导意见》《汉中市加强中等职业学校公共基础课教学的指导意见》《汉中市加强中等职业学校专业建设的指导意见》等配套措施，将中职德育教育、基础课提升、专业品牌打造作为今后中等职业教育三大发展重点，着力从德育、教育质量、高层次实习就业网络搭建三方面入手，提升职业教育教学质量
	制定下发《关于加强汉通中等职业教育扶贫协作工作的通知》《2018 年汉中市苏陕教育结对帮扶工作实施方案》和《关于进一步加大苏陕教育协作工作力度的通知》等文件，指导各县区以职业教育结对帮扶和教师交流培训为重点，注重项目规划，强化帮扶措施，持续深化教育帮扶协作交流
榆林市	进一步完善了职业教育经费投入机制，《榆林市委、市政府关于进一步深化教育综合改革的实施意见》（榆发〔2018〕10 号）中第 21 条"职业教育生均公用经费参照普通高中教育标准执行"的要求，明确县市区职业教育经费拨付配套比例和标准意见，确保教育费附加 30% 用于职业教育
安康市	市政府出台《安康市高中阶段教育普及攻坚计划（2018—2020 年）实施细则》，进一步明确了新时期加快全市现代职业教育发展的支持政策与具体措施，推动了区域中等职业教育的发展
商洛市	《商洛市关于加快发展现代职业教育的实施意见》
	《商洛市职教资源整合实施方案》《商洛市关于加快职教县区职业教育资源整合的意见》
杨凌示范区	《杨凌示范区高中阶段教育招生办法》，严格控制普高招生数量，确定了高中阶段普职招生比例基本达到 1∶1，从招生制度上确保中职生源

案例 宝鸡市全面实施"双返生"培训,大力开展职业技能培训和精准扶贫工作

2017年以来,宝鸡市教育局把全力推进"双返生"培训作为教育扶贫、提升农村人才技能水平的重要抓手,充分发挥县区职教中心综合功能,大力开展职业技能培训和精准扶贫工作,取得了一定成效。2017年,全市摸底建档16~30周岁"双返生"14 130人,其中具有培训意向11 169人。各县区职教中心根据培训需求制定培训方案和培训计划,并认真组织开展培训工作,全市组织开设餐饮服务、酒店管理、种植养殖、家政服务、农村电商、服装加工、电器修理、平面设计、烹饪9个专业大类培训130期,完成"双返生"培训8 312人。培训中,对参训学员实行"六免政策":即免费开展技能培训、免费开展技能鉴定、免费推荐就业、免吃、免住、免费发放学习用品。2018年,根据各县区摸底建档、培训计划及培训学校资格申报,市教育局、市财政局联合下发了《关于下达2018年"双返生"培训任务的通知》(宝市教发〔2018〕206号),全市共下达"双返生"培训计划3 058人。截至2018年10月份,全市组织开设电子商务、信息技术、电子电工、机械加工、汽车维修、民间工艺、农村实用技术、中餐烹饪、现代服务9个专业大类培训122期,培训人数3 652人。培训后,成功实现就业创业1 958人,占培训人数54%;继续深造454人。太白职教中心通过订单培养,输送4批72人到企业工作,月均工资3 500元。2018年,实现当年初、高中毕业返乡和有学习需求的往届返乡毕业生技能培训全覆盖,培训后就业率稳定在70%以上。

案例 构建咸阳特色现代职业教育体系,形成"1234"制现代职业教育格局

咸阳市委、市政府提出了把咸阳建成西部职教名城的战略目标,成立了以市政府主要领导为组长的职业教育工作领导小组,建立了联席会议制度,以市委、市政府名义出台了《关于加快推进职业教育改革和发展的决定》及5个配套文件,积极构建具有咸阳特色的现代职业教育体系,形成了"1234"制现代职业教育格局(组建1个联盟,共建2所院校,建立3个集团,建设4个区域职教中心)。

(三) 项目引领

1. 实施"特色学校""精品专业""综合性实训基地"三大重点建设项目

贯彻落实《陕西省人民政府关于加快发展现代职业教育的意见》《陕西省现代职业教育体系建设规划(2015—2020年)》和《陕西省教育事业"追赶超越"工作方案》精神,立足全省中职教育实际和发展需要,优化配置,强化基础,突出优势,凸显特色,以重点项目建设凝聚新动能、打造新高地、激发新活力,建立骨干体系,引领中等职业教育改革创新,促进办学质量全面提高。陕西省于2017年组织实施了"陕西省特色中等职业学校""陕西省中等职业教育精品专业""陕西省中等职业教育综合性实训基地"三大重点建设项目。首批遴选陕西省特色中等职业学校10所（见表2－6－5），每所学校给予100万元省级专项经费支持；首批启动陕西省中等职业教育综合性实训基地建设项目10个（见表2－6－5），每个基地给予200万元省级专项经费支持；首批安排陕西省中等职业教育精品专业建设项目20个，分布在全省各地市，每个专业给予80万元财政专项经费支持。省级财政安排专项建设经费4 600万元。

表2－6－5　陕西省首批中职"特色学校""综合性实训基地"入选学校名单

项目	学校
陕西省特色中等职业学校	阎良区职业教育中心
	岐山县职业技术教育中心
	礼泉县职业教育中心
	白水县职业中等专业学校
	宜川县职业教育中心
	米脂县职业教育中心
	洋县职业技术教育中心
	旬阳县职业中等专业学校
	镇安县职业技术教育中心
	神木市职业技术教育中心
陕西省中等职业教育综合性实训基地	西安旅游职业中等专业学校
	眉县职业教育中心
	铜川市印台区职业技术学校
	武功县职业教育中心
	富平城乡建设高级职业中学
	子长县职业教育中心
	子洲县职业教育中心
	略阳县天津职业教育中心学校
	安康市汉滨区新建中等职业学校
	洛南县职业教育中心

2. 启动陕西省高水平示范性中等职业学校建设三年行动计划（2018—2020年）

贯彻落实全国、全省教育大会精神，集中力量打造陕西省中职教育"第一梯队"。依据《国家教育事业发展"十三五"规划》和《陕西省现代职业教育体系建设规划（2015—2020年)》，立足全省中等职业教育实际和发展需要，省教育厅制定并印发了《陕西省高水平示范性中等职业学校建设三年行动计划（2018—2020 年)》（陕教职办〔2018〕7 号）。经市（区、县）教育行政部门和省属中职学校推荐申报、资料初审、专家评审和省教育厅厅务会议审议并公示，决定在眉县职业教育中心、陕西省电子信息学校、彬州市职业教育中心等 31 所学校立项建设陕西省高水平示范性中等职业学校。

高水平示范校建设实行项目和绩效管理。项目建设周期为 2 年，分档建设，分类支持，形成梯队，2020 年 12 月结项验收并挂牌。市、县政府统筹推进项目实施，把高水平示范校建设纳入经济社会发展总体规划，建立工作机制，明确资金、政策等支持办法，重点是改善办学条件、提高师资水平、深化产教融合、促进校企合作、发展技能培训等，同时做好监督管理工作，省教育厅统筹资金予以支持，统筹政策予以倾斜；制定项目管理办法，开展方案审核、动态监测、中期评估、反馈预警、结项验收，根据建设实效实行差异化支持；省财政安排职教专项资金中，按照要素分配原则安排一定比例用于示范校建设。

3. 大力推进中等职业教育基础能力建设

近年来，为解决中等职业教育发展中的一些具体问题，各地市以项目建设为抓手，精准投入，改善办学条件，持续提升中等职业教育基础能力。

案例　宝鸡市投资 3 780 万元顺利启动全市职业教育公共实训中心建设

2018 年，宝鸡市以项目建设为抓手，大力推进中等职业教育基础能力建设，先后投资 3 780 万元顺利启动了全市职业教育公共实训中心建设，实施了眉县职教中心汽车类专业实训中心、陈仓区职教中心机械加工专业实训中心、岐山县职教中心西餐专业实训室、千阳县职教中心机器人专业及实训基地、凤翔县职教中心餐饮综合楼、陇县职教中心食宿综合楼建设等项目，全市中等职业教育面貌得到进一步改善，教育教学基础能力得到进一步提升。

七、特色创新

2018 年，在省、市教育部门的强力推动下，各中等职业学校以党建为统领，以提高办学质量为核心，以突出特色、创新发展为主线，在学校发展、培养模式、德育教育、"三教"改革、产教融合、为农服务、脱贫攻坚等方面不断探索，取得新的突破。合阳县职教中心以"文明风彩 德载校园"为主题，把"文明风采"活动和五月校园艺术节有机结合起来作为德育教育平台，引导师生追求健康向上的审美情趣，塑造优良的文化艺术修养；岚皋职教中心从专业建设入手，推进职业教育与支柱产业的深度对接，增强职业教育与产业发展的契合度，探索学校精品专业服务县域经济支柱产业，助推县域经济发展的新路径；旬邑职教中心围绕"传承非遗文化，服务县域社会发展"的战略思路，利用"旬邑县非物质文化遗产传承培训中心"对县内群众实施剪纸和唢呐培训，对带动旬邑旅游、拉动旬邑文化产业发挥了积极作用。

案例 咸阳市现代学徒制试点工作案例

咸阳市被教育部确定为全国首批现代学徒制试点单位（地区）以来，积极按照"政府引导，校企主体，面上突破，点上创新"的思路，将开展现代学徒制试点工作作为创新人才培养模式、促进职业教育内涵发展、提升人才培养质量的重要抓手，在 5 所中职学校率先探索，基本形成"企业、学校"二元合一的学生管理体系和"学生→学徒→准员工→员工"四位一体的人才培养模式。

根据教育部现代学徒制试点工作要求，咸阳市按照《咸阳市现代学徒制试点工作任务书》，确定了秦都职教中心、武功职教中心、礼泉职教中心、彬县职教中心、乾县职教中心 5 所办学基础好、办学质量高的中职学校为首批试点学校；依据咸阳产业结构特点，将试点专业重点放在现代服务和先进制造业上，经过认真考察，最终确定了陕西天益教育科技有限公司、陕西博菲特流体控制设备装配有限公司、咸阳阔源汽车服务有限公司、陕西生益科技有限公司、陕西泰丰汽车制动系统有限公司等为首批现代学徒制试点企业，校企双方共建实训基地，共同组织教学，共享教师技师，共推试点进程。两年来，参与试点企业技师 54 名；参与试点学生 359 人中，154 名学生取得双证，148 名学生顺利实现在企业就业。

1. 主要做法

（1）积极推进招生招工一体化。试点校企把探索招生招工一体化作为推进现代学徒制的首要任务来抓，双方签订了联合招生招工协议书，共同确定招生专业和规模，联合开展招生宣传、招生录取，确保录取学生的双重身份。试点校企严格执行教育部等五部委《关于职业院校学生实习工作的规定》，学校、企业、家长、学生签订了四方安全协议书，保障了各方权益。试点学校为每位参与现代学徒制试点的学生印制了现代学徒制试点项目学生成长记录册。

（2）初步形成校企一体化人才培养模式。试点校企按照《咸阳市现代学徒制试点工作任务书》，积极开展人才培养模式调研，共同制定人才培养方案，将学生工作业绩和师傅评价纳入学生学业评价标准。试点学校积极探索"2446"人才培养模式，即"二元管理、四段培养、四位一体、六个合一"的培养模式。在管理上"企业、学校"二元合一，时间上试行"1.5 + 0.5 + 0.25 + 0.75 学期"四段推进，身份上做到"学生→学徒→准员工→员工"四位一体，初步实现了"学校与企业合一，招生与招工合一，学习与工作合一，学生与学徒合一，教师与师傅合一，教室与车间合一"的六合一。

（3）正在构建以项目为主体"学校＋企业"双课程体系。彬县职教中心在现代学徒制试点工作中，经过校企双方通力合作，初步形成了适应现代学徒制试点需要的"企业＋学校"的双课程体系。企业课程以岗位实践教学为主，采取"做中教、做中学"的途径，强化岗位技能训练，突出职业素养培养，主要由企业师傅指导学生完成学习任务。学校课程采用以专业基础课程为平台、以专业核心课程为支撑、以专业技能训练课程为核心、以公共人文素质课程和专业选修课程模块为补充的模块化专业课程体系。双课程体系的建立，适应于现代学徒制教学实训需要，为学校教师和企业师傅有效实施教学实训提供了条件。

（4）不断完善现代学徒制教育教学管理机制。咸阳市成立了以市教育局陈复职副局长为负责人的咸阳市现代学徒制试点工作项目组，统筹规划试点项目。5个试点学校也分别成立了由职教专家、企业师傅、专业教师组成的现代学徒制试点工作项目组，具体落实试点项目。根据试点工作需要，试点单位先后制定了现代学徒制试点学生守则、师傅职责、专业教师考核办法、学生实践教学管理办法等规章制度，不断完善现代学徒制教育教学管理。

（5）全力构建适应现代企业需要的学生评价体系。一是构建以"专业课教师—实训指导教师—企业兼职教师"构成的校内学生学业评价体系，以检验学生的文化素养、专业知识、职业意识、企业文化及基本操作技能；二是构建由"实习指导教师——企业师傅"组成的双导师评价体系，以检验、评价学生的综合素养和职业核心技能；三是引入第三方认证，由具有发证资格的劳动、安监、人事等职业资格鉴定机构对试点学生进行考核。

（6）正在建立一支专兼结合的现代学徒制教学团队。为打造一支能胜任现代学徒制试点工作、德才兼备的教学团队，试点学校制定了《现代学徒制教师培训计划》《现代学徒制企业师傅选拔标准及职责》等制度文件，通过调、培、转、聘等方式，不断完善专业教师结构，加快专业教师成长，加强现代学徒制试点工作教师队伍建设。一是组织专业教师外出参加各级各类专业培训，下企业进行生产锻炼和挂职学习，加强校本研修，培养"双师型"教师；二是按照市政府规定，学校将编制的20%全部用于在企业聘请"技师型"兼职教师，将企业先进的管理理念和先进的生产技术引进学校。

2. 工作成效及创新点

（1）组织保障不断加强。咸阳市政府成立了以主管副市长为组长，教育、人社、财政等相关部门负责人为成员的咸阳市现代学徒制试点工作领导小组，协调解决试点工作中的重大问题；成立了咸阳市现代学徒制试点工作项目组，对5个试点单位的工作进展进行业务指导和行政督查，保障了试点工作顺利开展；2016年年底，工作组在秦都职教中心召开了全市现代学徒制试点工作推进会，加快了全市试点工作步伐。

（2）政策保障不断完善。咸阳市委、市政府制定出台了《关于加快推进咸阳市职业教育改革和发展的决定》及四个配套文件，全面深化校企合作、产教融合。在充分调研的基础上，通过学习发达地区先进经验，结合咸阳市实际，市政府在全省率先制定出台了《咸阳市职业教育校企合作促进办法》。通过一系列优惠政策，提高了企业、行业参与职业教育的积极性，把校企合作真正落在实处，为现代学徒制的开展提供了政策保障和制度基础。

（3）资金投入不断加大。多方筹措资金，解决了试点工作中的企业的补助经费、师傅的指导经费、学生实习的补助经费等试点工作正常支出。2016 年和 2017 年，中、省项目资金向 5 所试点学校倾斜，提升了试点学校专业实训基地建设水平；市财政从 2 000 万元职业教育发展专项资金中，对 5 所试点学校各列支 50 万元，专项支持试点工作，保障了试点工作顺利进行。

（4）试点规模不断扩大。政府的大力支持、政策和资金的有力保障及借助职教活动周对现代学徒制的大力宣传，为咸阳市开展现代学徒制试点工作创造了良好的环境。5 个试点单位边实践，边改进，不断完善试点工作机制，争取更多的企业参与现代学徒制试点。秦都职教中心在继续做好与陕西天益教育科技有限公司合作的基础上，拓展与西安市金康汽车维修设备有限公司的校企合作，将参与试点学生人数扩大到 115 人；彬县职教中心又和宝鸡吉利汽车部件有限公司、武功职教中心和武功叠鑫钢模板厂签订合作协议，推进咸阳市现代学徒制办学规模日益壮大。

（5）试点形式百花齐放。在坚持"双元育人，双重身份，双导师教学"的原则下，五个试点单位不拘一格，形式多样。秦都职教中心开展线上"智慧课堂"和线下"现代学徒式实训"相结合的方式，在校内开展企业实景化的理实一体化教学。彬县职教中心以"行动导向教学"为抓手，以试点合作企业和校内实训场所为依托，形成以"行动导向教学"为核心的"做中教，做中学"的一体化教学模式。礼泉职教中心将合作企业引入校园，推行项目教学法，加强课程间的融合，培养学生解决问题的综合能力。武功职教中心推行"以工作过程为导向、以工作任务为载体"的教学模式，学生上午在学校学习文化理论课，下午赴企业进行岗位技能学习。乾县职教中心实行工学交替，分段实施，让学生在试点过程中完成身份的转变和能力的提升。

案例 安康市汉阴县职教中心精准扶贫培训工作案例

汉阴县地处陕西省南部，面积 1 365 平方千米，辖 10 个镇、141 个行政村，总人口 31.3 万人，素有油菜花乡、富硒之乡、陕菜之乡、书法之乡的美誉，是享誉世界的"三沈"（沈士远、沈尹默、沈兼士）昆仲故里。同时汉阴也是国家扶贫开发工作重点县、国家秦巴山区集中连片特殊困难县。

近年来，汉阴县职教中心充分发挥职业技能培训优势，探索"对象精准＋目标精准＋方式精准＋内容精准＋保障精准"五个精准扶贫路径，综合运用中小学校布局整合暂空置校园、村镇闲置会议室和人社、扶贫等部门的免费培训项目，开展以26个整体脱贫村和20个深度贫困村的建档立卡贫困劳动力为对象的扶志和就业技能培训，取得了显著成效，发挥了一定的示范引领作用。其做法引起社会新闻媒体的高度关注，先后被阳光报、汉阴电视台、汉阴新闻网、安康新闻网、陕西素质教育网多家媒体报道。

汉阴县职教中心的主要做法如下：

一是成立机构，分工协作。成立了由镇政府、教体局、人社局、职教中心四个单位负责人组成的工作领导小组，搭建了沟通协作的桥梁。明确分工，镇政府负责学员情况摸底分类、学员培训需求摸底调查及组织；职教中心负责根据学员需求及精准扶贫规划制定教学方案、组织编写培训教材、编制授课表、聘请授课教师、组织教学及管理、培训档案汇总及制作；教体局及人社局负责培训项目确定，保障落实工作人员及运行经费，监督培训实施过程。齐抓共管，各司其职，夯实培训工作，保证工作出实效、农民能实用。

二是调查摸底，分析供需。为使培训工作取得实效，培训前期，各镇按照"村不漏户，户不漏人"的原则开展入户调查，根据群众的技术需求，逐一摸底登记，按需编班排课，分期分批培训。职教中心根据摸底情况，制定教学方案，聘请农林科技专家和养殖技术人员组建培训团队。

三是走村入户，送培到门。为不误农时，节约群众的参培成本，汉阴职教中心以"便民就近"为原则，通过全县8个社区及建立的115个流动培训点，送培到村，在贫困户家门口开展培训，解决农村贫困劳动力后顾之忧，并通过到户送政策、讲就业、道实惠，提升贫困群众参与培训的动力，增强主动创业就业意识。对于因特殊原因无法参与培训的学员，则采取送培到户的方式，分类指导他们制定贫困家庭发展计划，增强贫困劳动力的致富信心，激发他们的脱贫斗志。

四是志技双扶，分类指导。为使职业技能培训工作取得实效，汉阴县积极探索实施"2＋5""1＋1"技能培训模式，将扶志的通识讲座与扶智的技能培训相结合。扶贫先扶志，治贫先治愚。扶志通识知识培训以励志教育、党的惠农政策、区域经济发展趋势等进行宣传教育，引导农民了解经济发展形势、明确致富方向，强化公民的国家意识和社会责任意识以及新民风建设，通过"321基层综合治理"等培训内容，提高家庭美德和个人品德，提升群众文明素质，增强勤劳致富的志气；扶智技能培训，围绕每个贫困户找到一条致富门路、每个适龄劳动力掌握一项增收技术的目标，县职教中心邀请了具有丰富理论知识和实践经验的专家讲师，集中开展电子商务、烹饪、餐饮服务、乡村旅游、畜禽养殖、果树修剪、食用菌栽培、动物防疫、果树病虫害防治、农产品加工、修脚、家政服务、月嫂等专业技能培训，把"用得上、能管用"的实用技术送到老百姓手上，为农民致富增收打开了思路，搭建了桥梁。

近年来，汉阴县共实施"2 + 5"技能培训 5 400 余人次；自 2017 年开展"1 + 1"培训以来，共在全县 10 个镇开展培训共 67 期，培训贫困劳动力 4 035 人。通过各类培训，把"用得上、能管用"的实用技术送到老百姓手上，增加了他们的就业创业门路。同时，引导有能力的外出务工人员回乡创业，带动更多农村劳动力转移就业，激发了县域经济活力，收到良好的成效。据统计，全县 9 200 余名农村劳力转移各类产业实现了"家门口"就业增收。

案例 蒲城县职业教育教育中心课改案例

【背景介绍】

中职学生相对而言文化课基础较差，自我管理能力也较弱，对带课教师来说决不能按部就班、照本宣科。为了有效地推动教育教学发展，促进学生的综合素质全面提高，培育出社会需要的技能型人才，根据国家职业教育政策方针，结合学校实际，探索出一种行之有效的教学方法——"易诊课堂"，收到了良好的效果。

【实施过程】

"易诊课堂"，顾名思义就是师生互换位置，学生讲述—互相分析—教师诊断—发现问题—对症下药—解决问题。此种因材施教的方法是对正式课堂的一种有效的延伸和补充，更是巩固课堂教学成果的一种切实可行的措施。目前主要有以下七种运行方法：

（1）师生易位，学生给老师讲，老师诊断，指出学生在思路、方法、步骤以及认识局限等方面存在的疑难，以便明确症结之所在，然后给学生讲解，促使学生融会贯通，活学活用。此法为本教学法的主流方式。

（2）学生互讲，一对一、一对多，自我诊断、相互诊断，相互研讨，共同促进。每一个学生的思维和理解能力都有差别，让他们在互相讲解的过程中，明确自己的不足，以探讨的方式扬长补短。此法既增进了友谊，也强化了知识，深受学生欢迎。

（3）班主任老师跨学科辅导，老师扮演学生身份与学生共同学习，在这个过程中，老师能直接发现学生在学习该科目中所遇到的问题，及时与代课老师进行沟通，调整教学方法，弥补知识遗漏。班主任是学生的领头羊，对学生的成长发挥着极其重要的作用。如果班主任能够与学生打成一片，让学生乐学，效果也是显而易见的。

（4）代课教师分层次辅导，教师按照学生基础情况把学生分成不同程度的小组，然后进行分组分层次教学，增强辅导的针对性，分类推进、循序渐进，效率较高。教师是课堂的主导，应该对大部分学生有所了解，成为学生的知心人。对于学生在知识点上存在的问题应该有一个清醒的认识，然后进行指导、突破，循循善诱，学生的进步必然很快。

（5）师生班际串讲，使各班之间形成一个相互学习、相互竞争的具有兼容性的浓厚学习氛围。知识是无尽的，学习是没有止境的，只有以更开阔的视野面对学习，才能不断提升自我。

（6）合理利用网络平台，建立班级微信群，教师随时可以在网络平台上给学生进行学习督导，学生也可以随时咨询在学习生活当中遇到的问题，当然这个平台主要还是利用课余时间进行交流。

（7）自习扶困双岗制，学校通过周测月考确定重点帮扶对象，然后每节自习安排两个科目老师同时进班有针对性地进行分组辅导。

【特色创新】

通过两年多来的摸索和实践，"易诊课堂"得到了学生的广泛好评，也取得了显著的成绩。从操作过程来看，"易诊课堂"教学方法主要有以下特点：

（1）占用的是自习和课余时间，达到了"轻负高效"的效果。

（2）把教师的主导作用和学生的主体作用充分发挥。

（3）反复性，对同一学生或者不同学生可能要进行多次诊断检测和辅导。

（4）全方位诊断，师生之间、教师之间、学生之间相互诊断。

（5）任务驱动，天天清，主要是对当天正式课堂上所进行的内容充分进行消化和吸收。

（6）介入信息化手段，使教与学更加方便，效率更高。

【成效与评价】

时代在发展，变革日新月异，只有打破常规，勇于创新，深入学生，依据时代和社会的需要，针对学生的实际情况，努力探索出适合中职学生不断进步的方法，才能够把教育事业推向更高的台阶。我们认为"易诊课堂"的操作性很强，教学效果好，值得推广。

（1）极大地拉近了师生之间的距离，使教师更加了解学生，学生更加适应教师的教学方法，学生主动问老师问题的现象也越来越多。

（2）学生学习的积极性提高，逐渐形成一种积极主动、你追我赶、团结紧张的学习研讨氛围。

（3）极大地提高了教学质量，2016届11名学生参加职教单招本科考试全部录取，2017届27名学生本科上线，2018届58名学生本科上线。

（4）逐年提高的升学人数，切合了广大群众的需求，大大提高了职业教育的关注度，推动了学校的招生工作。学校已连续两年招生突破800人次，2018年，学校还首次采用了面试的方式录取新生，有效提升了生源质量。

八、中等职业学校党建工作

2018年，全省中等职业学校深入学习贯彻党的十九大精神，强化政治意识，把学习贯彻习近平新时代中国特色社会主义思想和党的十九大精神作为首要政治任务，全面、准确理解习近平总书记关于职业教育重要指示精神实质和丰富内涵，武装头脑、指导实践、推动工作，将中职学校党建工作与业务工作同部署、同落实、同考评，提升学校治理能力。

（一）突出党组织在学校整体工作中的政治核心作用

陕西省各中职学校进一步明确党支部职责地位，把政治建设摆在首位，不断增强中小学校党组织的政治领导力、思想引领力、群众组织力和社会号召力，充分发挥党组织在中小学工作中的政治核心作用。各校将党的建设和教育教学工作有机结合，创新活动形式，探索实施"党建＋德育工作""党建＋师德师风建设""党建＋教学实践"等特色项目，以党建为引领打造育人品牌。

案例 神木职教中心召开党建工作推进会，努力开创学校党的建设新局面

2018 年 11 月 24 日，神木市职业技术教育中心党总支召开党建工作推进会，会议要求全体党员要始终坚持以十九大精神为统领，充分发挥每一个党员的节点链接作用和党支部的桥梁纽带作用，更好地发挥党组织的政治核心作用和业务引领作用，让十九大精神入脑入心、进校园、进课堂、进教材。要以"一抓三促三同步"为工作重点，扎实推进"两学一做"学习教育常态化、制度化，抓党建、促脱贫攻坚成效，搞好"三类五星"评定，实现党员教育管理规范化、精细化、科学化，并建立"双培养"机制，实行"双带头人"培育工程，创建"星级"党支部，树立先进典型，增强榜样的感染力。

案例 渭南市率先提出打造四个一批示范群体创建活动，即打造一批标准化党建工作学校示范群体，一批党员教师作风建设示范群体，一批党员教师教育教学骨干示范群体，一批党员教师精准帮扶两困生示范群体，确保学校党组织和党员教师在工作中走在前、作表率。

（二）深入开展"两学一做"学习教育活动

学校党支部以学习党章党规、学习习近平总书记系列重要讲话为主要内容，组织全体党员深刻领会党的理论、政治主张和原则要求，按照党员标准规范言行，进一步坚定了理论信念，提高了党性觉悟；深刻领会党规所明确的政治基准、行为准则，牢固树立了纪律和规矩意识，充分发挥了先锋模范作用。

案例 宝鸡市各中等职业学校以提升履职能力、加强党员干部队伍监管为主题，以"人人创先争优、建强基层组织"为目标，落实党员发展"三审一评两考核"和"双培双带三培养"制度，重点在优秀青年骨干教师、学科带头人及名师中发展党员；健全师德师风建设规章制度，完善师德建设评估体系，开展服务窗口"三亮三比三评"活动，推行了

党员先锋岗、示范岗和责任区，激发了党员干部教师立足岗位比奉献、做表率、创业绩的精神动力。

案例 旬邑县职教中心党支部在"两学一做"学习教育活动中按照"八有"标准设立了党员活动室，规范整理装订党建资料 10 余项、135 类；探索运用网站、QQ、微信、钉钉等媒介载体，构建党建工作现代化的网络平台；坚持落实党组织议事决策制度，实行"三务"公开制度；开展承诺、践诺、评诺活动，激励全体党员干部积极落实行动、主动作为。

（三）加强制度建设，纪律作风建设

全省各中职学校党支部严格落实"三会一课"制度，定期召开党员大会、党小组会、支部委员会会议，确定党课内容；以支部为单位，固定时间，规范内容，使学习教育常态化、制度化。组织党员干部认真学习贯彻《中国共产党廉洁自律准则》《中国共产党纪律处分条例》《中国共产党问责条例》，不断加强党的纪律建设、作风建设和廉政建设，坚持开展"廉政文化进校园"活动，不断增强广大党员干部的廉政意识和拒腐防变能力。

案例　陕西省城市经济学校召开 2018 年党建和党风廉政建设目标任务签署大会

2018 年 7 月 2 日，学校召开了 2018 年党建和党风廉政建设目标任务签署大会。党委书记、校长张海花分别与各分管领导签订了《2018 年度党建工作目标责任书》和《2018 年度党风廉政建设工作责任书》，明确了党建和党风廉政建设工作责任主体。同时要求，各分管领导要分别与分管科室责任人签订党建和党风廉政建设责任书，将党建和党风廉政建设工作责任层层压紧压实，确保党建和党风廉政建设工作顺利开展并取得实效。

（四）助力精准脱贫

各级各类中等职业学校均按照扶贫指挥部统一安排实施党支部包村、党员包户，助力脱贫攻坚。在校内开展党员教师帮扶"两困生"活动，即一名党员教师帮扶一名贫困学生或学困生，做到思想上解惑、生活上资助、学业上提高。

案例 镇安县职业高级中学党支部在全体党员中开展"三联一创"特色创建活动，即每名党员联系一个班级、一个宿舍、一名困难学生，创"红星"党员，以党建促队伍建设、促德育发展、促教学工作、促质量提升。

案例 兴平市职业教育中心党支部构建"党建＋业务"模式，切入点是"4 个相结合"，即做合格党员与提高教育质量相结合、与职教招生相结合、与大家访活动相结合、与脱贫攻坚相结合，对党员、骨干教师提出了对贫困学生"四个一"的帮扶机制，即"一天一辅导，一周一谈话，一月一家访，一学期一考核"，确保党组织对建档立卡学生的关爱"一个都不能少"。

陕西中等职业教育质量报告
（2020 年）

一、基本情况

（一）规模情况

1. 学校数量

2019 年，全省共有高中阶段教育学校 701 所，其中普通高中 471 所，中等职业学校 230 所。471 所普通高中包括完全中学 202 所、高级中学 224 所、十二年一贯制学校 45 所。230 所中等职业学校包括普通中等专业学校 31 所、成人中等专业学校 3 所、职业高中学校（含县级职教中心）196 所。目前，全省还有附设中职班 47 所（不计校数）。2019 年全省中等职业学校与 2018 年相比，减少了 4 所，其中宝鸡市减少 2 所、渭南市减少 1 所、杨凌示范区减少 1 所。2019 年具有学历教育招生资质的中等职业学校共 183 所，其中西安市最多，共 47 所。如图 3 – 1 – 1 和表 3 – 1 – 1 所示。

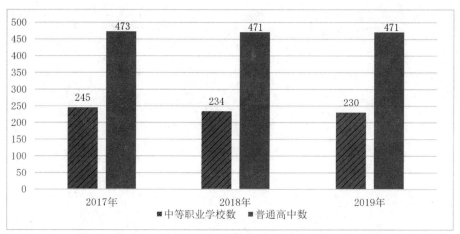

图 3 – 1 – 1　2017—2019 年全省中等职业学校和普通高中学校数变化

表 3 – 1 – 1　陕西省各地市近三年中等职业学校分布情况　　　　　　　　所

时间	地市											合计
	西安市	铜川市	宝鸡市	咸阳市	渭南市	延安市	汉中市	榆林市	安康市	商洛市	杨凌示范区	
2017 年	77	5	27	32	29	14	12	25	12	8	4	245
2018 年	77	5	25	29	25	14	12	25	11	7	4	234
2019 年	77	5	23	29	24	14	12	25	11	7	3	230

2. 在校生数

全省中等职业学校在校学生 257 529 人，均为全日制学生，其中普通中专学生 61 959 人，占 24.05%；成人中专学生 294 人，占 0.12%；职业高中学生 195 276 人，占

75.83%，如图 3 - 1 - 2 所示。

与 2018 年在校生相比，西安市增加 6 562 人、安康市增加 5 481 人、榆林市增加 4 897 人，分别排在全省各地市中等职业学校在校生增加人数的前 3 位。

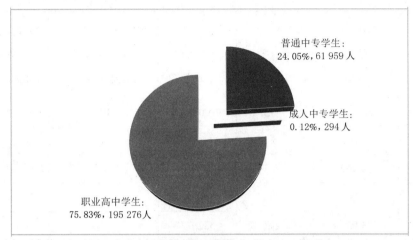

图 3 - 1 - 2 2019 年全省中等职业学校在校生构成

3. 校均规模

全省中等职业学校校均规模 1 119 人，比 2018 年增加 149 人。杨凌示范区、商洛市、安康市、汉中市、延安市中等职业学校校均规模均超过 1 200 人的国家标准（《中等职业学校设置标准》），其中，商洛市中等职业学校校均规模最大，达 2 174 人。如图 3 - 1 - 3 所示。

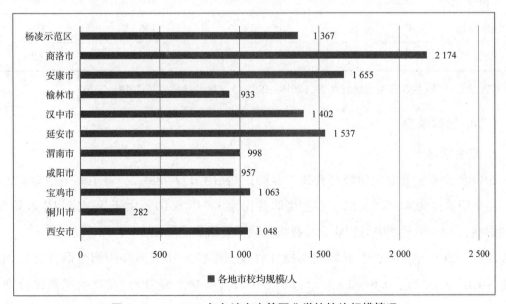

图 3 - 1 - 3 2019 年各地市中等职业学校校均规模情况

4. 全省各地市百万人口中接受中等职业教育学生人数

由于国家招生政策变化，全省每百万人中中等职业教育在校生人数由 2018 年的 60 人上升到 2019 年的 67 人。杨凌示范区百万人口中中等职业教育在校生最多，达 196 人。见表 3 − 1 − 2。

表 3 − 1 − 2　近两年各地市中等职业学校在校生数、学校数、常住人口及百万人口中在校生占比情况

地区	2019 年在校生数/人	2019 年学校数/所	2019 年常住人口/万人	2019 年百万人口中中等职业教育在校生人数/人	2018 年百万人口中中等职业教育在校生人数/人
西安市	80 721	77	1 000.37	81	74
铜川市	1 414	5	80.37	18	15
宝鸡市	24 462	23	377.1	65	66
咸阳市	27 765	29	436.61	64	69
渭南市	23 954	24	532.77	45	37
延安市	21 521	14	225.94	95	95
汉中市	16 826	12	343.61	49	40
榆林市	23 328	25	341.78	68	54
安康市	18 214	11	266.89	68	48
商洛市	15 222	7	238.02	64	54
杨凌示范区	4 102	3	20.93	196	196
全省	257 529	230	3 864.39	67	60

数据来源：《陕西教育事业统计年鉴（2018—2019）》《陕西统计年鉴 2019—2020》

（二）结构情况

1. 招生情况

2019 年全省中等职业学校（含技工学校）共招生 172 788 人，普通高中招生 212 712 人，招生职普比为 4.48∶5.52，在校生职普比为 3.93∶6.07。由于受国家招生政策等因素的影响，2019 年全省中等职业学校招生人数明显增加。如图 3 − 1 − 4 所示。

2017—2019 年，全省中等职业学校（含技工学校）和普通高中招生职普比分别为：0.68（4.03∶5.97）、0.6（3.73∶6.27）、0.81（4.48∶5.52）；在校生职普比分别为：0.55（3.55∶6.45）、0.55（3.56∶6.44）、0.65（3.93∶6.07）。如图 3 − 1 − 5 所示。

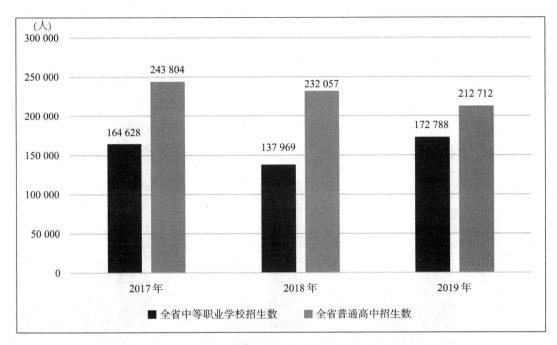

图 3 – 1 – 4   2017—2019 年全省中等职业学校及普通高中招生情况

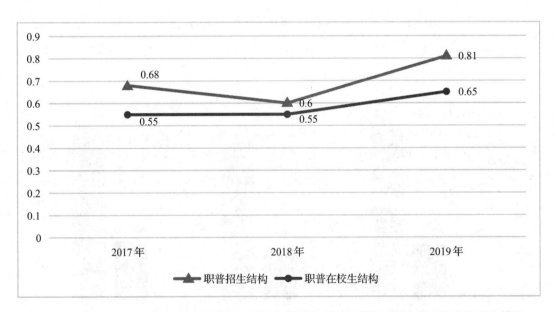

图 3 – 1 – 5   2017—2019 年全省中等职业学校和普通高中招生职普比及在校生职普比结构情况

2. 类型办学情况

各类型中等职业学校招生数、在校生人数有较大幅度提升。2017—2019 年全省公办、民办中等职业学校、附设中职班招生及在校生情况如图 3 – 1 – 6 ~ 图 3 – 1 – 9 所示。

2019 年全省中等职业学校中公办学校招生 84 356 人，民办学校招生 24 826 人，与

2018年相比,公办学校招生人数增加23 152人,民办学校招生人数增加3 532人。2019年全省中等职业学校中公办学校在校生人数192 164人,民办学校在校生65 365人,与2018年比,公办学校增加18 151人,民办学校增加6 042人。

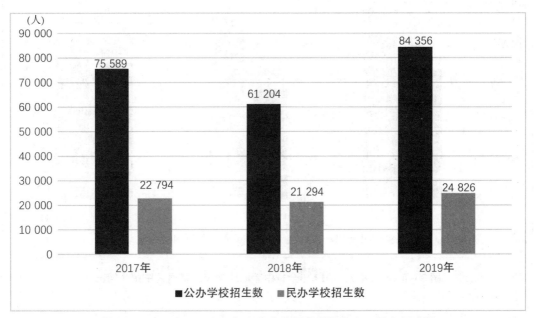

图3-1-6 2017—2019年全省中等职业学校公办、民办招生数

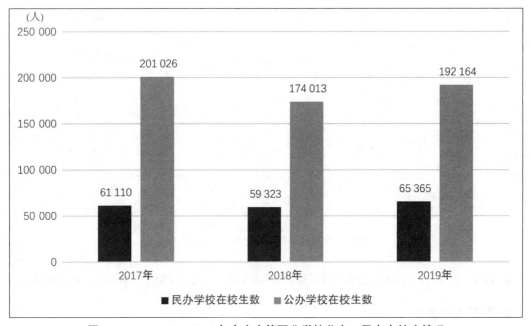

图3-1-7 2017—2019年全省中等职业学校公办、民办在校生情况

2017—2019年,全省附设中职班招生人数逐年增加。2019年招生15 829人,在校生37 488人,与2018相比,招生人数增加4 380人,在校生数增加4 922人。

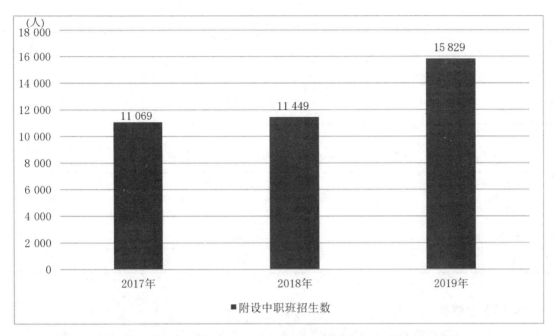

图 3 – 1 – 8　2017—2019 年全省中等职业学校附属中职班招生数

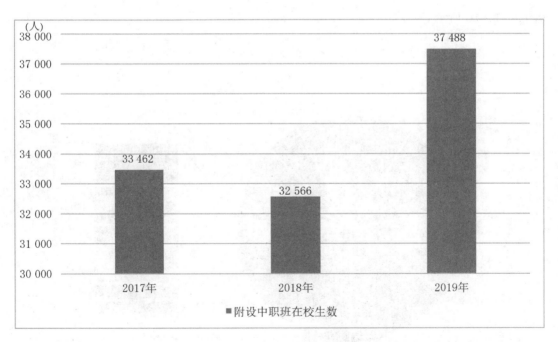

图 3 – 1 – 9　2017—2019 年附属中职班在校生数

2017—2019 年，全省附设中职班招生占比分别为 10%、12%、13%，在校生占比分别为 11%、12%、13%，办学活力逐渐增强，见表 3 – 1 – 3 和表 3 – 1 – 4。2017—2019 年，全省中等职业学校中公办学校在校生占比分别为 68%、66%、65%，呈现逐年下降态势。

表 3 – 1 – 3　近三年全省各类中职学校招生数占比　　　　　　　　　　%

年份/年	民办学校招生数占比	公办学校招生数占比	附设中职班招生数占比
2017	21	69	10
2018	23	65	12
2019	20	67	13

表 3 – 1 – 4　近三年全省各类中职学校在校生数结构　　　　　　　　　%

年份/年	民办学校在校生数占比	公办学校在校生数占比	附设中职班在校生数占比
2017	21	68	11
2018	22	66	12
2019	22	65	13

3. 毕业生情况

全省中等职业学校毕业生共 73 018 人，主要分布在 16 个专业，其中信息技术类、交通运输类、教育类、加工制造类、医药卫生类专业学生较多，人数均超过 8 000 人，如图 3 – 1 – 10 所示。

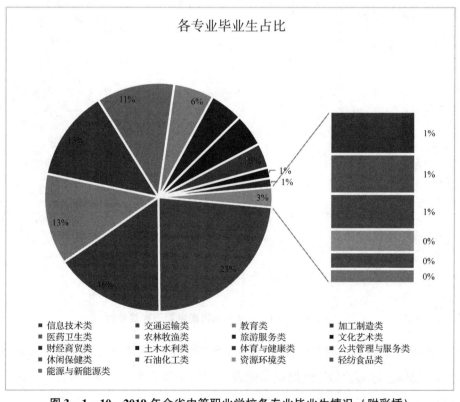

图 3 – 1 – 10　2019 年全省中等职业学校各专业毕业生情况（附彩插）

4. 毕业生获取资格证书情况

根据陕西教育事业统计年鉴，2019 年 70.89% 的毕业生取得了职业资格证书。其中，轻纺食品类、休闲保健类、能源与新能源类、石油化工类毕业生取得职业资格证书比例均超过了 85%，排在前 4 位，分别为 94%、87.77%、85.45%、85.27%；财经商贸类、医药卫生类、体育与健康类毕业生取得职业资格证书比例均不到 60%，排在后 3 位，分别为 45.86%、50.04%、51.11%。如图 3 - 1 - 11 所示。

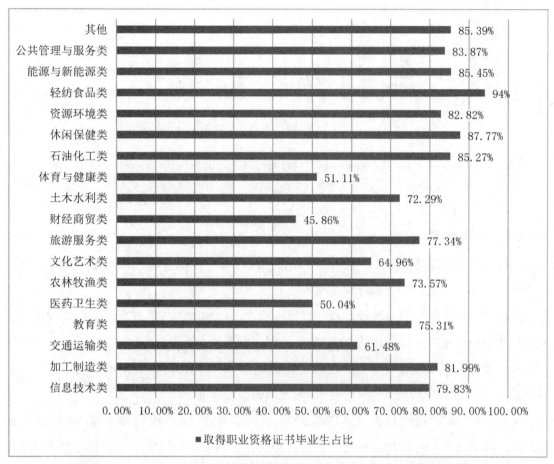

图 3 - 1 - 11　2019 年全省中等职业学校各专业毕业生取得职业资格证书情况

5. 民办中等职业学校占比略有减少

与 2018 年相比，全省中等职业学校数量减少了 4 所，均为民办中等职业学校。全省民办中等职业学校共 80 所，占全省中等职业学校的 34.8%，主要集中在西安、咸阳、渭南、榆林、宝鸡等地市，其中西安市 37 所，占该市中等职业学校的 48%；咸阳市 13 所，占该市中等职业学校的 45%；渭南市 10 所，占该市中等职业学校的 42%；榆林市 8 所，占该市中等职业学校的 32%；宝鸡市 7 所，占该市中等职业学校的 30%。延安市、汉中市、商洛市没有民办中等职业学校。如图 3 - 1 - 12 所示。

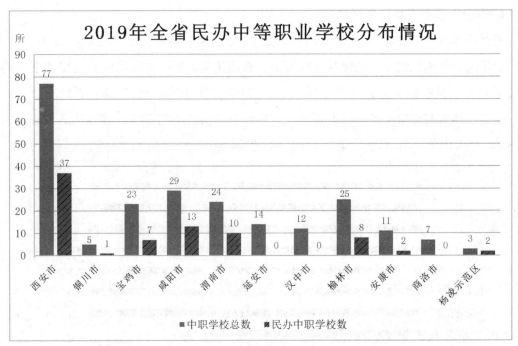

图3-1-12　2019年全省民办中等职业学校分布情况

（三）设施设备

2019年年底的数据显示，与2018年相比，陕西省中等职业教育校均建筑面积、校均占地面积、生均占地面积等指标保持增长态势。

全省中等职业学校具有学校产权的建筑面积为5 132 065.40平方米，生均学校产权建筑面积为19.93平方米，与生均20平方米的国家标准基本持平。

全省中等职业学校具有学校产权的占地面积为10 767 846.53平方米，生均学校产权占地面积为41.81平方米，远超生均33平方米的国家标准。

学校产权固定资产总值824 308.59万元，其中学校产权教学仪器设备资产值142 642.14万元，当年新增学校产权教学仪器设备价值13 217.86万元，生均教学仪器设备资产值5 538.88元，远超工科类和医药类专业生均3 000元的国家最高标准。

学校产权纸质图书8 173 172册，生均31.74册，超过生均30册的国家标准。

学校产权计算机65 582台，教学用计算机52 577台，每百生均20.42台，超过每百生均15台的国家标准。

网络信息化点数47 676个，其中无线接入19 239个，占40.36%，上网课程数913门，电子图书3 206 006册，电子期刊60 233册，音视频76 300.80小时，受过信息技术相关培训的专任教师4 738人次，信息化工作人员1 773人。

2018—2019年陕西省中等职业学校办学条件情况统计见表3-1-5和表3-1-6。

表 3 - 1 - 5　2018—2019 年全省中等职业学校办学条件情况统计

办学基本指标	2018 年	2019 年	增减	增减幅度
学校产权建筑面积/平方米	4 910 303.97	5 132 065.40	221 761.43	4.51%
学校产权占地面积/平方米	9 710 834.33	10 767 846.53	1 057 012.2	10.88%
学校产权固定资产总值/万元	701 083.61	824 308.59	123 224.98	17.58%
学校产权教学仪器设备资产值/万元	138 027.53	142 642.14	4 614.61	3.34%
学校产权纸质图书/册	7 699 219	8 173 172	473 953	6.16%
学校产权计算机/台	145 937	65 582	- 80 355	- 55.06%
网络信息化点数/个	36 445	47 676	11 231	30.82%

表 3 - 1 - 6　2018—2019 年全省中等职业学校生均设施设备情况统计

办学基本指标	2018 年	2019 年	增减幅度	设置标准
校均学校产权建筑面积/平方米	20 984.21	22 313.33	6.33%	24 000 平方米
校均学校产权占地面积/平方米	41 499.29	46 816.72	12.81%	40 000 平方米
生均学校产权占地面积/平方米	41.62	41.81	0.46%	33 平方米
生均学校产权建筑面积/平方米	21.04	19.93	- 5.28%	20 平方米
生均教学仪器设备资产值/万元	5 915.40	5 538.88	- 6.37%	2 500 ~ 3 000
生均纸质图书/册	33.0	31.74	- 3.82%	30 册
教学用计算机/$[台 \cdot (百生)]^{-1}$	22.19	20.42	- 7.98%	15 台

备注：国家（设置）标准来源于教育部《中等职业学校设置标准》。

（四）师资情况

1. 基本情况

全省中等职业学校共有教职工 18 900 人，其中专任教师 14 347 人。近三年来，全省中等职业学校专任教师逐渐增加，如图 3 - 1 - 13 所示。中等职业学校在校生 257 529 人，生师比为 17.95，与 2018 年的 16.61 相比较，有了一定的上升，主要是由于招生人数增加，如图 3 - 1 - 14 所示。

2. 学历结构

全省中等职业学校专任教师中，具有博士研究生学位 7 人，硕士研究生 1 020 人，硕士及以上学历的占比为 7.16%；本科学历 12 231 人，占比为 85.25%；本科以上学历占比为 92.41%。

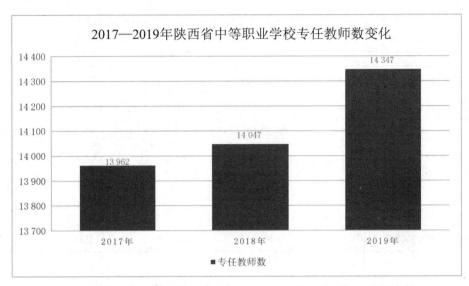

图 3 – 1 – 13　2017—2019 年陕西省中等职业学校专任教师情况

图 3 – 1 – 14　2017—2019 年陕西省中等职业学校生师比情况

2019 年，聘请校外教师 785 人。由于全省中等职业学校招生人数增长较大，故外聘教师比 2018 年增加了 128 人。

2017—2019 年陕西省中职学校专任教师与外聘教师、各学历教师占比情况见表 3 – 1 – 7。

表 3 – 1 – 7　2017—2019 年陕西省中职学校专任教师与外聘教师、各学历教师占比情况

师资队伍指标	2017 年	2018 年	2019 年
专任教师与外聘教师比	95. 26∶4. 74	95. 53∶4. 47	94. 81∶5. 19
本科以上学历专任教师占比	0. 897 4	0. 910 4	0. 924 0
硕士以上学历专任教师占比	0. 065 7	0. 068 6	0. 071 6

3. 职称结构

根据 2019 年年底数据显示，全省中等职业学校专任教师中正高级教师 24 人，占比为 0.17%；副高级教师 2 868 人，占比为 19.99%；中级职称教师 5 896 人，占比为 41.10%；初级职称教师 3 824 人，占比为 26.65%；未定级 1 735 人，占比为 12.09%，见表 3 – 1 – 8。正高级职称教师占比逐年减少，未定级教师占比逐年增加。

表 3 – 1 – 8　近三年全省中等职业学校专任教师职称情况　　　　　　　　%

师资队伍指标	2017 年	2018 年	2019 年
正高级教师占比	0.47	0.21	0.17
副高级教师占比	20.09	19.26	19.99
中级职称教师占比	40.43	41.93	41.10
初级职称教师占比	29.34	28.09	26.65
未定级教师占比	9.67	10.51	12.09

4. 教师结构

2017—2019 年，全省中等职业学校公共基础课教师占比分别为 46.76%、48.31%、50.21%，逐年增加；专业课及实习指导教师占比分别为 53.24%、51.69%、49.79%，逐年降低，与 50% 的国家标准（《中等职业学校设置标准》）基本持平，如图 3 – 1 – 15 所示。

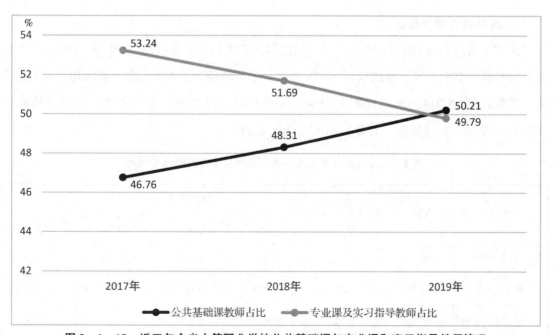

图 3 – 1 – 15　近三年全省中等职业学校公共基础课与专业课和实习指导教师情况

2017—2019 年，全省中等职业学校"双师型"教师占专任教师比例分别为 21.87%、23.24%、22.07%，与不低于 30% 专任教师的国家标准（《中等职业学校设置标准》）仍有一定的差距，如图 3 – 1 – 16 所示。

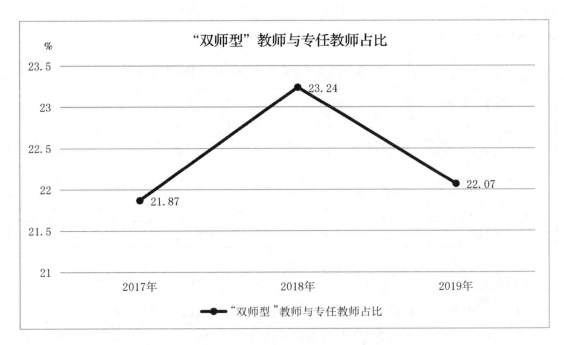

图 3 – 1 – 16   近三年全省中等职业学校双师型教师比例

5. 教师接受培训情况

全省中等职业学校共有 11 673 名专任教师参加了培训，接受培训 39 897 人次。其中，国家级培训 1 577 人次，省级培训 3 023 人次，地市级培训 3 929 人次，县级培训 6 354 人次，校级培训 25 014 人次，如表 3 – 1 – 9 和图 3 – 1 – 17 所示。近三年来，全省中等职业学校教师参加国家级培训、省级培训人次逐年增加。

表 3 – 1 – 9   2019 年全省中等职业学校专任教师培训情况   人

类型	合计	培训层次				
		国家级	省级	地市级	县级	校级
合　计	39 897	1 577	3 023	3 929	6 354	25 014
集中培训	32 243	455	1 251	2 691	4 263	23 583
远程培训	6 662	1 112	1 651	1 074	2 048	777
跟岗培训	992	10	121	164	43	654

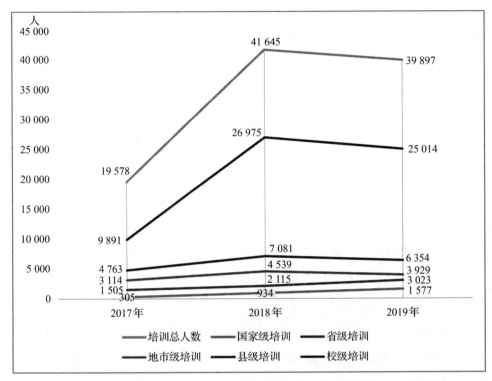

图 3 - 1 - 17　2017—2019 年全省中等职业学校教师参加培训情况（附彩插）

说明：以上数据除特殊备注外，均来自《陕西教育事业统计年鉴》。

二、学生发展

（一）学生素质

强化思想政治教育，创新思想政治课程教学内容与模式，开展课程思政建设，把思想政治工作贯穿教育教学全过程；开展系列主题德育活动，弘扬中华民族传统文化，推进活动育人；挖掘地域文化资源，开展研学旅行活动，提升德育工作实效性。

1. 学生德育工作

思政课和课程思政建设情况。各地市和中等职业学校认真贯彻学习习近平总书记在学校思政课教师座谈会上的重要讲话精神，强化思想政治教育，创新思想政治课程教学内容与模式，开展课程思政建设，发挥公共基础课和专业技能课程承载的思想政治教育功能，用习近平新时代中国特色社会主义思想铸魂育人，引导学生增强中国特色社会主义道路自信、理论自信、制度自信、文化自信，厚植爱国主义情怀，把爱国情、强国志、报国行自觉融入坚持和发展中国特色社会主义事业、建设社会主义现代化强国、实现中华民族伟大复兴的奋斗之中。

案例　宝鸡市教育局认真落实《陕西省学校"四好"思政课创优行动方案》，在中等职业学校扎实开展"四好"思政课创优行动，通过建立市、县区两级教育部门负责人和学校领导班子成员听思政课制度，评选思政课教学"标兵""能手""骨干"，构建"课堂＋课外""校内＋校外""理论＋实践""学校＋家庭＋社会"的大思政实践体系，打造"金课"、消灭"水课"，形成"人人有示范、堂堂有精品、门门有金课、课课有名师"的思政课堂建设新局面等方式，着力推进学校思政课一体化建设。

案例 石泉县职教中心按照"全部课程有思政，全体教师齐育人"的工作思路，通过"四个强化"，即把握内涵强化学习提升、建立机制强化支持保障、多措并举强化师资队伍、全员参与强化元素提炼，深化学校"课程思政"教学改革，明确了"课程思政"建设的意义和方法，结合石泉县域的汉水文化、金蚕文化、红色文化和鬼谷子文化，挖掘提炼了教学内容中的思政元素，开展了"课程思政"学习宣传、教学设计征集、信息化课堂融合比赛等系列活动，引导教师将思政元素融入教学的各环节、全过程，切实提升了课程思政育人实效，以及教师教学能力和学生德育水平。

德育主题活动。各校坚持活动育人、实践育人、以文化人、以文育人，将"文明风采"、经典诵读和各类德育主题活动纳入学校整体德育工作中，引导全体学生广泛参与，达到育人实效。

案例 柞水县职业中等专业学校坚持立德树人根本任务，把学生的思想修养和政治教育放在首要位置，以学生为中心，遵循学生成长的客观规律，充分利用国旗下讲话、主题班会、宣传栏、黑板报等载体，不断创新德育方法和途径，以课堂为主渠道，以"自律、自主、自育"教育为抓手，通过道德遵循、行为规范、公约管理、自主学习、特长培养、健康生活、课程建设、文化熏陶、社会育人9个方面、27个操作点搭建学生全面发展平台，开展了演讲赛、经典诵读比赛、道德大讲堂、专题报告会、学雷锋活动、主题团日活动、"美德少年"评选等思想政治教育活动，帮助学生树立正确的世界观、人生观和价值观。

案例 榆林市体育运动学校以德育活动为主体，注重体验感悟，创新德育管理，提升德育内涵，确立以"和雅"文化为精髓的教育理念，坚持"以生为本、德育为先、读训并重、全面发展"的育人原则，把体育明星、杰出校友、辉煌校史等内容陈列出来，推送点赞身边的典型，美化了环境，对学生起到潜移默化的教育作用，同时通过我的中国梦、保护地球、珍爱生命等主题班会，以及心理健康教育讲座、法律知识讲座、应急演练、清明节为烈士扫墓、和雅课堂、经典诵读比赛等活动，提高学生的道德水平、法律意识、审美情趣，促进学生全面发展。

案例 合阳县职业技术教育中心以"共抒家国情、同圆职教梦"为主题，将"文明风采"活动和"红五月"校园文化艺术节有机结合起来，通过开展"唱响红五月，爱我大中国"红色歌曲歌咏比赛，"中国梦、爱国情、成才志"经典诵读活动，书法、绘画、摄影、演讲、征文、舞蹈竞赛等系列活动，培养了青年学子的爱国情怀，展示了团结进取、自强不息、乐观向上的精神风貌，增强了感受美、鉴赏美、表现美、创造美的能力，营造了奋发向上的校园文化氛围。

研学旅行。各校充分挖掘提炼地域教育资源，将独具特色的地域文化有机渗透到学校德育工作中，扎实开展研学旅行等德育实践活动，激发学生热爱家乡之情，凸显校本德育特色。

案例　眉县、靖边县、丹凤县、蒲城县职业教育中心，组织学生分别深入陕西机电职业技术学院、宝鸡植物园、延安革命纪念馆、杨家岭旧址、枣园革命旧址、丹凤机场、万湾新农村、棣花古镇、永丰烈士陵园等场所，开展研学旅行活动，引导学生感受高职的设施设备和学习氛围，树立学习目标，了解革命历史，传承红色精神，感受近年来经济和社会生活的变化，激发热爱祖国、热爱家乡的情怀，树立"四个自信"，增强社会责任感。

2. 健全育人机制

（1）技能大赛。定期举办职业教育技能大赛，形成"普通教育有高考，职业教育有大赛"的生动局面，对于增强职业教育吸引力、弘扬"行行出状元"的社会风尚、营造全社会关心支持职业教育的良好社会氛围具有十分重要的意义。为提高学校的育人质量，各中等职业学校狠抓专业技能教学，纷纷设立技能节，每年举办校级技能大赛，积极营造学习技能的良好氛围，为省市技能大赛选拔人才，力争让每一名学生都有一技之长。

各地市教育行政部门也积极组织中等职业学校学生技能大赛。大赛覆盖面不断扩大，竞赛水平逐年提高，以赛促教、以赛提质量、以赛推发展，形成了"人人能参与、校校有比赛、层层有选拔"的良好局面，为社会培养了一大批德技双修人才，技能大赛已成为深化新时代职业教育改革发展的重要抓手，成为各地市职业教育的一张"靓丽名片"，对提升办学质量、打造特色品牌的拉动作用日益凸显。2019年10月，咸阳市举行2019年中等职业学校学生技能，包含7个大类、23个赛项，400余名学生参赛；11月，汉中市第四届职业院校技能大赛顺利举行，大赛共设9个赛点、72个赛项，其中中等职业学校35项，参赛中等职业学校学生达627人次；12月，安康市中等职业学校技能大赛顺利举行，共设14个项目，全市10所中等职业学校的330名选手参赛。

（2）劳动教育。劳动教育，是使学生树立正确的劳动观点和劳动态度，热爱劳动和劳动人民，养成劳动习惯的教育。各学校结合专业人才培养，以实习实训课为主要载体，以职教活动周为契机，积极培育学生的劳动精神、劳模精神、工匠精神，增强职业荣誉感，提高职业技能水平和职业素养，培养爱岗敬业的劳动态度。

案例　神木市职教中心积极培育学生"工匠精神"，充分利用学生实训课和岗位实践，进行以敬业爱岗、诚实守信为重点的职业道德教育和安全生产教育，培养学生热爱劳动、尊重劳动的情感，增强学生讲安全、守纪律、重质量、求效率的意识，培育学生追求卓越的创新精神、精益求精的品质精神和用户至上的服务精神。汉阴县职教中心将思政教育与职业体验相结合，践行生产劳动即教育、社会实践即成长的育人理念，通过思政课教育帮助学生树立正确的世界观、人生观和价值观，培养他们拼搏奋斗的意志。学校建立了汉阴美食博物馆、"独家记忆"烹饪美食实体店、电子商务学生创业孵化园，形成了集职业体验、本地文化传承、实训实践教学、专业技能研发为一体的产教融合实训基地。

案例 2019 年职业教育活动周期间，安康市举办第五届职教活动周启动仪式和中等职业学校教育发展论坛，开展职教政策宣传、校长谈职教、教师大家访、技能之星和就业之星评选、为民服务和技能展示等活动，弘扬了"劳动光荣、技能宝贵、创造伟大"的时代风尚，有力促进了社会各界对安康职业教育的了解，赢得了各级各部门对安康职业教育更大的重视支持，达到了展成就、扩影响、造声势、促发展的目的。子洲县职教中心开展了丰富多彩的"职业教育活动周"活动，宣传党和国家职业教育方针政策，宣传习近平总书记关于"德技并修、工学结合"的重要指示精神，大力弘扬劳模精神和工匠精神，营造人人皆可成才、人人尽展其才的良好氛围，宣传职业教育发展成果。

（3）体育和美育工作。党的教育方针要求把立德树人作为教育的根本任务，培养德、智、体、美、劳全面发展的社会主义建设者和接班人。各学校认真贯彻落实习近平总书记关于教育的重要论述和全国教育大会精神，强化学校体育、美育工作，帮助学生在体育锻炼中享受乐趣、增强体质、健全人格、锤炼意志，在美育中提高审美和人文素养。

案例 商洛市各中等职业学校利用技能大赛及传统的艺术节、体育节、科技节、读书节等组织各社团开展丰富多彩的主题活动，为学生搭建展示才华、展现自我的平台，并将学生参加大型体育美育活动情况纳入考核。安康高新中等职业学校通过举办校园运动会、篮球比赛、拔河比赛、合唱比赛、趣味运动会等丰富多彩的校园文化活动，以及开展朗诵比赛、歌咏比赛、征文比赛、祭拜孔子尊师重教等主题教育活动，培育学生良好的品行，积极营造健康向上的校园氛围。米脂县职业技术教育中心在体育课教学中探索分项目走班制教学，同一年级每两个班学生同时由 4 位体育教师分项目执教，学生根据个人兴趣爱好，自主选择篮球、排球、乒乓球、羽毛球、武术、太极拳、拓展训练等项目。

3. 学生思想政治状况

各级教育行政部门认真贯彻党的教育方针，坚持"五育"并举，落实立德树人根本任务，着力提升中职学生的思想政治水平。各中职学校推行德技并修、工学结合的育人机制，积极把社会主义核心价值观融入教育教学的全过程，引导青年学生坚定"四个自信"，培养良好的道德品质，志愿服务活动有声有色，好人好事层出不穷，充分展示了新时代中职学生良好的精神风貌。

案例 靖边县职业教育中心师生走进爱心老年公寓，开展"情暖夕阳、爱驻我心"学习雷锋志愿服务活动。活动期间，学生主动为老人们表演才艺、打扫卫生，并与其聊天，用实际行动把温暖送到每位老人的心坎上，同时制作了手工贺卡，为百岁老人乔爷爷戴上了长寿红围巾，用小小的爱心表达对老人们的祝福。活动的举行，为敬老院的老人们奉献了一片爱心，也使学生的内心获得了情感触动和精神洗礼，体会到尊老、爱老、敬老、助老的含义。

4. 学生综合素质

省政府颁布了《陕西省职业教育改革实施方案》，要求"以学历教育和技能培训为基本职能，以技术技能人才培养和劳动者素质提升为核心目标，以产教融合、校企双元育人为基本特征，以理论与实践教学 1 ∶ 1 为教学组织形式"，并对"提高人才培养质量"提出了具体的措施，各地教育行政部门和中等职业学校学校认真落实相关要求，着力提高教学质量和办学水平。

2019 年全省中等职业学校文化课合格率为 95.09%，相比 2018 年 93.40% 上升了 0.69%；专业技能合格率为 95.34%，相比 2018 年 96.47% 下降了 1.1%；体质测评平均达标率为 95.44%，相比 2018 年 94.41% 上升了 1.03%；毕业生取得资格证书率为 70.88%，较 2018 年略有下滑。如图 3 - 2 - 1 所示。

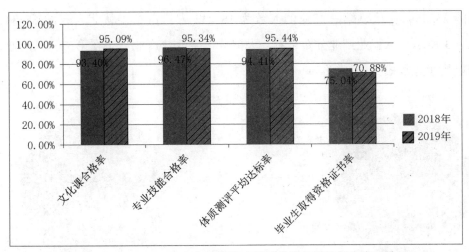

图 3 - 2 - 1　2018—2019 年陕西省中等职业学校学生综合素质情况

（数据来源：各市区教育行政部门报送的中等职业教育质量报告）

（二）就业质量

2019 年全省中等职业学校毕业生总数为 73 018 人，其中女生 33 729 人，取得职业资格证书的毕业生为 51 756 人，占 70.88%，较往年略有下滑。

省教育厅对省内 8 个地市近百所中等职业学校 59 402 名毕业生的就业情况进行了调研分析，并发布了《2019 年陕西省中等职业学校毕业生就业分析报告》。报告显示，全省中等职业学校毕业生就业情况总体良好，呈现出就业率稳中有升、月收入持续增长、就业岗位与专业相关度保持稳定、就业满意度持续上升等现象。

1. 毕业生就业总体情况

《2019 年陕西省中等职业学校毕业生就业分析报告》显示，2019 年陕西省中等职业学校毕业生 59 402 人，就业学生 57 963 人，就业率 97.65%；直接就业 276 90 人，直接就业率 47.77%；对口就业 25 505 人，对口就业率 92.04%。

（1）就业去向分布。进入高一级学校学习成为毕业生的主要选择。中等职业学校毕业生的就业去向，主要分为国家机关及企事业单位、合法从事个体经营、升入各类高一级学校及其他方式就业 4 种类型，如图 3-2-2 所示。其中，毕业生到国家机关及企事业单位就业人数 14 113 人，占比 24.35%；毕业后合法从事个体经营人数 3 872 人，占比 6.68%；升入各类高一级学校人数 30 273 人，占比 52.23%；其他方式就业人数 9 705 人，占比 16.74%。

（2）就业产业分布。第三产业是毕业生就业的主要方向。毕业生从事第一产业人数为 2 998 人，占直接就业人数的 10.83%；从事第二产业的人数为 6 460 人，占直接就业人数的 23.33%；从事第三产业的人数为 18 232 人，占直接就业人数的 65.84%，如图 3-2-3 所示。从就业产业分布来看，大部分学生就业产业分布在第二、三产业，其中第一产业从业人数最少。

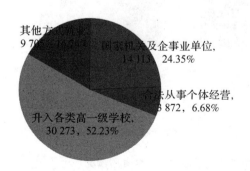
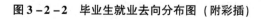
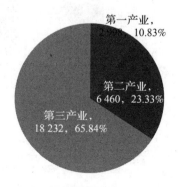

图 3-2-2　毕业生就业去向分布图（附彩插）　　图 3-2-3　毕业生就业产业分布图（附彩插）

就业地域和地点分布。服务地方发展是毕业生的主要选择。毕业生的就业地域主要分为本地就业、异地就业、境外就业三种。2019 年毕业生在本省就业的人数为 16 726 人，占直接就业人数的 60.41%；异地就业人数为 10 933 人，占直接就业人数的 39.48%；境外就业的人数为 31 人，占就业人数的 0.11%，如图 3 - 2 - 4 所示。统计结果显示，服务地方发展、选择本地就业成为中等职业学校毕业生的主要就业方式。

图 3 - 2 - 4 毕业生就业地域分布图（附彩插）

地方城区就业是毕业生就业的主场所。进一步分析就业学生的就业地点，结果显示，地方城区就业人数 22 797 人，占比为 82.33%；镇区就业人数 3 884 人，占比为 14.03%；乡村就业人数 1 009 人，占比为 3.64%，如图 3 - 2 - 5 所示。

图 3 - 2 - 5 毕业生就业地点分布图（附彩插）

（3）渠道分布。学校推荐是毕业生就业的主要方式。毕业生的就业渠道主要包括学校推荐就业、中介介绍就业、其他渠道就业三类，其中学校推荐就业人数 22 053 人，占比为 79.64%；通过中介介绍就业人数 1 341 人，占比为 4.85%；通过其他渠道就业的人数 4 296 人，占比为 15.51%，如图 3 - 2 - 6 所示。

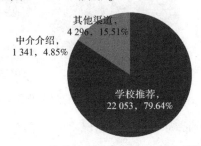

图 3 - 2 - 6 毕业生就业渠道分布图（附彩插）

2. 毕业生就业质量分布情况

（1）毕业生就业稳定性保持良好。从全省中等职业学校毕业生与用人单位签订劳动合同的情况（见图 3-2-7）来看，有 25 420 名中等职业学校毕业学生签订劳动合同，占直接就业人数的 91.81%。其中签订 1 年及以内期限就业合同的毕业生数为 12 779 人，占直接就业人数的 46.15%；签订 1~2（含）年期限就业合同的毕业生数 6 770 人，占直接就业人数的 24.45%；签订 2~3（含）年期限就业合同的毕业生数为 3 956 人，占直接就业人数的 14.29%；签订 3 年以上期限就业合同的毕业生数为 1 915 人，仅占直接就业人数的 6.92%。从图 3-2-7 中可以看出，中等职业学校毕业生与用人单位签订 1 年及以内期限的合同的比例最高，其次是签订 1~2 年合同。

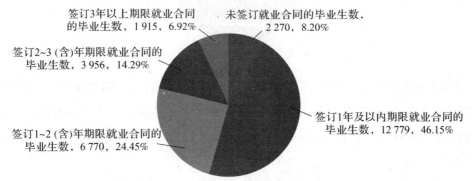

图 3-2-7　毕业生就业合同签订情况

（2）毕业生起薪待遇持续提升。3 000 元/月以上人数在 2018 年 35.15% 的基础上提高至 39.38%。起薪 1 000 元/月及以下的毕业生数为 334 人，占直接就业人数的 1.21%；起薪 1 001~1 500 元/月的毕业生数为 1 191 人，占直接就业人数的 4.30%；起薪 1 501~2 000 元/月的毕业生数为 4 935 人，占直接就业人数的 17.82%；起薪 2 001~3 000 元/月的毕业生数为 10 327 人，占直接就业人数的 37.30%；起薪 3 000 元/月以上的毕业生数为 10 903 人，占直接就业人数的 39.38%。如图 3-2-8 所示。

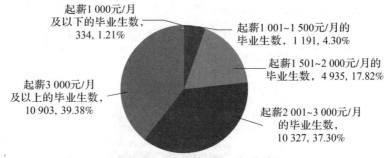

图 3-2-8　毕业生就业起薪情况

（3）享有三险及以上保险成为毕业生社会保险的主要方式。目前社会保障主要包括三险、三险一金、五险一金和五险等情况。从 2019 年中等职业学校毕业生享有的社保情况分布（见图 3 - 2 - 9）来看，没有社保的人数为 5 954 人，占直接就业人数的 21.50%；享有三险的人数为 8 489 人，占直接就业人数的 30.66%；享有五险的人数为 3 828 人，占直接就业人数的 13.82%；享有三险一金的人数为 3 965 人，占直接就业人数的 14.32%；享有五险一金的人数为 5 454 人，占直接就业人数的 19.70%。从图中数据可以看出，具有三险及以上保险的人数占比达 78.50%。

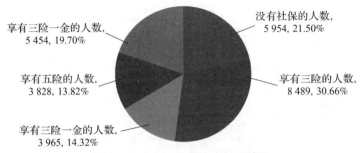

图 3 - 2 - 9 毕业生社会保险情况

（4）毕业生就业满意度情况。对毕业生雇主就业满意度调研，结果如图 3 - 2 - 10 所示。满意度回复中无法评估、不满意、比较满意、满意、非常满意的人数分别为 1 237 人、590 人、5 935 人、13 053 人、6 875 人，分别占毕业生总数的 4.47%、2.13%、21.43%、47.14% 和 24.83%，比较满意以上人数占比高达 93.40%。

图 3 - 2 - 10 毕业生就业满意度情况

3. 各专业大类就业情况

第二、三产业相关的专业成为学生就读的主要选择。中等职业学校生就读的专业大多数集中在第二、三产业，因此，第二、三产业的毕业生人数、就业生人数较多。陕西省中等职业学校 2019 年各专业大类毕业生就业情况见表 3 - 2 - 1。

表 3 - 2 - 1 陕西省中等职业学校 2019 年各专业大类毕业生就业情况

专业类别	毕业生数/人	就业人数/人	对口就业人数/人	专业大类就业率/%	专业对口率/%
农林牧渔类	1 903	1 832	721	96.27	39.36
资源环境类	108	105	95	97.22	90.48

续表

专业类别	毕业生数/人	就业人数/人	对口就业人数/人	专业大类就业率/%	专业对口率/%
能源与新能源类	360	356	185	98.89	51.97
土木水利类	630	621	199	98.57	32.05
加工制造类	7 269	7 123	3 899	97.99	54.74
石油化工类	475	427	228	89.89	53.40
轻纺食品类	240	226	183	94.17	80.97
交通运输类	7 209	7 082	5 211	98.24	73.58
信息技术类	14 976	14 098	4 265	94.14	30.25
医药卫生类	8 264	7 947	3 852	96.16	48.47
休闲保健类	85	85	82	100.00	96.47
财经商贸类	1 883	1 870	728	99.31	38.93
旅游服务类	3 331	3 231	2 417	97.00	74.81
文化艺术类	2 439	2 408	1 063	98.73	44.14
体育与健康类	886	768	155	86.68	20.18
教育类	7 305	7 213	2 897	98.74	40.16
公共管理与服务类	482	473	420	98.13	88.79
其他	1 557	2 098	269	134.75	12.82
合计	59 402	57 963	26 869	97.57	46.36

　　从毕业生数看，2019 年信息技术类专业毕业生人数最多，为 14 976 人，占毕业生总数的 25.21%；其次是医药卫生类、教育类、加工制造类、交通运输类，毕业生人数分别为 8 264 人、7 305 人、7 269 人、7 209 人，占毕业生总数的 13.91%、12.30%、12.24%、12.14%。具体情况如图 3-2-11 所示。

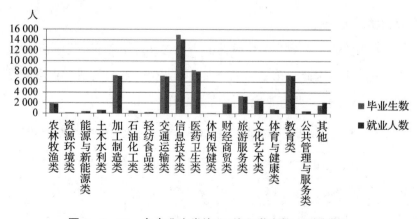

图 3-2-11　各专业大类毕业/就业学生数（附彩插）

　　毕业生就业率保持较高稳定率。2019 年毕业生各专业大类平均就业率为 97.65%，其中休闲保健类、财经商贸类、能源与新能源类、教育类、文化艺术类就业情况较好，就业率分别为 100%、99.31%、98.89%、98.74%、98.73%。具体情况如图 3 - 2 - 12 所示。

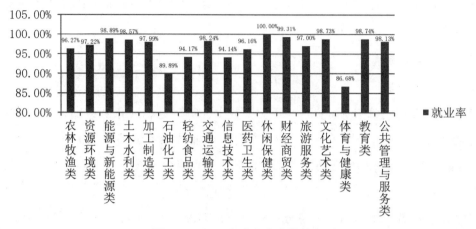

图 3 - 2 - 12　各专业大类就业率

　　毕业生对口就业率趋于平稳。2019 年，全省各专业大类平均对口就业率为 50.46%，其中，休闲保健类毕业生对口就业率最高，为 96.47%；资源环境类、休闲保健类毕业生对口就业率均高于 90%；轻纺食品类、公共管理与服务类毕业生对口就业率均高于 80%；能源与新能源类、加工制造类、石油化工类、医药卫生类、财经商贸类 5 个专业大类毕业生对口就业率均低于 60%。具体情况如图 3 - 2 - 13 所示。

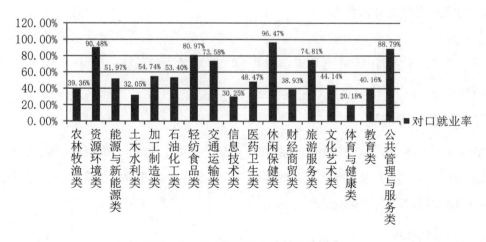

图 3 - 2 - 13　各专业大类对口就业率

4. 中等职业学校毕业生就业主要特点

　　从事三大产业就业方向有所调整。2019 年直接就业的学生中，65.84% 的学生进入第三产业就业，比 2018 年多 0.06%；进入第一产业的毕业生数占直接就业学生数的

10.83%，比 2018 年高 5.3%；进入第二产业的毕业生数占直接就业学生数的 23.33%，比 2018 年低 5.24%。

毕业生福利待遇水平稳步提高。2019 年直接就业的学生中，起薪在 2 000 元以上的学生占总数的 76.68%，比 2018 年高出 2.37%；社会保险覆盖的毕业生数占直接就业人数的 78.50%，比 2018 年低 8.70%。

（三）升学情况

1. 对口高考情况

2019 年全省高职单招考试科目为语文、数学、英语三门文化课考试和职业技能考试，其中文化课考试每科满分 150 分，总分 450 分；职业技能考试满分 300 分，拟报考本科院校及专业的考生必须参加职业技能考试，根据成绩划定合格线，不计入录取总成绩。单招考试科目与 2018 年一致，职业技能考试满分增加 100 分。

2019 年高职教育单独招生本科分数线（不含职业技能考试分数）为 293 分，专科分数线为 150 分，较 2018 年分别提升 48 分和 30 分。

2019 年省属普通高校招收中等教育毕业生本科招生计划为 1 800 人，较 2018 年减少了 230 人。（数据来自陕西招生信息网）

2019 年，陕西省进一步完善高职单招考试细则，科学组织职业技能考试，实行同专业多校联考，并组织了两轮模拟联考，为全省中等职业学校师生备考提供了指导。2019 年参加单招考试的学生人数进一步增加，录取分数线提升明显。

2. 高职分类招生考试情况

全省共有 57 所高职教育院校参加了高职分类考试招生综合评价和示范高职院校单独考试招生工作，全省高中和中等职业学校共 54 720 名学生被录取。

（数据来自陕西招生信息网）

三、质量保障措施

2019 年，陕西省对接经济社会发展和产业转型升级，突出"调结构、提质量、强师资、建体系"等重点工作，深化教育教学改革，开展中等职业教育品牌建设，促进中等职业教育内涵发展和高质量发展。

（一）专业建设

1. 专业布局

陕西省对接行业产业，建立了中等职业学校专业动态调整机制，动态调整 2019 年三大产业中 18 个专业大类的招生人数，招生总数为 109 191 人，调整专业结构，优化专业布局，为省内经济与社会发展提供人力资源保障。招生情况详见表 3 - 3 - 1。

表 3 – 3 – 1　2018—2019 年全省中等职业教育三大产业 18 个专业大类招生情况　　人

产业	专业大类名称	2018 年招生人数	2019 年招生人数
第一产业	农林牧渔类	3 314	2 193
第二产业	资源环境类	395	436
	能源与新能源类	376	348
	土木水利类	1 101	1 382
	加工制造类	9 451	13 260
	石油化工类	686	730
	轻纺食品类	231	546
第三产业	交通运输类	12 895	13 782
	信息技术类	20 463	28 839
	医药卫生类	8 478	8 378
	休闲保健类	226	669
	财经商贸类	3 686	8 946
	旅游服务类	4 437	6 607
	文化艺术类	4 807	7 715
	体育与健康类	1 123	1 604
	教育类	9 312	11 629
	公共管理与服务类	430	571
其他		1 087	1 556
合计		82 498	109 191

信息技术类、交通运输类、加工制造类、教育类、财经商贸类 5 个专业大类的招生规模较大，其中信息技术类人数占总数的 26.41%，较 2018 年占比增加 1.61%；交通运输类占总数的 12.62%，比 2018 年占比下降 3.01%；加工制造类占总数的 12.14%，教育类占总数的 10.65%，与 2018 年占比大体相当；财经商贸类占总数的 8.19%，比 2018 年占比增加 3.72%，增幅最大。

2019 年，中等职业学校在校生在 18 个专业大类中，规模排在前 5 的专业大类依次是信息技术类、交通运输类、加工制造类、教育类、医药卫生类，分别占总人数的 25.54%、14.94%、11.83%、10.95%、9.39%，与 2018 年相比，排名没有变化；排名靠后的 5 个专业大类分别是公共管理与服务类、能源与新能源类、资源环境类、轻纺食品类、休闲保健类专业，其中轻纺食品类专业由 2018 年的最后一名上升了 3 个位次，位列第 15 名。2018—2019 年陕西省中等职业学校分专业大类在校生情况见表 3 – 3 – 2。

表 3 – 3 – 2　2018—2019 年陕西省中等职业学校分专业大类在校生情况

专业大类	2018 年本专业在校生/人	2018 年本专业在校生所占比例/%	2018 年本专业规模排名情况	2019 年本专业在校生/人	2019 年本专业在校生所占比例/%	2019 年本专业规模排名情况	排名变化情况
农林牧渔类	10 573	4.53	8	7 738	3.00	9	↓1
资源环境类	742	0.32	15	902	0.35	16	↓1
能源与新能源类	714	0.31	16	833	0.32	17	↓1
土木水利类	3 315	1.42	10	3 101	1.20	12	↓2
加工制造类	28 919	12.39	3	30 454	11.83	3	/
石油化工类	1 783	0.76	13	1 876	0.73	13	/
轻纺食品类	569	0.24	18	945	0.37	15	↑3
交通运输类	36 908	15.82	2	38 478	14.94	2	/
信息技术类	58 196	24.94	1	65 766	25.54	1	/
医药卫生类	24 136	10.34	5	24 187	9.39	5	/
休闲保健类	823	0.35	14	1 208	0.47	14	/
财经商贸类	9 381	4.02	9	14 973	5.81	7	↑2
旅游服务类	10 847	4.65	7	13 924	5.41	8	↓1
文化艺术类	12 536	5.37	6	16 598	6.45	6	/
体育与健康类	3 089	1.32	11	4 038	1.57	10	↑1
教育类	27 054	11.59	4	28 206	10.95	4	/
公共管理与服务类	662	0.28	17	773	0.30	18	↓1
其　他	3 089	1.32	12	3 529	1.37	11	↑1
合　计	233 336	/	/	257 529	/	/	/

案例　近年来，咸阳市通过撤并、划转等形式，将学校总数由原来的 41 所整合到目前的 19 所，建设了以服务区域产业为导向的专业体系，成立了以现代服务业、先进制造业、现代农业、能源化工为主要办学方向的四个区域职教中心，区域职教中心学校专业突出当地产业特征，兼顾前沿性专业，实行"以产为主，动态管理"的专业设置原则。目前，全市共开设加工制造、信息技术、交通运输、轻纺食品、旅游服务、财经商贸、医药

卫生、资源环境、文化艺术、教育 10 个专业门类、33 个专业。除第一产业比例较低、人数较少外，第二、三产业基本与当地产业吻合，学生对口就业率较高。

2. 专业调整

提升专业设置与市场需求的匹配度，围绕国家和区域重大战略、支柱产业与战略性新兴产业，校企共同设置新专业；强化中高职衔接，联合开设"3 + 2"分段制高职专业，统筹人才培养，注重学段之间的接续。根据全省学籍系统数据统计，2019 年新增设 37 个专业（见表 3 – 3 – 3），20 个专业停止招生，立足服务社会，强化中职基础地位，促进学生就业，进一步提高中等职业教育人才培养与区域经济社会发展的吻合度。

表 3 – 3 – 3　2019 年陕西省中等职业学校新增专业在校生情况

序号	新增专业	招生学校数/所	在校生数/人
1	数字媒体艺术设计	5	454
2	商务英语	2	324
3	市场营销	1	311
4	工业机器人技术应用	4	183
5	应用化工技术	4	174
6	增材制造技术应用	1	149
7	家政服务与管理	1	123
8	软件与信息服务	2	119
9	现代林业技术	1	113
10	戏曲表演	3	107
11	网络信息安全	1	102
12	康复治疗技术	2	97
13	大数据技术与应用	2	82
14	文秘	2	79
15	铁道机车	1	75
16	新能源汽车装调与检修	1	54
17	工程物流管理	1	48
18	新能源汽车维修	1	42
19	报关报检	1	41
20	电梯工程技术	1	35
21	物联网应用技术	2	34
22	电梯安装与维修保养	1	31

续表

序号	新增专业	招生学校数/所	在校生数/人
23	智能控制技术	1	28
24	建筑装饰工程技术	1	27
25	3D 打印技术与应用	1	19
26	邮轮乘务	1	19
27	焊接技术与自动化	1	16
28	服务机器人装调与维护	1	14
29	报关与国际货运	1	12
30	飞机维修	1	10
31	木偶与皮影表演及制作	1	9
32	城市轨道交通车辆技术	1	7
33	光电仪器制造与维修	1	7
34	老年保健与管理	1	7
35	石油天然气开采	1	5
36	火电厂水处理及化学监督	1	2
37	建筑经济管理	1	2

（数据来源：2018—2019 年陕西省中职学籍系统）

案例 近三年，韩城市委、市政府围绕建设区域中心城市核心定位，韩城市职业中等专业学校结合主要产业人才需求，与深圳汇邦集团联合开展机电专业工业机器人方向的教育教学，建成机器人展室、机器人实训室，满足学生的实训需要，精确匹配韩城区域产业发展需求，促进了韩城的产业转型升级及区域经济发展。根据需求，2018 年新增了工业机器人技术专业，2019 年新增了通信技术专业，将电子技术应用专业整合优化到通信技术专业，将焊接技术应用专业整合优化到光电仪器制造与维修专业，将机电技术应用专业整合优化到工业机器人专业。

案例 榆林市根据县域特点进一步优化县区职业学校专业布局，严格审批新增专业，实行县域专业错位发展。北部神木、府谷县以煤化工类专业设置为主；中部榆阳、横山区以现代服务专业建设类专业为主；西部靖边、定边县以汽油化工类专业为主；南部六县绥德、子洲、米脂以现代农业类专业为主，佳县、吴堡、清涧以林果栽培与农产品营销类专业为主。因地制宜的专业布局为榆林经济转型升级提供了智力支持和技术技能人才保障，更为进一步实施"一县一品、一校一品"奠定了基础。全市新增专业有楼宇智能化设备安装与维修、机电技术应用、飞机维修、航空服务、新能源汽车维修 5 个专业。

3. 骨干专业建设

西安市开展市级示范专业评估，2019 年评选出 7 个市级示范专业，总数达到 27 个；渭南市根据招生规模、就业情况、市场前景等，由各县、校申报，市级验收，创建合格专业，逐步确定重点专业、示范专业；安康市加大专业整合力度，发挥市场导向，强化市级统筹，做大做强办学条件优、规模大、质量高的重点特色专业；汉中市以稳规模、提质量为重点，加强特色专业建设，打造重点品牌专业，继续实行专业布局随产业动态调整工作机制；延安市"十三五"期间，建成数控技术、酒店服务与管理、计算机应用技术、旅游服务与管理专业、汽车检测与维修技术等一批精品专业、示范专业；宝鸡市眉县职教中心汽修专业、千阳职教中心信息技术专业、岐山职教中心烹饪专业、陕西工贸中职学校音乐舞蹈专业形成一定影响力；铜川市依托航天城、数字经济产业园、耀州窑文化创作基地等，围绕航天科技、数字经济、高端装备制造、环保陶瓷、生物医药、文化旅游体育六大产业集群和煤、电、铝、水泥和食品等传统产业转型升级提质增效，着力发展清洁能源、大数据、物联网、中医药、健康养老、陶瓷工艺等专业。根据学校办学规模，每所学校重点建设 2~3 个特色专业，做好产业转型技能人才培养与储备。

案例 安康市加强和规范中等职业学校专业设置与管理，加大专业整合力度，通过发挥市场导向和强化市级统筹，做大做强办学条件优、规模大、质量高的重点特色专业，减少专业（点）数量，扩大重点专业规模，提高教育质量和学生就业创业水平，形成一县一策、一校一品、错位发展、优势互补、特色鲜明的专业布局。目前，全市每所中职学校均有 1~2 个重点特色专业，旬阳汽修、石泉数控、汉阴烹饪、平利茶叶、紫阳修脚、岚皋美发美容、汉滨机器人、高新航空服务、育英计算机、白河酒店管理专业都形成了自己的品牌优势。

（二）质量保证

1. 推进教学工作诊断与改进

建立职业教育教学诊改专委会，指导全省中职学校教学诊改工作深入开展，组织对全省中职学校分批次进行省级复核，完成对 26 所学校教学诊改的现场复核和 11 所 2018 年复核结论"待改进"学校的答辩检查。通过省级复核，进一步引导中职学校聚焦教学工作、落实质量保证的主体责任，以提高人才培养质量为核心，以落实教学标准为重点，以数据平台为支撑，以诊改要素为引领，查找不足与完善提高，有效推进教学自主诊改制度和运行机制建设，逐步建立和完善内部质量保证制度体系，营造现代质量文化，提升师生员工的满意度和获得感；引导市、县两级教育行政部门加强事中事后监管，切实履行推进中职学校建立教学诊改工作制度的职责；规范省级复核工作的基本内容和程序，推进教学诊改工作的全面实施。

分年度编制全省中等职业学校质量年度报告,进一步完善质量管理机制。根据《关于编制和发布 2019 年度中等职业教育质量报告的通知》(教职成司函〔2019〕101 号)要求,各地市组织市(县)和省属中职学校完成 2019 年度中等职业教育年度报告的编制工作,并在市(县、区)教育行政部门网站公布辖区内所有中职学校年度质量报告。

2. 启动"陕西省高水平示范性中等职业学校"建设,打造陕西中职第一梯队

2019 年 1 月,省教育厅印发《关于陕西省高水平示范性中等职业学校立项建设的通知》(陕教〔2019〕24 号),立项建设 31 所陕西省高水平示范性中等职业学校。同时,印发了《陕西省高水平示范性中等职业学校建设项目管理办法》,规范项目建设工作,提高项目管理水平,保证项目建设计划顺利实施。通过项目建设,使项目学校成为全省中等职业教育改革创新的示范、提高质量的示范和办出特色的示范,在中等职业教育改革发展中发挥骨干、引领和辐射作用。

高水平示范校建设实行项目和绩效管理。项目建设周期 2 年,分档建设,分类支持,形成梯队,2020 年 12 月结项验收并挂牌,项目学校的建设工作纳入绩效考核范围。市、县政府统筹推进项目实施,把高水平示范校建设纳入经济社会发展总体规划,建立工作机制,明确资金、政策等支持办法,着重改善办学条件、提高师资水平、深化产教融合、促进校企合作、发展技能培训,同时做好监督管理工作。省教育厅统筹资金予以支持,统筹政策予以倾斜,依据建设实效实行差异化支持。对建设思路清、力度大、成效显著的,加大支持力度;对措施不力、进展缓慢的,限期整改并调减支持力度,整改不及时、不到位的终止项目;对挪用资金、弄虚作假的,终止项目并依法依纪追究责任。省财政安排职教专项资金中,按照要素分配原则安排一定比例用于示范校建设。

3. "1 + X"证书制度试点

陕西省鼓励院校积极参与"1 + X"试点申报,结合区域职业教育发展实际,做好本地区试点工作的统筹安排,综合考虑试点职业技能领域相关专业的结构和布局。经过各学校申报、省教育厅审核,省教育厅对符合条件的学校予以备案,并与培训评价组织确认,上报教育部,最终确定全省共有 39 所中等职业学校、55 个项目入选首批"1 + X"证书制度试点院校,占全国入选中等职业学校总数的 8.32%,位于全国第二位,包括建筑信息模型(BIM)首批"1 + X"证书制度试点中职学校 4 所、Web 前端开发首批"1 + X"证书制度试点中职学校 5 所、老年照护首批"1 + X"证书制度试点中职学校 3 所、物流管理首批"1 + X"证书制度试点中职学校 3 所、汽车运用与维修首批"1 + X"证书制度试点中职学校 34 所、智能新能源汽车首批"1 + X"证书制度试点中职学校 6 所。其中"汽车运用与维修"项目入选学校数占此项总数的 13.08%,位列全国第一;"智能新能源汽车"

项目入选学校数占此项总数的 8.82%，位列全国第二。

第二批"1＋X"证书制度试点申报工作中，全省共有 37 所中等职业学校、47 个项目入选，占入选的全国中等职业学校总数的 4.64%，位于全国第七位。其中，"特殊焊接技术"项目入选 11 所中等职业学校，入选学校数占此项总数的 15.28%，位列全国第一；"母婴护理"项目入选 6 所中等职业学校，入选学校数占此项总数的 7.59%，位列全国第三。

拟依托陕西省教育科学研究院成立陕西省职业院校"1＋X"证书制度试点工作项目办公室，具体负责组织、协调、指导全省职业院校"1＋X"证书制度试点工作，并分别在中高职院校设立工作组，协助项目办公室开展工作，总结推广，加强研究，创新试点模式，探索试点工作长效机制。

案例 3－5 2019 年千阳县职业中专成功申报国家首批物流管理专业"1＋X"证书制度试点工作，学校成立了以校长任组长、财经商贸系全体教师任组员的物流管理专业"1＋X"证书制度试点领导工作小组，具体负责此项工作的各项活动，学校坚持周报制度，根据上级要求，结合学校实际，每周及时上报物流管理专业"1＋X"证书制度试点工作开展情况及存在的问题。学校开展教师培训，选派教师参加北京中物联物流采购培训中心组织的物流管理"1＋X"技能等级标准（初级）宣贯及师资能力提升高级研修班培训，在物流云平台上参加了考务管理员、考核报名员、考评员资格培训，物流管理专业教师通过网上统一考试，顺利取得考核员、考评员、认证师等资质。学校强化教学管理，教务处根据认证考试需求及考试大纲要求，安排财经商贸系为学生量身定制培训方案，重点突出物流职业素养、物流作业流程教学。学校精心组织考核，学校及时申报考点，组织学生开展认证报名，编制考务手册，购置考核管理模拟系统，安装考试监控设备，接入高速网络专线，召开考务工作会议，明确职责。2019 年 12 月 8 日，17 级物流管理与服务专业班 30 名学生参加了全国首批物流管理"1＋X"技能等级证书认证考试，通过率 100%。

4. 以赛促教提升人才培养质量

2019 年 3 月，全省中等职业学校学生技能大赛举行，大赛设置 49 个赛项，其中，25 项与当年国赛赛项对接。全省 146 所职业学校（含技工院校）的 1 746 名选手参加了省赛。大赛共有 131 个、251 个、379 个（团队）分别获得一、二、三等奖，129 名教师获得"优秀指导教师"称号；西安、宝鸡、咸阳、安康等 4 个市，13 个赛点学校被授予优秀组织奖，3 个企业参与赞助大赛获得特别贡献奖。41 所中职学校中 103 个团队的 187 名选手代表陕西省参加了 2019 年全国职业院校技能大赛（中职组）34 个项目的比赛，17 所学校 78 名选手在 24 个赛项上斩获奖项，获得一等奖 1 项、二等奖 8 项、三等奖 30 项，优秀指导教师奖 2 名。秦都区职业教育中心获得了网络空间安全赛项一等奖。在全国 962 所中职获奖学校中，秦都区职业教育中心获得6个奖项（一等奖1个、二等奖2个、三等奖4个），获奖数量排名居全国第11位；共计13人获奖，获奖人数排名第57名。陕西省电子信息学校选派24名选手参加电梯安装与保养、电气安装与维修等10个赛项竞赛，其中9个项目、21人次获得了三等类以上奖项，获奖人数在全国中职获奖人数中排名第15名。

组织全省中等职业学校"文明风采"活动宣传展示工作，向教育部推选"文明风采"活动展演展览作品22件、优秀活动案例20个，其中陕西省石油化工学校、未央区职业教育中心、山阳县职业教育中心、长武县职业教育中心的活动案例，靖边县职业教育中心朗诵节目《青春中国》，陕西省城市经济学校手工作品《你好，"一带一路"》《溪山行旅图》，西安博雅艺术职业中学绘画作品《静物》，咸阳市秦都区职业教育中心手工作品《粽香》获选参加全国中职学校"文明风采"活动成果展演展览，并获得由教育部职业技术教育中心研究所颁发的证书。

省教科院举办2019年全省中职学校"爱我中华 魅力职教"系列活动之课本剧展演活动，在各地市推荐的57件作品中，35件作品获优秀作品奖，其中一等奖6个、二等奖12个、三等奖17个，13名教师被评为"优秀指导教师"，安康、咸阳、宝鸡市教研室获得优秀组织奖。

案例 2019年10月31日至11月1日，由陕西省教育科学研究院主办的全省中等职业学校语文教学研讨暨课本剧展演活动在西安举办。

本次教研活动的主题是"语文学科传承中华优秀文化，培育中职学生核心素养"。活动结合历时三年打磨出版的《中职语文教学改革成果集锦》，回顾了近20年陕西省中等职业学校语文教学改革走过的探索之路，并进行中职语文教研中心组换届交牌仪式。全国中职语文新课标修订组主要成员、规划教材主编于黔勋老师及陕西省教科院职业教育与继续教育研究室高居红研究员分别作了《新阶段、新目标和新思考——有效教学建议》和《文化自信——我们一起读经典》讲座；三原县职业教育中心魏涛老师和浙江省绍兴市职业教育中心劳鸿燕老师为大家进行了公开课教学示范。活动中专家的讲座点评、教师的研讨交流、真实的课堂教学、深度的思维参与、积极的课堂互动，体现了对中华优秀文化的传承及对培育学生语文核心素养的关注。会议期间进行了"爱我中华 魅力职教"课本剧展演活动，展演作品是从全省40余所中职学校提交的57件作品中评选出的优秀作品。此次教研活动更好地推进了课程育人、文化育人、活动育人，提升了学生的核心素养，展现了陕西省中职学生昂扬奋进的良好精神风貌，增强了职教文化自信，促进了全省中等职业教育内涵发展。省教育厅网站、西安教育电视台对活动做了宣传报道。

案例 长武县职教中心大力开展学生养成教育，把提高学生综合素质作为养成教育的目标，把培养高尚的品格作为养成教育的灵魂，把打造专业技能作为养成教育的核心，把养成良好的行为习惯作为养成教育的表现，充分发挥学校教育主阵地作用，创新方式方法，不断推进德育教育走向深入，使学生的文明行为习惯养成教育取得了显著成效。通过举行学生文明风采展示大赛，对于丰富学校德育内容，加强学生思想道德建设和公民道德建设，培养学生的人文素养，具有重要的现实意义。进一步加强学生的思想道德教育，培养学生文明、诚信、感恩等优良品质，使学生在活动中受到熏陶、感染和教育，培养高尚的道德情操。依托"活动育人"的思路，展示职校学生的文明风采，通过实施"演绎传统故事，展现青春风采"活动，进一步提升师生的人文素质和道德修养，把优秀的传统文化思想应用到教育教学工作中，充分发挥文化作为教育资源应有的作用，落实"立德树人"的根本任务；能选拔一批高水平的演出人才，使朗诵、舞蹈、独唱等人才脱颖而出，从而带动学校展演质量的整体提升，形成学校职业教育的特色。

5. 教学能力和微课程设计比赛

陕西省以开展教学能力比赛为抓手，大力推进信息化教学，培养和组建教师教学创新团队，不断提升中等职业教育人才培养质量。省教育厅举办了 2019 年全省中等职业学校教师教学能力比赛，98 所中等职业学校的 372 个教师团队参加了比赛。比赛按照教育部部署的全国中等职业学校教师教学能力比赛相关要求，设置教学设计、课堂教学两个比赛项目。教学设计赛项中，29 个团队获一等奖、45 个团队获二等奖、72 个团队获三等奖；课堂教学赛项中，共有 23 个团队获一等奖、30 个团队获二等奖、42 个团队获三等奖；咸阳市、宝鸡市、西安市获得优秀组织奖。2019 年全国职业院校教师教学能力（中职组）比赛中，陕西省 12 支参赛教学团队取得了 3 个二等奖、6 个三等奖的良好成绩，陕西省教育厅获得最佳进步奖、优秀组织奖。2019 年 11 月，58 名教师代表陕西省参加 2019 年全国中等职业学校教师信息化教学设计和说课系列交流活动，获得一等奖 3 个、二等奖 9 个、三等奖 16 个。中职学校教师教学能力比赛，作为展现新时代中职教师个人风采和教学水平能力的平台，既考察了教师的信息化技术水平，也考察了选手教学设计与驾驭课堂教学的能力。同时，对中职学校的教师认真学习新时代职业教育理念，将思政、核心素养、工匠精神等育人元素有机融入教学中，更好地促进陕西省职业教育教学改革发展起到引领作用。

深化新时代职业院校教育教学改革，助推"互联网＋教育"新生态构建。省教科院举办 2019 年全省中等职业学校微课程教学设计比赛，推动全省中等职业学校信息化教学应用常态化，不断提高技能人才的培养质量。全省共 723 件（427 组）作品参赛，197 个微课、62 个微课程获得优秀作品奖，8 所学校获优秀组织奖。此项赛事已连续开展六届，得到各地市职业教育教研部门、全省各中等职业学校师生的关注和热评，在促进中等职业学校教师专业发展和教学能力提升，以及促进教育信息技术与教学过程的充分融合方面起到积极作用。

6. 开展中等职业教育省级教学成果奖评审工作

省教育厅、省人力资源和社会保障厅联合发文开展了第二届全省中等职业教育教学成果奖评审工作。《中职语文立德树人文化育人模式的研究与实践》等 41 项成果获得陕西省第二届中等职业教育教学成果奖，其中特等奖 5 项、一等奖 9 项、二等奖 27 项。

7. 职业教育教材建设

2019 年 11 月，省教育厅对全省高等院校、中等职业学校教材建设情况开展了专项调研。通过学校自查、调研组实地调研，全面梳理各中等职业学校《关于加强和改进新形势下大中小学教材建设的意见》的贯彻落实情况，并针对教材管理制度建设、教材工作机构、教材建设规划制定、教材经费使用、学校自编教材开发管理等工作情况，以及目前中职教材建设与管理工作中存在的问题，征求各学校对省级教育行政部门教材管理的意见和建议。

8. 职业教育体系建设

2019 年，陕西省西安汽车职业大学、西安信息职业大学获批开展本科层次职业教育试点工作。陕西省制定印发《陕西省五年制高等职业教育管理办法》，调整五年一贯制结构，推行"3+2"中高衔接基本制度，完善现代职业教育体系，促进中等职业教育与高等职业教育衔接发展；严格审核已开设的五年制高职专业和拟新开设的五年制高职、三年制高职专业，优化高职专业结构。其中，五年制招生 2.3 万人，高职院校牵头制定人才培养方案；高职分类招生录取中职 1.3 万人，占比增长 8.6%；在"三校生"升本考试中加大技能测试比重，首次尝试机测。

（三）落实教师编制，教师培养培训情况

优化教师队伍结构，优化教师培训工作，推动建立职业教育专业教师准入机制，吸引更多能工巧匠进校园。创新方式，增强教师培训的针对性、时效性。全省中等职业学校教师分层、分类、分期参加国家级、省级培训，有计划、分步骤实施五年一周期的教师全员培训。推进教师和企业人员双向交流合作机制，建立教师到企业实践和企业人才到学校兼职任教常态化机制。坚持把教师队伍建设作为推进职业教育内涵发展的重要抓手，支持鼓励教师多形式、多途径参加学习，努力促进教师专业成长。

1. 各地市落实教师编制情况

西安市面向社会、企业聘用 512 名工程技术人员、高技能人才担任专业课教师或实习指导教师，逐步壮大"双师型"教师队伍，"双师型"教师占比较 2018 年提升 7.5%。咸阳市严格落实"赋予中职学校设立不低于本校教师 20% 编制数的自主聘用权，工资由县财政全额拨付"政策，同时加大培育转型力度。2019 年专业课教师比例较 2018 年提高了

3.6%。安康市根据各学校办学规模的扩大，通过人才引进、选调等方式补充教师 58 人。延安市实行职业学校教师编制总量控制、动态管理，落实职业学校可在编制总数 20% 内自主聘用具有专业职业资格的技能人才任教的政策规定，为中职学校落实教师编制、加强专业成长提供了强力保障。榆林市通过"能工巧匠进校园""非遗传人进校园""劳模进校园"等方式培养"双师型"教师，通过从企业、社会引进和外聘兼职专业技术教师，带动全市中等职业教育师资队伍整体水平不断提高。

2. 教师素质提高计划项目

省教育厅组织 2019 年"国培计划"——陕西省职业院校教师素质提高计划项目申报工作，项目包括职业院校教师示范培训，中高职教师协同提升，校企人员双向交流合作，面向"1 + X"证书制度试点院校相关专业骨干教师培训、面向技能大赛指导教师培训，以及专任教师和管理人员的教育理念、师德教育、创新创业培训等 21 个专题，共计 2 686 个培训名额。2019 年 11 月，省教育厅举办中等职业学校教师省级培训班，培训项目为信息技术应用能力、乡村振兴专题、教学管理人员、心理健康，以及相关专业专任教师培训，共计 670 名教师参加了培训。

3. 教师教学能力提升专题培训

由陕西省教育厅主办、陕西省教育科学研究院承办的 2019 年全省中等职业学校信息化教学培训暨研讨会在西安举办，全省各中等职业学校分管教学领导、各地市职业教育教研员、骨干教师共 300 余名代表参加了培训。会议邀请往届全国职业院校信息化教学大赛、创新杯大赛一等奖获得者为大家作信息化教学大赛案例分享，省赛组委会对 2019 年全省信息化教学比赛进行总结，并进行主题为"信息化教学——从大赛到常态"的培训。会议还结合信息化教学发展前沿以及热点问题，开展了研讨与交流，对促进教师更新教学理念、转变教学方式、提高信息化教学能力具有积极的指导作用。

2019 年 8 月，陕西省教科院举办了陕西省中等职业学校教师教学能力提升培训会。专家们围绕《2019 全国职业院校技能大赛教学能力比赛方案》（征求意见稿），分别从信息化教学作品设计与制作、信息化教学活动组织与管理、信息化教学平台应用、评价目标达成、教学实施报告撰写、参赛规范性等方面进行研读与交流，分享往届国赛获奖作品范例。会上对拟推荐参加国赛的教师团队分组进行打磨。此次培训进一步推动了信息化教学应用的常态化，提升了教师综合素质、专业化水平和创新能力，培养和组建了全省高水平中职教师教学创新团队，提高了中等职业学校教师参加全国职业院校教师教学能力比赛水平。

以校本研修为平台，实施教师培养计划，引导教师立足教学岗位，以课程为导向，以促进学生发展为宗旨，以解决教学实际问题为对象，通过专业引领、同伴互助、实践反思等方式，全方位开展校本研修，提高教师教科研能力和自身业务水平。

4. 中职校长队伍建设

2019 年 7 月，省教育厅联合同济大学借助"中国职业教育质量万里行""中国职业院校校长公益性培训"项目基金共同举办了陕西省中等职业学校校长综合能力提升研修班，培训分三个模块，即政策理论学习，优秀职业院校、企业考察，经验交流与研讨，主要围绕"十四五"期间职业教育产教融合、校企合作、学校治理、专业设置与建设、新时代教师队伍改革建设等内容开展。

2019 年 11 月，省教育厅在东莞职教城举办了 2019 年陕西中等职业学校（中德）校长高级研修班。陕西省中等职业学校的 96 名校长参加了本次研修班。本次研修班培训内容包括：德国职业教育发展路径、国际化办学模式、英国职业教育与职业资格证书认证体系、中韩职业教育、职业教育发展规划、中职学生就业竞争力提升等，主要采用专题报告、交流研讨、现场教学、校企合作座谈等形式进行。培训进一步提高了全省中等职业学校校长改革创新意识、战略思维素养和学校治理水平，为深化产教融合、推进校企合作、提升就业竞争力奠定了基础。

5. 开展企业实践

加强中职学校教师培养，落实教师每年至少 1 个月的企业实践制度，提高教育教学质量。企业实践采取考察观摩、技能培训、跟岗实习、顶岗实践、在企业兼职、参与产品技术研发等形式，推进企业实践成果向教学资源转化，并结合实践改进教学方法和途径，发掘学校技术服务企业发展的方式和途径。2019 年国培计划——陕西省职业院校教师素质提高计划"教师企业实践"中职项目中，包括汽车运用与维修、电子技术应用、酒店服务与管理、高星级酒店服务与管理等，培训时长各专业 320 学时，合计培训 60 人。除此之外，各学校积极落实专业课教师暑期企业实践制度，每年组织教师下企业实践锻炼，安排专业教师到合作企业拓展锻炼。

四、产教融合

2019 年陕西省深入贯彻落实国家产教融合文件精神，印发《关于深化产教融合的实施意见》（陕政办发〔2019〕26 号），着力构建多方协同参与的工作协调机制，营造社会大力支持、行业企业院校主动参与的良好氛围，引导产教融合改革向纵深推进，推动校企合作的稳步发展，促使职业院校和行业企业形成命运共同体。根据区域发展战略和产业布局，支持有代表性、影响力和改革意愿的地方，在办学体制、分配机制、资源调配等方面深化改革，建立产教一体、中高本衔接、职普融通的产教融合型城市，培养行业企业急需的各层次人才，为职业教育改革探索路径、提供样板。

（一）推进区域职业教育协同创新

陕西省政府和各级教育行政部门相继出台产教融合实施方案等文件，搭建校企合作、产教融合交流平台，引导校企合作的办学模式改革，逐步形成"产业到哪里、人才到哪里"的格局；激励企业举办或参与职业教育；探索股份制、混合所有制创办职业学校；建设产教融合型企业、产教融合型学校；联合西部省市教育研究机构推进区域职业教育协同创新，探索职业教育校企合作产教融合发展新思路，推进新时代西部职业教育高质量发展。

案例 2019年11月15日至17日，由陕西、四川、重庆三省、市教育科学研究院共同主办的首届西部职业教育论坛在西安举办。教育部职教研究所所长王扬南，陕西省教育厅副厅长朱晓渭，中国职业技术教育学会副会长苏雨恒，陕西省教育厅职业教育与成人教育处处长何玉麒，陕西、四川、重庆及西部其他省市的200多所科研机构、职业院校以及30多个行业企业代表，共计400多人参加了论坛。论坛以贯彻"职教20条"、构建校企命运共同体为主题，通过专题报告，政府、行业协会、研究机构、职业院校、企业代表高端对话，产教融合、校企合作案例分享，"1＋X"证书制度试点政策、评价标准解读等形式探索职业教育校企合作产教融合发展新思路，促进区域职业教育协同创新，推进新时代西部职业教育高质量发展。

案例 2019年10月14日下午，陕西省中等职业教育校企合作调研座谈会在咸阳市秦都区职教中心召开。省教育厅职业教育与成人教育处相关负责同志，以及24家企业代表、秦都区职教中心教师代表等40余人参加座谈。与会代表就贯彻落实《国务院办公厅关于深化产教融合的若干意见》和《陕西省人民政府办公厅关于深化产教融合的实施意见》展开热烈讨论，深入交流了企业与学校合作的经验与问题，提出了深化产教融合、校企合作的意见和建议。会议分析了当前我国经济形势及中、省职业教育改革发展形势，回应了企业代表提出的关于政策落地、平台搭建、公共实训基地建设、技能大赛、教学改革、简政放权六个方面的问题，并提出了六点建议：一是希望企业把职业教育当成事业干；二是企业要与学校共同探索校企合作的有效机制；三是以项目为纽带，抢抓当前良好政策机遇；四是从人才培养方案着手，做好专业建设的转型升级；五是重视立德树人工作；六是做好咨询研究工作。与会企业代表一致表示，要充分利用好当前国家大力发展职业教育、深化产教融合的重大机遇，加强校企合作，专注企业品质，发扬工匠精神，努力为经济社会发展作出新的贡献。

案例4－3 2019年11月7日至9日西安市成功举办主题为面向未来的产教融合协同育人与应用型人才培养的2019年中国（西安）世界职教大会，共有8项校际、校企合作协议签约，162家国内外企业及职业院校展示前沿的产教融合解决方案，约7 000人次到现场参观、学习、培训、交流。大会的顺利举办，必将有力地推动职业院校及企业间的深入对接，探索出全新、高效的产教融合新路径。

（二）校企合作

各中职学校采取引企入校、订单培养、劳动和教学相结合、工学交替、校企互动式合作形式，加强校企互动交流，推动学校招生与企业招工相衔接，实现校企育人"双重主体"，学生学徒"双重身份"；实施职业学校教师与企业技术专家双向流动、相互任职，大力推进能工巧匠特聘计划；不断拓宽校企、校校合作渠道，面向企业和市场培养技术技能人才。汉中市10所中职学校与市内外280余家（市内80家）企业建立了稳定的校企合作关系；渭南市共计16所学校与47家企业开展了学校企业合作；咸阳市19所中等职业学校校企合作企业共计249家，涉及项目182个；西安市36所学校与285家企业开展了合作办学。

案例 神木职教中心积极实施"四方五共"多样化校企合作模式。"四方"是指，通过与企业联盟，向企业要订单；与行业联合，向行业要标准；与政府联结，向政府要支持，逐步构建学校、政府、行业、企业"四方"协同创新的联动机制。"五共"是指通过构建专业共建、课程共担、教材共编、队伍共培、资源共享"五共"合作形式，实现专业与产业、职业岗位对接，课程内容与职业标准对接，教学过程与生产过程对接。

案例 陕西省电子信息学校与中陕核集团二〇八大队有限公司共建"钻探工程"校外实训基地，学校投入钻探设备2台套，充分利用企业提供场地、材料、技术等优势，使学生实训全过程变为一线生产过程，学生在生产技术、规范操作、质量检验、安全管理等方面得到较高提升；与核工业二一六大队、上海三菱电梯陕西分公司多家企业签订"订制班"协议，使学生入学就有工作，毕业就是就业，实现招生与招工同步、教学与生产同步、实习与就业联体。

（三）学生实习

中职学校严格执行教育部、财政部制定的《中等职业学校学生实习管理规定》，制定《学生顶岗实习管理暂行办法》，对学生顶岗实习的组织管理、时间地点、实习准备、过程管理、考核鉴定、保障措施等作了明确规定，落实实习机构人员及职责，制定顶岗实习方案，签订顶岗实习协议，加强实习过程管理。按要求将实习计划、实习单位概况、实习起止时间、三方协议签订情况、实习保险投保情况、实习班级、人数、指导教师等向主管部门报备。指派专人负责做好学生实习"跟踪教育、跟踪管理、跟踪服务"工作，全方位保障实习学生身心健康和技术技能稳步提升，做到家长放心、学生安心、企业称心，实现了学生、学校、企业三方共赢。

案例 山阳县职教中心学校认真落实《职业学校学生实习管理规定》，制定了《山阳县职业教育中心就业安置处基本制度及管理办法》《学生实习安全管理规定》《学生实习安全及突发事件应急预案》等制度，根据学生顶岗实习情况制定了《山阳县职业教育中心顶岗实习考核表》。学校做好实习组织，加强过程管理。一是考察企业，通过"三看""三访""三核实"考察企业；二是教导处安排，安置处配合，指导职业道德课程教师上好"职业道德教育""就业指导"课；三是实习前向家长发放《顶岗实习家长意见征求书》，征求家长对自己孩子顶岗实习的要求、意见、实习单位的选择等；四是学校、实习单位、学生三方签订实习协议，明确各方责任、权利、义务；五是实习过程中，学校和企业严格遵守《职业学校实习管理规定》第十五条、第十六条，依法保障实习学生基本权利；六是不定期对实习学生进行回访，了解实习情况。

（四）集团化办学

陕西省积极推进职业教育集团化办学，规范组建职教集团。按照共享共赢、示范带动、突出重点原则，依据全省产业布局，依托有关职业院校、行业和企业，组建行业性和区域性两类职教集团。先后举办装备制造业、航空、能源化工、国防科技工业、现代服务业等产业校企合作对接交流活动70多场次，职业教育与产业、职业院校与企业的对话机制初步建立。目前集团总数24个，覆盖主要产业领域，吸纳职业院校、行业协会、企业和科研机构1 124个，中高职在校生59.6万人。各职教集团为实训基地建设投入资金2 496万元，接受教师实践锻炼5 000人次，培训企业职工20万人次，向集团内企业输送毕业生22.5万人，安排顶岗实习33.5万人次。部分中职学校率先牵头建立职业教育集团，实现了学校与学校、学校与企业、学校与生产的紧密结合，建立起了学校与企业双向参与、双向服务、双向受益的办学机制。

案例 渭南市在蒲城县职教中心成立渭南服装职业教育集团，联合市内8所中等职业学校以及国内18家企业形成产教结合、校企合作的职业教育共同体。在澄城县职教中心成立渭南市汽车职业教育集团。对汽车专业实训基地投资500余万元，驾校场地占地115亩[①]，是国家一类驾校，目前已有13家中高职学校、12家汽车维修服务企业参与，年培训机动车驾驶员2 000余名。

五、社会贡献

培养技能型人才与高素质劳动者，服务当地经济社会发展，是中等职业教育的基本职能和办学宗旨。陕西省实施学历教育与培训并举，面向全体劳动者广泛开展职业培训，全面提升人才培养质量和办学能力，深化职业教育改革。

---

① 1亩 = 666.67平方米。

（一）技术技能人才培养

各中等职业学校通过政府牵线、学校搭台等方式积极主动对接本地企业办学，培养技术技能人才。2019年，全省中等职业学校向社会输送技能劳动者73 018人，其中普通中专毕业生16 899人，成人中专毕业生194人，职业高中毕业生55 925人。各类中等职业学校毕业生中共有51 756人获得职业资格证书，有效地保障了新生技术技能人才的供给，见表3–5–1。

表3–5–1 2019年陕西省中等职业学校毕（结）业生统计 人

毕（结）业生数	获得职业资格证书数	普通中专毕业生	成人中专毕业生	职业高中毕业生
73 018	51 756	16 899	194	55 925

数据来源：《陕西省2019教育事业统计年鉴》

全省中等职业学校为现代农业产业培养毕业生4 078人，为振兴乡村、新农村建设培养了大批现代农业生产经营者和致富带头人。为满足制造业产能升级要求，培养工匠人才，服务中国制造，中等职业学校培养产业生力军11 320人。各学校积极发展交通运输、信息技术、教育等第三产业新型专业，为社会培养输送现代服务业技能人才56 470人。2019年陕西省中等职业学校毕业生分类统计见表3–5–2。

表3–5–2 2019年陕西省中等职业学校毕业生分类统计 人

类别	毕业人数	其中获得资格证书人数
01 农林牧渔类	4 078	3 000
02 资源环境类	262	217
03 能源与新能源类	165	141
04 土木水利类	1 079	780
05 加工制造类	9 200	7 534
06 石油化工类	414	353
07 轻纺食品类	200	188
08 交通运输类	11 223	6 900
09 信息技术类	16 791	13 405
10 医药卫生类	8 020	4 013
11 休闲保健类	458	402
12 财经商贸类	2 525	1 158

续表

类别	毕业人数	其中获得资格证书人数
13 旅游服务类	3 385	2 618
14 文化艺术类	3 313	2 152
15 体育与健康类	945	483
16 教育类	9 314	7 014
17 司法服务类	/	/
18 公共管理与服务类	496	416
19 其他	1 150	982
合计	73 018	51 756

数据来源：《陕西省2019教育事业统计年鉴》

案例　西安旅游职业中等专业学校2019年面向近40家用人单位开展的毕业生质量调查中，针对"贵单位对西安旅游职业中专毕业生的工作表现"（满意、较满意、一般、不满意）这一问题，选择满意的为93.5%，较满意的为5.5%，满意率为99%，且针对我校毕业生在道德品质、责任意识、团队精神、学习能力、科研能力等多个方面素质也给予了较高的评价，如图3-5-1所示。

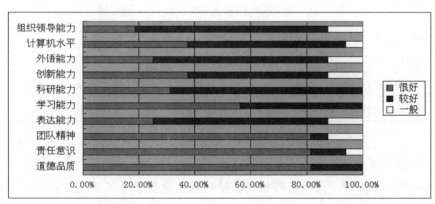

图3-5-1　西安旅游职业中等专业学校2017级实习生培养质量调查结果

（二）技术服务

中等职业学校积极落实陕西省《职业院校全面开展职业培训促进就业创业行动计划》文件精神，开展劳动就业技能、实用技术、在岗职工、职业农民培训，以多种形式为现代农业发展提供技术支持和智力支撑。2019年共完成各类培训135 466人次，其中职业技能培训75 048人次，农村劳动者培训46 538人次，进城务工人员培训11 312人次。安康市各县级职教中心开展各类技能培训和精准扶贫培训355期，3.36万人次受训，全市先后涌现出"紫阳修脚""旬阳建工""汉阴厨师"等技能培训品牌,使数万农民通过技能培训走出大山,真正实现"培训一人、脱贫一户、致富一方"的目标。汉中市2019年各县区职教中心围绕农村实用技术、农村劳动力转移、精准扶贫等工作完成培训19 883人次。

案例 镇安县建立以职教中心为龙头、乡镇农技校为依托、辐射村组的职业教育网络,以农村产业发展和全县脱贫攻坚需求为重点,依托专业和师资优势,本着优势互补原则,与西安科技大学等五所高职院校合作建立农民培训基地,大力开展农村实用技术推广、农村劳动力转移就业、教育扶贫等技能技术培训。2018—2019学年累计完成果树修剪、电子商务、手工钩织、汽车驾驶、保健刮痧等培训2 000多人次,尤其是以"政校企"合作开展的足部健康护理技能培训,几年来已培训七期300多人,贫困户参与率达30%以上,学员均被分配到大城市就业,月工资5 000元以上,为我县农村脱贫攻坚提供了有力支持。见表3-5-3。

表3-5-3 2019年镇安县开展各类职业技能培训情况统计

序号	培训日期	人数/人	专业	培训地点	备注
1	3. 15—4. 30	367	汽车驾驶	镇安县职教中心	
2	5. 14—5. 25	150	手工钩织	月河镇西川村	
3	9. 10—9. 26	178	天麻栽培	月河镇黄土岭村	
4	10. 8—10. 23	150	手工钩织	西口镇东庄村	
5	10. 24—11. 9	150	手工钩织	西口镇上河村	
6	10. 14—10. 30	320	信息技术	镇安县职教中心	
7	11. 6—11. 22	185	电子商务	镇安县职教中心	
8	10. 10—11. 10	154	餐饮服务	各餐饮店	
合计		1 654			

案例 陕西省城市经济学校充分发挥中残联在陕残疾人职业培训基地功能,2019年面向全省1 000名听力言语、视力及肢体功能障碍人员免费开展了中高级职业技能培训,培训项目涉及信息通信技术、美术、手工、服务、工业五大类47期培训班,培训合格率达90%,残疾人满意度达95%。

(三) 文化传承

中等职业学校牢固树立"职业教育是民族文化传承创新的重要载体"理念,利用职业教育改造民间传统手工艺父子师徒世代相继、口传身授的传承模式,推动职业教育人才培养与非物质文化遗产传承相结合,创新人才培养模式,促进专业建设和内涵发展。

案例 旬邑县围绕"传承非遗文化,服务县域社会发展"战略思路,大力推广剪纸、唢呐等传统艺术形式和非物质文化遗产，在学校成立了以县政府主管副县长为组长，文旅、人社、教育、财政、民政、旅游等部主要负责同志为成员的"旬邑县非物质文化遗产传承培训中心"，建成设施齐备的剪纸实训室和唢呐实训室各一个，探索确立了"课堂与实训场地结合、教学与实践结合、实践与生产结合"的教学模式，并通过传统文化培训带动旬邑旅游、拉动旬邑文化产业。

（四）苏陕合作

陕西省各地市教育行政部门及中等职业学校积极与江苏各地市职业院校在教师支教、专业共建、联合培养等方面开展交流协作。汉中市持续深化与江苏省南通市职业教育结对帮扶，两地之间互派教师交流 829 余人次，南通市选派 41 名教育专家对全市 900 余名教师开展了业务培训，镇巴县职业中学与江苏职业教育姜汉荣机电技术名师室和俞华德名师工作室共建了通汉协作的首个名师工作室。宝鸡市充分利用江苏徐州市职业院校的专业优势，达成共建专业点协议 15 个，组织召开了第 41 届校企合作人才供需暨联合办学专业共建洽谈会，推荐 173 名学生在东部就业。

案例 2019 年 11 月，陕西省教育厅从贫困县区遴选了 156 名中职学校管理人员和教师赴江苏参加培训。培训由常州机电职业技术学院承办，采取"集中培训＋跟岗研修＋返岗实践"的三段式培训方式。其中院校集中培训 8 天，跟岗研修 12 天（两周），返岗实践 30 天。通过针对性的专业培训，使管理人员更新管理理念，提升办学治校能力；使教师更新教育教学理念，拓展学科专业视野，提升教育教学水平和专业发展能力。

案例 安康市按照《常州市－安康市教育协作 2019 年工作计划表》安排，一是加强学校间对口合作，分别组织旬阳县职教中心对口江苏省武进中等专业学校、石泉县职教中心对口金坛中等专业学校、汉阴县职教中心对口溧阳市职教集团，按照合作协议进行深度合作，邀请常州对口学校帮扶专业建设、实训基地建设和师资队伍培养。二是分期分批选派干部教师交流学习。2019 年 4 月、10 月分别选派了第四批、第五批中等职业学校校长、中层干部和专业教师共 20 人赴常州职业学校开展为期三个月的跟岗学习。三是加强东西协作中职招生兜底行动，联合招生培养共计 32 人，其中汉阴县 10 人、石泉县 6 人、镇坪县 3 人、白河县 13 人，毕业贫困学生就业 6 人。2019 年，石泉县职教中心在南京苏陕教育协作推进会上作为全省中职学校唯一代表进行经验交流发言。

（五）精准扶贫

各中职学校充分发挥职业教育扶贫开发功能，全力支持国家"精准扶贫"战略工作，主动与政府有关部门联系，开展合作，实施脱贫技能培训。西安市教育局印发的《西安市教育局办公室关于开展 2019 年贫困家庭青壮年劳动力普通话培训的通知》（市教办发

〔2019〕70号），助力教育脱贫攻坚，积极开展面向贫困家庭青壮年劳动力的普通话培训，对在册贫困户信息逐户逐人进行筛查，征求18~45周岁青壮年劳动力的普通话培训意向，共培训342人。宝鸡市积极发挥县（区）级职教中心综合培训作用，建立以职教中心为主阵地的农村实用技术培训、农村劳动力转移培训和职教扶贫培训工作推进机制；开展教育精准扶贫培训98期，培训人数6 093人。陕西省建筑材料工业学校以党支部为单位开展了一对一、一帮一结对子活动，对学校建档立卡贫困户学生实施一对一帮扶，从生活上、思想上使学生成长起来。

案例 白河县职业技术教育中心注重实现"五个精准"（招生、资助、培养、就业、培训）。根据学校专业优势和当地资源禀赋，找准和开发富民兴县产业，积极培养农业技术、旅游业、电子商务等专业人才，充分运用空中、田间、流动、固定4种课堂，利用"边学、边干、边受益"的培训方式，以"技能培训+企业+农户+就业"的"技能助推型"的"造血式"扶贫模式，志智双扶、鱼渔双授，满足贫困人员就业创业的现实需要，把贫困家庭劳动力培养成掌握实用技术的人才，实施提高产业扶贫的针对性和精准度，使之脱贫致富，实现稳定转移就业和脱贫增收。2019年先后有1 200余名贫困人口通过培训拥有了一技之长，走上了以发展农业产业脱贫致富的道路。

六、政府履责

2019年，陕西省深入贯彻落实《国家职业教育改革实施方案》精神，加大经费投入，强化政策推动，坚持走改革引领、创新驱动、科学发展之路。对接经济社会发展和产业转型升级，进一步优化中职学校的布局和专业结构，着力打造职业教育品牌；推进职普协调发展，使结构与资源配置更加合理，质量、效益进一步提升；构建现代职教体系，完善和拓宽中职与高职、本科一体化培养途径。继续坚持社会主义办学方向和中职教育办学宗旨，紧紧围绕立德树人根本任务，努力提升育人水平。

（一）经费保障

1. 生均公共财政预算教育经费增长

陕西省中等职业教育财政预算经费逐年增长，为发展提供了保障，见表3-6-1。2019年，全省中等职业学校生均一般公共预算教育经费为13 764.53元，比2018年增长7.02%；生均一般公共预算教育事业费支出为13 306.06元，比2018年增长12.28%；生均一般公共预算公用经费支出为4 998.52元，比2018年增长17.24%。

全省大部分地市2019年生均公共财政预算较上年有所增长，其中，汉中市增长幅度最大，生均一般公共预算教育经费、教育事业费支出、公用经费支出分别增长60.12%、58.96%、130.48%。

表 3 - 6 - 1　陕西省各地市 2018—2019 年中等职业教育生均一般公共预算情况

项目 地市	生均一般公共预算教育 经费增长情况			生均一般公共预算教育事业费 支出增长情况			生均一般公共预算公用经费 支出增长情况		
	2018 年/元	2019 年/元	增长率/%	2018 年/元	2019 年/元	增长率/%	2018 年/元	2019 年/元	增长率/%
陕西省	12 861.45	13 764.53	7.02	11 850.56	13 306.06	12.28	4 263.52	4 998.52	17.24
西安市	16 495.74	19 213.13	16.47	14 070.92	18 690.99	32.83	4 258.84	5 409.88	27.03
铜川市	68 399.31	36 096.40	−47.23	60 273.13	30 351.68	−49.64	6 042.67	5 774.49	−4.44
宝鸡市	10 584.99	12 165.81	14.93	9 432.28	11 086.50	17.54	2 946.46	2 923.81	−0.77
咸阳市	10 614.57	10 154.93	−4.33	9 149.33	9 621.03	5.16	4 223.19	4 245.14	0.52
渭南市	20 919.83	21 985.74	5.10	17 887.40	21 330.91	19.25	4 405.33	7 795.06	76.95
延安市	11 455.62	12 286.09	7.25	11 221.57	11 959.81	6.58	2 817.61	2 939.79	4.34
汉中市	14 368.62	23 006.84	60.12	13 996.94	22 249.47	58.96	3 309.94	7 628.68	130.48
榆林市	30 438.70	30 607.78	0.56	29 577.51	29 146.15	−1.46	11 676.72	12 360.48	5.86
安康市	16 614.88	19 907.80	19.82	14 754.85	19 675.50	33.35	6 690.18	9 051.06	35.29
商洛市	13 271.31	13 001.86	−2.03	12 021.61	12 729.27	5.89	2 678.37	2 760.63	3.07
杨凌区	11 925.66	12 619.65	5.82	11 925.66	12 619.65	5.82	5 632.40	5 844.11	3.76

（数据来源："2019 年陕西省教育经费执行情况统计公告"）

2. 支持中等职业教育改革发展

连续 3 年开展中等职业教育综合性实训基地建设，立项 49 个，支持经费 5 000 万元。2019 年，中央和省级财政拨付陕西省中等职业院校奖补资金共计 9.96 亿元，全部及时拨付到各市县和学校，支持中等职业教育改革发展。根据《财政部教育部关于下达 2019 年现代职业教育质量提升计划专项资金预算的通知》精神，结合高中阶段教育普及攻坚计划（2017—2020 年）学校建设规划，实施现代职业教育质量提升计划，改善中职学校的办学和实习实训条件；争取中央、省级财政职业教育建设项目和专项经费，督促市、县两级加大职业教育投入力度，改善中职办学条件。

3. 加强和规范学生资助工作

召开中等职业教育国家奖学金工作部署视频会议，要求各市区和中等职业教育学校严密、细致做好中等职业教育国家奖学金评审工作；按时报送中等职业教育国家奖学金材料，按时将中等职业教育国家奖学金一次性发放给获奖学生；严把全日制、学生年级、学生成绩三个"关口"，严格评审标准、严格审查材料、严格遵守评审程序和秩序，确保评审结果的公平公正。各市区与中等职业教育学校加强和规范学生资助工作，做到资助数据信息精准无误差，确保受助人数和金额"一个不多、一个不少、一个不错"；推进规范管理，确保政策执行到位、监管责任到位、资助程序到位、资金管理到位、信息管理到位、机构队伍建设到位；推进资助育人，把育人工作有机融入资助全过程。

案例　各地市落实职业教育经费。

2019 年，西安市共计投入中等职业教育市级项目经费 3 795.82 万元，主要用于市级中等职业学校改善办学条件、市级教师培训、各级各类比赛活动以及职业教育招生宣传等。

渭南市发放免学费资金 3 022.835 万元，享受中职免学费学生 28 747 人；发放助学资金 459.8 万元，享受助学金学生 4 589 人；发放生活补贴资金 94.53 万元，享受中职生活补贴学生 3 151 人；发放一次性扶贫补助资金 306.9 万元，享受中职 3 000 元一次性扶贫补助 1 023 人。

榆林市进一步完善了职业教育经费投入机制，质量提升计划有序实施，中、省职教资金 2 600 万元全部用于县区职教中心建设，中职学校办学条件进一步改善，落实了每年 3 000 万元的市级职业教育专项经费，职业院校生均公用经费拨款不低于 1 600 元/年，全部用于 12 县区职业学校的建设和发展。

汉中市将地方教育附加 30% 用于职业教育纳入了市委和市教育局双重目标任务考核，市局争取了中、省资金 2 300 万元，城固、洋县等县区已落实地方教育附加等职教经费 2 100 余万元；市教育局拿出 50 余万元用于教学质量提升及技能大赛奖励等。

咸阳市财政设立每年 2 000 万元职业教育专项资金，县级财政按人口总数每人 2 元的标准设立职业教育专项资金，将城市教育费附加、地方教育附加用于职业教育的比例由国家规定的 30% 提高到 35%，足额列支中职教育生均公用经费。

宝鸡市财政每年列支 2 000 万元用于发展职业教育，每年拿出 100 多万元支持举办市级学生技能竞赛。

延安市实施免费中职教育，市、县（区）财政按不低于中、省规定标准列支中等职业教育生均公用经费；市级财政每年设立职业教育专项经费 1 000 万元，用于职业教育基础设施建设、精品专业建设和师资队伍建设。

安康市下达中职免学费资金 1 694.72 万元，中职助学金 1 645.49 万元。对扶贫部门建档立卡的贫困家庭子女，就读中、高职的每人在现有国家资助政策之外，一次性发给 3 000 元扶贫补助。继续加大职业教育能力提升计划、职业教育产教融合发展项目、职教中心基础能力三大项目建设，落实到位资金 4 900 万元，2019 年全市职业学校（含民办职业学校）累计投入 1.4 亿余元，加强中职学校基础能力建设。

（二）政策推动

1. 深化职业教育改革

印发《陕西省职业教育改革实施方案》，建立职业教育联席会议和咨询委员会，召开深化职业教育改革座谈会。出台关于深化产教融合的实施办法，面向装备制造、电子信息、交通运输等新兴产业，成立行业职业教育教学指导委员会，扩大招生规模，严格编制、审核、执行计划，2019年高中阶段招生比例达到职普4：6；加强中高职衔接、高本衔接、中本衔接、学段衔接。深化教学改革，推行双元育人，开展"三教"改革及试点"1＋X"（学历证书＋职业技能等级证书）制度，发展技能培训；完善职业准入制度，清理对技术技能人才的歧视政策，降低人力资源成本，提高技术技能人才待遇。

案例 2019年7月12日，陕西省深化职业教育改革座谈会在咸阳召开。省委副书记、省委教育工作领导小组组长贺荣出席并讲话，副省长方光华主持并讲话，省政府副秘书长高阳出席，省委教育工委副书记、省教育厅厅长王建利汇报了全省职业教育工作情况。会议印发了《陕西省职业教育改革实施方案（征求意见稿）》，省教育厅与各市（区）政府签订了《深化职业教育改革备忘录》，重点从扩大办学规模、加大经费投入、推进产教融合、加强师资队伍建设、提高培养质量等方面明确了目标，夯实了任务。

2. 建立政策保障体系

组织召开深改委会议、省委教育工作领导小组会议和全省职教改革座谈会，出台《陕西省职业教育改革实施方案》《关于深化产教融合的实施意见》，为职业教育发展创造了良好的政策环境，见表3－6－2和表3－6－3；强化政府统筹责任，市级统筹发展区域职业教育，重点统筹产业与学校布局、特色专业设置、职普比例、师资配备、示范校建设、中高职衔接、技能培训资源、社区教育等。

表3－6－2 2019年陕西省关于中等职业教育改革的相关政策文件

序号	政策文件及导向
1	关于印发《陕西省教育厅2019年职业教育与成人教育工作要点》的通知（陕教〔2019〕39号）
	政策导向：优化改革职业教育选拔考试内容及方式，以考试引导学校强化技术技能教学，促进职业教育不同学段的衔接；促进高中阶段招生职普比大体相当，中职学校基础能力建设得到加强；畅通学生上升渠道，推进现代职业教育体系建设；增强企业参与举办职业教育的内生动力，促进办学主体多元化；紧紧围绕行业办职业教育，提高人才培养适用性；提升专业设置与市场需求的匹配度，把企业生产要素有效转化为优质教学资源；改进中职德育工作，落实立德树人根本任务；优化教师队伍结构及教师培训工作；推进教学诊改工作，促进教学管理规范化；加强中职信息化建设，提高教师信息化教学能力；校企合作开展技能培训，提高针对性和实用性；规范办学，加快职业学校治理能力现代化步伐

序号	政策文件及导向
2	陕西省人民政府关于印发《职业教育改革实施方案》的通知（陕政发〔2019〕18 号）
	政策导向：调结构、提质量、强师资、建体系，用 5～10 年时间实现"三个转变"，即由政府举办为主向政府统筹管理、社会多元办学的格局转变，由追求规模扩张向提高质量转变，由参照普通教育办学模式向企业举办、社会参与、专业特色鲜明的类型教育转变。具体指标，到 2022 年，职业学校教学条件基本达标，一批本科高校向应用型转变，建设 30 所省级高水平示范性中职学校（含技工院校），建设 4 所国家级高水平高职院校、4 个左右国家级骨干专业（群）。行业企业参与职业教育的积极性有较大提高，培育一批产教融合型企业，建设 10 个左右高水平专业化产教融合实训基地。职业学校实践性教学课时原则上占总课时一半以上，顶岗实习时间一般为 6 个月。"双师型"教师（同时具备理论教学和实践教学能力的教师）占专业课教师总数的 50% 以上，建设一批教学创新团队。从 2019 年开始，在职业学校、应用型本科高校启动"学历证书 + 若干职业技能等级证书"制度试点（以下称"1 + X"证书制度试点）工作
3	《陕西省教育厅办公室关于开展 2019 年苏陕扶贫协作项目陕西省贫困县区中职学校管理人员和教师赴江苏培训的通知》（陕教职办〔2019〕23 号）
	政策导向：学习借鉴江苏职业教育先进经验，加强我省贫困县区中等职业学校教师队伍建设，提升校长办学治校能力和教师专业素养
4	《关于做好 2019 年中等职业学校招生工作的通知》（陕教职办〔2019〕3 号）
	政策导向：坚持职普比不低于 4∶6 底线，严格核查学校招生资质，严肃查处违规招生，规范学生学籍管理
5	《关于开展 2019 年中等职业学校教学工作诊断与改进省级复核的通知》（陕教职办〔2019〕13 号）
	政策导向：引导中职学校聚焦教学工作，落实质量保证的主体责任，以提高人才培养质量为核心，以落实教学标准为重点，以数据平台为支撑，以诊改要素为引领，查找不足与完善提高，有效推进教学自主诊改制度和运行机制建设，逐步建立和完善内部质量保证制度体系，营造现代质量文化，提升师生员工的满意度和获得感
6	《关于进一步做好职业教育扶贫工作的通知》（陕教职办〔2019〕15 号）
	政策导向：引导和支持贫困县职业学校与省内高职院校举办"3 + 2"高职教育，拓宽贫困地区学生接受职业教育渠道；大力实施"1 + X"证书制度改革，加强培育持有中等职业教育学历证书和若干职业技能等级证书的技术技能人才；加强中职学校教师培养，落实教师每年至少 1 个月的企业实践制度，提高教育教学质量；提升技能培训规模和质量，深化苏陕职教扶贫协作，加强职业教育扶贫宣传

序号	政策文件及导向
7	《陕西省教育厅陕西省人力资源和社会保障厅关于实施下岗失业人员学历提升行动计划的通知》（陕教〔2019〕241 号）
	政策导向：培养具有高度社会责任感和良好职业道德、较高科学文化素养和自我发展能力，掌握现代生产、经营、管理、服务等先进知识、先进技术，能从事专业化、标准化、规模化生产经营管理的高素质人才；推动高职毕业生和扩招毕业生在落户、就业、参加机关事业单位招聘、职称评审、职级晋升等方面与普通高校毕业生享受同等待遇；加大资金、技术扶持力度，通过结对帮扶、交流考察、平台搭建、技术指导、项目支持等方式，为毕业生创业服务创造有利条件
8	《陕西省教育厅陕西省退役军人事务厅关于实施退役军人学历提升行动计划的通知》（陕教〔2019〕242 号）
	政策导向：鼓励符合条件的退役军人积极参加 9 月下旬高职扩招补报名
9	关于印发《陕西省高水平示范性中等职业学校建设项目管理办法》的通知（陕教职办〔2019〕6 号）
	政策导向：支持 31 所基础条件较好、办学定位准确、产教结合紧密、发展潜力突出的中等职业学校（以下简称"项目学校"）开展建设。项目分 A、B 两类建设，分档支持，通过项目建设，使项目学校成为全省中等职业教育改革创新的示范、提高质量的示范和办出特色的示范，在中等职业教育改革发展中发挥骨干、引领和辐射作用

表 2 - 6 - 3　2019 年陕西省各地市落实中等职业教育改革政策的具体措施

地市	政策措施
西安市	《中共西安市委西安市人民政府关于加快新时代教育改革发展建设教育强市的实施意见》（市字〔2019〕88 号）
	西安市人社局西安市财政局关于印发《西安市职业技能提升行动实施方案（2019—2021 年）》的通知（2019 年 11 月 19 日）
	《西安市基础教育提升三年行动计划（2019—2021 年）》（2019 年 10 月 10 日）
铜川市	铜川市教育局关于印发《2019 年铜川市教育信息化工作要点》的通知（2019 年 4 月 2 日）
宝鸡市	宝鸡市人民政府关于《做好当前和今后一个时期促进就业工作》的通知（宝政发〔2019〕3 号）
咸阳市	《关于深化产教融合的实施意见》（咸政办发〔2019〕72 号）

续表

地市	政策措施
渭南市	关于印发《渭南市中小学幼儿园未成年人思想道德建设工作标准（修订版）》的通知（渭教创〔2019〕9 号）
延安市	关于印发《延安市职业技能提升行动实施方案（2019—2021 年）》的通知（2019 年 9 月 30 日）
	关于印发《延安市中长期职业技能培训规划（2019—2025）》的通知（2019 年 10 月 25 日）
汉中市	《汉中市人民政府关于做好当前和今后一个时期促进就业工作的实施意见》（汉政发〔2019〕9 号）
榆林市	《榆林市人民政府关于深化职业教育改革发展意见》（榆政发〔2019〕28 号）
	《榆林市人民政府办公室关于深化职业教育校企合作产教融合的实施意见》（榆政办发〔2019〕39 号）
安康市	《安康市人民政府关于做好当前和今后一个时期促进就业工作的通知》（安政发〔2019〕8 号）
商洛市	《商洛市人民政府关于做好当前和今后一个时期促进就业工作的通知》（商政发〔2019〕7 号）
杨凌示范区	《关于进一步加强师德师风建设工作的意见》（2019 年 3 月 6 日）
	关于印发《校园安全管理工作十条措施》的通知（2019 年 9 月 18 日）
西咸新区	关于印发《西咸新区基础教育提升三年行动实施方案（2019—2021 年）》的通知（陕西咸办字〔2020〕16 号）
	《西咸新区教育信息化提升计划》（2019—2020 年）（2019 年 2 月 28 日）
韩城	韩城市人民政府办公室关于印发《韩城市职业技能提升行动实施方案（2019—2021 年）》的通知（韩政办发〔2019〕77 号）
	韩城市人民政府办公室关于印发《韩城市稳就业精准帮扶实施方案》等三个方案的通知（韩政办发〔2019〕69 号）

案例 2019 年 6 月 12 日，咸阳市职业教育改革推进会在咸阳职业技术学院召开。会议提出三点意见：一要高起点谋划推进全市职业教育的改革发展；二要加快构建就业导向的职业教育体系；三要全力保障职业教育改革发展落到实处。

2019 年 7 月 16 日，汉中市委、市政府召开全市深化职业教育改革工作推进会。会议要求，认真学习全省深化职业教育改革座谈会精神，按照"调结构、提质量、强师资、建体系"的总体思路，夯实责任，强化措施，推动职业教育加快发展。紧盯高职扩招和职普比4：6底线要求，优化专业布局，深化产教融合；强化措施提质量，加大"三教"改革创新力度，培养更多德技并修的高素质人才；夯实基础强保障，党委统一领导、党政齐抓共管、部门各司其职，落实经费投入，解决发展短板。

2019年7月23日，渭南市政府召开全市深化职业教育改革工作会。会议要求，各县市区要严格落实职普招生比，确保职普招生比例不低于4：6；县委、县政府要提高经费投入力度、加强职业学校基础设施建设；定期召开市级高职扩招领导小组会议，完成高职扩招考核指标。

2019年7月26日，铜川市召开深化职业教育改革暨职教招生工作推进会。会议指出，坚守职普比4：6底线和做好高职扩招工作是当前职业教育工作的重点，深入学习领会"职教20条"、中省深化职业教育改革会议和高职扩招工作会议精神，全面完成职业教育改革和招生任务。

2019年7月29日，榆林市召开深化职业教育改革座谈会。会议要求，一要迅速行动；二要夯实责任，落实全市高中阶段职普招生4：6底线要求和高职扩招任务；三要加强宣传，营造新时代职业教育改革发展的良好氛围。

2019年8月7日，商洛市召开深化职业教育改革推进会。会议强调，推进职业教育改革发展，对标《国家职业教育改革实施方案》，扩大职业院校招生规模，大力挖掘毕业生、复退军人、下岗职工、农民工的潜力，对口做好宣传动员，确保完成招生任务；拓宽师资来源渠道，多为教师提供生产一线实践进修机会，加快培养骨干教师队伍；按照社会需要什么专业就设置什么专业、市场需要什么人才就培养什么人才的思路，立足商洛实际积极开设电子商务、金融财会、高级护理等长线专业，聚焦脱贫攻坚积极开设家政服务、餐饮烹饪、汽车维修等短线专业，提升职业教育的针对性和实效性；建立"政府、企业、学校"合作机制，引企入校、办校进厂，加快建设一批产教融合型企业，努力实现校企之间的资源共享、互惠互利。

2019年8月14日，宝鸡市政府召开全市深化职业教育改革座谈会，会议印发了《宝鸡市职业教育改革实施方案（征求意见稿)》。

2019年8月15日，安康市政府召开全市职业教育和教育扶贫工作推进会。会议强调，义务教育控辍保学、高中阶段招生职普比和高职扩招是2019年教育工作的重要内容，也是考核各级政府的重点内容。

3. 强化政策落实保障

建立职业教育工作厅际联席会议制度，由省委教育工作领导小组统筹协调全省职业教育改革发展，研究解决重大问题。组建陕西省职业教育指导咨询委员会，建立陕西省职业教育评估中心，发挥智库作用、第三方作用。各级政府将发展职业教育纳入国民经济和社会发展规划，制定改革发展政策，保障财政经费投入。省级制定全省职业教育改革发展规划，制定基础性、全局性、关键性政策措施，并组织实施。市级统筹发展区域职业教育，重点统筹产业与学校布局、特色专业设置、职普比例、师资配备、示范校建设、中高职衔接、技能培训资源、社区教育发展等，促进行业企业参与职业教育，提高技术技能人才待遇，加强指导与检查。县级全面落实发展职业教育的政策措施，结合区域产业建好职教中心，培养技能人才，促进脱贫攻坚、乡村振兴。各级深化"放管服"改革，简政放权，充分发挥市场和学校的主体作用。

（三）改革引领

1. 推动实现"三个转变"

《陕西省职业教育改革实施方案》明确用 5～10 年时间实现"三个转变"：由政府举办为主向政府统筹管理、社会多元办学的格局转变，由追求规模扩张向提高质量转变，由参照普通教育办学模式向企业举办、社会参与、专业特色明显的类型教育转变。省政府办公厅印发《关于深化产教融合的实施意见》，省发展和改革委、省教育厅、省人社厅联合发布《关于开展产教融合型企业建设培育试点的通告》，以"项目＋金融＋税收＋财政＋土地＋信用"的组合方式，激励企业通过独资、合资、合作等方式，利用资本、技术、知识、管理等要素，依法举办或参与举办职业教育。我省被列入首批试点建设国家产教融合型城市的省区市，推荐咸阳、宝鸡、西安参加首批国家产教融合型城市遴选建设；组织召开陕西（高陵）产教融合推进会，支持西安市高陵区规划建设省内首个产教园区。

2. 确立中长期建设目标

2019 年，党中央、国务院及教育部等部委围绕职业教育，发布了系列政策及工作指导文件。根据《国家职业教育改革实施方案》《职业技能提升行动方案（2019—2021 年）》《全国职业院校教师教学创新团队建设方案》《深化新时代职业教育"双师型"教师队伍建设改革实施方案》《教育部办公厅关于加强和改进新时代中等职业学校德育工作的意见》等文件精神，确立了陕西省中等职业教育中长期建设目标，见表 3-6-4。

表 3-6-4 陕西省中等职业教育中长期建设目标

序号	建设内容及目标
\multicolumn{2}{c}{落实立德树人根本任务}	
1	培育"三全育人"典型学校，培育遴选名班主任工作室，遴选德育特色案例
2	培训德育骨干，建立思政课老师研修基地，培育思政课教学创新团队，建设思政课示范课堂，遴选思政课教育案例

序号	建设内容及目标
\multicolumn{2}{推进中等职业教育质量建设}
3	加强 316 督导，中等职业学校教学条件基本达标
4	建设高水平示范性中等职业学校 30 所以上，优质专业 100 个以上
\multicolumn{2}{提高中等职业学校服务社会能力}
5	支持中等职业学校承担更多培训任务，实现高水平示范学校年职业培训人次达到在校生规模的 2 倍以上
6	深入推进"1+X"证书制度试点
7	引导中等职业学校和龙头企业联合建设示范性职工培训基地
\multicolumn{2}{深化中等职业教育产教融合、校企合作}
8	依托国有企业、大型民企建立示范性教师企业实践流动站
9	打造实体化运行的示范性职教集团（联盟）
10	推动建设具有辐射引领作用的高水平、专业化产教融合实训基地
\multicolumn{2}{健全中等职业教育考试招生制度}
11	建立健全省级统筹的职业教育考试招生制度，保持分类考试招生为高职学校招生主渠道
\multicolumn{2}{提升中等职业教育治理能力}
12	实施中等职业学校教师和校长专业标准，制定"双师型"教师基本要求
13	修（制）订衔接贯通、全面覆盖的中等、专科、本科职业教育专业目录及专业设置管理办法
14	制定中等职业学校办学质量考核办法；推进中等职业学校教学工作诊断与改进制度建设；完善中等职业教育督导评估办法
15	集中培训中等职业学校校长（书记），各级各类培训覆盖全部学校管理干部
\multicolumn{2}{攻坚中等职业教育"三教"改革}
16	根据中等职业教育特点核定公办中等职业学校教职工编制
17	实施中等职业学校教师素质提高计划；完善职业学校自主聘任兼职教师办法；改革完善中等职业学校绩效工资政策；专业教师中"双师型"教师占比超过 50%
18	校企共建"双师型"教师培养培训基地和教师企业实践基地
19	实施现代产业导师特聘岗位计划
20	遴选一批教学名师，遴选国家级教师教学创新团队
21	遴选校企双元合作开发的中等职业教育规划教材
22	建立健全各级教学能力比赛机制

续表

序号	建设内容及目标
加速中等职业教育信息化建设	
23	推进各级专业教学资源库建设应用
24	遴选中等职业教育信息化标杆学校、示范性虚拟仿真实训基地
25	面向公共基础课和量大面广的专业（技能）课，遴选中等职业教育精品在线开放课程

"双师型"教师队伍建设的典型案例见表 3-6-5。

表 3-6-5　陕西省首批入选全国职业院校"双师型"教师队伍建设的典型案例

序号	学校	教师队伍建设典型案例
1	咸阳市秦都区职业教育中心	"双师型"教师队伍建设的做法与经验
2	陕西省电子信息学校	"双师型"教师定、选、培三步建设法
3	陕西省机械高级技工学校	"双师型"教师队伍建设经验
4	陕西靖边县职教中心	"双师型"教师队伍建设案例
5	陕西旬阳县职业中等专业学校	多措并举全力打造"双师型"教师团队

3. 畅通类型教育体系

职业教育是国民教育的重要组成部分，是一种教育类型，职教高考制度充分体现和巩固了职业教育的类型特征。《陕西省职业教育改革实施方案》指出，陕西省将积极构建职业教育和普通教育之间纵横贯通的立交桥，畅通高层次职业教育纵向衔接的上升通道，促进不同学段衔接贯通。一是，采用"3+X"的考试模式。根据省教育厅《关于"三校生"考试招生问题的会议纪要》（第 13 次），明确从 2018 年起职教高考增加技能课考试科目。2019 年，陕西省职教高考科目为语文、数学、英语三门文化课考试和专业技能考核。二是，采用本科单招院校联考模式。2019 年陕西省职教单招本科专业技能联考由省内 12 所院校组成（考试由西安文理学院负责组织），2020 年参与单招的本科院校数量将增至 14 所。

七、特色创新

为贯彻落实全国教育大会精神和《国家职业教育改革实施方案》，推进新时代职业教育特色发展，各中职学校积极解放思想、大胆探索、因地制宜推动职业教育改革创新发展，取得了积极成效。榆林市中等职业学校坚持"立德树人"根本任务，以培养高素质技能人才为目标，在校园文化中体现德育，在实践教学中渗透德育，在赛事活动中践行德育，将"工匠精神"融入学校育人的全过程，形成了学校、家长、社会"三结合"德育工作机制及多元评价机制。旬阳县职教中心紧跟市场变化和需求，着力于教师、教材、教法上的改革探索，寻求探索贫困山区职业学校提高人才培养质量的新路子。子洲县职教中心始终将职业技能培训工作与扶贫工作有机地结合起来，使学员在培训结束后，能够掌握一技之长，轻松就业，实现自己的创业梦想。这些典型所体现的经验与做法，反映了职业教育的创新精神，展示了破解职业教育重点、难点和热点问题的重要成果，提供了可复制、可推广的做法与经验，提升了陕西中等职业教育的内涵和品质。

案例 榆林市中等职业学校德育工作典型案例

近年来，榆林市中等职业学校遵循《中等职业学校德育大纲》要求，坚持"立德树人"根本任务，以培养高素质技能人才为目标，大力实施爱国主义教育、集体主义教育、理想信念教育、职业道德教育、劳动教育、社会主义民主和遵纪守法教育、良好的个性心理品质教育，在校园文化中体现德育，在实践教学中渗透德育，在赛事活动中践行德育，将"工匠精神"融入学校育人的全过程，形成了学校、家长、社会"三结合"德育工作机制及多元评价机制。

1. 背景介绍

针对榆林市中职生源以"三困生"（即贫困生、学困生、德困生）为主的实际情况，我市的中职学校不断探索适合中职学生的育人模式，努力营造德育为先、技能为重的育人氛围，专注提升全市中职学生专业技能和德育素养。通过拓宽德育思路，丰富德育形式，充实德育内容，让学生"破罐子破摔"的心理逐渐得到改变，让厌倦了传统德育说教方式的中职生感受到不一样的德育理念，让消极厌学的中职生重新拾起自信，让心灵手巧、擅长实践动手学习的中职生不仅习得一技之长，还具备良好的职业道德和品行修养。

2. 实施过程

（1）凝练理念，形成体系。职业教育相比于普通教育，在学生素质、教学内容、育人要求等方面都有其鲜明的特殊性。经过多年实践探索，该市把"先学做人、后求成才，德育为首、技能并重"作为中职学校德育目标，将学生"三观"形成、个性与特长的发展、自信心的建立作为育人的主要方向，推行"习惯养成、懂得感恩、高尚品行、娴熟技能"的教育，不断探索调整，总结锤炼，形成了具有职业教育特色的德育体系。

（2）优化环境，营造氛围。榆林市中职学校通过打造"五种文化"（校园文化、宿舍文化、食堂文化、实训文化和企业文化），创设校园文化和企业文化紧密结合的教学环境。各学校在教学楼和实训楼走廊上悬挂劳模、技术能手、杰出校友的名人画像及各种德育标语；在公寓楼墙壁上书写黄炎培、江恒源、陶行知等职业教育大家的名言警句；设立"工匠精神"主题文化墙；专业教室、实训室按照相应专业特色进行创设；宿舍食堂体现中华民族勤俭节约等传统文化元素；校园广播、宣传栏、校报、网站、微信公众号等多种渠道开展与校园文化有机结合的德育宣传。

（3）拓展活动，渗透德育。该市各中职学校除了落实市县教育部门要求的"八大习惯""三节三爱"等活动外，还拓展多种职业教育特色育人活动。持续开展禁烟、禁手机、禁摩托的"三禁活动"，对学生进行严格管理；积极开展书香校园活动，每个班级都建立了"读书角"和"读书成果展示台"，在教学楼放置读书机终端，引导学生爱书籍、爱读书、读好书，定期评比"读书之星""书香班级"，形成校园浓厚的读书氛围。自编礼仪操，将文明用语和文明肢体行为有机地结合起来，强化对学生举止文明、礼貌待人的习惯训练；将感恩教育、养成教育、责任教育、技能教育、安全教育五项教育渗透在日常教学中，实现德育设计序列化；通过开展德育教育讲座及各种主题班会和好书推荐会，帮助学生树立正确的人生观、世界观、价值观和审美观。

（4）搭建平台，挖掘潜能。本着"多样成才，多元出彩，为每个孩子提供最适合的教育"的办学理念，市、校两级积极搭建平台，通过校园文化艺术节、招生汇报会、教学成果展示会、大型秧歌操、远足拉练、手工制作展、宿舍文化评比等多个模块充分展示学生风采，凸显学生个性，挖掘每一个孩子的亮点，保证每一名中职生都有"出彩"的机会，充分挖掘了学生特长，提升了学生综合素质。

3. 特色创新

经过几年的积极探索实践，榆林市多所学校德育工作形成了自己的特色，取得了良好效果。榆林体育运动学校以德育活动为主体，注重体验感悟，创新德育管理，提升德育内涵，确立以"和雅"文化为精髓的教育理念，坚持"以生为本、德育为先、读训并重、全面发展"的育人原则，把体育明星、杰出校友、辉煌校史等内容逻辑有序地陈列出来，推送点赞身边的典型，不仅美化了环境，而且对在校学生起到了潜移默化的教育作用；通过我的中国梦、保护地球、珍爱生命等主题班会，以及心理健康教育讲座、法律知识讲座、应急演练、清明节为烈士扫墓、和雅课堂、经典诵读比赛等活动，提高学生的道德水平、法律意识、审美情趣，促进学生全面发展。榆林市职业教育中心以"德塑人生、技行天下"的校训让学生树立明确的目标，用行动去奋斗，从每天的小事做起，从每天见到老师问好做起，培养主动高效的学习习惯、朴素有序的生活习惯、真诚友善的为人处世习惯，通过好习惯获取丰富知识、赢得健康人生、成就美好未来。米脂县职业教育中心实行学生、家长、社会"三结合"德育工作机制及多元评价机制，制定了一套有效的班主任量化管理和考核办法，实行正副"双班主任"制度，积极推行"立约设节"活动，开展"三节一会"、球类运动会、书画和演讲比赛等丰富多彩的德育实践活动；所有校级领导进课堂开展素质教育讲，每学期每名教师至少与一名学生结对，进行扶贫扶志扶智；给每位教师发放学生违纪监督卡，对学生违纪行为及时登记，努力做到人人都是德育之人、时时都是德育之时、处处都是德育之地；借助每学期两次家委会、校园开放日和"大家访"活动，实现家校共育，形成教育合力。子洲县职业教育中心坚持开展八大习惯、八大礼仪、六大创建活动，越野、篮球比赛等文体活动常态化开展，楼道文化悬挂本校优秀学生和杰出教师画像，以激励学生学习的积极性和教师的工作热情。绥德县职业教育中心利用文化大县的传统优势，楼道走廊、牌匾石柱、功能部室文化元素随处可见，改变原有的呆板的说教形式，将中等职业学校学生日常行为规范内容编成歌词，编写《绥德县职业教育中心日常行为对照歌》，作为新生入学教育的一项必修内容，这种寓教于乐的形式收到了良好的效果。靖边县职业教育中心面对中职学生自卑心理、盲从心理、逆反心理、焦虑心理严重的现状，以"积极心理健康教育"理论为指导，推行分层教育的施教方式，提升了德育内涵，组建了"道德大讲堂、模拟法庭、心灵之窗、礼仪之家、禁毒宣讲教育"五大新模块，从学生的行为心理、学习生活表现把一个班级的学生分为不同的"行为心理层次"，根据学生的个体差异有针对性实施教育。

4. 取得成绩

榆林市中职学校通过对学生职业价值观的塑造、自信心的养成，更好地让毕业学生实现了从学生到合格社会人的角色转化，无论升学还是就业的学生，均能很快融入新的学习工作环境，德育工作得到了家长和社会的广泛认可。好多当年中考成绩不理想，选择就读了职业学校的考生，三年毕业后不仅就业有能力，而且升学有通道，个人综合发展并不比读普高上大学的学生差，一些优秀职校生在不同行业不同领域业绩骄人，实现了从"谋饭碗"到"追梦想"的逆袭，闯出了自己的一片天地。一些升入大学的优秀学生比普通高考进来的学生不仅在技能方面优势明显，成为班级里技能实训课的"小老师"，在创新创业方面表现更是突出；一些就业的学生，在为人处世、敬业精神方面得到了工作单位的认可和肯定，许多优秀的职校毕业生活跃在榆林市及全国各地，比如神木职教中心毕业生现任职于榆林电视台的播音员贾薇、国家级摄影家刘忠雄，等等；榆林市职教中心 2010 年的毕业生、现任职于上海大众 4S 店的周淀瑜，年薪几十万元；还有该市相当一部分中职毕业生在榆林周边兖州、陕煤等企业中已经成长为技术骨干或人事骨干，工资达到 6 000元以上。他们凭借一技之长、合法劳动、自力更生过上了有追求、有尊严、有品质的生活。近三年，榆林市中职生的就业率及稳定率整体呈上升趋势。

随着国家进入新的发展阶段，产业转型升级和经济结构调整不断加快，各行各业对技术技能人才的需求越来越紧迫，职业教育重要地位和作用越来越凸显；随着陕西省高职扩招和职普比例 4∶6 的强力施行，职教规模增幅喜人，职教生态空前好转，职业教育发展进入了新时代。榆林市首当其冲从抓好德育做好根基入手，更加注重探索优化中职学校德育工作的新途径，始终坚持"立德树人"的教育初心，始终坚守"技能成才"的育人使命，以高质量赢得高认同，用实际行动改变社会的偏见，让德育回归生活，将德育落细、落小、落实，朝着独具特色的榆林职教德育发展之路砥砺前行！

案例　子洲县职教中心职业技能培训典型案例

为进一步规范和加强子洲县职业培训工作，提高城乡劳动者就业创业能力，推进全民创业工作，为建设实力子洲、幸福子洲提供人力资源保障，2015 年，县委办、政府办联合下发了《子洲县整合职业培训资源的实施意见》文件，将县内各类职业培训资源全部整合到子洲县职业技术教育中心实施。自整合培训以来，子洲县职教中心始终将培训工作与扶贫工作有机地结合起来，使学员在培训结束后，能够掌握一技之长，轻松就业，实现自己的创业梦想。经过 4 年的探索和实践，子洲县"扶贫 + 培训"的脱贫攻坚模式已取得了一定成效，收获了一些成功的经验。高级育婴师苗瑞的就业之路就是其中一个典型的案例。

苗瑞，一位来自普通贫困家庭的农村妇女，从只知柴米油盐酱醋茶，整天围着锅台转的家庭主妇华丽变身为具有高级资格的金牌育婴师，她的成功不是偶然，而是得益于国家精准扶贫的好政策。

苗瑞至今还记得，两年前首次免费培训机会的来之不易，在报名人数满额后又被替补上来，这种好运气不是每个人都会有，因此，她特别珍惜这难得的机遇。在培训期间，她坚持每天早到晚退，认真学习理论知识，做好笔记，实践操作环节也能反复练习，即使休息时间，她也是争分夺秒地向讲师请教，与学员交流，经过为期二十多天的两期培训后，她掌握了扎实的专业实操技能，顺利结业，拿到了育婴师资格证书。

现在的苗瑞，从正式开启月嫂职业生涯已一年有余，她说，凭借着自己对这一行业的赤诚热爱和满腔的爱心、耐心、细心与责任心，她已赢得了众多客户的信赖与好评，她从未担心过订单会中断，因为好口碑人人相传，一位客户满意，那么她身边的亲属都有可能成为她的下一位客户，正是这样的服务理念，使她目前的订单已排到了半年以后。

苗瑞坦言，现在的收入是她之前想都不敢想的，她也从未想过仅靠自己这样一个没有学历、没有技能的农村人会有能力去改变自己家庭的贫困面貌，而仅仅两年的时间，这一切理想化的生活如今都变成了现实，这让她更坚定了自己当初的选择。

虽然苗瑞现在的生活已发生了翻天覆地的变化，但她仍不满足于现状，"天高任鸟飞，海阔凭鱼跃"，随着时代的发展，科学育儿的理念更加深入人心，越来越多的人会选择育婴师来为自己和孩子的健康保驾护航，而这也对她们的专业水准提出了更高的要求，苗瑞清晰地认识到这一点，因此，她在工作的同时，也在不断地进行自我打磨和深造，比如参加月嫂技能大赛，前往西安、北京等地参加高水平的培训，经过不懈努力，她现在已经拿到了高级母婴护理师和高级催乳师的资格证书，这将助力她走向更大的世界，更好的未来！

子洲职教中心的职业技能培训让山沟沟里的苗瑞掌握了一技之长，实现了技能脱贫，走上了致富路，可以说，正是技能培训，让苗瑞变身成为一只山沟沟里飞出的"金凤凰"。

随着早教风潮的不断涌起和经济的不断发展，近年来婴幼儿早期教育市场迅猛发展，加之育婴师从业范围的不断扩大，从生理、心理、营养、保健、动作技能、智力开发等诸多方面对幼儿进行全方位的培育，导致育婴行列的专业技能人才供不应求，子洲县职教中心在上级部门的正确领导下，以精准扶贫为切入点，抓住科学发展的新机遇，使家庭贫困学员能掌握一技之长，成功就业。此案例仅是技能培训、转移就业的一项举措、一个缩影，在后期的精准扶贫培训中，子洲县职教中心将会有更多新的培训项目继续跟进，会有更多的"金凤凰"从贫困的山沟飞出去，实现富民强县的发展目标。

今后学校将进一步规范课程设置，聘请更有经验的老师进行授课，不断完善教学设施，更好地服务于培训，并根据社会需求，继续把家政月嫂培训班办下去，使培训常态化，也将把招生范围不断扩大，给每位有需求的劳动力提供学习、创业、就业的机会。家政月嫂服务业前景广阔，需求旺盛，开展家政月嫂技能培训，是时代的进步和社会发展的需求，因此，学校正在筹备办一个家政月嫂服务公司，更好地为广大女性同志服务，使大家能够在家政月嫂服务的舞台上自强自立，为自己和家人创造幸福美好的生活。

案例　城固县职教中心学生管理典型案例

近年来，城固县职教中心在学生管理工作中，实施"四重四衔接"的工作模式，即管理重过程、过程重细节、细节重态度、态度重细腻。管理重过程——每年、每学期、每月、每周有不同的管理主题，做到整体推进，重点突破；过程重细节——注意发现学生细微的变化，适时予以帮助和鼓励；细节重态度——细字入手、严字把关、爱字温暖、恒字保证，细发现、勤解决；态度重细腻——根据学生身心发展规律，"因人、因势"，有的放矢，坚持"一把钥匙开一把锁"的个性教育。通过"四重"做到管理、过程、细节、态度"四衔接"，使学生管理工作达到了"六化"。

（1）德育教育系列化。为了提高德育教育效果，学生科组织开展了一系列内容健康向上、形式丰富多彩、社会反响良好的德育教育活动，做到了德育教育的系列化。如：学校青年开展志愿者服务队到松鹤老年公寓的"敬老爱老"献爱心社会实践活动；到湑水河畔开展保护母亲河等活动；到中共小河口会议遗址的"弘扬红军精神，实现追赶超越"主题教育活动；学校800余名师生赴"于都—瑞金——井冈山"开展的"传承红色基因，争做时代新人"研学旅行活动;在国防教育基地开展的"国防责任重,祖国在心中"主题教育活动;在张骞纪念馆开展的"弘扬张骞精神,争做四有新人"主题教育活动;邀请城固火车站工作人员来校开展的"铁路安全知识"进校园活动;邀请县疾控中心专家来校为师生做"艾滋病、结核病、流行病"防控知识讲座;联系县卫生计划生育局来校举行"禁烟宣传展览",同时在全校开展了"无烟校园,从我做起"教育整治活动;为了提高师生的健康意识,定期举行"健康知识讲座"。为了活跃校园文化生活,学校先后开展了诸如"校园艺术节""诗文朗诵会"、演讲比赛、征文比赛等活动,2019年正月十五元宵节,学校的500人腰鼓表演为全县人民送去了丰盛的精神大餐,为学校赢得了很好的声誉。

(2)班级管理规范化。

①进一步修订和完善了《城固职教中心班级工作量化考核办法》,实行了学生会干部检查、教官巡查、学生科工作人员督查相结合的办法,将学生的出勤、仪表、课堂内外纪律、教寝室卫生、财产保管等情况一一记载,实行日检查、周小结、月评比,期末兑现奖惩的班级管理考核办法。将班主任津贴的发放与班主任平时的工作情况直接挂钩,极大地调动了班主任工作的积极性。

②寝室卫生天天评比。由教官每天三次专程对寝室卫生进行检查督查,由宿管人员每天具体组织学生做好寝室内务整理,并且规定学生离开寝室前,必须将内务卫生整理到位,并将检查情况及时地以微信的形式第一时间反馈给相关责任人。由于方方面面的共同努力,本学期基本上扭转了寝室卫生脏乱差的状况,促进了学生讲卫生、做内务好习惯的养成,使学校寝室卫生上了一个台阶。

(3)安全教育制度化。为了加强安全教育,学校出台了《安全工作责任追究办法》,实行了"一岗双责",学校与全体教职员工签订了安全责任书,与家长签订了"安全公约",落实了工作任务,夯实了安全责任,使安全教育做到了制度化。

学校还充分利用每周的安全教育课对学生进行常态化的安全教育,利用每学期的开学典礼机会,邀请法制副校长为师生作法制报告,并在各个特殊时段,通过举行诸如"冬季安全专项整治活动","夏季安全教育报告会","安全第一、珍爱生命、预防溺水、从我做起"的签名仪式,邀请县河道管理部门来校举行"河道安全知识巡回展览","119"消防日"应急疏散演练",以及各班的安全主题班会等活动提高师生的安全意识。为防范校园欺凌事件的发生,学校适时开展"防范校园欺凌教育整治活动"。此外,学生科还定期、不定期地在学生中开展管制刀具与危险品的收缴工作和问题学生排查教育工作,确保了学校的安全稳定。

(4)养成教育常态化。为了加强学生的养成教育,把学生培养成为人人喜欢的人、人人需要的人、人人离不开的人。我们持续开展了以"说文明话，办文明事，做文明人"为主题的"文明健康乐学"校园创建活动，聘请了三名专职"学生行为规范教导员"加强学生日常行为规范教育，实行了准军事化管理，制定了《城固职教中心学生准军事化管理规定》等制度，对学生每天的生活流程提出了明确要求。同时要求学生按照"八不准""五学会"和"十好"标准规范自己的言行，并责成教官组织学生干部随时进行巡查，发现问题及时整改。由于此项工作抓得紧、落得实，学生的行为习惯得到了明显改善：见到老师主动打招呼的人多了，满嘴脏话的人少了；爱护环境卫生的人多了，随手丢杂物的人少了；热爱学习的人多了，校园闲逛的人少了；遵规守纪的人多了，打架斗殴的人少了。目前养成教育已成为常态化的工作。

（5）感恩教育具体化。学校定期开展了感恩教育。本学期我们邀请北京商鲲教育集团讲师团老师，来校为高铁、民航专业的师生和家长举行了为期两天的"感恩励志报告会"，使学生的心灵得到了洗礼，使家长对于子女教育的认识得到了提高。为了使感恩教育具体化，每学期放假时我们都以"告家长信"的方式，对学生的假期生活提出明确的要求：要求学生假期里，做一回见习家长，帮助父母洗一次脚，做一次饭，洗一次衣服，整理一次家庭卫生。这些活动的开展拉近了学校与家庭的距离，得到了家长的广泛认同。

（6）健康教育特色化。为了加强心理健康教育，学校在坚持上好每周一节健康教育课的基础上，积极争取上级支持，让"省级青春健康教育基地"和"深圳家长成长中心"在学校落户，并依托这两个基地的资源优势，聘请城固县瑞源心宇健康中心心理咨询师李霞老师为学校专职心理咨询师，以 2017 级计算机（2）班为实验班，每月进行一次心理健康主题活动，积极探索职教特色的心理健康教育新途径。同时，每学期还要根据学生身心特点，开展诸如女生"自尊自爱"、男生"自立自强"及"如何走出人际交往的困惑"等专题教育活动，帮助学生化解心理障碍，走出心理的困惑和迷茫，尽最大努力使每一个学生的身心能健康发展。

案例　旬阳县职教中心深化"三教"改革典型案例

旬阳县职业技术教育中心是国家中职教育改革发展示范校、陕西高水平示范校项目建设学校，现有教职工 188 人，在校学生 3 062 人，年均短训 5 000 余人次。近年来，学校依据上级政策要求，紧跟市场变化和需求，着力于教师、教材、教法上的改革探索，寻求探索贫困山区职业学校提高人才培养质量的新路子。

1. 多措并举，培育较高信息化水平的"三师"团队

学校在师资队伍建设上探索"调结构、重培训、善激励、多元评价"的做法，让教师既是学校上课的老师，又是熟练企业岗位操作的技师，也是开展职业资格培训的培训师，打造一支具备现代信息化水平的"三师"教师队伍。

（1）统招、外聘结合，改善师资结构。在县教育主管部门的坚强领导和鼎力支持下，学校在高校毕业生中公开招考基础课教师5人，从行业企业中选聘能工巧匠32人，教师年龄结构、双师结构、专业化水平得到极大改善。

（2）内培、外训多方式提升教师团队综合素质。学校构建专业带头人、骨干教师、双师教师等各类教师标准，每个教师设计3~5年专业成长规划，并与学校各类教师标准对接实施。用足国、省教师培训计划，争取更多学习提升机会，2019年国、省培训11人。强化校本研修和校本培训。学校每学期在不同年龄段教师中开展教学合格化评估验收工作，要求每两年一轮，所有教师人人过关；每学期开展优质课和示范课及校级赛教活动；组建省级教学能手工作室，引领、指导和培训教师，聘请省内外职教专家进行教学方法和信息化手段培训。近年来，培养了省级知名教师1人，省级教学能手8人，市级教学能手14人。依托行业、企业培训，教师实现技能教学与技术生产无缝对接。各专业按计划邀请行业企业专家来校授课，教师全程学习；所有专业尝试现代学徒制"4+1模式"，教师随学生下企业行业进行专业实践。2019年学校教师企业实践109人次，教师综合素养和专业能力不断得到提升。

（3）健全评价、激励机制，建设以教师自律为主的质量文化。注重实绩和贡献的评价导向。坚持用学生"两率"（掌握率和满意率）评价教师课堂教学效果，坚持用班风、学风评价班主任的管理水平，坚持用技能项目过关率和各级技能大赛获奖结果评价教师教学质量，坚持用素养评价清单衡量教育效果和社团活动质量。实施精细化管理，建立工作好坏亮相平台。学校每天对课堂教学、指导大赛、社团活动、温馨宿舍创建等工作进行实时检查评比，在校内微信平台、LED大屏亮相，增强教师业绩意识和荣辱感。建立工作成效激励机制。学校对校内组织的各项教育教学活动都予以评比并颁发荣誉证书，所有评比奖项纳入绩效考核、年度考核、晋级晋档考核之中。树立身边典型，榜样示范。每学期综合评定优秀教师和优秀班主任，将其先进事迹在校园网和公示栏上张榜公布，为其他教师树立身边典型。管理重心优化前置，将管理权限下放到专业部。评优、晋级指标按专业部考核结果分配，形成了专业部办专业、专业部评教师的良性局面，教师团队基本形成了以自律为主的质量文化。

2. 深度校企合作，紧密对接标准，构建立体教材体系

学校积极选用和开发适合教学、培训、对接职业技能等级标准的"新"教材，有效解决了长期以来困扰中职学校学生学不到技能的突出问题。

（1）开齐开足基础课。思政、语文、历史、艺术等基础课程均严格按照国家标准，选用国家规定教材，开足规定课时。

（2）校企合作开发专业课。学校组建了由专业教师、行业企业代表等组成的专业建设委员会，长期研究专业建设和教材优化问题。基于经济社会发展带来的技能人才需求变化和学生终身发展的需要，适时调整、优化专业课教材；校企共同制定体现行业企业新技术、新流程、新规范的课程教学内容和教学标准，合作编写基于生产过程的项目化校本教材；适应"1 + X"证书制度，汽车运用与维修专业部同上海大众等企业合作开发 7 大项目化的活页式教材和线上教学资源，构建了线上线下相结合的"立体式"教材。

（3）依据实际用好教材。每年由专业委员会根据行业用人标准、专业实际、学生特点和"思政改革"等要求，修改人才培养方案，形成课程实施性教学计划，保证学生能学会、学有用、能发展。

（4）建立教材和课程诊改机制。制定各专业课程层面的建设规划和标准，规范教材、课程建设路径和方法，建立教材与课程问题预警和诊改机制。

3. 探索贫困山区现代学徒制，适应"三类课堂"，创新教学方法

学校在实施现代学徒制中，根据贫困山区职业教育办学实际，探索校内课堂、网上课堂和企业课堂"三类课堂"的教学模式和教学方法，取得显著成效。

（1）改革校内课堂教学模式和教学方法。加强理想目标教育，引导学生树立理想、确定奋斗目标。新生入校后，通过入学教育和主题班会引导学生树立理想，制定三年总体奋斗目标和阶段目标；每学期末，学生对照检查达标情况，适时自我调整。坚持开展社团活动，教育学生"会做人、善做事、敢创新"。依托专业部成立 26 个体现专业特点的专业社团，为各类有特长的学生提供展示风采的舞台，增强学生自信心。倡导学生自治，培养学生自我管理能力。成立学生会、公寓自治会、青蓝环保社等学生自治组织，实施学生自我管理和自我约束。在校内课程教学中，文化基础课主要运用分组教学和信息技术教学手段；专业课教学主要在真实或模拟工作环境下采用项目教学和理实一体教学，通过"资讯"环节培养学生自主学习和信息处理能力，通过"计划"环节培养学生宏观统筹能力和成本意识，通过"实施"环节培养学生合作、敬业等职业素养。近年来，学校在市技能大赛中连年名列前茅，省技能大赛获奖人数持续增长，2019 年建筑测量专业获国赛团体三等奖，其单招升本率在 75% 以上，毕业生就业年薪平均在 6 万元左右，就业满意率达 90% 以上。

（2）开发网络课堂模式的智慧教学。构建课程资源丰富、内容适时更新、专业特色明显、对外开放共享的智慧学习平台，实现了线上线下综合式教学，特别是一些前沿技术的专业课在不能实施现场教学的情况下，利用企业提供的实操视频和其他网络资源，先线上观摩，再线下操作，这种网络课堂模式的混合教学解决了贫困山区实施现代学徒制中企业参与难的问题。

（3）建立企业课堂模式的实践教学。引企入校，实施校企一体化育人。学前教育专业"引园入校"，实施每周"4＋1"园校交替式教学等。在现代学徒制试点企业建立企业课堂，汽车专业在太极城汽车维修公司开展现场教学；护理专业在县医院、中医院临床实践；建筑专业形成了"师兄带师弟"的现代学徒制实践教学。办校入企，每个专业学生在二年级学校都要组织学生到企业进行1～3个月的实践教学，近年来，学生分别在上海大众、北京地铁9号线、西安地铁公司、珠海伟创力和福建宁德新能源等企业设点教学，初步实现了双主体育人、双导师指导、双课堂教学、双身份学习和双证书评价。

八、学校党建

中等职业学校以党的政治建设为统领，学习贯彻落实党的十九大和党的十九届四中全会精神，深入开展"不忘初心、牢记使命"主题教育。通过健全党建工作管理体制、推动德育和思想政治工作、加强党组织建设、发挥党组织政治核心作用，切实提高中等职业学校党建工作的科学化和规范化水平，为职业教育高质量发展提供坚强的组织保证和思想保证。

（一）深入开展"不忘初心、牢记使命"主题教育

陕西省各中职学校认真贯彻落实党中央和省市委安排部署，紧紧围绕"守初心、担使命、找差距、抓落实"的总要求，结合实际，探索方法，创新形式，以深化理论学习为基础，以抓实调查研究为载体，以深入检视问题为契机，以狠抓整改落实为驱动，统筹推进"不忘初心，牢记使命"主题教育扎实开展，取得了显著成效。

案例　陕西省商业学校扎实开展"不忘初心、牢记使命"主题教育活动。学校党委严格按照中省和委厅要求，在委厅第四巡回指导组的正确指导下，按照"守初心、担使命、找差距、抓落实"的总要求，以习近平新时代中国特色社会主义思想为指导，以"理论学习有收获、思想政治受洗礼、服务发展敢担当、情系师生解难题、清正廉洁作表率"为目标任务，抓好学习教育、深入调查研究、认真检视问题、从严整改落实，认真开展主题教育，扎实做好各项工作。以主题教育为契机，促进学校发展。通过主题教育，激发班子成员和全体党员同志以及广大教职工干事创业的精气神，师生获得感明显增强，担当精神和责任意识更加明确，党委班子和教职工对职业教育的发展前景充满了信心，对办好人民满意的职业教育使命感和责任感认识更深刻。

（二）加强基层党组织建设

全省230所公（民）办中等职业学校均成立了党委（支部）。各中等职业学校认真贯

彻《中国共产党支部工作条例（试行）》《关于加强中小学校党的建设工作的意见》，做好党支部标准化、规范化建设。建立健全各项规章制度和工作机制，加强制度建设；严肃党内政治生活，严格落实"三会一课"、重大事项集体研究制度，加强组织建设；整理完善各类档案的信息文档，做好资料收集，实现档案信息管理标准化。

案例 陕西省石油化工学校认真学习贯彻落实《中国共产党支部工作条例（试行）》，切实落实党支部书记抓党建工作第一责任人的职责，做好学校党支部书记抓党建述职评议工作。制定出台《中共陕西省石油化工学校委员会关于全面推行党支部主题党日制度的实施意见》，严格落实"三会一课"、组织生活会、民主评议党员和领导干部过双重组织生活等基本制度。坚持党员领导干部讲党课制度；严格纪实管理，强化检查问责，切实提升组织生活规范化水平；开展好"对标定位、晋级争星"活动，充分发挥五星级支部的标准化、规范化建设示范引领作用，带动学校各党支部提升党建质量，充分发挥战斗堡垒作用。

（三）党建引领 推动学校高质量发展

各中职学校充分发挥党组织在学校发展中的引领作用，将"不忘初心、牢记使命"主题教育成果与教育教学工作紧密结合，转化为干事创业的热情、积极创新的载体。开展党建＋立德树人、党建＋教学管理、党建＋队伍建设、党建＋精准扶贫等活动，把全校党员、干部与全体师生的思想和认识统一到职业教育发展上来，把智慧和力量凝聚到实现学校教育工作的目标任务上来，实现党建工作与学校改革发展同频共振、互促共进、融合提升。

案例 洛南县职教中心通过"党建＋质量"融合，提升师生技能。在党员中开展了"三亮"活动，使党员自觉接受监督，即党员亮形象、亮身份、亮承诺，全程接受师生监督，促进先锋示范作用的发挥；在党员和教师中开展"双向培养"活动，把党员培养成骨干教师，努力把骨干教师发展成党员；在教师中开展"技能比武""基本功竞赛"活动，使教师自觉钻研专业技能，提高专业综合素养；在学生中开展"技能竞赛达标"活动，使学生自觉苦练专业本领，提高动手能力，从而实现师生技能的同步提高。

九、主要问题和改进措施

（一）主要问题

1. 社会各界对职业教育发展认识不足

陕西省职业教育当前面临的主要矛盾是学校人才供给与社会人力需求之间的结构性矛盾，即社会各界对职业教育体系建设和类型教育认识不深刻，对职业教育特别是中等职业教育发展重要性认识不足。此外，教育内部还存在对新时代职业教育的历史使命、发展目标、改革任务学习不透彻、掌握不系统的现象。

2. 中等职业教育办学条件不能满足快速发展的要求

中职学位严重短缺。由于各地市当年严格执行 4∶6 的高中阶段职普比大体相当的政策，各地中职学校有的占地面积和建筑面积严重不足，有的缺乏实习实训场地、设备，有的食宿条件无法保障。短缺涉及教室、宿舍、餐厅、实习实训室、教师办公用房、运动场地和各类设施设备等；教学实习实训设施设备不足，生均实习实训资产偏低，学生实操器材数量和质量难以满足学生教学需要；职业教育连年投入不足，中等职业教育经费保障水平偏低。虽然各地明确了一定的经费保障措施，但是与中职学校发展需求相比差距仍然很大，改善中职学校办学条件急需大量资金支持。

3. 师资队伍不能满足职业教育快速发展的需要

教师编制短缺，数量严重不足。由于招生规模迅速扩张，个别学校生师比已经严重超过警戒线。虽然学生数量大幅增加，但前些年由于学生减少削减的编制一直难以增加。从调研情况来看，部分中等职业学校教师专业知识老化；中老年教师占比较大，学历、职称层次偏低，实践能力不强，职业教育的水平和质量不高；"双师型"教师数量与质量严重不足；中等职业学校专业教师培养和补充机制还没有有效建立。

4. 产教融合及相关政策的落实还需要进一步到位

企业参与产教融合的主动性和积极性不高，没有形成政府、企业、学校、行业、社会协同推行的工作格局，产教融合的成功率不高，校企合作深度不够。有些企业和学校把产教融合做成了简单的专业工种的错位实习，走入了误区。

5. 是人才培养质量亟待提高，校企合作广度与深度不够

部分县区职教中心（职业高中）举办"高职单招班"和"单招高考班"，以参加高职和应用型本科学校单招为目标，偏离了职业教育方向。部分中等职业学校专业设置存在一定的盲目性，专业雷同现象比较严重，脱离了学校原有的特色和传统专业。部分专业发展相对滞后，一些学校原有的传统专业已不能适应市场需求，新专业发展滞后，未形成优势特色专业。

（二）改进措施

1. 切实提升职业教育的战略地位

进一步夯实中等职业教育基础地位，继续坚持高中阶段职普大体相当的政策，将 4∶6 纳入对各市（区）的考核指标。通过加强地方立法统筹协调力度，明确省与市县地方政府在职业教育方面的职能分工，理顺职业教育经费的投入责任及管理监督体制，确保职业教育足额、多元投入。在全社会营造促进职业教育发展的良好氛围，认真贯彻《陕西省职业教育改革实施方案》及其配套文件。通过办好职教论坛及职教宣传月、活动周等，树立职业教育良好形象，提高全社会对职业教育的认识。

2. 切实改善中职办学条件

按照职普发展规模需求，统筹实施区域内学校的新建、改建和扩建工作，确保足够的中职学位供给。完善生均拨款制度，中职学校生均公用经费应高于普通高中的标准。实施全省"中职教育发展三年行动计划"，设立专项资金，利用 1～3 年的时间，完善中职学校基础设施，彻底改善各学校办学条件。继续落实各地教育附加费 30% 用于职业教育、新增教育经费向职业教育倾斜等政策，实施好高水平示范性中等职业学校建设，重点打造 3～5 所旗舰学校，发挥示范引领作用。

3. 推动中等职业教育内涵发展

明确中等职业学校办学定位，端正办学方向，避免中等职业学校走入升学教育的误区。进一步整合各地中等职业学校，优化中职教育结构和布局。改革和完善中等职业学校升入高一级学校的指挥棒，从中高职、应用型本科对应专业的报考与设置、考试的方式和内容等方面引导中等职业学校内涵发展。

优化专业设置。充分发挥市场和学校的主体作用，围绕产业需求优化专业结构，职业院校新增专业 100% 实现行业企业实质性参与。健全专业设置与动态调整机制，探索建立数学模型，形成数字化管理；建立人才供需对接平台，把产教融合、校企合作的关口前移到专业设置、优化环节；加强专业建设理论研究，推动专业设置与产业发展同频共振。推动各中职学校在专业设置上与所在地产业需求有效对接，课程内容与职业标准、教学过程与生产过程的有效对接。实施产教融合、校企合作、联合办学等多种办学模式。紧紧围绕地方经济发展和乡村振兴主导产业需求，做大、做强、做优骨干精品专业，全面提升中职学校办学水平和人才培养质量，真正发挥中职教育的重要作用。合理设置专业，以市场为导向，突出办学特色，适当控制热门专业的招生规模，牢牢把握面向社会、面向企业、面向未来需要的培养方向，合理设置专业。

深化院校合作。构建中职、高职、职业大学、应用型本科、专业学位研究生的职教培养体系，充分发挥高职院校在培养、就业等方面的引领性作用，中职学校在招生、培养等方面的基础性作用，在产教融合、专业建设、教育教学、资源共享等方面与联办高职院校加强合作。

加快信息化建设。加强中职信息化建设，提高教师信息化教学能力。提升信息化基础能力，推进校园网和数字校园建设。充分利用中职"人人通"综合平台，促进信息技术与教育教学深度融合，推动优质数字教学资源共建共享。组织信息技术应用能力培训，提升校长的信息化领导能力、教师的信息化教学能力。

4. 加强职业教师队伍建设

制定师资队伍建设规划、稳定师资队伍激励举措，在职称晋升、进修学习等方面给予倾斜，增加编制，加大高素质人才的引进，通过公开选拔，把具有较高品德修养和过硬专业水平的人才吸引到职业教育中来，大力培养具有较强教学科研能力和运用现代教育技术能力的教师队伍，推动职业教育健康发展。

强化中职教师队伍建设。根据招生规模、生源变化，核定中职学校教师编制，中职学校编制标准应高于普通高中；健全师资补充机制，畅通教师补充渠道，扩大中职学校选人、用人自主权；加大教师特别是"双师型"教师培养培训力度，全面提升教师队伍素质。

加强职业院校师资培训。进一步落实"职业院校教师素质提高计划"，面向战略性新兴产业、高新技术产业，亟需特需专业及技术技能积累等方面专业；支持职业院校设立兼职教师特聘岗位，聘请企业高技能人才、工程管理人员、能工巧匠等到学校任教；提升教师国培、省培项目适用性，开展专业带头人领军能力研修、"双师型"教师专业技能培训、优秀青年教师跟岗访学、卓越校长专题研修等专题培训。

5. 深化产教融合

政府"搭台"，职教"唱戏"，努力开创产教融合、知行合一的陕西现代职教新局面。中央全面深化改革委员会审议通过了《国家职业教育改革方案》，国务院批复建立了"国务院职业教育工作部级联席会议制度"。面对国家大力倡导产教融合的精神，我省也可建立联席会议制度：一是创建省市两级产教融合企业与学校双向供需网，加快信息对接；二是每年由省、市两级搭建平台，针对地方经济特色开展产教融合、校企合作洽谈会；三是给企业一些鼓励和优惠政策，甚至下达相应的目标计划，引导企业坚持产教融合，达到共同培养技术技能人才乃至造就大国工匠的目的。探索"1＋X"（学历证书＋职业技能等级证书）制度。

6. 提升服务能力

发挥职业学校优势，联合普通教育学校开展职业启蒙、职业体验等劳动教育，促进普职融通。充分发挥职业院校技能培训主阵地作用，重点面向深度贫困县、集中连片特困县、革命老区县，开展实用技术培训、职业农民培训、劳动力转移培训，着力提升当地劳动力技能水平，打造陕西特色的致富培训品牌。

陕西中等职业教育年度质量报告
（2021 年）

一、基本情况

职业教育是国民教育体系和人力资源开发的重要组成部分，肩负着培养多样化人才、传承技术技能、促进就业创业的重要职责。在全面建设社会主义现代化国家新征程中，职业教育前途广阔、大有可为。职业教育与普通教育是两种不同的教育类型，具有同等重要的地位。中等职业教育是我国高中阶段教育的重要组成部分，担负着培养数以亿计高素质劳动者的重要任务，是我国经济社会发展的重要基础。中等职业教育在现代职业教育体系中具有基础性作用，是职业教育发展的重点，办好中等职业教育，以便为促进经济社会持续发展和提高国家竞争力提供优质技术技能人才资源支撑。

从规模、结构、师资、设施设备等方面来看，全省中等职业教育不断健康、协调发展，质量更高，但是也存在着一些不足，且面临着一些新的挑战。

（一）规模情况

1. 学校数量

2020年，全省共有高中阶段学校694所，其中普通高中464所，中等职业学校230所，如图4-1-1所示。普通高中包括完全中学195所，高级中学230所，十二年一贯制学校39所；中等职业学校包括普通中等专业学校31所，成人中等专业学校3所，职业高中学校（包括县级职教中心）196所。目前，全省还有附设中职班50所（不计校数）。2020年全省中等职业学校数与2019年相比没有变化，附设中职班（不计校数）数比2019年增加1所。

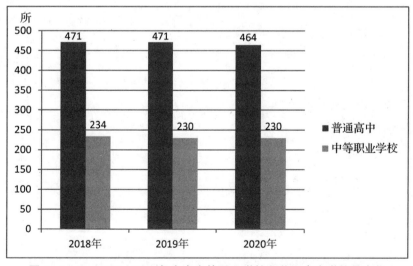

图4-1-1　2018—2020年全省中等职业学校和普通高中学校数变化

陕西省各地市近三年中等职业学校分布情况见表4－1－1。

表4－1－1　陕西省各地市近三年中等职业学校分布情况　　　所

年份	地市											合计
	西安	铜川	宝鸡	咸阳	渭南	延安	汉中	榆林	安康	商洛	杨凌	
2018 年	77	5	25	29	25	14	12	25	11	7	4	234
2019 年	77	5	23	29	24	14	12	25	11	7	3	230
2020 年	74	5	23	29	24	14	13	26	11	7	4	230

1. 在校生数

全省中等职业学校在校学生 279 787 人，均为全日制学生，其中普通中专学生 70 400 人，占比为 25.16%；成人中专学生 326 人，占比为 0.12%；职业高中学生 209 061 人，占比为 74.72%，如图 4－1－2 所示。

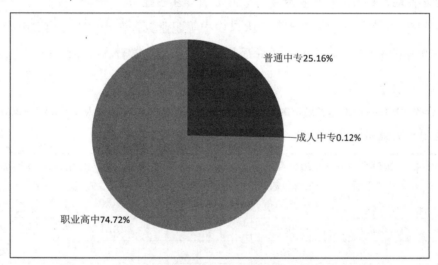

图4－1－2　2020 年全省中等职业学校在校生构成（附彩插）

与 2019 年在校生相比，全省中等职业学校在校生增加了 22 258 人。全省地市中，有两个地市在校生人数减少，其他均增加，其中西安市增加 8 268 人，榆林市增加 4 153 人，汉中市增加 2 554 人，分别排在全省各地市中等职业学校在校生增加人数的前 3 位。

2020 年各地市中等职业学校在校生数如图 4－1－3 所示。

3. 校均规模

全省中等职业学校校均规模 1 216 人，比 2019 年增加 97 人。西安市、延安市、汉中市、安康市、商洛市、杨凌示范区中等职业学校校均规模均超过 1 200 人的国家标准（《中等职业学校设置标准》）。商洛市、安康市、延安市中等职业学校校均规模分别以 2 450 人、1 885 人、1 500 人排在全省前 3 位。

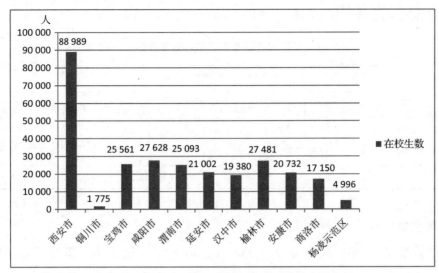

图 4 - 1 - 3　2020 年各地市中等职业学校在校生数

4. 全省各地市每万人口中接受中等职业教育学生占比

由于国家招生政策变化，全省每万人口中中等职业教育在校生占比由 2019 年的 67 人上升到 2020 年的 71 人，杨凌示范区每万人口中中等职业教育在校生最多，达 200 人，见表 4 - 1 - 2。

表 4 - 1 - 2　2019—2020 年各地市中等职业学校在校生数、2020 年常住人口及 2019—2020 年每万人口中中职在校生占比情况

地市	2019 年在校生数/人	2020 年在校生数/人	2020 年常住人口/万人	2019 年每万人口中中职在校生占比/%	2020 年每万人口中中职在校生占比/%
西安市	80 721	88 989	1 296	81	69
铜川市	1 414	1 775	71	18	25
宝鸡市	24 462	25 561	332	65	77
咸阳市	27 765	27 628	396	64	70
渭南市	23 954	25 093	469	45	54
延安市	21 521	21 002	228	95	92
汉中市	16 826	19 380	321	49	60
榆林市	23 328	27 481	363	68	76
安康市	18 214	20 732	249	68	83
商洛市	15 222	17 150	205	64	84
杨凌示范区	4 102	4 996	25	196	200
全省	257 529	279 787	3 955	67	71

数据来源：《陕西教育事业统计年鉴（2018—2019）》《陕西统计年鉴 2020—2021》

（二）结构情况

1. 招生情况

2020年全省中等职业学校（含技工学校）共招生170 638人（数据来源于陕西省统计年鉴2020），普通高中招生212 548人，招生职普比为4.45∶5.55，在校生职普比为4.12∶5.887，如图4－1－4所示。

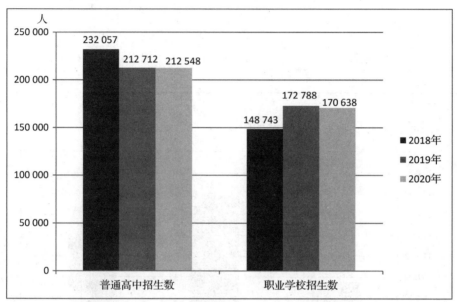

图4－1－4 2018—2020年全省中等职业学校（含技工学校）及普通高中招生情况

数据来源：《陕西教育事业统计年鉴（2018—2020）》《陕西统计年鉴2018—2020》

2018—2020年，全省中等职业学校（含技工学校）和普通高中招生职普比分别为0.59（3.73∶6.27）、0.81（4.48∶5.52）、0.8（4.45∶5.55）；在校生职普比分别为0.55（3.56∶6.44）、0.65（3.93∶6.07）、0.67（4.02∶5.98），如图4－1－5所示。

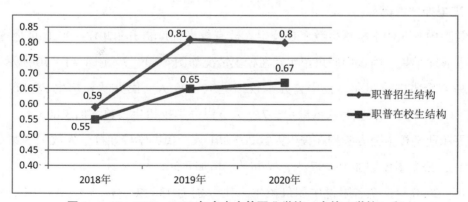

图4－1－5 2018—2020年全省中等职业学校（含技工学校）和

普通高中招生职普比及在校生职普比结构情况

中等职业学生招生来源情况见表4-1-3。

表4-1-3　2020年全省中等职业学校招生来源情况　　　　　　人

省市	人数	省市	人数	省市	人数	省市	人数	省市	人数
北京市	5	黑龙江	21	山东省	156	重庆市	27	宁夏	546
天津市	2	上海市	3	河南省	776	四川省	251	新疆	342
河北省	154	江苏省	83	湖北省	150	云南省	12	港澳台地区	1
山西省	538	浙江省	77	湖南省	60	西藏	1		
内蒙古	62	安徽省	223	广东省	20	陕西省	101 571		
辽宁省	15	福建省	91	广西	22	甘肃省	1 368		
吉林省	12	江西省	65	海南省	2	青海省	367		

五年制高职、中职段学生招生情况如图4-1-6所示。

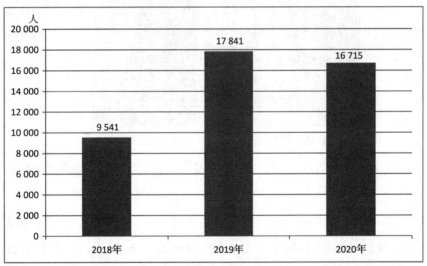

图4-1-6　2018—2020年全省中等职业学校五年制高职、中职段学生招生情况

2. 类型办学情况

各类型中等职业学校招生数、在校生人数有较大幅度提升。2018—2020年全省公办、民办中等职业学校、附设中职班招生及在校生情况如图4-1-7~图4-1-10所示。

2020年全省中等职业学校中公办学校招生78 606人，民办学校招生28 435人，与2019年相比，公办学校招生人数减少5 759人，民办学校招生人数增加3 609人。2020年全省中等职业学校中公办学校在校生人数207 861人，民办学校在校生人数71 926人，与2019年比，公办学校增加15 697人，民办学校增加6 561人。

2018—2020年，全省附设中职班招生占比分别为13.9%、14.5%、14.9%，在校生占比分别为14%、14.6%、15.1%，办学活力逐渐增强。

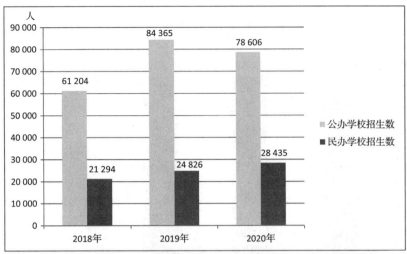

图 4 - 1 - 7　2018—2020 年全省公办、民办中等职业学校招生情况

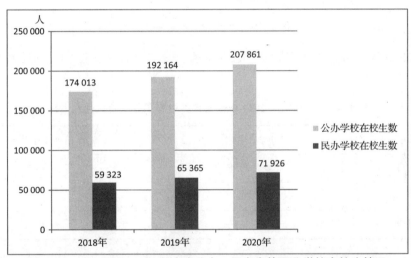

图 4 - 1 - 8　2018—2020 年全省公办、民办中等职业学校在校生情况

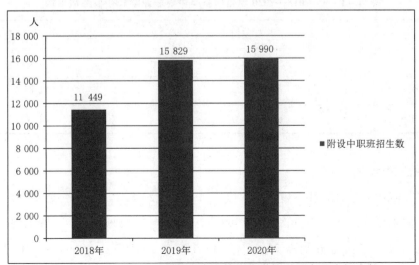

图 4 - 1 - 9　2018—2020 年全省中等职业学校附设中职班招生数

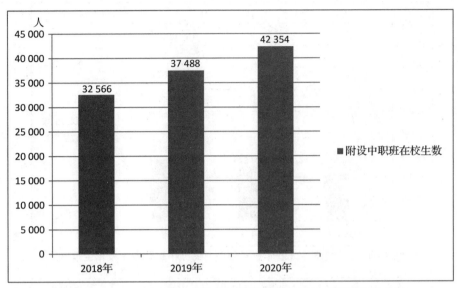

图 4 – 1 – 10　2018—2020 年全省中等职业学校附设中职班在校生数

2018—2020 年全省各类中等职业学校招生数占比及在校生数结构分别见表 4 – 1 – 4 和表 4 – 1 – 5。

表 4 – 1 – 4　2018—2020 年全省各类中等职业学校招生数占比　　　　　　　%

时间	民办学校招生数占比	公办学校招生数占比
2018 年	25.8	74.2
2019 年	22.7	77.3
2020 年	26.6	73.4

表 4 – 1 – 5　2018—2020 年全省各类中等职业学校在校生数结构　　　　　　　%

时间	民办学校在校生数占比	公办学校在校生数占比
2018 年	25.4	74.6
2019 年	25.4	74.6
2020 年	25.7	74.3

3. 在校生情况

全省中等职业学校在校生 279 787 人（其中女生 123 822 人），主要分布在 17 个专业大类，最受学生喜欢的 5 大专业大类分别为信息技术类、交通运输类、加工制造类、教育类、医药卫生类，在校生分别占 25.16%、13.15%、11.50%、10.64%、10.01%，并且人数均超过 28 000 人，如图 4 – 1 – 11 所示。

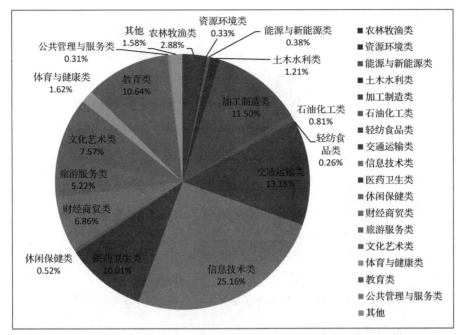

图4-1-11　2020年全省中等职业学校各专业在校生情况（附彩插）

4. 毕业生情况

2020年全省中等职业学校毕业生73 941人，主要分布在17个专业大类，其中信息技术类、交通运输类、加工制造类、教育类、医药卫生类专业依次为毕业生人数最多的前5位专业，分别占25.53%、17.38%、12.06%、11.05%、9.85%，且人数均超过7 000人，如图4-1-12所示。

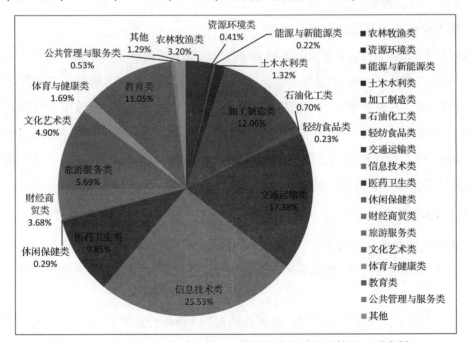

图4-1-12　2020年全省中等职业学校各专业毕业生情况（附彩插）

2018—2020年全省五年制高职、中职段毕业生情况如图4-1-13所示。

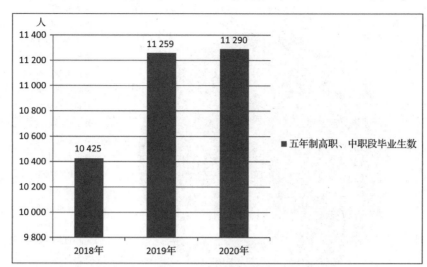

图4-1-13　2018—2020年全省五年制高职、中职段毕业生情况

5.毕业生获取资格证书情况

2020年共有49 960位毕业生获得职业资格证书、职业技能等级证书,占毕业生数的67.57%,其中,公共管理与服务类、石油化工类、信息技术类、轻纺食品类、加工制造类毕业生取得职业资格证书比例排在前5位,分别为100%、82.91%、77.88%、77.84%、75.09%;财经商贸类、土木水利类、休闲保健类毕业生取得职业资格证书比例排在后3位,分别为50.15%、49.54%、22.43%。

6.民办中等职业学校占比略有减少

2020年全省共有民办中等职业学校79所,比2019年减少1所,占全省中等职业学校数的34.35%。民办中等职业学校主要集中在西安、咸阳、渭南、榆林、宝鸡等地市,其中西安市35所,占该市中等职业学校的47.30%;咸阳市13所,占该市中等职业学校的44.83%;渭南市10所,占该市中等职业学校的41.67%;榆林市8所,占该市中等职业学校的30.77%;宝鸡市7所,占该市中等职业学校的30.43%;延安市、汉中市、商洛市没有民办中等职业学校。如图4-1-14所示。

(三)办学条件

2020年的数据显示,与2019年相比,陕西省中等职业教育校均建筑面积、校均占地面积、生均占地面积、生均建筑面积、生均仪器设备值、生均纸质图书等指标都有不同程度的减少。

全省中等职业学校具有学校产权的建筑面积为4 869 212.96平方米,生均学校产权建筑面积为17.4平方米。

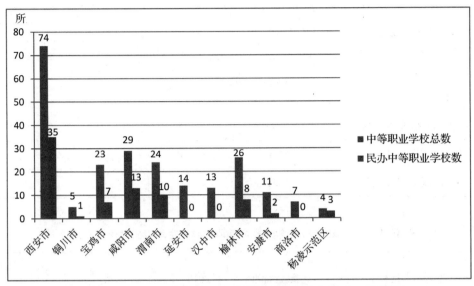

图 4 - 1 - 14　2020 年全省民办中等职业学校分布情况（附彩插）

全省中等职业学校具有学校产权的占地面积为 9 809 163.57 平方米，生均学校产权占地面积为 35.06 平方米。

学校产权固定资产总值为 767 137.15 万元，其中学校产权教学仪器设备资产值 147 216.97 万元，当年新增教学仪器设备价值 16 489.04 万元，生均教学仪器设备资产值 5 261.75 元。

学校产权纸质图书 8 277 336 册，生均 29.58 册，与生均 30 册的国家标准基本持平。

学校产权计算机 64 490 台，教学用计算机 50 948 台，生均 18.21 台/百生。

网络信息化点数 43 811 个，其中无线接入 17 346 个，占 39.59%；上网课程数 1245 门；电子图书 3 716 056 册；电子期刊 47 912 册；音视频 193 520.8 小时；受过信息技术相关培训的专任教师 5 185 人次；信息化工作人员 1 671 人。

2019—2020 年陕西省中等职业学校办学条件情况统计及生均设备情况统计分别见表 4 - 1 - 6 和表 4 - 1 - 7。

表 4 - 1 - 6　2019—2020 年全省中等职业学校办学条件情况统计

办学基本指标	2019 年	2020 年	增减	2020 年较 2019 年增减幅度/%
学校产权建筑面积/平方米	5 132 065.40	4 869 212.96	- 262 852.44	- 5.12
学校产权占地面积/平方米	10 767 846.53	9 809 163.57	- 958 682.96	- 8.90
学校产权固定资产总值/万元	824 308.59	767 137.15	- 57 171.44	- 6.94

续表

办学基本指标	2019 年	2020 年	增减	2020 年较 2019 年增减幅度/%
学校产权教学仪器设备资产值/万元	142 642.14	147 216.97	4 754.83	3.21
学校产权纸质图书/册	8 173 172	8 277 336	104 164	1.27
学校产权计算机/台	65 582	64 490	−1 092	−1.67
网络信息化点数/个	47 676	43 811	−3 865	8.11

表 4 – 1 – 7　2019—2020 年全省中等职业学校生均设施设备情况统计

办学基本指标	设置标准	2019 年	2020 年	2020 年较 2019 年增减幅度/%
校均学校产权建筑面积/平方米	24 000	22 313.33	21 170.49	−5.12
校均学校产权占地面积/平方米	40 000	46 816.72	42 648.54	−8.90
生均学校产权占地面积/平方米	33	41.81	35.06	−16.14
生均学校产权建筑面积/平方米	20	19.93	17.40	−12.69
生均教学仪器设备资产值/万元	2 500 ~ 3 000	5 538.88	5 261.75	−5.0
生均纸质图书/册	30	31.74	29.58	−6.81
教学用计算机/[台·(百生)$^{-1}$]	15	20.42	18.21	−10.82

备注：国家（设置）标准来源于教育部《中等职业学校设置标准（2010）》。

（四）师资情况

1. 基本情况

2020 年全省中等职业学校共有教职工 19 741 人，其中专任教师 15 190 人。近三年来，全省中等职业学校专任教师逐渐增加，如图 4 – 1 – 15 所示。中等职业学校在校生 279 787 人，生师比为 18.42，与 2019 年的 17.95 相比较有了一定的上升，主要是由于在校生人数增加，如图 4 – 1 – 16 所示。

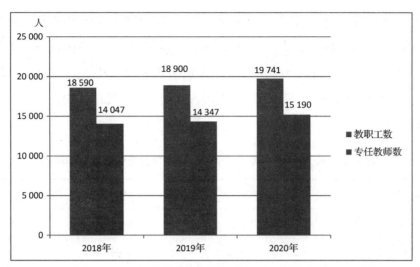

图 4 – 1 – 15   2018—2020 年全省中等职业学校教职工及专任教师情况（附彩插）

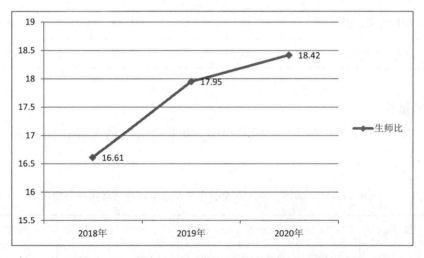

图 4 – 1 – 16   2018—2020 年全省中等职业学校生师比情况

2. 学历结构

全省中等职业学校专任教师中，具有博士研究生学历 8 人，硕士研究生学历 1 241 人，硕士及以上学历的占比为 8.22%；本科学历 12 890 人，占比为 84.86%，即本科以上学历占比为 93.08%，见表 4 – 1 – 8。

表 4 – 1 – 8   近三年全省中职学校专任教师中各学历教师占比情况   %

师资队伍指标	2018 年	2019 年	2020 年
本科以上学历专任教师占比	91.04	92.40	93.08
硕士以上学历专任教师占比	6.86	7.16	8.22

3. 职称结构

根据 2020 年数据显示,全省中等职业学校专任教师中正高级教师 40 人,占比为 0.26%;副高级教师 2 876 人,占比为 18.93%;中级职称教师 5 941 人,占比为 39.11%;初级职称教师 3 942 人,占比为 25.95%;未定级教师 2 391 人,占比为 15.74%,见表 4 – 1 – 9。与 2019 年相比,正高级职称教师人数增多,占比逐年提高;未定级教师人数增多,占比提高。

表 4 – 1 – 9　2018—2020 年全省中等职业学校专任教师职称情况　　　　%

师资队伍指标	2018 年	2019 年	2020 年
正高级教师占比	0.21	0.17	0.26
副高级教师占比	19.26	19.99	18.94
中级职称教师占比	41.93	41.10	39.11
初级职称教师占比	28.09	26.65	25.95
未定级教师占比	10.51	12.09	15.74

4. 年龄结构

2018—2020 年全省中等职业学校专任教师年龄结构情况和占比见表 4 – 1 – 10、表 4 – 1 – 11。

表 4 – 1 – 10　2018—2020 年全省中等职业学校专任教师年龄情况　　　　人

年份	29 岁以下	30~34 岁	35~39 岁	40~44 岁	45~49 岁	50~54 岁	55~59 岁	60 岁以上
2018 年	1 781	2 686	3 031	2 482	1 964	1 414	634	55
2019 年	1 884	2 399	2 976	2 682	1 991	1 533	826	56
2020 年	2 374	2 434	3 091	2 769	2 040	1 467	947	68

表 4 – 1 – 11　2018—2020 年全省中等职业学校专任教师年龄结构占比　　　　%

年份	29 岁以下	30~34 岁	35~39 岁	40~44 岁	45~49 岁	50~54 岁	55~59 岁	60 岁以上
2018 年	12.68	19.12	21.58	17.67	13.98	10.07	4.51	0.39
2019 年	13.13	16.72	20.74	18.69	13.88	10.69	5.76	0.39
2020 年	15.63	16.02	20.35	18.23	13.43	9.66	6.23	0.45

5. 教师结构

2018—2020 年全省中等职业学校公共基础课教师占比分别为 48.31%、50.21%、52.44%，逐年增加；专业课及实习指导教师占比分别为 51.69%、49.79%、47.56%，呈逐年降低趋势，如图 4 – 1 – 17 所示。

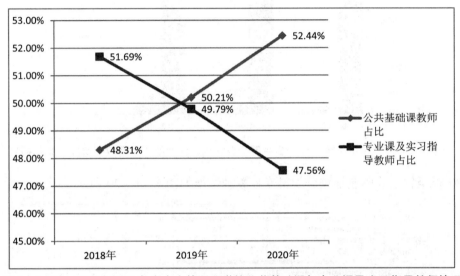

图 4 – 1 – 17　2018—2020 年全省中等职业学校公共基础课与专业课及实习指导教师情况

2018—2020 年全省中等职业学校"双师型"教师占专任教师比例分别为 23.24%、22.07%、21.01%，如图 4 – 1 – 18 所示。

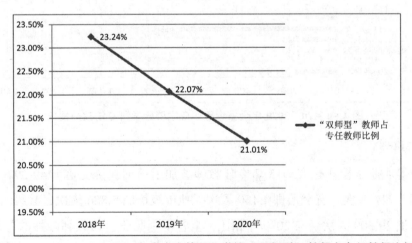

图 4 – 1 – 18　2018—2020 年全省中等职业学校"双师型"教师占专任教师比例

2020 年，聘请校外教师 859 人。由于全省中等职业学校在校生人数增多，故外聘教师比 2019 年增加了 74 人，如图 4 – 1 – 19 所示。

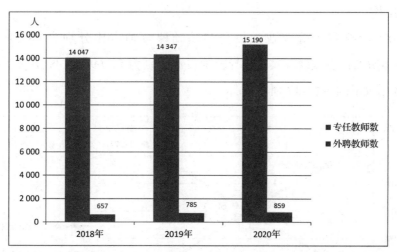

图4 - 1 - 19　2018—2020 年全省中等职业学校专任教师、外聘教师情况（附彩插）

2020 年全省中等职业学校分学科专任教师情况如图4 - 1 - 20 所示。

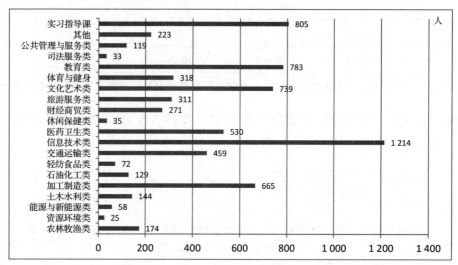

图4 - 1 - 20　2020 年全省中等职业学校分学科专任教师情况

6. 师资培训

全省中等职业学校共有12 915 名专任教师参加了培训，接受培训49 392 人次，其中国家级培训2 277 人次，省级培训4 150 人次，地市级培训5 886 人次，县级培训7 770 人次，校级培训29 309 人次。与2019 年相比，全省中等职业学校教师参加的各级培训人次均有增加，远程培训人次大幅增加，如表4 - 1 - 12、图4 - 1 - 21 所示。

表 4 - 1 - 12　2020 年全省中等职业学校专任教师培训情况　　　人次

类型	合计	培训层次				
		国家级	省级	地市级	县级	校级
合　计	49 392	2 277	4 150	5 886	7 770	29 309
集中培训	35 896	712	1 158	2 196	5 065	26 765
远程培训	11 959	1 528	2 903	3 456	2 653	1 419
跟岗培训	1 537	37	89	234	52	1 125

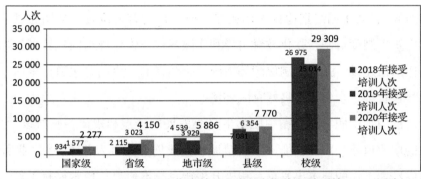

图 4 - 1 - 21　2018—2020 年全省中等职业学校教师参加培训情况（附彩插）

（五）育训合一

2020 年全省中等职业学校在进行学历教育的同时，开展学生培训 63 865 班次，培训时间 4 584 339 学时，结业 118 839 人次，见表 4 - 1 - 13。

表 4 - 1 - 13　2020 年全省中等职业学校培训学生情况

项目	培训班/班次	培训时间/学时	结业学生/人次
党政管理培训	17	28 218	2 954
企业经营管理培训	13	23 121	2 554
专业技术培训	314	1 265 777	28 656
职业技能培训	2 669	1 186 255	63 910
其他培训	60 852	2 080 968	20 765
合计	63 865	4 584 339	118 839

二、学生发展

教育是社会主义现代化建设的基础，对提高人民综合素质、促进人的全面发展、增强中华民族创新创造活力、实现中华民族伟大复兴具有决定性意义。

全省中职教育始终坚持党的领导，坚持正确办学方向，坚持立德树人，落实"五育并举"，积极培养高素质技术技能人才、能工巧匠、大国工匠。从促进学生德、智、体、美、劳全面发展、就业质量、升学情况等方面来看，全省中等职业教育稳步推进、亮点纷呈。

（一）学生素质

1. 德育工作

2021年5月，陕西省教育厅办公室印发《关于进一步加强中职学校德育工作和学生管理工作的通知》，要求始终把德育工作放在学校工作的首要位置，强调通过完善学校德育工作和学生管理制度机制、强化教育引导和实践养成、强化突出问题管理、加强德育和学生管理工作队伍建设、强化机制保障等措施，全面提高学生的思想道德素质，规范和加强中等职业学校管理，全力营造良好育人环境。

教育行政部门和中职学校遵循中职学生身心发展的特点和规律，坚持以学生为主体，以培养学生的职业道德、职业技能、工匠精神和就业创业能力为总体目标，把促进学生职业能力的形成作为工作的根本出发点，积极开展德育校本研修，探索德育工作新载体、新途径、新方法，不断提升德育教育成效。以提升德育队伍素质为抓手，建立了以班主任为主体、全体教师参与、家长支撑、社会响应的中职德育全员育人机制。坚持德技并修、工学结合，突出理想目标教育、行为习惯养成教育和社会主义核心价值观教育，弘扬中华传统美德，聚焦工匠精神培育，充分尊重教育规律和学生特点，统筹推进活动育人、实践育人和文化育人。依托社团活动和学生自治组织实现学生自我管理、自我监督、自我服务，全方位提升学生综合素质，改善学生精神面貌，培养学生健康人格，树立学生理想信念。

1）思政课程和课程思政

教育行政部门和中职学校充分发挥课堂教学的主渠道作用，将思政内容细化落实到各学科课程的教学目标之中，融入渗透到教育教学全过程，持续加强党史、新中国史、改革开放史、社会主义发展史教育和爱国主义、集体主义、社会主义教育，加强职业道德、职业素养、职业行为习惯培养。

案例 陕西省启动2021年中职学校思政课教师"大练兵"省级展示主题活动。2021年7月，省委教育工委、省教育厅启动2021年学校思政课教师"大练兵"省级展示主题活动，活动单设中职学校组，包括思政课程和课程思政。活动在校、县区、市层层练兵的基础上，由市级教育行政部门择优推荐优秀专职教师参加省级展示活动，省委教育工委、省教育厅组织专家评委对提交的资料进行网络评审，并择优确定了 30 名教师进入现场展示环节。

案例 陕西省教育厅开展课程思政示范项目建设工作。2021 年 3 月，陕西省教育厅面向全省中职学校，开展课程思政示范项目建设工作，以充分发挥教师队伍"主力军"、课程建设"主阵地"、课堂教学"主渠道"作用，选树一批课程思政示范课程、教学团队，加快形成"校校有精品、门门有思政、课课有特色、人人重育人"的良好局面。陕西省建筑材料工业学校、汉中市南郑区职业教育中心、石泉县职业技术教育中心申报的课程被推荐报送教育部参加课程思政示范课程、教学名师和团队的遴选。陕西省建材工业学校的"工程识图与 BIM 基础"课程入选教育部课程思政示范项目，该校土木工程专业部教学团队喜获课程思政教学名师和团队。

案例 榆林市以"立德树人"为根本，强化思政教育的实效性。一是加强方向引领。各中职学校通过政治理论与学科教学业务学习相结合的研修引领机制，引导各学科教师把学科教学与思政教育深度融合。二是技能渗透德育。各中职学校通过开展思政示范课、主题演讲、我的职教故事等活动，努力提升教师教书和育人的综合实践能力，在培养技术技能的同时更加关注学生的职业素养。三是制度规范行为。各学校从课堂教学、校园文化、饮食卫生等各个方面，深度融入思政教育内容，加强行为规范养成教育，在师生中践行勤俭节约、制止餐饮浪费、弘扬劳动精神、厚植工匠精神。

案例 石泉县职业技术教育中心认真梳理课程思政元素。一是整理发布《课程思政元素汇编》，汇编依据《中小学德育工作指南》的相关要求，结合中职学生特点，共整理了 10 余万字 216 个课程思政点，包含家国情怀、政治认同、职业素养、人文修养四大主题，融合了时事热点。二是积极搜集具有育人功能的时政新闻，将其整理制作成精美的《课程思政要点提示》小卡片，由思政专业课教师把关后，及时向全体教职工推送。三是制作完成了涵盖石泉县情、美食、革命史、景点等地域特色文化微课程，从而为全体教师在课程教学中融入思政教育提供了大量的素材。

2）德育主题活动

教育行政部门和中职学校精心组织开展主题明确、内容丰富、形式多样、吸引力强的德育主题活动、社会实践和研学旅行，以鲜明正确的价值导向引导学生，以积极向上的力量激励学生，促进学生形成良好的思想品德和行为习惯，不断增强学生的社会责任感、创新精神和实践能力。

案例 全省开展中职学校"少年工匠心向党 青春奋进新时代"主题教育活动。共举办各地市层面的活动共计 106 场次，举办校级活动 10 000 场次，参与校级活动学生达 46

万人场次。省教育厅对此项活动进行验收,将优秀作品推荐报送教育部,并在省级网站发布。活动的开展,营造出了有利于学生身心健康发展的校内环境,丰富了学生课余文化生活,提升了学校文化建设内涵,增强了职业学校德育工作的时代感,使学生明辨了人生方向,加强了自我教育,树立了职业理想,取得了良好的效果。

案例 西安市各中职学校坚持立德树人根本任务,以爱国教育为主线,以道德和法治教育为依托,以养成教育为抓手,以专题活动为载体,积极开展丰富多彩的德育活动,提升学生的综合素养。先后开展了"人人出彩,技能强国"职业教育宣传月、经典诗歌诵读、专业技能展示、技能大赛、"文明风采"等活动,开展特色鲜明的主题教育,参与社会公益和青年志愿者服务等,积极为学生搭建展示自我的平台,促进学生全面发展。

案例 西安实验职业中等专业学校组织学生到华夏文旅海洋公园,开展以"放飞海洋梦想·感受丝路传奇"为主题的探秘海洋之旅研学活动。蓝田县职业教育中心组织师生340 人到渭华起义红色教育基地开展"学党史,传承红色基因,祭英烈,汲取前进力量"主题教育活动;组织师生 1 300 余人赴照金红色基地开展研学旅行活动。城固县职业教育中心开展"见证祖国光辉历程,激励学生砥砺前行"2021 年赴天津—北京研学旅行活动。洛南县职业技术教育中心组织 800 余名学生徒步研学旅行"洛惠渠",让学生感悟洛南"洛惠渠"精神;组织 200 余名师生赴刘勖纪念馆、照金陕甘边区革命根据地和西安植物园等地开展为期 2 天的研学旅行活动,让红色基因在学生身上得到传承。

案例 眉县职教中心积极构建"三全育人"德育工作机制,以爱国主义教育为重点,把学生的思想政治教育、德育教育放在学校教育工作的首位,根据中职学生的身心特点,有计划性、针对性地开展主题教育,逐步形成"11334"的德育育人模式。积极开展德育工作"十大行动",即文明行为习惯养成教育、班级大合唱、体育赛事竞技、队列队形展示、礼仪大赛展演、班会自主体验、德育大讲堂、传统文化进校园、研学旅行、书香型班级和个人创建活动,并把社会实践纳入学校教育教学整体规划和教学大纲,使学生在社会实践中进一步明确"为谁学习,为谁工作"和"做什么人,怎样做人"的问题。

2. 综合素质

综合素质包括学生思想政治状况、文化基础课合格率、体质测评合格率、毕业率等数据及与上一年度相比的变化情况。

2020 年,教育部等九部门印发《职业教育提质培优行动计划(2020—2023 年)》,将完善"文化素质＋职业技能"评价方式、完善办学质量监管评价机制、提升职业教育专业和课程教学质量等作为重点任务,以推动评价体系更具职教特色,教师、教材、教法改革全面深化，职业学校办学水平、人才培养质量整体提升。各地教育行政部门和中职学校迅速行动，着力提高教学质量和办学水平。

2019 年全省中职学校文化课合格率为 95.09%，专业技能合格率为 95.34%，体质测评平均达标率为 95.44%，学生毕业率为 98.75%，毕业生取得资格证书率为 67.57%。

根据各市区教育行政部门报送的中等职业教育质量报告，2020 年全省中等职业学校文化课合格率为 95.17%，专业技能合格率为 95.93%，体质测评平均达标率为 95.92%，较往年均所提升。

2020—2021 年，通过开办好思政课和课程思政、开展德育主题活动等方式，积极教育和引导学生坚定理想信念，树立正确的世界观、人生观、价值观，培养高尚的思想品质和良好的道德情操。全省中职学校学生整体思想政治状况良好，涌现出了一批以眉县职业教育中心学生朱如归为代表的优秀青年。

3. 技能素质

教育行政部门和各中职学校积极弘扬"劳动光荣、技能宝贵、创造伟大"的时代风尚，营造人人皆可成才、人人尽展其才的良好环境，以赛促教，以赛促学，不断提高技能人才培养质量。

2020 年陕西省中职学校学生技能大赛于 10 月 9 日至 25 日在西安、宝鸡、咸阳、渭南、商洛、安康 6 个市的 14 所中职学校（赛点）举行，全省 142 所职业学校的 1 848 名选手参加了 65 个项目的比赛，评选出获奖选手一等奖 128 人（组）、二等奖 253 人（组）、三等奖 380 人（组），优秀指导教师奖 138 名；按获奖总积分排名，陕西省电子信息学校等 10 所中职学校获得优胜奖；西安、宝鸡、安康等 3 个市组织有力、成绩优异，获优秀组织奖。

在 2020 年 11 月举行的全国职业院校技能大赛改革试点赛中职组 18 个赛项中，我省 7 所中职学校的 27 名选手在 11 个项目中斩获奖项，其中二等奖 13 项、三等奖 14 项。

在 2021 年 5 月至 7 月举行的全国职业院校技能大赛中职组 40 个赛项中，我省 11 所中职学校的 46 名选手在 24 个项目中斩获奖项，其中二等奖 12 项、三等奖 34 项，相比 2020 年二、三等奖分别减少 1 项、增加 20 项。

2019—2021 年陕西省中等职业学校在全国职业院校技能大赛获奖统计见表 4 - 2 - 1。

表 4 - 2 - 1　2019—2021 年陕西省中等职业学校在全国职业院校技能大赛获奖统计　项

年份	一等奖	二等奖	三等奖
2021 年	0	12	34
2020 年	0	13	14
2019 年	1	8	30

4. 劳动教育

劳动教育是国民教育体系的重要内容，是学生成长的必要途径，具有树德、增智、强体、育美的综合育人价值。全省中职学校认真落实国家关于加强劳动教育的新要求，以实习实训课为主要载体，扎实开展劳动教育，开展劳动精神、劳模精神、工匠精神专题教育，并积极组织学生参加家务劳动、校内劳动、志愿服务活动，创新体制机制，注重教育实效，实现知行合一。

案例 陕西省建筑材料工业学校成立劳动教研组，将劳动教育纳入人才培养方案，开设劳动教育必修课程，每学期4学时。劳动课学习形式以理论学习＋劳动实践的方式开展。理论模块主要围绕劳动精神、劳模精神、工匠精神、职业道德、职业法规等，实践劳动由学生工作部组织学生参与，以学校大环境区域卫生检查、文明宿舍评比、社会公益劳动等方式开展，将劳动教育纳入综合素质评价。陕西省电子信息学校将劳动教育融入校园文化建设中，通过对劳动活动的组织和引导，丰富劳动活动内涵，增强劳动教育体验，寓教于劳动实践中；将劳动工具的配备和使用方法，以及实践任务部署、实践结果认定标准等，纳入劳动实践课中。西安博雅艺术职业中学在校园开设劳动试验田，一二年级每班一块70平方米试验田，学生利用劳动体验课时间经营管理，学校安排指导老师指导，让学生种植粮食、蔬菜、花卉等植物，积累劳动经验，体验劳动乐趣，分享劳动成果。西安市残疾人艺术职业学校开展"让我们的社区更美丽"，与咸宁路地铁站开展了"我是志愿者"等社会服务活动，在动手动脑中培养学生创新意识和实践能力，既服务于社会，也可促进学生的全面发展。

5. 体育和美育

体育是实现立德树人根本任务、提升学生综合素质的基础性工程，是加快推进教育现代化、建设教育强国和体育强国的重要工作。美育是丰富想象力和培养创新意识的教育，能提升审美素养、陶冶情操、温润心灵、激发创新创造活力。全省各中职学校开足开齐体育和美育课程，通过文明风采、运动会、艺术节、主题活动、学生社团等形式，弘扬社会主义核心价值观，培养学生爱国主义、集体主义、社会主义精神和奋发向上、顽强拼搏的意志品质，提高学生审美和人文素养。

案例 西安市临潼区职业教育中心开展具有特色的大课间活动，成功举办运动会、艺术节、科技节等，开展班际篮球赛，举办迎元旦书画展、猜灯谜、拔河比赛等活动，组织学生参加区级足球赛、田径运动会。西安市鄠邑区职教中心利用重大节日、纪念日开展"红五月"红歌连唱会、国庆放歌会、"元旦文艺汇演暨书画展"等系列活动，常规性开展跳绳比赛、田径运动会、乒乓球赛、羽毛球赛、冬季拔河比赛等文体活动，提高学生的身体素质。大荔县职业教育中心大力推动学生社团的建设，不断丰富活动形式，提升活动内涵，强化社团引领作用，打造校园艺术节、科技节、运动会等系列活动，构建起系列化的学生活动体系，营造积极向上、健康文明、有职教特色的校园文化氛围。

（二）就业质量

2020 年全省中职学校毕业生总数为 73 941 人，其中女生 32 949 人，取得职业技能等级证书、职业资格证书的毕业生数为 49 960 人，占 67.57%，较 2019 年下降 3.31%。

省教育厅对 2020 年全省中职学校 55 109 名毕业生的就业情况进行了分析，发布《2020 年陕西省中职学校毕业生就业分析报告》。报告显示，全省中职学校毕业生就业情况总体良好，呈现出就业率稳中有升、月收入持续增长、就业岗位与专业相关度保持稳定、就业满意度持续上升等现象。

1. 中职毕业生就业总体情况

在毕业生中，24 895 名毕业生直接就业，对口就业 18 967 人，对口就业率 76.19%。

中职毕业生的就业去向，主要分为国家机关及企事业单位、从事个体经营，以及其他方式就业 3 种类型，如图 4 – 2 – 1 所示。其中，2020 年陕西省中职毕业生到国家机关及企事业单位就业人数为 14 486 人，占比 58.19%；毕业后从事个体经营人数为 3 344 人，占比 13.43%；其他方式就业人数为 7 065 人，占比 28.38%。

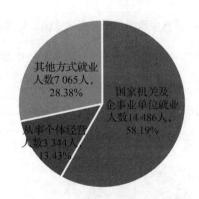

图 4 – 2 – 1　陕西中职学校毕业生就业去向（附彩插）

产业分布：第三产业是中职毕业生就业的主要方向。陕西省中职毕业生从事第一产业人数为 1 177 人，占比 4.73%；从事第二产业的人数为 5 445 人，占比 21.87%；从事第三产业的人数为 18 273 人，占比 73.40%，如图 4 – 2 – 2 所示。从就业产业分布来看，大部分学生就业产业分布在第二、三产业，第一产业从业人数最少。

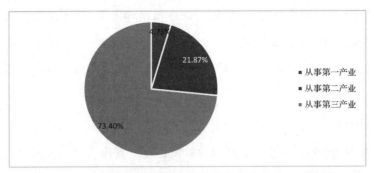

图 4 – 2 – 2　陕西中职学校毕业生就业产业分布（附彩插）

地域分布和地点分布：中职毕业生以本地就业为主。中职毕业生的就业地域主要分为本地就业、异地就业、境外就业三种，如图 4 – 2 – 3 所示。2020 年陕西中职毕业生在本省就业的人数为 13 304 人，占比 53.44%；异地就业人数为 11 585 人，占比 46.54%；因新型冠状病毒感染的影响，境外就业的人数为 6 人，占比 0.02%。统计结果显示，我省中职毕业生去异地就业的毕业生数量正在逐步增加，表明我省人才受全国认可程度不断增强。

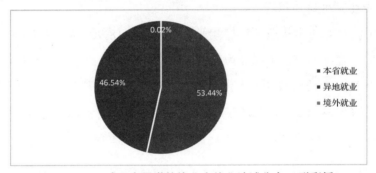

图 4 – 2 – 3　陕西中职学校毕业生就业地域分布（附彩插）

渠道分布：学校推荐是陕西中职学生就业的主方式。中职毕业生的就业渠道主要包括学校推荐就业、中介介绍就业、其他渠道就业三类，如图 4 – 2 – 4 所示。2020 年，陕西中职毕业生中，学校推荐就业方式人数 19 234 人，占比 77.26%；通过中介介绍人数 1 642 人，占比 6.60%；通过其他渠道就业的人数 4 019 人，占比 16.14%。

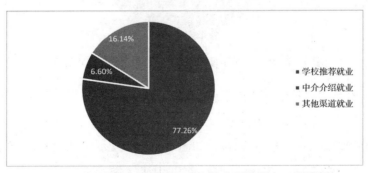

图 4 – 2 – 4　陕西中职学校毕业生就业渠道分布（附彩插）

2. 毕业生就业质量

毕业生就业以签订劳动合同为主要就业方式。从全省中职毕业生与用人单位签订劳动合同的情况（见图4-2-5）来看，有21 591名中职毕业学生签订劳动合同，占直接就业人数的86.73%。其中签订1年及以内期限就业合同的人数为8 968人，占比41.54%；签订1~2（含）年期限就业合同的人数为5 762人，占比26.69%；签订2~3（含）年期限就业合同的人数为5 086人，占比23.55%；签订3年以上期限就业合同的人数为1 775人，仅占8.22%。从图4-2-5可以看出，中职毕业生与用人单位签订1年及以内合同的比例最高，其次是签订1~2年合同的。

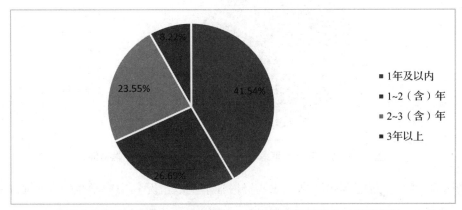

图4-2-5　陕西中职学校毕业生就业合同签订情况（附彩插）

中职毕业生起薪待遇得到明显改善。2020年陕西省中职学生就业的起薪待遇（见图4-2-6）得到了明显改善，起薪1 000元/月及以下的人数为183人，占比0.73%；1 001~1 500元/月的人数为422人，占比1.70%；1 501~2 000元/月的人数为4 450人，占比17.88%；2 001~3 000元/月的人数为7 774人，占比31.22%；3 000元/月以上的人数为12 066人，占比48.47%。

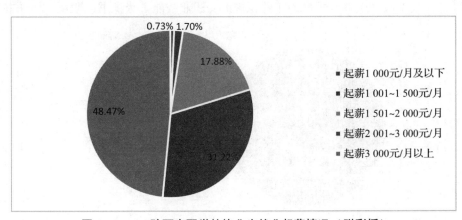

图4-2-6　陕西中职学校毕业生就业起薪情况（附彩插）

毕业生享受社会保险的比例不断提升。目前社会保障主要包括三险、三险一金、五险一金和五险等情况。从2020年陕西中职毕业生享有社保情况的分布（见图4-2-7）来看，没有社保的人数为3 946人，占比15.85%；享有三险的人数为10 871人，占比43.67%；享有五险的人数为4 140人，占比16.63%；享有三险一金的人数为2 413人，占比9.69%；享有五险一金的人数为3 525人，占比14.16%。从图4-2-7中的数据可以看出，具有三险以上保险的人数达84.15%。

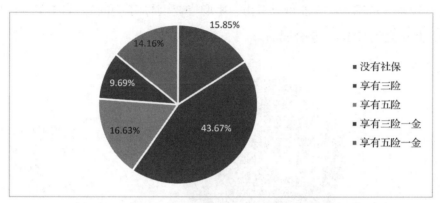

图4-2-7 陕西中职学校毕业生社会保险情况（附彩插）

中职毕业生职业技能等级证书、职业资格证书获取情况。中职学生对获取职业技能等级证书、职业资格证书的重视程度不断提升。近年来，获取职业技能等级证书、职业资格证书成为中职毕业生的广泛共识（见图4-2-8）。对2020年陕西中职毕业生获取职业技能等级证书、职业资格证书的情况统计分析，已取得职业技能等级证书、职业资格证书的毕业生占比67.57%，未取得职业技能等级证书、职业资格证书的毕业生占比32.43%，总体来看，虽然上半年受新型冠状病毒的影响，客观上对毕业生获取职业技能等级证书、职业资格证书流程造成影响，但是随着学生对职业技能等级证书、职业资格证书的重视程度不断提升，大多数学生在入学前两年就积极准备职业技能等级证书、职业资格证书考试。

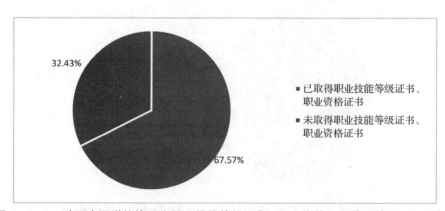

图4-2-8 陕西中职学校毕业生职业技能等级证书、职业资格证书获取情况（附彩插）

中职毕业生就业满意度情况。2020年中职毕业生就业满意度稳步提高，如图4-2-9所示，满意度回复中无法评估、不满意、比较满意、满意、非常满意的人数分别为1 761人、327人、9 404人、8 628人、4 775人，分别占比7.07%、1.31%、37.78%、34.66%和19.18%，比较满意以上人数比例高达91.62%。

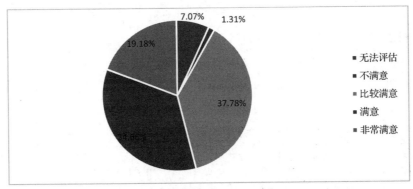

图4-2-9 陕西中职学校毕业生就业满意度情况（附彩插）

3. 各专业大类就业情况

第三产业相关的专业就业人数占比最高。根据教育部《中职学校专业目录（2010年修订)》，中职学校共分19个专业大类，其中农林牧渔类属于第一产业；资源环境类、能源与新能源类、土木水利类、加工制造类、交通运输类和石油化工类属于第二产业；信息技术类、医药卫生类、财经商贸类、旅游服务类、文化艺术类、体育与健康类、公共管理与服务类、教育类、休闲保健类、轻纺食品类、司法服务类和其他类属于第三产业。第二产业包含6个专业大类，第三产业包含12个专业大类，据数据分析，第三产业的毕业生人数、就业生人数较多。2020年陕西省中职学校毕业生各专业大类就业情况见表4-2-2。

表4-2-2 2020年陕西省中职学校毕业生各专业大类就业情况

专业类别	毕业生数/人	就业人数/人	对口就业人数/人	专业大类就业率/%	专业对口率/%
农林牧渔类	1 230	1 222	288	99.35	47.68
资源环境类	36	36	33	100.00	91.42
能源与新能源类	44	44	14	100.00	53.54
土木水利类	649	644	187	99.23	38.05
加工制造类	6 252	6 179	2 106	98.83	54.82
石油化工类	397	359	53	90.43	53.98
轻纺食品类	223	211	181	94.62	82.34
交通运输类	10 978	10 678	6 042	97.27	75.17

续表

专业类别	毕业生数/人	就业人数/人	对口就业人数/人	专业大类就业率/%	专业对口率/%
信息技术类	15 475	15 400	3 034	99.52	31.22
医药卫生类	4 888	4 842	1 698	99.06	49.36
休闲保健类	117	117	113	100.00	96.51
财经商贸类	1 424	1 397	459	98.10	39.27
旅游服务类	2 431	2 366	1 443	97.33	79.63
文化艺术类	2 640	2 587	507	97.99	56.41
体育与健康类	898	782	125	87.08	25.11
教育类	5 472	5 422	2 297	99.09	41.03
司法服务类	118	118	0	100.00	0.00
公共管理与服务类	221	201	191	90.95	91.25
其他	1 616	1 534	196	94.93	13.24
合计	55 109	54 139	18 967	98.24	76.19

据表4-2-2中数据,2020年信息技术类、交通运输类、加工制造类、教育类、医药卫生类专业毕业人数较多,且毕业生就业率高,如图4-2-10所示。

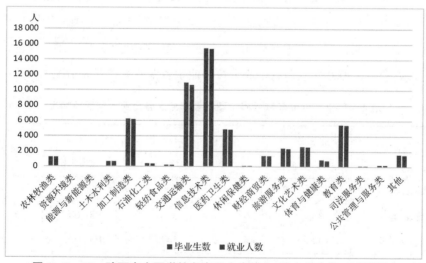

图4-2-10 陕西省中职学校各专业大类毕业/就业学生数（附彩插）

中职毕业生就业率保持稳定。2020年陕西省中职学校毕业生平均就业率为98.24%,相对于2019年提升0.69%,其中农林牧渔类、信息技术类、医药卫生类、休闲保健类、教育类、司法服务类、资源环境类、能源与新能源类、土木水利类就业情况较好,就业率均在99%以上;就业率最低的是体育与健康类专业,为87.08%。具体情况如图4-2-11所示。

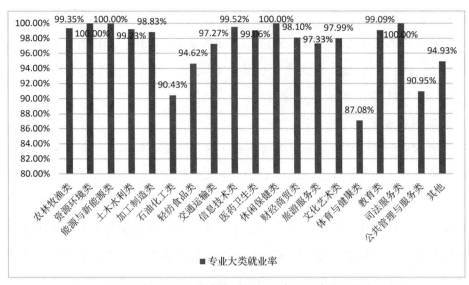

图 4 – 2 – 11　陕西省中职学校各专业大类就业率

中职毕业生对口就业率趋于平稳。2020 年，全省平均对口就业率为 76.19%。其中：休闲保健类毕业生对口就业率最高，为 96.51%；资源环境类、休闲保健类、公共管理与服务类毕业生对口就业率高于 90%；轻纺食品类毕业生对口就业率均高于 80%；农林牧渔类、能源与新能源类、土木水利类、加工制造类、石油化工类、信息技术类、医药卫生类、财经商贸类、文化艺术类、体育与健康类、教育类、司法服务类及其他毕业生对口就业率均低于 60%，其中司法服务类毕业生对口就业率为 0。具体情况如图 4 – 2 – 12 所示。

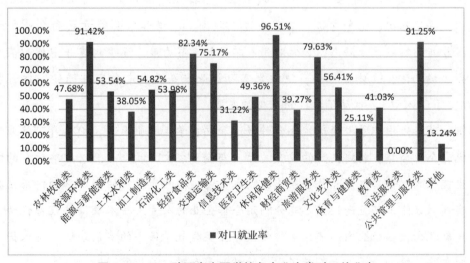

图 4 – 2 – 12　陕西省中职学校各专业大类对口就业率

4. 中职毕业生就业主要特点

第三产业就业人数增长。2020 年直接就业的学生中，73.40% 的学生进入第三产业就业，比 2019 年高 7.56%；进入第一产业就业的占直接就业学生的 4.73%，呈下降趋势；

第二产业的毕业生占直接就业学生的21.87%，比2019年低1.46%。

毕业生福利待遇水平稳步提高。2020年直接就业的学生中，起薪在2 000元以上的学生占总数的79.70%，比2019年高出3.02%；社会保险覆盖的毕业生占直接就业人数的84.15%，比2019年高出5.65%。

5. 学生实习就业案例

案例 榆林市中职院校构建和完善的毕业生实习就业管理体系。榆林市为中职毕业生就业构建完善的毕业生实习就业管理体系。一是落实实习就业管理政策，促进实习管理制度化和规范化，为中职学生的科学就业打下了坚实基础。二是构建多种实习就业信息分享模式，积极采用互联网技术采集数据，通过校园网、微信群向学生及家长推送最新招聘信息、就业信息等，完成初步沟通，体现以人为本的教育理念。三是健全和完善家、校联系制度，帮助学生形成合理价值取向，加强对家长职业指导的培训，客观地帮助家长分析就业形势，正确认识中职学生就业的诸多条件，形成合理的价值取向，保证毕业学生能够恰当地找到自己的社会定位。

案例 杨凌示范区中职学校在就业工作中实施专业化就业指导。杨凌示范区中职学校对在校学生展开了全方位、多层次的就业指导，做好实习就业的前期准备工作。一是通过实习班主任的培训强化引导工作，多次布置实习就业前的动员及教育主题班会，加强了毕业生的有关技能培训，引导学生树立正确的择业观和成才观，降低就业期望值，做好就业前的思想准备和心理准备，鼓励学生"先就业、后择业、再创业"，增强他们职业选择的市场意识、法治意识、竞争意识。二是通过互联网、电话和信函等方式向企业发放邀请函，掌握最新的实习就业动态，加大对用人单位的考察力度，逐步构建并完善"实习—就业—服务"的全方位立体化格局，使学生实习就业安置逐步走向良性循环，打通了"出口"，拓宽了"入口"，推动了学校的可持续发展。

案例 商洛市中职学校通过校企合作畅通和拓宽学生就业渠道。2020年商洛市各学校积极与优秀企业合作，构建良好的校企关系，与企业签订"订单"，以订单教育的方式来增加学生就业的机会；促使合作企业选派技术含量较高的岗位上的高水平师傅来校指导学生开展实训，让能工巧匠进校园；充分利用合作企业的人才、技术及设施设备优势，引入现代学徒制理念，在企业内部建立承担学校学生实践教学任务的实训基地，不仅提升了学生的技能水平、综合素质，也提升了学校的就业率和对口就业率。

（三）升学情况

1. 职教单独招生考试

2020年、2021全省高职单招考试科目与2019年相同，均为语文、数学、英语三门文化课考试和职业技能考试，其中文化课考试每科满分 150 分，总分 450 分；职业技能考试满分 300 分，拟报考本科院校及专业的考生必须参加职业技能考试，根据成绩划定合格线，不计入录取总成绩。

2020 年高职教育单独招生本科分数线（不含职业技能考试分数）为 310 分，专科分数线为 95 分，较 2019 年分别提升 17 分、下降 55 分。全省共有 7 672 名学生报名职教高考，5 159 名考生参加考试，2 037 名考生通过本科线。2020 年省属普通高校招收中等教育毕业生本科招生计划为 1 595 人，14 所本科院校参与招生，较 2019 年减少 205 人。实际职教单招本科录取 1 484 人，高职录取 3 138 人。

（数据来自陕西招生信息网、省教育行政部门统计）

2021 年高职教育单独招生本科分数线（不含职业技能考试分数）为 296 分，专科分数线为 120 分，较 2020 年分别下降 14 分、提升 25 分。全省共有 6 388 名学生报名职教高考，4 345 名考生参加考试，1 868 名考上通过本科线。2021 年省属普通高校招收中等教育毕业生本科招生计划为 1 535 人，13 所本科院校参与招生，较 2020 年减少 60 人。实际职教单招本科录取 1 526 人，高职录取 2 411 人。

（数据来自陕西招生信息网、省教育行政部门统计）

2. 高职分类招生考试情况

2020 年，全省共有 55 所高职教育院校参加高职分类考试招生综合评价和示范高职院校单独考试招生工作，全省普通高中和中职学校共 51 258 名学生被录取，较 2019 年减少 3 462 名学生，其中录取 17 774 名中职学生。

（数据来自陕西教育考试院网站）

2021 年，全省共有 57 所高职教育院校参加高职分类考试招生综合评价和示范高职院校单独考试招生工作，全省普通高中和中职学校共 54 555 名学生被录取，较 2020 年增加 3 297 名学生，其中录取 21 117 名中职学生。

（数据来自陕西教育考试院网站）

三、教学改革

陕西省把推动现代职业教育高质量发展摆在更加突出的位置，深化教育教学改革。引导职业院校科学合理设置专业，推动国家产业发展急需人才专业建设，优化专业结构和布局；完善"岗课赛证"综合育人机制，深化"三教"改革，加强教师培养培训，探索高层次"双师型"教师培养模式，推动现代信息技术与教育教学深度融合，完善教学保障机制；开展职业学校办学能力、教学水平评估，持续推进教学工作诊断与改进，完善质量保证体系，健全教学质量管理和保障制度；完善校企协同育人机制，创新人才培养模式，推进产教深度融合。全面提升人才培养质量。

（一）专业建设

1. 专业分布

为更好服务省内经济与社会发展和产业转型升级需要，陕西省建立了中等职业学校专业动态调整机制，完善专业结构，优化专业布局。2020年全省中等职业教育18个专业大类，招生总数为107 041人。招生情况详见表4-3-1。

表4-3-1　2019—2020年全省中等职业教育18个专业大类招生情况　　　　人

产业	专业大类名称	2019年招生人数	2020年招生人数
第一产业	农林牧渔类	2 193	2 662
第二产业	资源环境类	436	325
	能源与新能源类	348	392
	土木水利类	1 382	1 455
	加工制造类	13 260	12 218
	石油化工类	730	928
	轻纺食品类	546	321
第三产业	交通运输类	13 782	13 032
	信息技术类	28 839	26 193
	医药卫生类	8 378	11 822
	休闲保健类	669	700
	财经商贸类	8 946	7 687
	旅游服务类	6 607	5 779
	文化艺术类	7 715	8 466
	体育与健康类	1 604	1 912
	教育类	11 629	10 931
	公共管理与服务类	571	488
其他		1 556	1 720
合计		109 191	107 041

信息技术类、交通运输类、加工制造类、教育类、医药卫生类5个专业大类的招生规模较大，其中：信息技术类招生人数占总数的24.47%，较2019年占比减少1.94%；交通运输类招生人数占总数的12.17%，比2019年占比下降0.45%，连续两年呈下降趋势；加工制造类招生人数占总数的11.41%，比2019年占比下降0.73%；教育类招生人数占总数的

10.21%，与 2019 年占比大体相当；医药卫生类招生人数明显增加，占总数的 11.04%，比 2019 年占比增加 3.37%，增幅最大。

2020 年，中等职业学校在校生在 18 个专业大类中，规模排在前 5 的专业大类依次是信息技术类、交通运输类、加工制造类、教育类、医药卫生类，分别占总人数的 25.16%、13.15%、11.5%、10.64%、10.01%，与 2019 年相比，排名没有变化。排名靠后的 5 个专业大类分别是轻纺食品类、公共管理与服务类、资源环境类、能源与新能源类、休闲保健类专业，其中轻纺食品类专业与 2019 年相比下降了 3 个位次，排名垫底。见表 4 - 3 - 2。

表 4 - 3 - 2　2019—2020 年陕西省中等职业学校分专业大类在校生情况

专业大类	2019 年本专业在校生/人	2019 年本专业在校生所占比例/%	2019 年本专业规模排名情况	2020 年本专业在校生/人	2020 年本专业在校生所占比例/%	2020 年本专业规模排名情况	排名变化情况
农林牧渔类	7 738	3.00	9	8 051	2.88%	9	/
资源环境类	902	0.35	16	921	0.33%	16	/
能源与新能源类	833	0.32	17	1 064	0.38%	15	↑2
土木水利类	3 101	1.20	12	3 395	1.21%	12	/
加工制造类	30 454	11.83	3	32 164	11.5%	3	/
石油化工类	1 876	0.73	13	2 260	0.81%	13	/
轻纺食品类	945	0.37	15	736	0.26%	18	↓3
交通运输类	38 478	14.94	2	36 782	13.15%	2	/
信息技术类	65 766	25.54	1	70 393	25.16%	1	/
医药卫生类	24 187	9.39	5	28 002	10.01%	5	/
休闲保健类	1 208	0.47	14	1 451	0.52%	14	/
财经商贸类	14 973	5.81	7	19 183	5.81%	8	↓1
旅游服务类	13 924	5.41	8	14 617	6.86%	7	↑1
文化艺术类	16 598	6.45	6	21 191	7.57%	6	/
体育与健康类	4 038	1.57	10	4 526	1.62%	10	/
教育类	28 206	10.95	4	29 773	10.64%	4	/
公共管理与服务类	773	0.30	18	868	0.31%	17	↑1
其　他	3 529	1.37	11	4 410	1.58%	11	/
合　计	257 529			279 787			

案例 近年来，榆林市通过发挥区域优势，在专业布局上，重点建设传统长线专业和新型实用专业，初步形成了"北部神府煤化工类专业，中部榆横现代服务专业、西部定靖油气化工专业、南部现代农业专业和林果栽培与农产品营销专业为主"的县域专业格局。2020年市教育局出台了《关于做好2020年全市中等职业教育专业设置备案工作的通知》，重点做好中等职业教育专业库建设，完善更新各学校专业开设情况，对各学校开展专业调研工作，加强对中职学校专业设置的指导、检查和监督。全市新增专业有城市轨道交通运营管理、服装制作与生产管理、矿山机电、旅游服务与管理、数字媒体技术应用、文秘、物流服务与管理、营养与保健、应急管理与减灾技术、制冷和空调设备运行与维修10个专业。

2. 专业调整

2020年，陕西省教育厅落实教育部《中等职业学校专业设置管理办法（试行）》（教职成厅〔2010〕9号）、教育部职成教司《关于做好中等职业学校国控专业设置管理工作的通知》、《陕西省五年制高等职业教育管理办法》（陕教规范〔2019〕13号）文件精神，高度重视专业设置管理工作，建立健全长效机制，加强对各地区中等职业学校专业设置的指导、检查和监督，引导中等职业学校服务区域经济社会发展和产业转型升级需要，重点面向现代农业、先进制造业、现代服务业设置专业，科学规划专业布局，避免盲目设置、重复建设专业。贯彻《国务院办公厅关于深化医教协同进一步推进医学教育改革与发展的意见》（国办发〔2017〕63号）、《陕西省人民政府办公厅关于深化医教协同进一步推进医学教育改革与发展的实施意见》（陕政办发〔2018〕43号）、《关于做好全国中等职业学校农村医学专业设置备案工作的紧急通知》（教职成司函〔2014〕5号）、《关于加强中等职业学校中医类专业招生管理和人才培养工作的通知》（国中医药办人教发〔2016〕13号）等文件精神，逐步停止中职层次农村医学、中医类专业招生。

2021年年初，教育部职业教育与成人教育司全面修（制）订职业教育专业目录，统筹调整设置专业，提高职业教育适应性。对接产业，对应职业，对应新经济、新技术、新业态、新职业，构建现代职业教育专业体系；守正创新，与时俱进，坚持职业教育类型特征，统筹用好原有体例框架及基层专业建设实践成果；科学规范，灵活开放，遵循教育教学规律；产教协同，凝聚合力。充分发挥学术组织、行业企业、研究机构、院校专家作用，形成工作合力，最大限度凝聚共识，引领"三教"改革。

案例 商洛市委、市政府积极贯彻落实习近平总书记来陕考察重要指示批示精神，坚持"市场导向、特色发展"的专业化建设方向，适应县域经济发展对第三产业的需求，科学设置专业，加强特色专业、示范专业建设，形成以示范专业引领专业群不断扩张的专业发展格局。2020年，新开设电子商务、现代农艺技术、中医康复保健等13个专业，调整优化原有 9 个专业。目前，全市共开设 8 个专业门类，共 28 个专业。7 所职中均与有关高职院校联合开设"3 + 2"五年制专业，与高职院校共同实施人才培养。

案例 西安市通过开展市级重点专业创建，支持优质、特色、紧缺专业发展，引导中职学校结合区域社会经济发展需要，优化专业结构，建立了重点产业发展、扶优汰劣的专业动态调整机制。为对接和支持区域产业发展，适应中等职业教育招生规模扩大，2020 年，西安市 16 所中等职业学校新增审批备案专业 22 个。目前，全市中等职业学校共开设 98 个专业，涵盖了 15 个专业大类，专业结构与产业布局基本匹配，专业服务产业发展的能力得到提升。

3. 骨干专业建设

2020 年年初，陕西省教育厅印发《中共陕西省委教育工委、陕西省教育厅 2020 年工作要点》的通知（陕教工〔2020〕31 号），要求各地市以高水平示范校为基础，开展省级高水平中职学校和骨干（特色）专业建设，重点打造 3~5 所旗舰学校，统筹形成"双高"体系。

安康市积极探索"专业 + 实体"的建设模式，统筹市域内中职学校专业发展，优化专业设置，打造"一县一特色"。

延安市严格执行中、省有关要求，召开专业设置与课程调整论证会，通过积极调整人才培养方案，整合、开发校本课程与教材，形成专业与课程建设良性互动的发展机制。按照教育与产业、学校与企业、专业设置与职业岗位对接的原则进行专业动态调整，面向本地重点产业、优势产业，设置学前教育、计算机应用、家政服务及高星级饭店服务与管理、电子电工等品牌专业。

咸阳市根据《咸阳市教育局关于实施咸阳市职业教育"创特色，出品牌"工程（2017—2020 年）的通知》（咸政教职字〔2017〕188 号）、《咸阳市教育局关于做好 2020 年度三大特色项目建设有关工作通知》（咸政教职字〔2020〕104 号）精神，对入围的第三批特色品牌建设项目进行验收，确定计算机网络技术、机电技术应用、食品生物工艺等 5 个品牌专业，充分发挥特色品牌示范引领作用，不断提高技能人才培养质量。

渭南市根据招生规模、就业情况、市场前景等，由各县、校申报，市级验收，创建合格专业，逐步确定重点专业、示范专业。

安康市加大专业整合力度，发挥市场导向，强化市级统筹，做大做强办学条件优、规模大、质量高的重点特色专业。

杨凌示范区加快发展新兴产业和现代服务业，积极推进精品专业、精品课程建设，紧密结合区域社会经济发展需要，立足服务社会。

案例 汉中市全面提升职业教育人才培养水平，建立健全专业动态调整机制，结合产业发展和当地实际优化专业结构与布局，加强特色专业建设，打造重点品牌专业。全市建设国家级特色专业1个，省级特色专业14个，市级特色专业22个，县区级特色专业37个。国家级特色专业为南郑区职教中心的汽车运用与维修；省级特色专业为南郑区职教中心的汽车运用与维修、数控技术应用、计算机应用、电子技术应用，洋县职教中心的计算机应用、电子技术应用、焊接技术应用，西乡县职中的汽车运用与维修、茶叶生产与加工，宁强县职业高级中学的汽车运用与维修、电子技术运用，市科技职业中专的模具制造技术、电子技术应用、机械加工技术。

（二）"三教"改革

1. 教师教学能力提升培训

陕西省依据《教育部财政部关于实施职业院校教师素质提高计划（2017—2020年）的意见》，落实立德树人根本任务，优化职业教育类型定位，深化中等职业学校"教师、教材、教法"改革，组织中等职业学校教师开展多种形式培训，全面提高教师教学能力。2020年，全省中等职业学校共有49 392人次专任教师参加各级各类培训，共计1 551 989学时。专任教师培训情况统计见表4-3-3。

表4-3-3　专任教师培训情况统计

接受培训专任教师/人	接受培训专任教师/人次		培训时间/学时	国家级		省级		地市级		县级		校级	
				接受培训专任教师/人次	培训时间/学时	接受培训专任教师/人次	培训时间/学时	接受培训专任教师/人次	培训时间/学时	接受培训专任教师/人次	培训时间/学时	接受培训专任教师/人次	培训时间/学时
12 915	49 392		1 551 989	2 277	145 257	4 150	218 362	5 886	224 435	7 770	241 351	29 309	722 584
	集中培训	35 896	815 993	712	46 010	1 158	60 869	2 196	77 648	5 065	148 528	26 765	482 938
	远程培训	11 959	680 738	1 528	91 047	2 903	149 211	3 456	124 907	2 653	89 999	1 419	225 574
	跟岗实践	1 537	55 258	37	8 200	89	8 282	234	21 880	52	2 824	1 125	14 072

数据来源：2021教育统计年鉴

2020年1月至3月，教育部相继发布中等职业学校思想政治、语文、历史、数学、英语、信息技术、体育与健康、物理、化学、艺术10门公共基础课课程标准，确定中职公共基础课程核心素养和课程目标，明确课程内容和学业质量要求。为帮助广大学校和教师更好地领会及掌握各门课程标准，2020 年 3 月、8 月，省教育厅先后两次组织各市（区）职教行政和教研机构、中职学校、省教科院等相关人员共 4 446 人参加在线培训。

实施《职业院校教师国培计划》，确定 17 个培训机构承担专业带头人领军能力研修、"双师型"教师专业技能培训、优秀青年教师跟岗访学、卓越校长专题研修、中高职衔接专业教师协同研修、教师企业实践、兼职教师特聘岗、紧缺专业教师技艺技能传承创新以及创新项目等 47 个国培项目，3 429 人培训，各项目于 2020 年 8 月 31 日前完成。

组织中职学校教师参加《陕西中小学教师信息技术应用能力提升工程 2.0》培训。2020 年 5 月 26 日，陕西省教育厅召开全省中小学教师信息技术应用能力提升工程 2.0 实施工作视频会议。省教育厅副厅长王海波指出，党的十八大以来，以教育信息化支撑引领教育现代化，成为新时代教育改革发展的重要任务。信息技术支持下的教学已经成为教师必备的能力和素养，突显了能力提升工程实施的重要性和必要性。各级教育行政部门和中小学校一定要从面向现代化、面向世界、面向未来的高度，认真学习贯彻习近平总书记关于教育重要论述和来陕考察重要讲话的指示精神，按照教育部的部署，高度重视中小学教师信息技术应用能力的提升，切实组织好能力提升工程 2.0 的实施，服务新时代教育教学改革，促进义务教育均衡发展、各类教育协调发展，引领未来教育发展方向。全省 1 万余名中等职业学校专任教师参加培训。

2020 年，延安市举办全市中职校长延安干部培训学院枣园分院高级研修班、中职干部无锡跟岗培训班、中职校长暑期培训班、职业教育教师教学创新团队建设在线培训等，累计选送 593 名教师参加 37 个项目的培训，其中在实训基地实训 20 天的共计 20 人次。西安市中职学校教师参加省级培训 5 次，共计 3 772 人，培训内容主要有中等职业学校 10 门公共基础课课程标准培训、省级中德校长研修、省级骨干教师培训等，涉及班主任能力、乡村振兴专题、教务管理、心理健康等内容；举办市级培训 4 次，培训教师 548 人，内容主要有职业学校校企合作、教学诊改与管理能力及教师教学能力提升等；组织全市中职学校公共基础课教师参加 2 次教育部组织的中等职业学校公共基础课课程标准线上培训。

案例　陕西省中职学校十门公共基础课新课标培训在西安举行

为宣传全国职业教育大会精神，落实立德树人根本任务，优化职业教育类型定位，大力推进 10 门公共基础课新课标深入落实，2021 年 6 月 15 日，陕西省中等职业学校 10 门公共基础课新课标培训暨 2020 年经典诵读活动优秀作品展演活动在西安正式启动，开幕式由陕西省教育科学研究院院长杨晓研主持。

陕西省教育厅职业教育与成人教育处就全省落实中职公共基础课程标准，做好本次培训提出了四点要求。一要深刻认识实施中职公共基础课程标准的重要意义，切实增强深化中职课程改革的责任感和使命感。二要加强培训，深入学习。各地要按照省教育厅要求，在积极参加省教科院开展的省级中职公共基础课程骨干培训的基础上，认真制订中职课程方案和课程标准的培训方案，精心设计培训内容，抓紧部署开展全员培训。三要抓好教研科研，强化专业引领。四要抓好双达标落实，为课程改革提供有力支撑。

教育部职业技术教育研究所副所长刘宝民作了《职业教育前途广阔，大有可为》的主题报告，传达并解读全国职业教育大会精神，他从充分认识会议的重要成果和意义、深刻领会习近平总书记重要指示、建设高质量职业教育体系的重点任务以及陈宝生部长总结讲话的一些重要内容四个方面进行了深入浅出的讲解，帮助参会人员准确理解新发展格局背景下职业教育改革发展的新定位和新要求，明确高质量职业教育体系的重点任务，推动学校高质量内涵发展，并提出了指导性和建设性的意见。

全省各地市教育局教研室负责人、职业教育教研员，全省各中等职业学校校长、主管教学副校长、教务主任及骨干教师 400 余人参加开幕式。本轮 10 门公共基础课程新课标培训分三期分科目进行，于 6 月 23 日结束，全省 1 500 余名老师参与此次培训。

2020 年度陕西省职业院校教师素质提高计划联合开展教师培训项目一览表见表 4 -3 -4。

表 4 -3 -4   2020 年度陕西省职业院校教师素质提高计划联合开展教师培训项目一览表

序号	项目名称	专业	时长（或学时学分）	经费支持标准/(万元·人⁻¹)	计划人数/人	经费小计/万元
1	"双师型"教师专业技能培训	旅游服务与管理（高职）	160 学时（四周）	1.1	30	33
2	"1 + X"证书培训	电子商务（高职）	160 学时（四周）	1.1	30	33
3	"1 + X"证书培训	老年照护职业技能等级证书	160 学时（四周）	1.1	30	33
4	"1 + X"证书培训	数控车铣加工职业技能等级证书	160 学时（四周）	1.1	30	33
5	"1 + X"证书培训	数字媒体技术应用（高职）	160 学时（四周）	1.1	30	33

续表

序号	项目名称	专业	时长（或学时学分）	经费支持标准/(万元·人$^{-1}$)	计划人数/人	经费小计/万元
6	青年教师企业实践	化学工艺	320 学时（八周）	2	12	24
7	中高职衔接专业教师协同研修	机电一体化技术（中职、高职）	160 学时（四周）	1.1	30	33
8	远程教师能力提升	教学能力提升（中职、高职）	120 学时	0.03	1 400	42
9	远程教师能力提升	教师政治修养与课程思政（中职、高职）	120 学时	0.03	1 400	42
10	远程教师能力提升	师德师风与思政教育（中职、高职）	120 学时	0.03	1 400	42

2. 教学能力和微课程设计比赛

陕西省持续发挥教学能力比赛在深化"三教"改革中的树旗、导航、定标、催化作用，推动教师综合素质、专业化水平和创新能力全面提升，不断提高技术技能人才培养质量。2020 年 8 月，陕西省职业院校教师教学能力比赛在西安航空职业技术学院举办，全省 51 所学校的 468 名优秀教师经校赛、市赛、省赛网络评审层层选拔，参加此次决赛。按照"完善制度、提高质量、阳光公正、引领发展"的思路，最终评审产生一等奖 43 项、二等奖 84 项、最佳组织奖 20 项，并推荐 25 项优秀作品代表陕西参加国赛，见表 4 - 3 - 5。

2020 年职业院校教师教学能力比赛具有四个特点：一是赛事设置全面对接国赛。在应对疫情常态化防控、推进"三全育人"、落实育训并举、确保质量型扩招等新形势、新要求下，构建职业教育教学质量持续改进的良好生态；二是办赛机制进一步完善，"校级、市级、省级、国家级"四级梯次提升的竞赛机制逐步形成，省赛阶段首次实现全省职业院校同台竞技；三是赛项内容更加突出教学，进一步关注课堂教学原生态，避免竞赛活动与日常教学"两张皮"；四是职业性、技能性更加凸显，教师授课内容源于生产服务实际，对接新工艺、新技术、新规范，引入行业企业一线技工、技能大师参与教学过程。

表 4 - 3 - 5　2020 年全国职业院校技能大赛教学能力比赛陕西省中职组获奖名单

参赛队	参赛作品	单 位	姓 名	获奖等次
陕西省	匠心筑安——电梯困人紧急救援及故障排除	陕西省建筑材料工业学校	郭利萍、李英赞、刘锋、李松彪	一等奖
	传承经典，弘扬文化——中国传统元素在现代工艺品中的应用	陕西省城市经济学校	胡元清、田蕾、李璐	二等奖
	立体几何之线面平行的性质、二面角、线面垂直的判定	镇安县职业高级中学	胡金萍、汪宝贤、刘香波	三等奖
	天赐福祉，游"利"桑梓——脱贫攻坚下的特色旅游（Charac-Teristic Tourism for Poverty Allevia-tion）	神木市职业技术教育中心	马林霞、田艳霞、马美宏、刘小凤	三等奖
	涉外礼宾服务	西安旅游职业中等专业学校	陈静、薛蓓蕾、杨清如	三等奖
	测壮美山河 量天地高低——水准测量	陕西省电子信息学校	张涵、杨永宏、罗韬	三等奖
	关爱老人健康，守护美好夕阳	西安市卫生学校	于志云、张利苹、王雅迪、任晔	三等奖
	亮出你的诚信名片——会计凭证的填制与审核	宝鸡职业技术学院附属中专学校	王宝云、王菁、董瑞媛	三等奖
	汽车电源系统故障诊断与维修	咸阳市秦都区职业教育中心	薛燕、姜权、李峰	三等奖

　　持续深化新时代职业院校教育教学改革，鼓励教师更新教学理念、革新教学方法、创新教学设计、提升教学能力，推动全省中等职业学校信息化教学应用常态化；持续开展全省中等职业学校微课程教学设计比赛，2020 年全省报送 294 件作品，评出一等奖 30 个、二等奖 57 个、三等奖 88 个，6 个单位获优秀组织单位奖及优秀组织个人奖，优秀作品上传至陕西教育人人通综合服务平台、陕西职教研究微信公众号、职教信息化头条号等平台，供教师学习参考。

3. 名班主任工作室、思想政治课教学创新团队建设

　　落实立德树人根本任务，推"三全育人"，引导中职班主任模范遵守新时代师德师风建设有关规定和要求，提高教育教学、组织管理、人际沟通和职业指导等各方面能力；发挥在学校实施教书育人、管理育人、服务育人和沟通学校、家庭、用人单位等方面的重要作用，提高中职学校学生管理和德育工作水平；陕西省持续开展中职班主任业务能力竞赛，进行"最美中职班主任"遴选，推动名班主任工作室建设等工作；广泛开展班主任业务能力提升活动，大力提升班主任的业务素养和育人能力。目前，陕西省共有名班主任工作室67个（市级8个，县级59个）、思想政治课教学创新团队4个（省级1个，市级3个）、思想政治课示范课堂数19个（省级4个，市县级15个）。

在中职班主任业务能力竞赛中重点考察班主任针对所带班级，深入开展班级情况分析，科学合理确定班级建设目标，围绕学生思想工作、班级管理工作、组织班级活动、职业指导工作、沟通协调工作等方面，周密制定班级建设方案，扎实推进建班育人政策，妥善应对突发事件，并根据学生成长情况及时总结改进的能力，把班主任业务能力竞赛作为名班主任工作室建设的依据。

把中职思想政治课教师"大练兵"纳入全省"大练兵"系列主题活动。按照《陕西学校"四好"思政课创优行动方案》安排，组织中职学校开展2021年思政课教师"大练兵"活动，并择优推荐在岗在编优秀专职教师参加省级展示活动。

案例 陕西省中等职业学校思政教学和安全管理工作视频会议召开

2020年12月18日，陕西省教育厅组织召开加强中等职业学校思政教学和安全工作视频会议，陕西省委教育工委委员、省教育厅副厅长朱晓渭出席会议并讲话。

朱晓渭指出，中职学生处在人生成长的"拔节孕穗期"，需要学校的科学引导和精心栽培。全省各级各类中职学校要坚决贯彻党的教育方针，把落实立德树人根本任务、培养共产主义建设者和接班人摆在更加突出的位置开展工作。一要落实好中职思想政治课课堂教学主阵地任务；二要加强德育工作制度机制建设；三要加强理想信念和社会主义核心价值观教育；四要加强行为规范养成教育；五要加强敬畏生命安全教育。各级教育行政部门要切实加强中职学校德育工作实施情况的督查，在开展"双达标"验收、"双高"学校建设等过程中，首先监测评价学校的德育任务落实情况和"三风"建设情况，形成激励约束机制，对于德育工作中的"软、散、懒"，要严肃处理问责。

省教育厅有关部门负责人，全省各市、区、县教育局分管副局长，有关处（科）室主要负责人，全省中职学校党委书记和校长参加会议。

案例 白河县职教中心多措并举，活化形式，打造高素质教师团队

通过"名师引领、团队合作、共同提高、资源共享、均衡互补"的教师专业发展战略精选3名省级教学能手分别领衔3支团队（课程改革、校企合作、技能大赛），引领24名中青年教师以专家（名师）引领、理论学习、教学研讨、课堂观摩、博客研修、主题沙龙、企业实践等研修方式，开展自主学习和集中研修，建设创新型教育团队。发挥示范、引领、辐射作用，教师整体素质全面提高。有 2 名教师荣获省市级教学能手，3 项课题分别在省市县立项；1 名教师荣获"全市新型职业农民培育"一师一优课"教学评比一等奖；16 名教师在 2020 年度陕西省基础教育教学成果评选活动中荣获一、二、三等奖。

4. 开展企业实践

陕西省教育厅依据《职业学校教师企业实践规定》（教师〔2016〕3 号）文件，制定《中职学校教师企业实践工作规划和管理办法》，确定教师企业实践基地，对各地（市）教师企业实践工作进行指导、监督和评估。

渭南市为切实提高教师的实践教学能力和跟踪企业先进技术，安排教师到企业进行顶岗培训或挂职锻炼，每个学期或寒暑假安排教师深入企业实践培训，了解典型的工作岗位，亲自感受企业生产流程和企业文化，使教师的教学更加贴近生产实际。规定教师到企业顶岗实践必须完成规定时间和任务，并按时上交相关资料报告。陕西省建筑材料工业学校在企业的大力支持下，制定《教师下企业实践锻炼实施办法》，并签订教师企业实践协议，每年组织教师开展企业顶岗实践活动，全面提升学校师资队伍水平。

案例　陕西省自强中等专业学校开展教师企业实践提升专业素养

为贯彻《国家职业教育改革实施方案》精神，落实《职业学校教师企业实践规定》要求，自强中等专业学校教学管理人员、教研室负责人和专任教师深入企业一线开展实践活动。中医康复专业教师在宝鸡市金台恒建中医诊所进行针灸、推拿、理疗等临床医疗工作，在实践工作中表现优秀，得到了就诊病人、医院领导的好评和赞扬。在智慧华育（京东）科技有限公司实践的教师，对京东的企业文化、管理模式和对人才的需求状况进行深入的了解，学习最新的电子商务新概念（大数据、互联网思维、云概念等），通过亲身实践熟练掌握了店铺运营、商品拍摄、商品上架及优化和店铺引流等技巧。电子电器教研室教师到陕西牛人机器人科技有限公司进行企业实践，教师学习企业员工手册、各岗位职责及有关管理制度、部分机器人产品的使用和维护方法，并亲自装配、调试、维修了多个 N1 型机器人，深刻体会企业文化和企业对员工的要求；了解有关服务机器人的生产过程，这对于教师专业技能的提高，以及落实企业文化进课堂将起到有力的推动作用。工艺美术与服装缝制教研室老师分别赴陕西艾特尔服饰有限公司和山东龙人康陶艺有限公司进行实践活动，了解服装和陶艺行业的发展现状、生产流程、技术质量要求及标准、各岗位职责及要求，他们与企业员工一起工作，及时解决学生在实习、生活中遇到的困难和问题。

5. 职业教育教材建设

2020 年，陕西省委教育工委、省教育厅深入贯彻落实习近平总书记关于教材建设的重要指示精神，按照"提站位、建制度、夯基础"的工作思路，凝心聚力，扎实工作，职业教育教材建设焕发新面貌，取得新进展，完善了职业教育教材制度框架；组织制定陕西省职业院校《2020—2022 年教材建设规划》和职业院校教材《管理实施细则》；组织开展教材评奖工作。按照教育部要求，组织专家开展了职业教育教材评奖工作，根据评选结果，陕西省拟推荐参评首届国家教材建设奖职业教育类 23 项，评选省级职业教育类优秀教材奖 30 项。

（三）质量保证

1. 开展"双达标"活动

省教育厅于 2020 年 6 月 22 日印发《陕西省中等职业学校办学条件达标工作方案》《陕西省中等职业学校教学工作基本要求》（陕教〔2020〕103 号），要求从 2020 年起，用 3 年时间，开展全省中等职业学校办学条件达标建设活动，进一步改善中等职业学校办学条件，优化中等职业教育布局结构，促进中等职业教育办学体制机制改革，提高全省中等职业教育办学水平。原则上，到 2020 年年底 30% 的学校达到《中等职业学校设置标准》要求，2021 年年底 70% 的学校达标，2022 年年底全省中等职业学校全部达标。

2020 年 7 月 16 日，省教育厅召开 2020 年全省中职年度工作会议，省委教育工委委员、省教育厅副厅长朱晓渭就启动实施"双达标"工作进行了动员部署，要求各地教育主管部门要切实抓好统筹规划，建立工作机制；各学校要积极组织实施，限期达标，坚持以达标促改革，以达标促发展，以实施"双达标"为抓手，全面提升我省中职教育综合实力。会议印发了《陕西省中等职业学校"双达标"复核抽检工作方案》《"双达标"复核抽检工作指南》，从指导思想、工作依据、组织机构、内容和方式、时间安排、前期工作、工作要求七个方面对"双达标"工作省级层面复核抽检做了详尽安排。

依据陕西省教育厅办公室《关于开展全省中职学校"双达标"省级复核和高水平示范校验收工作的通知》，省教育厅抽调省教科院和有关职业院校专家组成专家组，从 2020 年 12 月下旬至 2021 年 4 月下旬，对全省 51 所中等职业学校进行了"双达标"省级复核。针对各复核学校"双达标"工作存在的问题下达《陕西省中等职业学校"双达标"复核抽检整改通知书》，要求各学校限期整改，全面达标。

案例 陕西省中等职业学校"双达标"培训暨教学工作座谈会举行

2020 年 9 月 28 至 29 日，全省中等职业学校"双达标"专项培训暨教学工作座谈会在陕西交通职业技术学院举行，对中职学校办学条件、教学基本要求"双达标"工作进行业务指导。来自全省各市（区）教育局职成科（处）长、2020 年陕西省具有学历教育招生资质的中职学校校长、厅属技工学校校长近 200 名代表参加本次培训会，如图 4-3-1 所示。

图 4 – 3 – 1   陕西省中等职业学校"双达标"专项培训暨教学工作座谈会现场

2. 推进教学工作诊断与改进

省教育厅依据《陕西省中等职业学校教学工作诊断与改进规划及实施方案》持续开展5年一个周期诊改工作抽样复核，下发《陕西省教育厅办公室关于开展2020年中等职业学校教学工作诊断与改进省级复核工作的通知》（陕教职办〔2020〕31号）、《陕西省教育厅办公室关于组织开展2020年中等职业学校教学工作诊断与改进现场复核的通知》（陕教职办〔2021〕6号），委托省中等职业学校教学工作诊改专家委员会组织专家，对各市（区）和省属中等职业学校申报的2020年中等职业学校教学工作诊断与改进省级待复核的17所学校开展现场复核，对2019年省级复核结论为"待改进"的5所学校进行了答辩检查。

案例   省教育厅专家组赴陕西省城市经济学校开展教学诊改现场复核工作

根据《陕西省教育厅办公室关于组织开展2020年中等职业学校教学工作诊断与改进现场复核的通知》（陕教职办〔2021〕6号）文件精神，2021年6月1日至6月2日，省教育厅专家组进驻陕西省城市经济学校开展现场复核工作。

专家组首先听取了学校教学诊改工作汇报，学校何晓莉副校长及魏鑫、刘萌分别从学校层面、专业层面、课程层面梳理、总结了教学诊改工作实施情况。专家组实地考察了学校教学场地及设施设备建设情况，分别与校领导、中层、教师和学生进行了座谈，查阅了学校的诊改资料。通过随机听课，考察了教师的实际教学情况。复核反馈会上，专家组对学校用12年时间从普通中职教育顺利转型为残疾人职业教育，专业从无到有、从有到优，教师爱岗敬业、全心全意服务残疾生表示敬意；认为学校的教学诊改工作成效初步显现，职教改革成果突出；同时对进一步健全诊改制度、完善诊改实施方案、建立"8字形"质量改进螺旋机制等方面提出建议。

3. "陕西省高水平示范性中等职业学校"建设

陕西省教育厅印发《陕西省高水平示范性中等职业学校建设三年行动计划（2018—

2020 年）》（陕教职办〔2018〕7 号），决定从 2018 年起，用三年时间建设 20 所左右发展水平处于全国前列、西部领先的省级高水平示范性中等职业学校，示范引领全省中等职业教育改革发展，并相继制定《陕西省高水平示范性中等职业学校建设三年行动计划》《陕西省高水平示范性中等职业学校建设三年行动计划项目学校遴选基本条件》《陕西省高水平示范性中等职业学校建设计划项目申报书》《陕西省高水平示范性中等职业学校建设项目管理办法》等指导、规范性文件。

2020 年 12 月下旬至 2021 年 4 月下旬，依据陕西省教育厅办公室《关于开展全省中职学校"双达标"省级复核和高水平示范校验收工作的通知》，教育厅抽调省教科院和有关职业院校专家组成专家组从对全省 31 所立项建设陕西省高水平示范性中等职业学校对照项目学校的建设任务书逐项核查，评估赋分。

案例 省教育厅对宝鸡市四所中职学校高水平示范校验收

2020 年 4 月 20 至 29 日，省教育厅组建专家组，先后对宝鸡市眉县职业教育中心、岐山县职业教育中心、千阳县职业教育中心、凤翔区职业教育中心高水平示范校进行验收。专家组依据《陕西省高水平示范性中等职业学校建设项目任务复合表》的要求，通过查看现场、听取汇报、查阅资料、访谈师生、推门听课、沟通反馈等方式，对 4 所学校的创建工作进行了全方位、系统性的验收。专家组认为，宝鸡市、县（区）两级党委、政府高度重视职业教育发展，坚持把职业教育纳入区域教育发展的总体规划，充分发挥职能作用，精心组织实施高水平示范校的创建工作。接受验收的 4 所中职学校，认真贯彻落实中、省关于发展职业教育的决策部署，扎实推进改革创新，着力加强内涵建设，高水平示范校创建工作成效显著。同时专家组从经费投入、教师队伍建设、专业设置与区域产业对接等方面提出了意见和建议。

4. "1 + X"证书制度试点

为积极稳妥和规范有序推进全省职业院校"学历证书 + 若干职业技能等级证书"（以下简称"1 + X"证书）制度试点工作，建立健全长效工作机制，2020 年 3 月 19 日，省教育厅成立职业院校"1 + X"证书制度试点工作指导协调机构，整体推进全省职业院校"1 + X"证书制度试点工作；协助研究制定推进全省职业院校"1 + X"证书制度试点相关政策；组织做好"1 + X"证书制度试点院校申报、备案、统计、督查和考核工作；为"1 + X"证书制度试点建立协调推进机制，搭建工作服务平台，有效推进试点各项任务的实施。

"1 + X"证书试点办公室制定发布了《陕西省职业院校"1 + X"项目办 2020 年工作安排》《陕西院校"1 + X"证书制度试点工作简报》《关于公布已确认考核费用标准的职

业技能等级证书名单的函》《关于做好"1 + X"证书制度有关师资培训报备工作的通知》《关于做好陕西省第三批"1 + X"证书制度试点工作的通知》等，并对 2020 年"1 + X"证书制度试点院校名单予以公示。全省共有 85 所中职学校参与试点。安康市旬阳、石泉等 7 所中职学校被遴选确定为"1 + X"证书制度试点学校，被批准参与试点的专业共 17 个，参与试点的职业技能等级证书 13 类，培训总人数 2 029 人。截至 2020 年 12 月月底，旬阳职教中心已有 32 名汽修专业学生合格完成了"汽车电子电气与空调舒适系统技术"初级技能等级证书的测评，学前教育专业 29 名学生合格完成了"幼儿照护"初级技能等级证书的测评。

省教科院印发《关于开展陕西省职业教育"1 + X"证书制度专项研究课题申报工作的通知〔2020〕4 号》，要求试点学校重点研究在"1 + X"证书制度试点过程中的难点和问题，围绕证书试点中的机制建设、人才培养方案修订、课程体系改革、评价体系改革、队伍建设、教学模式创新、校企合作育人等某一个方面开展研究，总结"1 + X"证书制度实施的科学规律、典型案例和成功经验，体现应用性和可推广性。30 项课题通过立项，其中 10 项为重点课题。

案例　秦都职教中心汽车机电系首次"1 + X"证书试点考试顺利举行

6 月 29 日至 30 日，秦都职教中心汽车机电系在汽车喷涂实训室和中德诺浩实训基地举办了"1 + X"汽车美容装饰与加装改装服务技术证书考试，来自 17 级汽修大专和 18 级汽修中专班的 57 名同学参加了考试。考试为期两天，涉及四个考核项目，考试合格后将获得汽车美容装饰与加装改装服务技术（初级）证书。作为首批"1 + X"证书制度试点专业，此次考试标志着学校汽修专业"1 + X"证书建设工作取得了阶段性成果。学校对此次考试工作高度重视，组成了以校长杨建平、副校长吕军为主的领导小组，教务处主任吴胜利全程巡视指导，汽车机电系具体落实。从前期的策划、工具准备、现场的布置到过程控制进行了严密部署，充分的考前准备工作为考试的顺利举办奠定了坚实的基础。整个考试过程规范有序，受到了来自陕西交通职业技术学院巡考人员及考评员的充分肯定，圆满完成了首批"1 + X"证书制度试点考核的工作任务。

案例　商南县高级职业中学汽车专业领域"1 + X"证书首次考评工作圆满完成

2020 年 12 月 14—15 日，商南县职业技术教育中心在北京中车行高新技术有限公司和陕西省汽车专业领域"1 + X"证书制度考核办公室指导下，组织了汽车专业领域"1 + X"职业技能等级证书考评工作。此次考评的内容为汽车动力与驱动系统综合分析技术（初级）模块。该校有 16 名学生参加了此次考核，均已顺利通过了考试。

5. 职业教育体系建设

陕西省加快构建现代职业教育体系，努力培养出更多高素质技术技能人才、能工巧匠、大国工匠，奋力谱写陕西新时代追赶超越新篇章。职业教育顶层设计不断强化，制度政策逐步健全。省政府制定《关于深化产教融合的实施意见》《陕西省职业教育改革实施方案》等相关政策，教育、发改、人社、财政等部门出台了一系列配套举措，职业教育制度体系更加完善，职业教育的改革发展也走上提质培优、增值赋能的快车道。全省职业教育突出类型特色，体系建设不断完善。进一步强化中等职业教育基础性地位，实施中等职业学校"双达标"和"双优计划"建设；推进高职院校"双高计划"建设，不断强化高职院校主体地位；稳步发展职业本科教育，不断提高职业本科教育质量；探索建立"职教高考"制度，促进职业教育与普通教育横向融通；中职高衔接贯通体系逐步完善，规范中高职衔接发展。积极落实《陕西省五年制高等职业教育管理办法》，把"3＋2"作为中高职衔接贯通培养的基本制度，鼓励中高职在课程设置、人才培养方案制定方面形成接续一体化；健全现代职业教育体系，进一步深化产教融合，不断推进职业学校与企业联盟，与行业、园区联合，积极融入秦创原创新驱动平台建设；推进产教融合型省份试点，推动咸阳等国家级产教融合试点城市建设；对接区域主导产业，建设行业指导、企业深度参与的新型职业教育产教联合体，实现教育链、人才链与产业链、创新链有效对接。

（四）推进区域职业教育协同创新

为适应国家西部大开发战略和"一带一路"倡议需要，积极推进西部地区职业教育校际交流、经验共享、优势互补、协作创新，共同探索现代职业教育改革发展方向和策略，积极构建校企合作命运共同体，提高职业教育为区域经济建设服务能力，陕西省教育科学研究院会同四川、重庆三省（市）教育科学研究院共同发起成立"西部职教论坛"，旨在发挥优质职业院校（高职、中职、技工学校）和社会智库及优秀行业、企业力量，指导、引领陕、川、渝乃至整个西部地区职业教育优质快速发展。面向全国，吸收和借鉴先进办学理念和模式，联合相关企业和社会组织积极推进产教融合，构建校企合作命运共同体。面向未来，加强与行业、企业合作，积极推行业企业人力标准，尝试"1＋X"证书制度的推行和实践，积极落实职业教育改革和创新的其他重要举措。为政府、科研机构、院校、企业和行业及专家学者搭建职业教育改革发展交流对话合作平台。第一、二届论坛分别在西安、成都举行。

案例 聚焦协同创新高质量发展 ——陕西省职业教育代表组团参加第二届西部职业教育论坛

5 月 30 日，由四川、陕西、重庆三省（市）教育科学研究院共同主办的第二届西部职业教育论坛在成都召开，本届论坛以"贯彻全国职教大会精神推动西部职教高质量发展"为主题。陕西省职业教育代表五十余人参加论坛。

开幕式由四川省教育科学研究院党总支书记、院长刘涛主持，陕西省教育科学研究院院长杨晓研、重庆市教育科学研究院党委书记范卿泽分别致辞。

主旨报告环节，教育部职业技术教育中心研究所副所长曾天山，教育部职业技术教育中心研究所教学教材室主任刘义国、中国职业技术教育学会副会长、北京政法职业学院党委书记孙善学基于全国职业教育大会精神，分别围绕"三教"改革、专业目录、学校定位等热点问题作了专题报告。专家指出，要重点把握全国职业教育大会提出"提高职业教育适应性"的要求，树立科学的职教理念，强化职教的类型特征，深化改革，发挥好职教的功能。

经验交流环节，三省市分别由教科院职成所所长与优秀职业学校代表通过省域设计和实践案例介绍了各自的思考和做法。陕西省教科院职业教育与继续教育研究中心主任惠均芳作了题为《落细落小三大职能助推职业教育高质量发展》的经验交流，他结合陕西职业教育发展实际，介绍了陕西教科院职继研究中心每年确定一个研究方向、主动承担一项重点立项课题、培育一项国家级职业教育教学成果、承接一项省厅调研任务四方面强化研究服务决策能力。同时，研究中心形成以"主要学科+重点专业+关键项目"研讨交流机制，开展教师能力、学生技能、信息化应用三大赛项等活动引领，落实落细教学科研指导；建设职业教育教科研示范基地，组织陕西省中职教学诊改专家委员会，依托"1+X"证书试点项目办公室，关注"职教高考"，落实服务"三教"改革举措。

合阳县职业技术教育中心主任陈海军做《让校企合作成为助推中职教育发展的加速器》的案例分享。陈海军从六个方面介绍学校校企合作工作，学校注重转变观念、主动作为，抢抓合作新机遇，广泛寻求合作机遇、搭建合作平台；紧贴市场、优化专业、打造合作新起点，及时调整专业设置，优化传统专业，增设特色专业；聚焦主业、提升内涵、激发合作新动力，通过各项活动实现学生管理与教育教学的有机结合，打造活力校园；政府统筹、校企携手，探求合作新路径，定期开展交流研讨会，探索"政校行企"四方合作新路径；互惠双赢、合作发展，构建合作新模式，形成校企共建、中高衔接、贯通培养、资源共享、优势互补的"校企合作"新模式；产教融合、工学结合，谋求合作新愿景。

随着两届"西部职业教育论坛"在陕西西安、四川成都的成功举办，论坛逐步成为西部职业教育教科研的合作品牌，强化引领，深化交流，促进了西部职业教育的科研互通和实践互动。论坛得到教育部职业技术教育中心研究所、陕川渝三省市教育行政部门充分肯定，受到参会代表高度赞扬和社会各界的广泛关注。三省市职业教育将乘着全国职教大会的东风，全面贯彻职教大会精神，立足西部职业教育发展大背景，协同创新，推动新时代西部职业教育高质量发展。

（五）校企合作开展情况和效果

2020 年，陕西省发展改革委、省教育厅、省人力资源和社会保障厅等多部门根据国家发展改革委和教育部关于《建设产教融合型企业实施办法（试行）》（发改社会〔2019〕590号）、《陕西省人民政府办公厅关于深化产教融合的实施意见》（陕政办发〔2019〕26号）精神，牵头组织本省产教融合型企业建设培育试点工作，深化产教融合，发挥企业重要主体作用。各地市教育行政部门，积极探索符合当地实情的产教融合方案，创新设计校企双方合作的路径。2021年3月，陕西省发展改革委、省教育厅、省人力资源和社会保障厅联合审核，确定了全省首批产教融合型企业入库建设名单，共23家企业入围，见表4-3-6。2021年7月，经国务院职业教育工作部际联席会议审议通过，确定了陕西省咸阳市在内的21个国家产教融合试点城市。

表4-3-6　陕西省首批产教融合型企业入库建设名单

序号	企业名称
SHX00001	陕西石羊农业科技股份有限公司
SHX00002	渭南石羊长安花粮油有限公司
SHX00003	宝鸡机床集团有限公司
SHX00004	西安庄泰生物技术有限公司
SHX00005	陕西万德信息科技股份有限公司
SHX00006	启源（西安）大荣环保科技有限公司
SHX00007	陕西华邦检测服务有限公司
SHX00008	陕西汽车控股集团有限公司
SHX00009	西安航光卫星测控技术有限公司
SHX00010	陕西省土地工程建设集团有限责任公司
SHX00011	西安广汇汽车实业发展有限公司
SHX00012	陕西理财世界网络传播有限责任公司
SHX00013	西安三好软件技术股份有限公司
SHX00014	咸阳彩虹光电科技有限公司
SHX00015	西安康泰利华牙科技有限公司
SHX00016	陕西森沐环保工程有限公司
SHX00017	西安亚成电子设备科技有限公司
SHX00018	陕西天益教育科技有限公司
SHX00019	陕西大秦教育科技有限公司
SHX00020	陕西半导体先导技术中心有限公司
SHX00021	西安三秦妹子家庭服务管理有限公司
SHX00022	西安五星家庭服务有限责任公司
SHX00023	陕西学前师范科教产业有限公司

中职学校采取引企入校、订单培养、工学交替等多元化校企合作模式，从专业设置到招生计划、从课程开发到技能培育、从素养提升到就业创业，多方位建立合作标准、实施体系，探索"岗课赛证"融通综合育人模式，实现校企育人双主体，鼓励职业学校教师与企业技术专家任教任职，不断推进校企紧密合作，实现产教无缝对接。目前，陕西省校企合作企业总数 1 026 家，其中西安、咸阳和渭南三个地市占据前三，分别为 405 家、167 家和 123 家，占全省总数的 67.74%。

案例 陕西省建筑材料工业学校与陕西生态水泥股份有限公司建立多维战略合作关系，以实体化联合办学作为深度校企合作的载体和平台，切实开展包括联合开发课程资源、共建生产性实训基地、承担企业在职人员培训等一系列校企合作项目，构建了教师下企师傅入校机制、共建共享共管机制、校企技能比武机制、校企互动推动"三教改革"机制，引领学校全面发展，在持续提升学校自身办学水平的同时落实社会服务功能，探索了"共建、共享、优势互补、高度融合"的校企共同体发展模式。

案例 汉中市第一职业中等专业学校积极探索幼儿保育专业"产教融合、园校合作、学研兴业"的人才培养模式，创新幼儿保育专业集群发展，开展专业群课程体系重构，加快专业课程综合化建设，创新"3S"教学模式，构建模块化课程体系，实施体智能课程开发，形成了以"专业群体系、综合化课程、模块化教学"为特色的课程建设体系。目前，该人才培养模式已经覆盖汉中 11 个县区的 40 余所公办和民办学前教育机构，初见成效。

（六）学生实习

2020 年，教育部与财政部、人力资源社会保障部、安全监管总局、中国保监会等五部门联合研究制定了《职业学校学生实习管理规定》，对学生认识实习、跟岗实习和顶岗实习的企业考察、制订计划、实习报备、组织实施、任务考核等实习过程做了明确规定。中职学校会同实习单位制定学生实习工作具体管理办法和安全管理规定、实习学生安全及突发事件应急预案等制度性文件，成立学生实习工作领导小组，制定学生实习实施方案，签订学校、实习单位、学生三方实习协议，选派经验丰富、业务素质好、责任心强、安全防范意识高的实习指导教师和专门人员全程指导、全力保障学生实习教学任务保质保量完成。增强学生综合能力，强化校企协同育人，将职业精神养成教育贯穿学生实习全过程，促进职业技能与职业精神高度融合，服务学生全面发展，提高技术技能人才培养质量和就业创业能力。2020 年，陕西省合作企业接收实习学生比例平均为 67.54%，其中 74 所学校合作企业接受实习学生比例 90% 以上，24 所学校合作企业未接受实习学生；33 所中职学校享受生均企业实习经费补贴，最高为 8 000 元/生，最低为 19 元/生；6 所学校享受生均财政专项补贴，最高为 600 元/生，最低为 11.39 元/生。

案例 韩城市职业中等专业学校致力于拓宽校企合作渠道和范围，创新校企合作模式，建立校内外实训基地，为各专业学生建立了良好的实习实训平台和就业渠道。通过订单培养、校内外实训基地建设、校企共建的方式，建立校内外实习实训基地 65 个。2020年与陕西黑猫焦化股份有限公司、格兰云天大酒店（韩城分店）有限公司、韩城市新城幼儿园合作新建了 3 个校外实习实训基地。学校严格遵守《职业学校学生实习管理规定》，规范流程，做到就近实习、对口实习，分批次送出 200 多名学生到黄河明珠大酒店、韩城国际酒店、韩城众瑞一汽大众 4S 店、韩城铁路幼儿园等当地知名企业单位进行顶岗实习，为学生的就业奠定了坚实基础，缩小了校企无缝对接的距离。

四、政策保障（政策、财政专项与质量保障的落实与成效）

2020 年，陕西省深入贯彻落实《国家职业教育改革实施方案》精神，开展全省中等职业学校办学条件达标建设活动，进一步改善中等职业学校办学条件，优化中等职业教育布局结构，促进中等职业教育办学体制机制改革，提高全省中等职业教育办学水平；引导中职学校聚焦教学工作，落实质量保证的主体责任，以提高人才培养质量为核心，以诊改制度、机制建设和运行为重点，逐步建立和完善内部质量保证制度体系；全面加强和规范陕西省职业院校教材管理，提高教材建设水平；构建现代职教体系，坚持中职教育办学宗旨，围绕立德树人，提升育人水平。

（一）政策引领

1. 制度保障体系建设

贯彻落实国家和我省职业教育改革实施方案，巩固中等职业教育基础地位，加强基础能力建设，规范教学管理，提高教育质量和办学水平，依据教育部颁发的《中等职业学校设置标准》，省教育厅制定《陕西省中等职业学校办学条件达标工作方案》《陕西省中等职业学校教学工作基本要求》（陕教〔2020〕103 号），开展全省中等职业学校办学条件和教学基本要求"双达标"活动，进一步改善中等职业学校办学条件，规范教学管理，提高办学水平。制定《陕西省职业院校教材建设规划》《陕西省职业院校教材管理办法实施细则》，加强陕西省职业院校教材建设，目标性、规划性、规范性更加凸显，教材更具职业教育类型特点，更加适应现代职业教育的发展要求，育人功能显著增强，管理水平显著提升。全面加强和规范职业院校教材管理，提高教材建设水平。聚焦质量提升，在学校办学、教学诊改、教学改革、学生技能大赛、学生管理、规范招生等方面进一步深化改革，从制度层面建立保障体系。强化政府统筹责任，市级统筹发展区域职业教育，重点统筹产业与学校布局、特色专业设置、职普比例、师资配备、示范校建设、中高职衔接、技能培训资源、社区教育等。

2020年陕西省关于中等职业教育改革的相关政策文件见表4-4-1。

表4-4-1　2020年陕西省关于中等职业教育改革的相关政策文件

类型	文件名称	政策要点（目标）	发文机构及发文时间
学校办学	《陕西省中等职业学校办学条件达标工作方案》《陕西省中等职业学校教学工作基本要求》（陕教〔2020〕103号）	从2020年起，用3年时间，开展全省中等职业学校办学条件达标建设活动。原则上，到2020年年底30%的学校达到《中等职业学校设置标准》要求，2021年年底70%的学校达标，2022年年底全省中等职业学校全部达标	陕西省教育厅（2020-06-22）
教学诊改	《关于开展2020年中等职业学校教学工作诊断与改进省级复核工作的通知》（陕教职办〔2020〕31号）	1. 引导中职学校聚焦教学工作，落实质量保证的主体责任，以提高人才培养质量为核心，以诊改制度、机制建设和运行为重点，以中等职业学校人才培养工作状态数据管理系统（简称数据管理系统）为支撑，依据目标和标准，查找不足，完善提高，逐步建立和完善内部质量保证制度体系，营造现代质量文化，提升师生员工的满意度和获得感。 2. 引导市、县两级教育行政部门加强事中、事后监管，切实履行推进中职学校建立教学诊改工作制度的职责。 3. 规范省级复核工作基本内容和程序，推进教学诊改工作的全面实施	陕西省教育厅办公室（2020-11-13）
	《关于组织开展2020年中等职业学校教学工作诊断与改进现场复核的通知》（陕教职办〔2021〕6号）	省教育厅委托省中等职业学校教学工作诊改专家委员会组织专家，对各市（区）和省属中等职业学校申报的2020年中等职业学校教学工作诊断与改进（以下简称"教学诊改"）省级待复核学校开展现场复核，并对2019年省级复核结论为"待改进"学校的落实改进情况进行答辩检查	陕西省教育厅办公室（2021-05-25）

续表

类型	文件名称	政策要点（目标）	发文机构及发文时间
教学诊改	《陕西省职业院校教材建设规划》	到 2022 年，我省职业院校教材建设全面加强，目标性、规划性、规范性更加凸显，教材更具职业教育类型特点，更加适应现代职业教育发展要求，育人功能显著增强，管理水平显著提升	陕西省教育厅（2020 – 12）
	《陕西省职业院校教材管理办法实施细则》	全面加强和规范职业院校教材管理，提高教材建设水平	陕西省教育厅（2020 – 12）
教学改革	《关于做好 2020 年全省中等职业教育和五年制高等职业教育专业设置工作的通知》（陕教职办〔2020〕9 号）	以中职专业目录为依据，建好中职专业库，结合实际做好专业设置管理工作。各中等职业学校填报系统，完善更新各校专业开设情况（含新增、停办）和 2020 年拟招生数、2019 年实际招生数、在校生人数、毕业生数等信息。县、市（地）教育行政部门逐级做好审核、管理工作。 要高度重视专业设置管理工作，把组织填报和使用系统作为加强专业建设的基础性工作抓实、抓好。要建立健全长效机制，加强对本地区中等职业学校专业设置的指导、检查和监督。要指派专人负责系统填报工作，确保系统填报工作实现学校和专业全覆盖。 要引导中等职业学校服务区域经济社会发展和产业转型升级需要，重点面向现代农业、先进制造业、现代服务业设置专业，科学规划专业布局，避免盲目设置、重复建设专业。 逐步停止中职层次农村医学、中医类专业招生。确需举办的，须经省教育厅和省卫生健康委员会审核同意，并报教育部备案。 自 2020 年起，不再增设学前教育专业点，对于已设的学前教育专业，2020 年、2021 年两年分批转设为幼儿保育或相关专业	陕西省教育厅办公室（2020 – 04 – 27）

续表

类型	文件名称	政策要点（目标）	发文机构及发文时间
教学改革	《关于组织开展 2020 年全省中等职业学校教学能手评选工作的通知》（陕教〔2020〕95 号）	促进中等职业学校课程改革，构建教师专业（学科）成长的激励机制，提高广大教师的教科研能力，建设一支高素质"双师型"的教师队伍	陕西省教育厅；陕西省人力资源和社会保障厅（2020 - 06 - 17）
	《关于公布陕西省第二届中等职业教育教学成果奖评审结果的通知》（陕教〔2020〕85 号）	全省开展教学成果奖励活动是落实立德树人根本任务、推动职业教育改革发展的重要举措。 陕西省第二届中等职业教育教学成果省级评审结果：41 项成果获得陕西省第二届中等职业教育教学成果奖，其中特等奖 5 项、一等奖 9 项、二等奖 27 项	陕西省教育厅；陕西省人力资源和社会保障厅（2020 - 05 - 27）
	《关于开展 2021 年省级基础教育、中等职业教育教学成果奖评审工作的通知》	为学习贯彻习近平新时代中国特色社会主义思想，坚持把教育放在优先发展的位置，落实党的十九大和全国教育大会精神，根据国务院《教学成果奖励条例》等有关规定： 1. 坚持正确政治方向，全面贯彻党的教育方针，落实立德树人根本任务。 2. 坚持以提高人才培养质量为核心，深化教育教学改革，突出实践性和创新性。 3. 坚持引导优秀人才终身从教，向长期从事一线教育教学的教师倾斜。 4. 坚持示范引领，重在应用推广，带动提高相关领域人才培养能力	陕西省教育厅；陕西省人力资源和社会保障厅（2021 - 07 - 09）
技能大赛	《陕西省教育厅 陕西省人力资源和社会保障厅关于举办 2020 年陕西省中等职业学校学生技能大赛的通知》（陕教〔2020〕3 号）	促进专业教学、提升技能水平、培育工匠精神，健全校赛、市赛、省赛、国赛"四级竞赛"机制。中职学校参赛率100%；市赛举办率100%，经过市赛选拔方可报名参加省赛；省赛赛项对接国赛设置率100%；省赛设立常规赛和模拟赛两大板块，凡是国赛赛项，尽可能开设省赛，列入常规赛	陕西省教育厅；陕西省人力资源和社会保障厅（2020 - 01 - 07）

续表

类型	文件名称	政策要点（目标）	发文机构及发文时间
技能大赛		健全参加国赛机制。根据省赛成绩，推荐参加国赛。参加国赛前，统一组织集训。无正当理由拒绝参加国赛的，撤销该项目省赛所有奖励。 健全表彰激励机制。技能大赛获奖情况，纳入绩效考核	
	《关于公布2020年陕西省中等职业学校学生技能大赛获奖名单的通知》（陕教〔2020〕201号）	技能大赛是学生展示技能水平和综合素质的舞台，大赛成绩是区域职业教育发展水平和学校教育教学质量的体现。 深入总结经验，完善市级、校级技能大赛制度；深化校企合作，促进人才培养与产业发展紧密结合；以赛促教，不断提高技能人才培养质量。	陕西省教育厅；陕西省人力资源和社会保障厅 （2020-12-28）
学生管理	《关于进一步加强中等职业学校德育工作和学生管理工作的通知》（陕教职办〔2021〕7号）	为深入贯彻落实《教育部办公厅关于加强和改进新时代中等职业学校德育工作的意见》（教职成厅〔2019〕7号）和《关于进一步加强职业院校学生管理的通知》（教职成司函〔2021〕6号），坚持立德树人，全面提高学生的思想道德素质，规范和加强中等职业学校管理，全力营造良好育人环境，结合我省实际，进一步加强全省中等职业学校德育和学生管理工作：一、深刻认识新时代加强中等职业学校德育工作和学生管理工作的重要意义；二、始终把德育工作放在学校工作的首要位置；三、完善学校德育工作和学生管理制度机制；四、强化教育引导和实践养成；五、强化突出问题管理；六、加强德育和学生管理工作队伍建设；七、强化机制保障	陕西省教育厅办公室 （2021-05-31）

类型	文件名称	政策要点（目标）	发文机构及 发文时间
常规 工作	《陕西省教育厅等十部门关于做好 2020 年职业教育活动周相关工作的通知》（陕教〔2020〕176 号）	为贯彻落实《国家职业教育改革实施方案》，宣传、展示职业教育助力新型冠状病毒防控、支持复工复产、促进就业创业等方面的成效，大力弘扬劳动光荣、技能宝贵、创造伟大的时代风尚，进一步营造全社会关心支持职业教育的良好氛围，按照《教育部等十部门关于做好 2020 年职业教育活动周相关工作的通知》（教职成函〔2020〕6 号），现就办好 2020 年职业教育活动周有关事项通知如下。 主题：人人出彩，技能强国	陕西省教育厅 中共陕西省委宣传部； 中共陕西省委网络安全和信息化委员会办公室； 陕西省人力资源和社会保障厅； 陕西省工业和信息化厅； 陕西省农业农村厅 陕西省人民政府； 国有资产监督管理委员会； 陕西省总工会； 共青团陕西省委员会； 陕西省中华职业教育社 （2020 - 11 - 13）
	陕西省教育厅陕西省农业农村厅关于印发《陕西省职业教育服务乡村振兴战略三年行动计划（2020—2022 年）》的通知（陕教〔2020〕123 号）	根据《中共陕西省委、陕西省人民政府关于实施乡村振兴战略的实施意见》《陕西省职业教育改革实施方案》，启动实施"职业教育服务乡村振兴战略三年行动计划（2020—2022 年）"，以习近平新时代中国特色社会主义思想为指导，以产教融合为原则，以人才培养供给侧结构性改革为立足点，以"四计划、一工程"为抓手，力争经过三年努力，形成职业教育服务"产业兴旺、生态宜居、乡风文明、治理有效、生活富裕"的全链条，实现职业教育与乡村振兴同频共振、高质量发展	陕西省教育厅； 陕西省农业农村厅 （2020 - 07 - 21）

类型	文件名称	政策要点（目标）	发文机构及 发文时间
常规 工作	《陕西省教育厅办公室关于做好 2020 年中等职业教育质量报告编制、发布和报送工作的通知》（陕教职办〔2020〕34 号）	根据教育部职成司《关于做好 2020 年中等职业教育质量报告编制、发布和报送工作的通知》（教职成司函〔2020〕36 号）要求，编制和发布 2020 年中等职业教育质量报告	陕西省教育厅办公室
规范 招生	《陕西省教育厅办公室关于做好 2020 年中等职业学校春季招生工作的通知》（陕教职办〔2020〕2 号）	贯彻落实《国家职业教育改革实施方案》，巩固中等职业教育基础地位，落实高中阶段职普比不低于 4∶6 的要求，努力实现大体相当。 各市（区、县）要严格审核辖区内春季招生学校资格，落实监督管理主体责任，规范学校招生行为	陕西省教育厅办公室
	《陕西省教育厅办公室、陕西省人社厅办公室关于做好 2020 年全省中等职业学校招生工作的通知》（陕教职办〔2020〕8 号）		
	《陕西省教育厅办公室关于做好 2021 年全省中等职业学校春季招生工作的通知》（陕教职办〔2021〕1 号）		

2. 强化政策落实

2020 年，陕西省职业教育破解关键性难题，理顺省、市、县、校四级职业教育的事权和责任，省级层面制定全省职业教育改革发展规划，市级层面统筹发展区域职业教育，县级层面负责落实发展职业教育的政策措施。

省级统筹组织实施办学条件达标工作，市级教育行政部门统一组织达标监测评价，通过达标建设强化市级政府在统筹职业教育发展方面的责任，并确定目标，制定《陕西省中等职业学校办学条件达标监测评价指标体系》，坚持对标定量，因地制宜。达标监测既注重基础设施建设，对标国家设置标准，从紧从严，又充分考虑城市学校和部分偏远山区学校实际，把握政策要求。

以诊改制度、机制建设和运行为重点，建立和完善内部质量保证制度体系，引导市、县两级教育行政部门加强事中、事后监管，切实履行推进中职学校建立教学诊改工作制度的职责。规范省级复核工作基本内容和程序，推进教学诊改工作的全面实施。省教育厅委托省中等职业学校教学工作诊改专家委员会组织专家，对申报的2020年教学诊改的学校开展现场复核。

由省厅统筹，建立健全长效机制，县、市（地）教育行政部门逐级做好审核、管理工作，并结合中等职业学校服务区域经济社会发展和产业转型升级需要，科学规划专业布局，做好专业设置管理工作及中职专业库工作。

落实立德树人根本任务，推动职业教育改革发展，促进中等职业学校课程改革，构建教师专业（学科）成长的激励机制，提高广大教师的教科研能力，建设高素质"双师型"的教师队伍；促进专业教学，提升技能水平，培育工匠精神，健全校赛、市赛、省赛、国赛"四级竞赛"机制及表彰激励机制，完善市级、校级技能大赛制度；深化校企合作，促进人才培养与产业发展紧密结合；以赛促教，提高技能人才培养质量。

坚持立德树人根本任务，全面提高学生的思想道德素质，规范和加强中等职业学校管理，全力营造良好育人环境，完善学校德育工作和学生管理制度机制，强化教育引导和实践养成，加强德育和学生管理工作队伍建设，强化机制保障。

贯彻落实《国家职业教育改革实施方案》，巩固中等职业教育基础地位，落实高中阶段职普比不低于4∶6的要求，努力实现大体相当。严格招生学校资格，落实监督管理主体责任，规范学校招生行为。

（二）经费保障

1. 经费总投入

通过对"十三五"全省教育经费投入情况进行统计（见表4-4-2），中职教育经费总投入由2016年的44.89亿元增加到2020年的60.56亿元，增幅34.91%；高职教育经费总投入由2016年的57.55亿元增加到2020年的74.59亿元，增幅29.61%；普通本科教育经费总投入由2016年的365.66亿元增加到2020年的496.26亿元，增幅35.72%。我省中、高、本教育经费总投入逐年增加，但伴随经费数量的增加，职业教育占比有所降低。

表 4-4-2　"十三五" 全省教育经费投入情况统计表（部分）

年份	总计/亿元			中高职教育总投入与中高本教育总投入比例/%
	中职	高职	普通本科	
2016 年	44.89	57.55	365.66	21.88
2017 年	46.3	62.85	387.91	21.96
2018 年	49.34	65.51	441.81	20.63
2019 年	55.6	65.6	484.11	20.02
2020 年	60.56	74.59	496.26	21.40

根据 2020 年全国教育经费执行情况统计表可知，陕西省 2020 年一般公共预算教育经费为 993.03 亿元，一般公共预算教育经费占一般公共预算支出比例为 16.74%，一般公共预算教育经费 2020 年比 2019 年增长为 5.12%，财政经常性收入 2020 年比 2019 年增长 0.21%，一般公共预算教育经费占财政经常性收入比例增长幅度为 4.91%，见表 4-4-3。

表 4-4-3　2020 年陕西省一般公共预算教育经费增长情况

一般公共预算教育经费/亿元	一般公共预算教育经费占一般公共预算支出比例/%	一般公共预算教育经费 2020 年比 2019 年增长/%	财政经常性收入 2020 年比 2019 年增长/%	一般公共预算教育经费占财政经常性收入比例增长幅度/%
993.03	16.74	5.12	0.21	4.91

备注：一般公共预算支出来源于《中国统计年鉴—2021》。

2020 年，西安市教育局共计投入中等职业教育市级建设项目经费 4 460 万元，主要用于各中等职业学校改善办学条件。2019—2020 学年，西安市教育局共计投入中等职业学校市级师资培训经费 100.97 万元、技能大赛专项经费 34.05 万元、招生工作专项经费 4.88 万元，下拨中等职业学校毕业生 "以奖代补" 专项资金 141.94 万元等，共计 281.84 万元。（数据来源：西安市教育局）

2. 加强和规范学生资助工作

为加强制度建设，精准识别资助对象，省财政厅组织市、县重新核定义务教育家庭经济困难寄宿生补助比例和非寄宿生补助比例，提高资助工作精准度；构建了以中职教育免学费为主的普惠性资助、国家助学金为主的济困性资助、国家奖学金为主的奖励性资助以及退役士兵学费资助为主的引导性补助相结合的政策体系；分阶段确定资助标准，逐步形成从学前教育到高等教育全覆盖的资助标准体系。其中，学前教育家庭经济困难幼儿资助标准为每生每年750元，其他阶段助学金执行国家统一标准。同时，省财政厅对普通高中、中职学校、本科和专科院校家庭经济困难学生实行分档资助，确保家庭经济特别困难学生资助标准高于一般困难学生。由省财政厅获悉：2020年以来，省财政厅从制度建设、标准设计、跟踪问效等方面发力，不断加大财政投入，截至2021年7月月底，省财政已落实本年度学生资助财政补助资金36.26亿元，资助各类学生159万人次。

案例　各地市落实中职学生资助情况

西安市灞桥区，2020年春季发放中职助学金371人37.1万元；中职免学费补助1 546人次120.66万元；秋季发放中职助学金3 239人323.9万元，中职免学费补助7 098人586.56万元；中职奖学金6人3.6万元。（数据来源：陕西省事业单位登记管理局）

延安市财政局2020年秋季学期学生资助补助经费（中等职业教育学生资助）603.88万元，其中：中央资金407.9万元，省级资金18.54万元，市级资金177.44万元，用于2020年秋季学期学生资助补助（中等职业教育学生资助）。2020年秋季学期学生资助补助（中等职业教育学生资助第二批）经费972.54万元，其中：中央资金540.64万元，省级资金24.97万元，市级资金406.93万元，用于2020年秋季学期学生资助补助（中等职业教育学生资助第二批）。（数据来源：延安市财政局）

2020年榆林市学生资助补助经费，年度资金总额2 672.48万元，全部为财政拨款。2020年春季学期应享受免学费人数22 329人，应享受免学费补助资金1 786.32万元。（数据来源：榆林市政府）

（三）改革推动

1. 建立中长期建设目标

职业教育负担着培养生产服务一线高素质劳动者和技能型人才的重要职能，大力发展特色职业教育，加强职业教育的理论和实践研究，对我国经济发展和繁荣具有重要的现实意义。2020年，我国相继出台多项政策推动职业教育持续发展，着重增强职业技术教育适应性，具体包括突出职业教育的特色、完善顶层设计、创新办学模式、提升教育质量和深化职普融通。

根据国家层面职业教育政策，陕西省出台多项鼓励职业教育的政策，突出职业教育的特色，增加职业技术学校的数量，在提升师资力量的同时提升职业技术的地位，实现更加契合我国制造需要的职业技术型人才，其制定《陕西省职业教育改革实施方案》等文件，确立了陕西省中等职业教育中长期建设目标，见表4-4-4。

表4-4-4　陕西省中等职业教育中长期建设目标

序号	类型	建设内容及目标
1	规范办学条件，中等职业学校教学条件基本达标	从2020年起，用3年时间，开展全省中等职业学校办学条件达标建设活动。原则上，到2020年年底30%的学校达到《中等职业学校设置标准》要求，2021年年底70%的学校达标，2022年年底全省中等职业学校全部达标
2	教学工作诊断与改进	1. 逐步建立和完善内部质量保证制度体系，营造现代质量文化，提升师生员工的满意度和获得感。 2. 引导市、县两级教育行政部门加强事中、事后监管，切实履行推进中职学校建立教学诊改工作制度的职责。 3. 规范省级复核工作基本内容和程序，推进教学诊改工作的全面实施
3	教学改革，建设高素质教师队伍	促进中等职业学校课程改革，构建教师专业（学科）成长的激励机制，提高广大教师的教科研能力，建设一支高素质"双师型"的教师队伍
4	教材建设规划及管理	到2022年，我省职业院校教材建设全面加强，目标性、规划性、规范性更加凸显，教材更具职业教育类型特点，更加适应现代职业教育发展要求，育人功能显著增强，管理水平显著提升
5	促进专业教学、提升技能水平、培育工匠精神	健全校赛、市赛、省赛、国赛"四级竞赛"机制。中职学校参赛率100%；市赛举办率100%，经过市赛选拔方可报名参加省赛；省赛赛项对接国赛设置率100%；省赛设立常规赛和模拟赛两大板块，凡是国赛赛项，尽可能开设省赛，列入常规赛。 健全参加国赛机制。根据省赛成绩，推荐参加国赛，参加国赛前统一组织集训。 健全表彰激励机制。技能大赛获奖情况，纳入绩效考核
6	落实立德树人根本任务，加强学生管理	为深入贯彻落实《教育部办公厅关于加强和改进新时代中等职业学校德育工作的意见》（教职成厅〔2019〕7号）和《关于进一步加强职业院校学生管理的通知》（教职成司函〔2021〕6号），坚持立德树人根本任务，全面提高学生的思想道德素质，规范和加强中等职业学校管理，全力营造良好育人环境，结合我省实际，进一步加强全省中等职业学校德育和学生管理工作。

序号	类型	建设内容及目标
		一、深刻认识新时代加强中等职业学校德育工作和学生管理工作的重要意义。 二、始终把德育工作放在学校工作的首要位置。 三、完善学校德育工作和学生管理制度机制。 四、强化教育引导和实践养成。 五、强化突出问题管理。 六、加强德育和学生管理工作队伍建设。 七、强化机制保障。 构建产教融合发展格局，促进教育链、人才链与产业链、创新链有机衔接，提升人力资源质量，推进我省经济高质量发展的目标任务
7	发展职业教育，规范中职招生	贯彻落实《国家职业教育改革实施方案》，巩固中等职业教育基础地位，落实高中阶段职普比不低于4：6的要求，努力实现大体相当各市（区、县）要严格审核辖区内春季招生学校资格，落实监督管理主体责任，规范学校招生行为

2. 基础能力建设

近年来，为解决中等职业教育发展中的一些具体问题，各地市以项目建设为抓手，精准投入，改善办学条件，持续提升中等职业教育基础能力。

在全省实施中职学校"双达标"活动，立项建设省级高水平示范性中等职业学校31所。陕西省高水平示范性中等职业学校把提升基础设施条件作为示范校建设的重要内容。以"双达标"为契机，一是争取政府支持，建设新校区，扩大校园占地面积，增加基建投入，完善基础设施条件，如：富平县职教中心完成了新校区建设；千阳县政府将县体育场65.76亩土地及设施整体划归职教中心；秦都职教中心、韩城职专和岐山县职教中心等建成新的实训大楼，改造体育运动场等。二是学校多方筹措资金，完善基础设施条件，如：建设学生公寓、标准化操场和消防设施，建设医务室、心理健康咨询室，改造学生公寓楼和卫生间等，改善学生生活服务、体卫艺设施条件。三是改善实训条件，新建（改建）专业实验室，更新实验实训设备，增加实训设备台套数量，优化专业教学条件。四是扩容信息中心，安装校园安全技防系统，建设模拟实训平台，完善教学诊改平台等，提升信息化条件。五是升级改造校园文化设施，美化、绿化校园环境，提升学校形象，对"空、小、散、弱"的中等职业教育资源进行调整，逐步实现中职学校向规模化、集约化发展。各市县区启动新一轮中职学校改扩建项目，基础办学条件得到持续改善。

3. 促进中高职衔接，探索贯通培养

《陕西省职业教育改革实施方案》指出，陕西省将积极构建职业教育和普通教育之间纵横贯通的立交桥，畅通高层次职业教育纵向衔接的上升通道，促进不同学段衔接贯通。陕西省中职学校积极探索中高职衔接和人才贯通培养，以专业为纽带，与优秀高职院校携手开展"3＋2"联合培养和"3＋3"合作培养，在深化人才培养模式和质量评价模式改革，加强师资队伍建设，创新教育内容，改进教学方法手段，突出学校特色，提高人才培养质量等方面发挥了积极作用，且形成了一批好的成果和经验，在全省中等职业教育改革发展中发挥了积极作用。

五、社会贡献

加快培育大批具有专业技能与工匠精神的高素质劳动者和人才，深度融入大众创业、万众创新和"中国制造2025"的实践之中，促进新动能发展和产业升级，带动扩大就业和脱贫攻坚，是中等职业教育今后一段时期的主要任务。陕西省积极探索产教融合、校企合作、工学结合的人才培养模式，加快建设社会崇尚技能、人人学习技能、人人拥有技能的技能型社会，让技能型社会建设成为各级各类职业院校创新探索的方向。

（一）技术技能人才培养

2021年4月12日全国职业教育大会在北京召开，习近平总书记指出，在全面建设社会主义现代化国家新征程中，职业教育前途广阔，大有可为。李克强总理批示指出，职业教育是培养技术技能人才、促进就业创业创新、推动中国制造和服务上水平的重要基础。

1. 供给高素质技能型人才73 941人

通过政府搭台、学校唱戏主动对接对口企业办学，培养具有专业技能和工匠精神的高素质劳动者和人才。2020年，全省中等职业学校招生107 041人，比2019年减少2 150人；向社会输送18个专业大类合格毕业生共73 941人，比2019年增加923人，增长1.26%。其中，普通中等专业学校毕业生17 251人，比2019年增加352人；职业高中毕业生56 588人，比2019年增加663人；成人中等专业学校毕业生102人，比2019年减少92人。各类中职学校毕业生中共有49 960人获得职业技能等级证书、职业资格证书，比2019年减少1 796人，为社会提供高素质的技能型人才。见表4-5-1。

表4-5-1　陕西省中等职业学校毕（结）业生统计

年份/年	毕（结）业生人数/人	获得职业资格证书数/份	普通中专学生/人	成人中专学生/人	职业高中学生/人
2020	73 941	49 960	17 251	102	56 588
2019	73 018	51 756	16 899	194	55 925

2. 培养第一产业毕业生2 538人

为完成我省脱贫攻坚、推进乡村振兴和新农村建设，2020年，全省中职学校为第一产业（现代农业产业）培养毕业生2 538人，占总毕业生人数的3.43%，比2019年减少1 540人，占毕业生总人数的比率下降2.15%，近几年来，现代从事农业产业的毕业生正在逐年减少，见表4-5-2。

表4-5-2 陕西省第一产业毕业学生专业类别对比统计

专业类别		农林牧渔类/人	毕业生总人数/人	占毕业生总人数的百分比/%
毕业生数	2020年	2 538	73 941	3.43
	2019年	4 078	73 018	5.58

3. 锻造第二产业生力军11 012人

为培育大批具有专业技能与工匠精神的高素质技能型人才，满足制造业产能提质，推动新动能发展和产业升级换代，推动经济保持中高速增长，深度融入大众创业、万众创新和"中国制造2025"的实践之中，让技术技能"长入"经济、"汇入"生活、"融入"文化、"渗入"人心，培养工匠人才，服务陕西智造，2020年，中职学校培养第二产业生力军11 012人，占总毕业生人数的14.89%，比2019年减少308人，占毕业生总人数的比例下降0.61%，为我省扩大就业及陕西制造提供人才支撑，见表4-5-3。

表4-5-3 陕西省第二产业毕业学生专业类别对比统计

专业类别		资源环境类/人	能源与新能源类/人	土木水利类/人	加工制造类/人	石油化工类/人	轻纺食品类/人	合计/人	占毕业生总人数的百分比/%
毕业生数	2020年	299	159	973	8 899	515	167	11 012	14.89
	2019年	262	165	1 079	9 200	414	200	11 320	15.50

4. 输送第三产业新生力59 440人

中职学校积极发展旅游服务、休闲保健、医药卫生、财经商贸、信息技术、公共管理与服务、交通运输、文化艺术、体育与健康、教育等第三产业，为现代服务业输送高素质技能人才59 440人，占总毕业生人数的80.39%，比2019年增加2 970人，占毕业生总人数的比例提高了3.05%，见表4-5-4和图4-5-1。近几年，第三产业的毕业生正在逐年增加，为我省现代服务业兴旺发达、国民经济快速发展提供保障。

表 4 – 5 – 4 陕西省第三产业毕业学生专业类别对比统计

专业类别		交通运输类/人	信息技术类/人	医药卫生类/人	休闲保健类/人	财经商贸类/人	旅游服务类/人	文化艺术类/人	体育与健康类/人	教育类/人	公共管理与服务类/人	合计/人	占毕业生总人数的百分比/%
毕业生数	2020 年	12 820	18 831	7 265	214	2 714	4 194	3 612	1 248	8 154	388	59 440	80.39
	2019 年	11 223	16 791	8 020	458	2 525	3 385	3 313	945	9 314	496	56 470	77.34

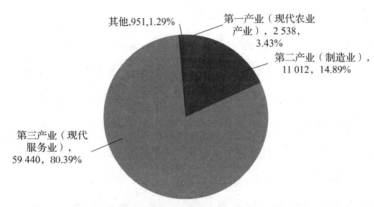

图 4 – 5 – 1 2020 年陕西省中等职业学校毕业学生各产业分布图

（一）技术服务

1. 助力脱贫攻坚

全省各中职学校充分发挥县级职教中心的集聚效应和规模效应，坚持扶智、扶技、扶志相结合的原则，立足当地主体产业培育需求，发挥职业教育扶贫开发功能，落实脱贫攻坚工作职责，结合区域经济社会产业特点，联合各部门实施脱贫技能培训，围绕"一镇一业""一村一品""一户一技"农村产业化进程，对社会人员进行多项目、多渠道、多层次的培训，包括农村实用技术培训、农村劳动力转移培训、教育精准扶贫培训、新型职业农民培训、农业种植技术、人人技能培训、进城务工人员培训及其他技能培训。实施订单式、定向式和项目制培训及"双返生"技能培训全覆盖，全年完成各类培训 4 377 期，统筹各级各类培训 528 472 人次，其中专业技术培训 107 783 人次，职业技能培训 30 615 人次，农村实用技术培训 167 195 人次，劳动力转移培训 222 879 人次。实现"培训一人、就业一人、脱贫一户"，助力我省脱贫攻坚。

案例 旬阳市职业中等专业学校根据"一镇一品"工程，结合新冠疫情对务工的影响，根据农民工宅家情况，采用"线上＋线下"和"校镇联合"开展各类实用技术培训。培训项目围绕山林经济、烟草和中药材种植、现代养殖和服务产业三大产业中的实用技术开展致富带头人、劳动力转移、职业农民、创业就业等培训，共计培训 2 000 多人，与村合作社签订用工合同达 800 多人，及时解决农民工就业与合作社用工问题。

案例 白河县职业教育中心根据学校专业优势和当地资源禀赋，培养农业技术、旅游业、电子商务等专业人才，充分运用空中、田间、流动、固定 4 种课堂，利用"边学、边干、边受益"的培训方式，以"技能培训＋企业＋农户＋就业"的"技能助推型"的"造血式"扶贫模式，实现稳定转移就业和脱贫增收。

案例 "紫阳修脚师"成为全国知名劳务品牌和行业领军品牌。经过几年的探索，紫阳县职业教育中心成人技能培训中心逐渐走出了一条"政企合作＋免费培训＋定向就业＋收入保底＋保障服务"的技能培训脱贫模式，全县已累计培训学员近 2 万人。"零成本"的投入、"封闭式"的教学、"全程化"的服务，带动全县贫困群众增加了收入，实现了"一年脱贫、两年建房、三年买车"。目前紫阳修脚行业在全国 30 个省、市分布修脚企业 130 家，开办修脚店 9 000 多家，修脚行业的从业人员达 4 万人，一般就业人员月平均工资在 5 500 元以上，年薪 50 万~100 万元的超过 2 000 多人，为贫困人口创造了一条风险低、致富快的脱贫之路。

案例 韩城市职业中等专业学校发挥社会培训基地的示范培训作用，与人社局、教育局、民政局等部门联合开展保安员、中式烹调师和养老护理员等职业技能提升培训 6 期，每期培训 10 天，共计培训 952 人；与花椒局、住建局、退役军人事务局、人社局、国税局及各建筑公司等部门开展部门、行业职业技能培训 12 期，其中花椒实用技术培训 103 人，建筑农民工职业技能培训考核 68 人，退役军人 230 人，工勤岗位人员技能培训考核 1 163 人，税务人员两测培训考核 111 人；与就业服务中心、武装部、韩城市人民艺术剧院和陕西财经职业技术学院等部门、企业和学校联合，组织开展创业培训 150 人，新入伍士兵职业基本适应性检测培训考核 525 人，禁毒知识培训 210 人，高级礼仪培训 1 300 人，社会文化艺术专业 36 人，成人学历教育 185 人。全年开展各类培训 20 多期，共计培训 5 033 人次。

2. 服务乡村振兴

实施乡村振兴战略，是中共十九大作出的重大决策部署，是决战全面建成小康社会、全面建设社会主义现代化国家的重大历史任务，是新时代"三农"工作的总抓手。根据《中共陕西省委 陕西省人民政府关于全面推进乡村振兴加快农业农村现代化的实施意见》（陕发〔2021〕1 号）的要求，陕西省教育厅、陕西省农业农村厅出台《陕西省职业教育服务乡村振兴战略三年行动计划（2020—2022 年)》，启动"职业教育服务乡村振兴战略三年行动计划"。杨凌职业技术学院成立陕西省职业教育乡村振兴研究院，积极面向"三农"开展职业教育理论研究、提供技术服务等。咸阳市落实省委要求，创新乡村振兴人才培养模式，开展乡村产业劳动力培训，培养适应现代农业农村发展的高素质农民，形成职业教育服务"产业兴旺、生态宜居、乡风文明、治理有效、生活富裕"的全链条，实现职业教育与乡村振兴同频互动、高质量发展。石泉县职教中心成立了乡村文化旅游培训学院，开展了焊工、电工等技能培训，拓宽广大群众的就业渠道。宝鸡市眉县职教中心投资2 600余万元，建成了现代农业产业示范基地，实现农产品研发、农技推广、教育培训、加工配销、产教融合、研学体验六大功能，实现职教与产业、职教与特教、职教与研学旅行三个融合，服务县域农业产业发展，助力乡村振兴战略。

案例 石泉县人民政府与西安亚成智能科技有限公司乡村振兴技能培训合作签约，如图4 – 5 – 2所示。2021年6月3日，石泉县人民政府与西安亚成智能科技有限公司乡村振兴技能培训合作签约仪式在石泉县职教中心举行。石泉县职教中心深入贯彻落实习近平总书记在党的十九大提出的乡村振兴战略，成立了乡村文化旅游培训学院，先后开展了焊工、电工等技能培训，拓宽了广大群众的就业渠道，提升了创业致富本领。

图4 – 5 – 2 石泉县人民政府与西安亚成智能科技有限公司乡村振兴技能培训合作签约仪式

案例 眉县职教中心建设现代农业产业示范基地。眉县职教中心现代农业产业示范基地位于眉县槐芽镇汤峪河西岸，是国家发改委"职业教育产教融合"建设项目。基地占地120亩，规划为"一心五区"［一心：包括科研中心（实验室）、培训服务中心、加工销售中心、管理服务中心、展览标本室；五区：分别是设施栽培展示区、樱桃栽培展示区、猕猴桃栽培展示区、草莓栽培展示区和学生劳动体验区］建设布局，于2017年6月立项建设，2018年8月通过公开招标正式实施，总投资2 600余万元，2020年5月建设到位，实现农产品研发、农技推广、教育培训、加工配销、产教融合、研学体验为主的六大功能，实现"职教与产业、职教与特教、职教与研学旅劳"三个融合，服务县域农业产业发展，助力乡村振兴战略。

根据基地区域功能设置，引入涉农企业——陕西农邦优品农业科技有限公司，合作运营，推行"学校＋企业"运营模式，坚持"校企合作，互利共赢；资产国有，资源共享；企业开发，增值收益；服务教育，助力产业"原则，开展组培研发，共建共享资源，学校成立运营管理办公室，协同企业管理运营，构建新型校企合作发展共同体。

案例　围绕汉阴县乡村振兴的整体布局，按照县委、县政府乡村振兴工作的总体部署，汉阴职教中心领导亲自挂帅，与培训部、招就部教师成立了乡村振兴工作小组，扎实展开包联村——涧池五星村、五坪村的一对多结对帮扶工作；为脱贫户量身定制脱贫致富新路子，帮助其寻找合适的创业项目，为其提供就业信息；发挥职业教育在乡村振兴中的排头兵作用，统筹培训资源，聚合力量，以新型职业农民培训、产业培训、乡村旅游培训、文化培训多种形式，重点培养农村生产经营人才、二三产业发展人才和乡村公共服务治理人才，打造振兴农村经济的现代化人力大军。

3. 深化社区教育

各地市发挥社区教育示范县（区）的作用，各中等职业学校通过上门服务、送教下乡、精准扶贫等方式，服务对象年龄跨度大、受众面广，坚持居民主导化、时间错峰化、平台立体化、方式多样化培训形式，依托学校力量、社区力量、社会力量，提供多层次、多形式、多样化的培训服务，将精准化的培训送到群众"家门口"，提高社区居民就业、生活能力和水平。

陕西省中职学校深化社区教育的功能，2020 年有 1 人荣获全国"百姓学习之星"、2 人荣获陕西省"百姓学习之星"，荣获 2020 年全国"终身学习品牌项目"1 项、荣陕西省"终身学习品牌项目"4 个。铜川市宜君县职教中心主任农艺师韦宗炳荣获 2020 年全国"百姓学习之星"；铜川市宜君县职业教育中心"宜民讲习所"荣获 2020 年全国"终身学习品牌项目"；铜川市宜君县职业教育中心主任韦宗炳、咸阳市乾县职业中心副校长王向太荣获陕西省"百姓学习之星"；铜川市宜君县职业教育中心"宜民讲习所"、安康市汉阴县职业技术教育培训中心"精准扶贫技能培训"、安康高新中等职业学校"金猫宝贝·父母学堂"荣陕西省"终身学习品牌项目"。

案例　西安市高陵区职业技术教育中心对辖区低收入家庭开展"花馍、烙画、香包"等各种技能培训，全年累计培训 580 余人次。西安市灞桥区各职业学校全年累计开展社区工作者礼仪培训等共计 19 期，参训 1 304 人次，组织举办家庭教育论坛 2 期，线下参与群众 2 000 余人，线上直播点击量 3 万余次。

案例　宝鸡市渭滨区职业教育中心"培训套餐、智能点单"。宝鸡市渭滨区职业教育中心创新培训模式，开展"点单式"社区培训，将培训主动权交给社区居民，点单服务、按单上菜，精准化地将点单培训送到群众"家门口"。

根据宝鸡经济社会发展和社区需求，挖掘本地教育资源优势，按照社区教育课程的要求，建立了道德思想、文化科学、民主法制、生态环保、养生保健、休闲娱乐、家政服务、职业教育8大类课程体系框架，课程涵盖国画、剪纸、养花、种花、插花、茶艺、中餐烹饪、烘焙、电工、计算机应用、文化课补习、学历提升教育、传统文化、宝鸡历史等30余项的培训"菜单"，满足社区居民多样化的培训需求，为"点单式"社区培训模式奠定了基础。

坚持居民主导化、时间错峰化、平台立体化、方式多样化"四化"培训形式导向，变"送培训"为"种培训"，定制"培训套餐"，依托院内力量、社区力量、社会力量"三方力量"，打通社区培训服务"最后一公里"，最大限度满足居民培训需求。

"点单式"社区培训先后举办老年人智能手机使用、网络诈骗防范、插花、茶艺、烹饪、烘焙、书画、摄影等专业培训42个班次，累计培训人数4 000余人次。

案例 铜川市宜君县职业教育中心"宜民讲习所"。宜君县"宜民讲习所"以提振群众精神、提升群众素质、激发内生动力、助力全县脱贫攻坚工作、持续开展全民继续教育为目标，坚持集中与分散、理论与实践、洋专家与土专家、普通话与方言、面授与视频相结合的原则，采取听乡土歌曲、拍微电影、进"八讲乡村课堂"、聆听"身边的风采"等形式面向全县群众实施素质大提升工程，实现扶贫与扶志、扶智与扶技的有机结合，为全县脱贫攻坚及乡村振兴夯实了基础；成立县、乡、村三级"宜民讲习所"共128个（县级1个，镇级10个，村级117个），学习点500多个（一个自然村1个），实现自然村学习点全覆盖。

宜君县"宜民讲习所"从首次开课至今，共拍摄极具宜君乡土特色"微电影"24部，录制以"八讲"为内容的"乡村课堂"授课视频210个，身边的风采视频24个，在册学员10 071人（含建档立卡户534人）；制作视频总点击率突破60万人次，整体受益群众达到8万余人；组织乡土志愿者授课团队下乡现场培训178场次，接受培训群众6 900余名，征集志愿者群众演员68名，义务参演拍摄218场次；获得陕西省2019年中职教育教学成果二等奖，被评为2020年陕西省"终身学习品牌项目"和全国"终身学习品牌项目"。

4. 强化企业培训

建立企业合作长效运行机制，给重点专业建设与企业间合作搭建平台，通过产教融合与企业签订战略合作协议，精准对接区域经济发展、产业升级换代、企业发展需求，发挥职业教育中校企合作"无缝"对接的作用，提升企业人员、专业课教师的技术技能和职业素养。

各中职学校抓住职教改革契机，依托实训基地建设，以社会需求为导向，以企业合作为抓手，与全省多家企业进行岗前培训、职工实习、技能提升、技能鉴定、考级培训等方面的合作。承担企业职工岗位技能提升培训与考评任务，协助企业开展技能比武、职业鉴定、考级培训等活动，得到企业的支持和信任。同时各中职学校派专业课教师去企业进行为期 3 个月的企业实践、岗位锻炼，专业教师下企业学习新工艺、新技术、新方法，积极参与企业产品研发和实习学生管理，专业能力得到了提升。2021 年上半年，眉县职业教育中心派吴昊等 15 名骨干教师赴大众汽车进行为期 3 个月的企业实践锻炼，提升教师实践能力。

案例 汉阴县职教中心与企业共建实训基地，聘请企业技术人员参与课程教学、实训指导、课程开发和改革，学校为企业培养职业人才，企业为学校培训"双师型"教师，学校通过校企合作获得了教学设备或一定的经费支持，实现了校企资源共享。

案例 陕西省石油化工学校为陕西省天然气有限公司、汉中天然气投资有限公司、咸阳市天然气有限公司、陕西煤业化工集团进行了企业员工培训和技能鉴定工作，共计 894 人次，受到企业的好评。

案例 眉县职业教育中心发挥学校旅游专业资源优势，开展对口支援和服务培训工作，对接太白山管委会开展太白山旅游提升培训工作，培训 57 人；对接尚境温泉等企业积极开展酒店管理培训，培训 64 人；服务区域经济社会发展，开展农家乐旅游人才培训工作，培训 130 多人，为区域行业产业发展做出了贡献，取得了良好的社会声誉。

（三）文化传承

文化是一个民族的根，是一个民族的标志，也是一个民族的骄傲。全省各中职学校坚持把中华优秀传统文化教育融入课程和教材体系，广泛开展中华传统经典诵读、中华礼仪、传统技艺等必修课和相关活动，结合"庆祝中国共产党成立 100 周年"和"不忘初心 牢记使命"主题教育活动，以社团、研学、交流活动为载体，开展民族文化、民间技艺、非遗技艺、精准扶贫、法治进校园、文明风采、经典诵读等活动，对中职学生进行"五爱"教育和党史教育，提升中职学生的人文素养，促进学校文化建设和内涵发展。

平利县职业教育中心在全校开展"党史故事我来讲"活动，通过组织党史讲座，参观革命基地，组织系列的主题班会、知识竞赛、主题征文、座谈会，以及观看历史纪录片展播等多种形式，结合自身的学习和生活，讲述自己的感悟。宁强县职业高级中学开展"羌文化进校园"系列活动，让羌文化学习课程化、普及化、常态化、特色化，并结合专业建设开展羌文化传承保护。汉阴县职教中心采取"互联网＋资源＋平台"的创新方式，弘扬汉阴"陕菜之乡"饮食文化。延安市志丹县职业技术教育中心针对学生思想教育开设了

"红色教育活动"。眉县职业教育中心开展"农耕文化"体验活动，通过春耕、夏耘、秋收、冬藏四个农耕文化主题的参观体验，培养学生热爱劳动、节约粮食以及团结协作的精神和感恩父母的意识。

案例 汉阴"陕菜之乡"饮食文化。汉阴县职教中心采取"互联网＋资源＋平台"的创新方式，开展成人餐饮小吃培训，紧扣汉阴美食文化，传承汉阴美食，将汉阴的美食文化渗透到烹饪技能培训中，并成立研发团队，收集、制作、整理汉阴美食文化所需的数字资源，精心录制24个菜品操作视频，提高学员学习效率，促进汉阴美食文化传承和推广，弘扬汉阴"陕菜之乡"饮食文化。

案例 宁强县职业高级中学开展"羌文化进校园"系列活动。该校让羌文化学习课程化、普及化、常态化、特色化。创建羌文化特色校园，开辟校园羌文化展示区；编撰"羌文化"校本教材，开设羌舞、羌乐、羌歌、剪纸、羌族茶艺等特色课程；结合专业建设开展羌文化传承保护，在烹饪专业渗透羌族饮食文化、旅游专业渗透羌舞羌乐、茶叶专业渗透羌族茶艺；参观羌州绣娘公司，到二道河羌绣工作间感受羌文化；利用每天大课间让学生跳羌族韵律操和羌族锅庄；在音乐课老师教唱羌歌，每学期举行唱羌歌比赛；建立羌文化非遗活动室；组建羌族礼仪队，训练迎宾礼仪，传承羌人献羌红、敬咂酒的迎宾待客礼仪。

案例 延安市志丹县职业技术教育中心针对学生思想教育开展了"红色教育活动"。"红色教育活动"围绕理想信念、爱国主义、社会主义思想、爱党爱团等教育主题设计项目，采用项目化运作的模式，通过系列主题教育活动，达成教育青年、团结青年、服务青年、增强意识、健全组织、活跃工作、协调发展、拓宽视野这八大任务目标；利用校园网络，线上线下两手抓，不仅开设实体观摩、体验生活等教育活动，更搜寻一系列革命影片、歌曲、图片、书籍等红色教育资源，供青年学生随时随地、高效便捷地接受"红色教育"，提高思想政治工作效果。

案例 眉县职教中心农业产业示范基地建成农耕文化体验馆。眉县职教中心农业产业示范基地在眉县教育体育局的统一部署下，学校多方筹措资金，投资400万元的二期项目农耕文化长廊、农业科普展馆已经建成。

关中农耕文化体验馆长125米、宽5米，呈L形布局，一边是实墙，一边是透明玻璃钢，整体造型是拱形大棚，有各类农具展品约200件，农业展示试验田7块；农耕文化体验大棚内容设计共有13个板块，其中有关中地理地貌、农耕历史重要人物贡献、农具历史演变、二十四节气与传统农业的关系，以及春耕、夏耘、秋收、冬藏四个农耕文化主题等。

（四）对口支援

1. 结对帮扶

持续推进"3+X"产业扶贫，发展果业、畜牧业、设施农业和茶叶、核桃、食用菌、花椒等区域特色产业，继续推进苹果"北扩西进"、猕猴桃"东扩南移"，扩大奶山羊、食用菌、茶叶、中药材等优势产业的覆盖带动面，发展"庭院经济"、美丽休闲乡村、农业精品景点路线向贫困地区倾斜，促进贫困地区一二三产融合发展。

案例 宝鸡市积极协调高校从农民增收等5方面加大对县区的支持帮扶，全年开展各类培训52期、10 378人次，设立扶贫专柜17台，建立产学研示范基地18个，采购优质农产品价值309余万元，捐赠物资价值72万余元。

案例 子长市职业教育中心根据文件要求和实际情况，扎实开展教育扶贫工作，培训建档立户83人；制定了《子长市职教中心三秦教师结对帮扶贫困生方案》，112位教师参与，共帮扶贫困学生342人。

2. "苏陕交流"

落实陕西省委组织部、省人力资源和社会保障厅《关于做好2020年度苏陕专业技术人才扶贫协作工作有关问题的通知》（陕人社函〔2020〕130号）要求，坚持以"结对帮扶、挂职锻炼、师资培训、职教合作"为重点，全面拓展合作领域，提高合作实效。2020年我省组织52个贫困县职教中心管理人员和一线教师赴无锡职业技术学院开展为期20天的学习培训，提升教师管理能力。各中职学校与对口支援的江苏省中等职业学校签订195份合作协议，双方互派教师开展挂职锻炼、支教送教、教研交流44次，累计439人次。通过深度对接、精准协作，发挥东部职校优势，支持我省人才培养和专业建设，做好师资培训和人员交流，开展多层次、多维度、全方位的交流活动，提升我省中职学校的教育管理和教学水平。

江苏省职业教育姜汉荣机电技术、俞华德育名师工作室镇巴工作站在镇巴县职业中学成立。安康市10个县区和常州对口市区签订教育协作协议。常州市选派43名中小学骨干教师、教研人员到安康市进行教学交流或支教，安康市选派47名教师、校长到常州交流学习。积极做好招收安康建档立卡贫困家庭"两后生"工作，安康市共有41人就读江苏职业院校，其中建档立卡贫困户学生27名。榆林市精选13名教师赴江苏参加苏陕扶贫协作项目陕西省贫困地区中职学校管理人员培训，选派20名优秀贫困中职毕生在扬州就业。宝鸡市和徐州市71所学校结对，双方互派教师开展挂职锻炼、支教送教、教研交流21次，共86人次。

案例 安康市在职业学校中选派第六批10名中等职业学校校长、中层干部和专业教师赴常州开展3个月的跟岗学习；落实省教育厅《关于开展2020苏陕扶贫协作项目陕西省贫困县区中职学校管理人员赴江苏培训的要求》，组织旬阳职教中心等6所学校、11名教师前往江苏常州对口学校进行为期20天的交流学习；做好常州市区职业院校招收安康建档立卡贫困家庭"两后生"工作，让有意愿到常州学习的安康贫困家庭学子享受优质教育资源。安康市共有41人就读江苏职业院校，其中建档立卡贫困户学生27名。

案例 2020年参与苏陕交流的南通市学校达104所，帮扶汉中市学校幼儿园110所。南通市旅游中专指导宁强县职业高级中学发展旅游、烹饪两大专业，从专业方向设置、课程标准建设、实习基地创建、招生宣传和就业安排等七个方面进行全方位扶持；建立"2+7"联办模式，落实职教学生赴南通就读优惠政策，吸引宁强学生到南通就读、就业，建立共建共育职业教育人才机制。

3. 对口援藏

配合第五批西藏阿里青年骨干教师来陕研修工作，西安地区各中等职业学校发挥职业教育资源优势，积极开展对口援藏活动。通过教师跟岗实习和学生委托培养，进一步发挥中职学校的特长优势，增强西藏阿里地区中等职业技术学校教师与学生职业素养和操作能力，增强民族情谊，实现汉藏文化交流。省教育厅安排陕西省电子信息学校、陕西省第二商贸学校、陕西交通技师学院对口支援西藏阿里地区中等职业技术学校，共接收该校57名学生开展委托培养，目前这些学生已在陕就读。

案例 西安旅游职业中等专业学校对口帮扶西藏阿里地区中等职业技术学校。2020年，西藏自治区阿里职业学校5名教师到西安旅游职业中等专业学校进行为期一年的跟岗学习，西安旅游职业中等专业学校制定了详细周密的帮扶措施，为5名教师安排了一对一指导"师傅"，在德育、教学管理及专业技能等工作方面做了充分安排，将帮扶工作落实落细。

案例 陕西省石油化工学校承接了阿里地区中等职业技术学校杨姣老师的跟岗培训工作。学校制定工作方案，明确分工和责任人，并对此次工作提出"高标准""严要求"，全面提升学员职业素养，真正将学员培养成为阿里地区的教育骨干。

案例 陕西省电子信息学校落实《对口帮扶西藏阿里地区中等职业技术学校》协议，为西藏阿里地区中等职业技术学校委托培养电子商务、汽车运用与维修、机电技术应用3个专业的3名专业课教师；接收西藏阿里地区中等职业技术学校18名供用电技术专业学生为期2年的委托培养工作；通过接收教师和学生培养，增强西藏阿里地区中等职业技术学校学生培养能力，增强民族情谊，实现藏汉文化交流。

（五）服务抗疫

1. 众志成城 严防死守

疫情就是命令，防控就是责任。疫情防控期间，各中职学校认真落实国家、省、市新型冠状病毒防控工作要求，通过各级各类网站、微信公众号、微信群、QQ 群等多种方式宣传疫情防控政策、措施，自觉遵守疫情防控要求，带头做好示范引领，严防病毒传播、扩散。全省各县区中职学校教职工还通过电话、微信、发放宣传资料等多种形式，向群众宣传抗疫知识，协助摸排重点人员，用实际行动助力抗疫。

陕西眉县职业教育中心二年级学生朱如归，一个"00"后，奔赴湖北，志愿服务病患，用行动诠释了职教学子的最美青春，用义举诠释了普通国民的责任与担当，赢得了全县人民的感动和认可。《新华每日电讯》以"朱如归：十八岁'逆行'，只因钟南山那句话"、CCTV - 13 中央电视台新闻频道《24 小时》栏目以"遇见你 朱如归：十八岁的'逆行'者 坚守一线 亲历悲喜时刻"对他的事迹进行了报道。

案例 西安市卫生学校选派 20 余人次到西安市疫情联防联控指挥部、西安市疾病预防与控制中心、西安市健康教育所、西安市公卫中心等单位，参加流调、消杀、热线咨询及档案管理、统计等疫情防控相关工作，日夜奋战在抗疫工作岗位上。

案例 安康职业技术学院学生陈亚丽、王自立主动报名参与疫情防控工作，承担实习医院门诊部测量体温、病房消毒工作。

2. 线上线下 助力抗疫

疫情防控期间，各中职学校全面加强教育教学管理与指导，结合职业教育特点，坚持"停课不停学"，利用"学习强国"、网络平台、数字电视、移动终端、手机等方式开展线上教学、自主学习和在线辅导答疑等工作，坚持"一校一策"，精选教学内容，将疫情防控、生命安全、心理健康、生活方式、制度自信、人生价值、规则意识、自我管理、家庭美德等通识教育融合在文化知识教育之中。坚决落实校园防控主体责任，执行"外防输入、内防反弹"措施，制定了《传染病及突发公共卫生事件报告制度》等各种防控工作方案和应急预案，做实做细，对教室、寝室、办公区域等各项公共区域进行每日三次消毒，备足防控防疫物资，细化因病追踪、网格管理，坚持"日报告"和"零报告"制度，健全通风消杀、卫生整治、晨午晚检、门禁管理等各项制度，切实筑牢了疫情防控网络。

案例 宝鸡市渭滨区职业教育中心在疫情防控期间，针对居家隔离这一特点，制作、发布了健康知识讲座、疫情心理调控、中国传统文化讲座、健身啦啦操、国画、剪纸、手工制作、家常菜制作等 10 余项网上课程，深受社区居民和学生的欢迎，延伸了互联网 +时代社区培训内涵。

案例 杨陵区中职学校在做好本职教学任务的同时，积极承担社会责任。各学校积极为杨凌农高会和杨凌农科城国际马拉松赛提供志愿者服务；疫情期间严格遵守国家关于疫情防控的各项规定，做到不信谣、不传谣，戴好口罩，并落实各项防控措施，每日消毒、每天测量体温，全面监控学生健康状况。

3. 顶岗实习 复工复产

疫情防控期间要求各中职学校组织师生奋战抗"疫"前线，助力企业复工复产，有序开展毕业班学生顶岗实习工作，上万名毕业班学生奔赴生产一线参加顶岗实习，86% 以上学生签订就业协议，提前走上工作岗位，一定程度上保障了疫情防控、群众生活、公共事业、重大项目等国计民生领域的运行，有力落实"六稳""六保"，为打赢疫情防控阻击战贡献力量，展示了职业院校师生的使命担当。

案例 西安旅游烹饪职业学校对西安饮食公司 1 500 余名员工、西安交大康桥餐饮公司 700 余名员工开展线上技能培训，助力企业复工复产。

案例 旬阳县职教中心 189 名学生与上汽大众汽车有限公司、宁德新能源科技有限公司、陕西兴科房建集团有限公司、陕西中保安防服务集团有限公司等企业合作，通过双向选择、线上招聘的办法顺利上岗就业，解决了企业复产后工人不足的难题。

案例 宁强县职业高级中学联系国内知名企业开展顶岗实习工作。2021 年 3 月，旅游专业 40 名学生赴海南恒大海花岛欧堡酒店进行了为期 6 个月的顶岗实习；3 月，烹饪专业 63 名学生赴北京麦金地开展了团餐制作顶岗实习；5 月，电子专业 35 名学生赴南通大地电器股份有限公司开展顶岗实习，汽修专业 49 名学生赴浙江宁波大众汽车制造集团顶岗实习。

六、特色创新

贯彻落实全国职业教育大会精神，推进新时代职业教育特色发展，陕西各中职学校积极解放思想、大胆探索、因地制宜地推动职业教育改革创新发展，取得了积极成效。这些典型案例，反映了职业教育改革发展的生动实践，包括推进产教融合、探索学徒制试点，落实立德树人根本任务，服务抗疫、技能培训等方面，以改革推动发展，陕西中等职业教育人才培养质量和服务区域经济社会发展的能力不断得到提升。

案例 咸阳市充分发挥政府保障作用，创新技能人才培养模式，探索现代学徒制试点

1. 工作背景

为了贯彻落实《国务院关于加快发展现代职业教育的决定》精神，促进行业、企业参与职业教育人才培养，实现专业设置与产业需求对接、课程内容与职业标准对接、教学过程与生产过程对接，提高人才培养质量和针对性，2015 年教育部下发了《关于开展现代学徒制试点工作的意见》，在全国遴选一批有条件、基础好的地市、行业、企业和职业院校开展现代学徒制试点，陕西省咸阳市是教育部确定的第一批现代学徒制试点地区。几年来，咸阳市按照"政府主导，校企主体，面上突破，点上创新"的思路，充分发挥政府的组织保障作用，将开展现代学徒制试点工作作为创新人才培养模式、促进职业教育内涵发展、提升人才培养质量的重要抓手，在5所中职学校率先试点，积极探索具有咸阳特色的现代学徒制试点工作模式。

2. 工作过程

（1）行政推动，提供组织保障。

咸阳市加大行政推动，建立了现代学徒制试点分级负责的工作机制。一是咸阳市委、市政府把开展现代学徒制试点作为提升教育办学质量、促进咸阳社会经济发展、全面建成小康社会的一件大事来抓，多次召开专门会议，部署研究试点工作。市政府成立了以主管副市长为组长，教育、人社、财政等相关部门负责人为成员的咸阳市现代学徒制试点工作领导小组，全面统筹试点工作，协调解决重大问题。二是市教育局成立了咸阳市现代学徒制试点工作项目组，对试点单位的工作进展进行业务指导和行政督查，保障了试点工作顺利开展。2016 年召开咸阳市中等职业学校现代学徒制试点工作推进会，加快试点工作进程。三是试点学校也分别成立了由职教专家、企业师傅、专业教师组成的现代学徒制试点工作项目组，具体落实项目实施。

（2）出台文件，提供政策保障。

一是咸阳市委、市政府制定出台《关于加快推进我市职业教育改革和发展的决定》，全面深化校企合作、产教融合，扩大职业学校用人自主权，设立不低于本校教师编制总数 20% 的聘用编制，实行总量控制、动态管理、自主聘用、工资财政全额保障等举措，支持试点学校从企业中聘用有实践经验的行业企业专家、高技能人才和社会能工巧匠担任专兼职教师，充实职业教育师资队伍。二是市政府在陕西省率先制定出台了《咸阳市职业教育校企合作促进办法》，强力推进政府主导、行业指导、企业和学校共同参与的多元化校企合作机制。三是市政府制定出台《咸阳市关于深化产教融合的实施意见》，对参与现代学徒制的企业，实行"项目＋金融＋税收＋财政＋土地＋信用"的组合式激励，对在校企合作中所发生的合理工资薪金支出、职工福利费和职工教育经费支出，按照税法规定中扣除相应税额。通过一系列优惠政策，提高了企业、行业参与职业教育的积极性，把校企合作真正落在实处，为现代学徒制的开展提供了政策保障和制度基础。

（3）加大投入，提供资金保障

咸阳市发挥财政主导作用，通过多渠道筹措资金，解决了试点工作中企业的补助经费、师傅的指导经费、学生实习的补助经费等试点工作正常支出。一是加大中省项目资金支出。2016—2019 年中省项目向 5 所试点学校投入资金 6 480 万元，提升了试点学校专业实训基地建设水平。二是发挥市级财政主导作用。每年市财政从 2 000 万元职业教育发展专项资金中，对 5 所试点学校各列支 50 万元，专项支持试点工作。三是鼓励企业按照职工工资总额的 2.5% 提取教育培训经费，优先用于现代学徒制试点工作。几年来，试点工作累计投入资金达 8 000 余万元，保障了试点工作的顺利进行。

3. 工作成效

通过一系列保障措施，试点学校积极推进招生招工一体化，全力构建以项目为主体的"学校＋企业"双课程体系和适应现代企业需要的学生评价体系，建立一支专兼结合的现代学徒制教学团队，开展了不拘一格、形式多样的探索，初步形成"双元育人，双重身份，双导师教学"的现代学徒制人才培养模式。秦都职教中心通过线上"智慧课堂"和线下"现代学徒式实训"相结合的方式，在校内开展企业实景化的理实一体化教学。彬县职教中心探索以"行动导向教学"为核心的"做中教，做中学"的一体化教学模式。礼泉职教中心将合作企业引入校园，推行项目教学法，加强课程间的融合，培养学生解决问题的综合能力。武功职教中心推行"以工作过程为导向，以工作任务为载体"的教学模式，学生上午在学校学习文化理论课，下午赴企业进行岗位技能学习。乾县职教中心实行工学交替、分段实施，让学生在试点过程中完成身份的转变和能力的提升。

参与现代学徒制试点的学生，在各类技能大赛中成绩突出，职场竞争力得到很大提升。2019 年全国职业院校技能大赛，咸阳市秦都区职业教育中心参赛选手边思伟、王举同学，从全国 116 个参赛队中脱颖而出，以团体总分 888 分的优异成绩名列全国第 5 名，勇夺此项目国赛一等奖，实现了陕西省中职学校在近三年来参加全国职业院校技能大赛一等奖奖项为零的突破。

4. 存在问题

尽管咸阳市现代学徒制试点工作取得了一定的成效，积累了一些经验，但还存在许多问题有待我们在今后的工作中思考和解决。

一是企业参与的积极性不高。大多企业对现代学徒制认识不够，缺乏人才储备战略意识。同时，行业协会的指导作用没有得到充分发挥。二是试点企业的选择难度大。现代学徒制试点是一项持续 3~5 年的系统性教育教学工作，一般小规模民营企业合作容易，但技术含量不高，缺乏制度保障；而大型的优质企业，管理机制、人事制度和审批程序过于繁杂，加之有些生产行为涉及商业机密，试点工作无法进入真实的工作情境。三是校企联合市场调研不够深入，人才培养方案与实际结合不够紧密。现代学徒制运行机制还不够健全，各种教学文件偏重理论性，可操作性不强。

5. 对策建议

开展现代学徒制，促进校企"双元"育人，为推进职业教育改革，提升应用型、复合型、创新型技术技能人才培养质量，提供了一条切实可行的途径。咸阳市的做法证明了，政府重视是前提，"双元"育人是基础，政策保障是关键。

咸阳市要紧抓建设国家产教融合型城市的良好机遇，一要发挥政府的主导作用。政府要统筹协调相关职能部门，落实企业在校企合作中的合法权益，使企业尝到人才红利的好处，提高企业参与的积极性；以创建国家产教融合试点城市为契机，全面推广现代学徒制。二要提升职业学校校企合作能力。职业学校要重视自身能力建设，提升专业实训基地设施水平，解决由于专业设置与社会需求脱节、课程开发不适应职业岗位的需求、人才培养水平低下、缺乏吸引企业参与合作的突出问题。三要规范和完善现代学徒制课程体系。从实际出发，切合行业标准和岗位要求，进一步完善符合学生实际的人才培养方案和教学工作文件，建立有利于学生发展及技能提高的课程体系，构建"核心文化素养基础课＋技能"的现代学徒制教学体系。四是建立由行业、企业、学校和社会组织等多方参与的教材建设机制。根据行业企业标准，将职业教育、职业资格证书、职业培训有机整合，研发围绕企业需求而又符合职业教育规律的特色教材。

案例　逆行疫区，用行动诠释职教学子的最美青春

——记疫区志愿者眉县职教中心朱如归同学

2020 年的正月初一，虽不及往年热闹喧嚣，却也是一家人团聚的美好时刻。此刻，陕西眉县职业教育中心二年级学生朱如归正坐在一列驶往湖北的火车上，如图 4－6－1 所示。

图 4－6－1　十八岁"逆行者"

2020 年注定是不寻常的一年。腊月二十八日晚上，如归像往常一样躺在床上打开手机浏览时政新闻，突然关于新型冠状病毒的消息铺天盖地，互联网、微博、朋友圈、街头巷尾人们纷纷谈论着新型冠状病毒……同样掀起巨浪的还有一个 18 岁少年的内心。2003 年非典时期，如归出生 6 个月，这件事对于他只存在于人们谈论的历史中。2020 年，如归 18 岁，在他的价值观里，18 岁成人，当为国家和人民尽一份绵力。"捐躯赴国难，视死忽如归"，尤其是想到家人为自己起的名字来历，如归一刻也坐不住了。看到每天急剧发展的疫情，看到夜以继日、超负荷工作的医护人员，看到人员紧缺、物资紧缺的疫区状况，如归奔赴湖北的心情越来越强烈，他义无反顾地选择了疫区逆行。

朱如归，陕西眉县职业教育中心二年级学生，在班里担任文体委员，同时兼任公寓协管学生干部。朱如归擅长艺术和体育，是 2019 年校园歌手大赛一等奖获得者，是眉县足球队队员，代表眉县参加过陕甲联赛。他关心时事，曾经就当代教育、国民道德素质等问题多次向有关部门投书建言，发表看法。

就是这个中职二年级的学生，在疫情肆虐时期，义无反顾地踏上了开往湖北的火车。他的心义无反顾，但是这趟车却不能义无反顾，当时所有的火车已经全部绕行湖北。如归无奈在河南信阳下车，步行进入湖北随州，在随州稍作休息后，发现湖北整个省内封城，车辆亦无法出城，他又徒步一天一夜行走 110 公里，最终到达了湖北省孝感市孝昌县第一人民医院。

如归是湖北省孝感市孝昌县第一人民医院呼吸科感染重症隔离区唯一的志愿者。18 天来，他照顾过呼吸科所有确诊病患，累计献工 200 多小时。新型冠状病毒的特殊性在于其要与亲人隔离，而志愿者在这特殊时期则充当了亲人的角色，他每天承受着感染的风险，不怕脏累，悉心给患者派发三餐，帮助重症病人完成吃饭、喝水、翻身、上厕所等活动，鼓励病人树立战胜病魔的信心：这个病没有那么可怕，相信医护人员完全可以治好，不必恐慌。医院所有病房的患者都知道有一个不怕苦不叫累的陕西娃，他们亲切地称呼他为小朱。如归回忆说，有一位八十多岁的危重老人，医生已经下了病危通知书，但是所有医护人员仍然坚持治疗不放弃，从死神手里抢回来了老人，他说这是第一次真正懂得了拼搏的意义，感受到了生命的可贵。

这是一场没有硝烟的战争。无惧生死、直面病毒，义无反顾冲锋在抗击疫情的最前线的白衣天使们，当之无愧是这个伟大时代的大英雄。那些默默无闻、数不胜数的冲在战"疫"一线的警察、社区工作者、志愿者——又何尝不令人感动、致敬呢？其实，世界上哪有什么英雄，这群最美逆行者只是穿上战袍的普通人，一样的血肉之躯，在疫情面前冲锋陷阵，谱写了温暖的大爱之歌，为岁月静美、春暖花开筑起了一道道生命的防线。怕死，是人的本能；但责任，却是他们的信仰。如图 4-6-2 所示。

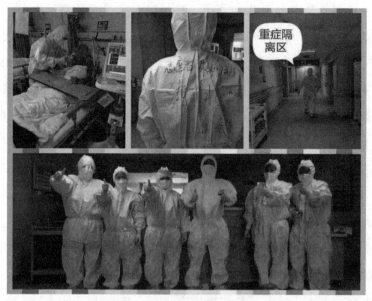

图 4-6-2 抗"疫"前线

"疫情面前，向着最严重、最危险但也最需要帮助和支援的疫区逆行，这需要莫大的勇气，体现的是大事面前一个普通公民的责任担当，你是职教学子的优秀模范，为你点赞。"眉县职业教育中心的领导如此评价他的学生。

朱如归，一个"00"后，用自己的义举，诠释着一个当代普通国民的责任与担当，赢得了全县人民的感动和认可。

疫情汹汹，病毒肆虐，危难之际，朱如归同学奔赴疫区，志愿服务病患，用行动诠释了我们年青一代的最美青春。

案例 陕西省石油化工学校"三全育人"视域下的中职特色班主任团队建设

1. 实施背景

2019 年国务院印发《国家职业教育改革实施方案》，开宗明义"职业教育与普通教育是两种不同的教育类型，具有同等重要地位"，并提出"进一步办好新时代职业教育，落实《中华人民共和国职业教育法》。""新时代职业教育"赋予了职教发展新理念、新内涵、新要求，对于中职教育发展还提出了"帮助部分学业困难学生按规定在职业学校完成义务教育，并接受部分职业技能学习"的要求。实际上，中职学校接收的这些学生不仅仅是学业困难，还存在着行为习惯、心理、自制力等一系列问题，亟待将德育融入学生成长、成才全过程，开展"三全"德育模式，以终身受益的教育培养全面发展的人才。2019年，教育部办公厅印发了《关于加强和改进新时代中等职业学校德育工作的意见》，对培养造就社会主义合格建设者和可靠接班人提出新要求、作出新部署，为做好中职学校德育工作提供了根本遵循。

2. 问题导向

（1）班主任机制不完善，用人模式存在缺陷。部分中职学校教师参与班主任工作态度消极，"被迫上岗"或"兼职"居多，学校没有对班主任的职位设置相应标准，并对其进行遴选和定期考核，缺乏合理的班主任就任机制，同时班主任的考核未形成量化、定期的考核机制，用人模式缺乏顶层设计，更是缺乏实际实施策略体系。

（2）管理体系需要创新，团队建设尚未更新。由于缺乏完善的班主任就任机制，导致中职班主任之间存在偏差，管理难度加大。当前我国进入中国特色社会主义新时代，党和国家赋予中国特色职业教育新的目标和要求，人民群众也对我国职业教育有了新的期待。但大部分中职学校团队管理体系还处于新时代前的"成熟"体系，已不再适应新时代职业教育发展要求。"产教融合""校企合作"等政策要求中职班主任不仅要加强专业知识技能，还要思考项目合作，这些工作往往需要依靠团队来完成，而过去的团队建设机制已过时，执行时教师们感到"乏力"，如何在新时代更新迭代中职班主任团队建设，也是中职学校的"头等大事"。

（3）团队文化建设薄弱，班主任团队难凝聚。习近平总书记在全国宣传思想工作会议上强调，一个国家、一个民族的强盛，总是以文化兴盛为支撑的，中华民族伟大复兴需要以中华文化发展繁荣为条件。文化的建设对于国家来说是一针"强心剂"，而对中职学校班主任团队建设更是学校的一颗"定心丸"，部分中职学校在实践中尚未系统地落实并推动思想政治工作和人才培养质量的提升，建立班主任团队文化未进行合理管理和实施，使班主任团队文化在建设后未发挥应有的功能，不受重视，陷入恶性循环。

3. 工作思路

中等职业教育属于高中阶段教育，是学生告别懵懂走向独立自主的重要人生发展阶段。学校教育要坚持立德树人为根本，强化理想信念、价值观引导，遵循教育规律、学生成长规律，坚持全员、全过程、全方位育人，服务学生的终身发展，培养德技兼修、身心健康、全面发展的技能人才，发挥职业教育类型的优势。

2010 年，教育部、人力资源社会保障部《关于加强中等职业学校班主任工作的意见》明确，"中职班主任是中职学生管理工作的主要实施者，是中职学生思想道德教育的骨干力量，是中职学生健康成长的引领者。"可见，中职班主任工作是一个非常重要的专业性岗位，面对新时代的人才需求新形势，中职学校需要建设一支具有专业化素养的班主任团队，这是完成教育任务和实现教育目标的重要保证，是提高教学效率的重要手段，是学校联系各班级的纽带，是沟通学校与家庭、社会教育力量的桥梁，是促进学生健康、全面、和谐发展的有利条件，是实施三全育人的关键点。2017 年，国务院印发《关于加强和改进新形势下高校思想政治工作的意见》，指出"坚持全员全过程全方位育人，把思想价值引领贯穿教育教学全过程和各环节。""三全育人"的出发点是培养人，培养德、智、体、美、劳全面发展的社会主义建设者和接班人，要求学生要价值观端正、知识丰富、能力全面。"三全育人"的中心在"育"，习近平总书记指出："人才培养一定是育人和育才相统一的过程，而育人是本。""三全育人"的重心在"全"，"全员育人"，要求全校教职员工都要成为"育人者"；"全程育人"，要求将立德树人贯穿学校教育教学全过程和学生成长成才全过程；"全方位育人"，要求将立德树人覆盖到课上课下、网上网下、校内校外，实现育人时时刻刻存在。

学校坚持以习近平新时代中国特色社会主义思想为指导，全面贯彻党的教育方针，落实立德树人根本任务，贯彻全国教育大会精神和《国家职业教育改革实施方案》部署，积极推进职业教育领域"三全育人"，培育和践行社会主义核心价值观；组建"特色班主任团队"，以"特色班主任团队"服务学生为抓手，落实好"三全育人"，解决学生管理的难点、痛点，给学生一个好的性格，给学生一个好的习惯，给学生一个好的就业，有效贯彻执行学校"共成长 永相随"的办学宗旨。

4. 工作成效

（1）创新团队内培用人模式

学校特色班主任团队的组建遵循"三全育人"支持系统的人才队伍建设要求进行，引入人事代理用人机制，在校内建立一整套班主任内培制度，建立实习生活老师、生活老师、助理班主任、班主任四级递进式内部培养机制，保证学生管理工作的实效性。目前特色班主任团队成员中，学历均为大学本科以上，平均年龄 26 岁左右，大多数为中共党员，分别有政府机关、企业工作、中小学或职业院校工作经历，其中还有一位有海外留学经历，一位曾参加过全国技能大赛并获奖；团队成员特长突出，分别擅长羽毛球、篮球、排球、乒乓球、跆拳道、太极拳、美声演唱、编、导、拍、剪影视作品、计算机编程，等等，是一支充满朝气、战斗力、意志力的团队。团队成员不同的求学及职场阅历相互融合，给班主任工作的方式方法提供了更多新的理念与思考，更好地体现"时代性""思想引领性"和"实效性"。

（2）建立健全"三全育人"团队管理体系

注重"特色班主任团队"建设，集中进行"三全育人下的特色班主任体系"的专题培训，反复演练、不断强化对"多维情景模拟教学与管理体系"的认知并实践。"情景模拟"的训练针对性地提高班主任团队解决班级疑难问题的能力，将班主任工作中各种情境、问题进行分类，逐个分析并形成相应的班级管理体系。例如：在模拟新生报名阶段，从新生接待流程、致家长的一封信、第一次家长会、第一次班会、学生社团建设等方面做了全面的演练，以确保新生报名工作的顺利。班主任是学生成长的主要精神关怀者和引领者，必须对所带的学生有准确的认知和学情、班情分析，把握其特点，有效整合学校、家庭、社会等教育资源，创造性地开展班级教育教学活动，构筑起师生成长发展共同体。

对接企业用人标准，参考知名企业员工手册，结合学生在校期间的学习、生活特点，制定了全方位、全过程的团队管理制度，做到管理制度化、标准化、统一化，例如：模拟例会制度（每日班级例会），主题班会制度，德、智、体、美、劳成绩表制度，晚自习制度，模拟公寓制度等，帮助学生进入企业后，缩短岗位适应时间，减少出错概率。紧密联系实际，注重实践教育、体验教育、养成教育，重点培育中职学生的职业素养，培养学生的责任感、自控力、沟通力、应变力，解决目前中职学生普遍存在的"重技能、轻素养"的矛盾难题。

通过每日早课前5~10分钟的班级例会，让学生了解时事新闻、企业动态、学校及班级的热点、焦点问题，多频次地将学生中可能出现的问题、要预防的问题、需要学生认识理解的问题在每日例会中进行讲解。通过例会制度的严格执行，使班主任团队成员的工作常规化、科学化，同时，立足学生的职业发展，对学生职业素养的培养奠定了基础。

通过每周主题班会开展理想信念教育、中华优秀文化教育，即以学生为中心、以情境为中心、以活动为中心的理念来设计主题班会方案。每周设置演讲主题，提前告知学生准备，每位学生上台完成限时70秒发言。学生的思维能力、语言表达能力得到了锻炼，学会了多维度对事物进行观察和学习，取得明显的进步。班主任团队通过制度要求，"迫使"学生思考，坚持价值观教育引领知识教育，引导他们能够自主学习。在提高学生认知、发展个性、愉悦校园生活的同时引导学生树立正确的职业理想和择业观念，形成良好的职业道德，培养职业生涯规划意识，提升职业素养，锻炼相关从业能力，从而提高学生的综合素质。

通过德、智、体、美、劳量化考核制度，细化班级管理内容，同时纳入学生综合评价体系，鼓励学生积极向上，给予德、智、体、美、劳成绩优秀者外出研学、实践活动等多种机会，激发学生内生动力，学生管理自觉性大大提高，提升了班主任团队的班级管理效率。

通过晚自习制度，提升学生的自我管理与自制能力，同时将学生每晚自习纪律的表现与获取参加外出实践活动的资格挂钩，引导学生重视晚自习的训练，提高认识。学生的晚自习共经历三个阶段的提升：第一阶段保证安静即可；第二阶段在此前基础上加强对无声交流的管理；第三阶段在前述要求上加入了禁止使用手机。目前，学生已养成在教室能安静学习的氛围。

通过模拟公寓制度培养学生团结合作的集体生活意识和健康干净的卫生习惯。班主任团队通过每日查寝、每周公寓住宿值班等措施，模拟学生进入企业后集体生活的环境要求，引导学生在日常学习生活中养成良好的卫生习惯和作息，形成做人、做事的行为规范，学会与人沟通、相处，并强化集体意识。

班主任团队深入学生的学习、生活全过程，全方位、全员跟踪了解学生存在的问题，每位成员都拥有管理任何一个班级的权限，"班级规定"适用于每一个班、每一名同学，而违反"班级规定"的同学，通过班主任团队集体讨论决定，按统一的标准处理，建立精准化的解决方案。在执行过程中，每位学生都可以向所有的团队成员求助、求援，每位团队成员都关心爱护每一位学生，认真做好立德树人工作，以自己的行动践行"三全育人"。

（3）结合"三全育人"理念建设团队文化

构建"三全育人"大格局，学校全员系统学习、系统贯彻习近平总书记关于教育的重要讲话，深刻领会做好职业教育中立德树人工作的重要性，并在实践中加以系统性落实，推动思想政治工作和人才培养质量的提升。同时，把团结、自信、责任、担当作为自己工作的信条。全体教职员工都是"育人者"，其言行举止都要履行育人之责、产生育人之效。将最优质的资源配置给学生，为学生提供适合的教育，让学生享有更多的获得感和幸福感，实现"一棵树摇动另一棵树，一朵云推动另一朵云，一个灵魂唤醒另一个灵魂"的教育功效。

学校全员参与的团队文化建设是特色班主任团队保持旺盛青春活力的源泉和保障。学校将支持特色班主任工作纳入全校团队文化建设中，通过特色班主任成员的每日通报，各个相关部门及时提供配套服务；特色班主任成员每日通过分享各自的班级管理经验，把他们服务学生、服务家长的工作内容，逐步演化成了学校各个部门服务教师和学生的工作座右铭和协同实践，形成长效化、一体化立德树人落实机制。

教育是心灵与心灵的碰撞，是灵魂对灵魂的感染，需要教育实施者坚定信念、以身作则、持之以恒地完成这一神圣使命，真正做到和实现"共成长 永相随"。"特色班主任管理体系"为有效贯彻、推进职业教育领域"三全育人"提供了行之有效的实施方案，为办好人民满意的中职学校保驾护航。

案例 汉阴县职教中心整合资源大培训，服务产业促脱贫

精准扶贫、精准脱贫是中央打好脱贫攻坚战、实现全面建成小康社会目标的重大决策部署。治贫先治愚、扶贫先扶智，教育是阻断代际传递的根本之策，职业教育更是脱贫致富"造血"和"输血"的动力源泉。近年来，汉阴县坚持以习近平新时代中国特色社会主义思想为指导，把职业教育摆在教育改革创新和经济社会发展中更加突出的位置，服务建设现代化经济体系和实现更高质量更充分就业的需要，对接科技发展趋势和市场需求，完善职业教育、技能培训和成人教育体系，深化办学体制改革和育人机制改革，以促进就业和适应产业发展需求为导向，着力培养新时代高素质劳动者和技术技能人才。

1. 基本概况

汉阴县地处秦巴腹地，北枕秦岭，南依巴山，碧波荡漾的汉江和蜿蜒流淌的月河分流其间，全县版图面积 1 365 平方千米，辖 10 个镇、141 个行政村，总人口 32 万人，素有油菜花之乡、富硒之乡、陕菜之乡、书法之乡的美誉，是享誉世界的"三沈"昆仲（沈士远、沈尹默、沈兼士）故里。同时汉阴也是国家扶贫开发工作重点县、国家秦巴山区集中连片特殊困难县。

近年来，县委县政府倾力实施"科教兴县"战略，一步一个脚印、一年一个台阶，先后荣获国家义务教育发展基本均衡县、农村职业教育与成人教育示范县、省级"双高双普"合格县、学区制管理改革示范县、中小学校责任督学挂牌督导创新县、社区教育实验区、现代农业职业教育发展工程示范县、教育强县等称号。目前，全县现有中等职业学校 1 所、镇级成人技校 10 所、村级成人技校（培训站）115 所、老年大学 1 所、社区教育基地 4 个，职教在校学生 2 068 名，形成了"政府统筹、部门主管、社会参与、学校自主办学"的职业成人教育管理机制及县、镇、村三级成人培训网络，在职业教育、成人教育和技能培训百花园中，硕果累累、璀璨夺目。

2. 主要做法及成效

1）加强组织领导，夯实两个机制

（1）建立健全组织保障机制。为把职业教育培训做大做强，做出品牌、做出特色，县委、县政府把职业教育技能培训作为群众致富的治本之策，在思想上做到早发动、在行动上做到早安排，成立了以县委、县政府分管领导任组长，各镇、教育、人社、农林、扶贫等相关部门领导为副组长的领导小组，建立以教育部门管理为主、各镇管理为辅的农民教育培训学校，具体由各镇政府摸底调查，组织学员，并由县职教中心牵头组织实施，承担教材编印、教学常规管理及制定技能方案，精选业务骨干建立培训师资团队。成立职业教育联席会议制度，解决培训期间的困难和问题，确保技能培训助力精准扶贫工作落到实处。相关部门提供项目和资金支持，按照"渠道不乱、用途不变、各负其责、各计其功"的原则，由县职教中心和各镇政府共同建立片区农民教育培训学校，整合人社、农林、扶贫等部门负责培训项目支撑和资金，形成资金集聚、技术整合、措施配套、拼盘开发的态势。

（2）建立大扶贫工作机制。推进专项扶贫与行业扶贫相结合的综合扶贫模式，整合资源、凝聚力量、全力推进，构建"政府主导、部门分工、各方参与、合力攻坚"的"大扶贫"工作格局，形成技能精准脱贫攻坚合力，实现部门和单位对口帮扶贫困村全覆盖。

2）统一思想，强化三项统筹

为使工作高效快捷，在县委县政府的指导下，职教中心积极联络，促成县财政局、教体科技局、人社局、扶贫局、农业农村局、妇联、电商办、各镇政府、职教中心等单位负责人组成的工作领导小组，搭建起了沟通协作的桥梁，并用三项统筹统一了思想认识，汇聚了发展力量，打通了技能培训助脱贫的绿色通道。

（1）统筹硬件资源。

该校结合全县对中小学教育资源的整合，将闲置校舍和各镇成人文化技术培训学校进行改造，按照区域优势、人员规模、分片集中合理重组，建立东、西、南、北四个片区的标准化农民教育培训学校，形成了以县职教中心为龙头、乡镇农民培训学校为骨干、村级农民培训学校为基础的三级技能培训网络，壮大了技能培训办学实力。

（2）统筹师资团队。

根据培训专业需求，该校有针对性地在全县范围内广泛征集、选聘专业技能过硬、道德素质良好、社会声誉较高的技术应用型人才充实师资队伍，成立了以本校专业教师，农林、扶贫、人社部门专业人员，农业产业致富带头人和外聘高校教授为主的师资培训团队，建立起完备的培训师资库，为培训提供了强大师资保障。

（3）统筹培训项目。

该校按照"项目整合、资金捆绑、渠道不乱、用途不变、集中使用、各记其功"的原则，将教育、人社、农业、扶贫等部门负责培训项目和资金整合到汉阴县职教中心统一实施。由职教中心负责根据学员需求及精准扶贫规划制定教学方案，组织编写培训教材、编制授课表、安排授课教师，组织教学及管理、培训档案汇总及制作；教体科技局、人社局、扶贫办等部门负责培训项目确定，保障落实工作人员及运行经费，监督培训实施过程。工作小组齐抓共管，各司其职，形成资金集聚、技术整合、措施配套、拼盘开发的态势。

在县委、县政府的支持下，通过三项统筹，汉阴县职教中心凝聚了全县技能培训力量，握紧了扶贫技能培训的拳头，为培训的开展夯实了基础。

3）服务大局，实施四类培训

为引导贫困劳动力依靠自身奋斗脱贫致富，真正实现"培训一人、带动一片、造福一方"的目标，职教中心狠抓培训工作，落实工作细节，各项培训开展如火如荼。

（1）实施"1 天扶志 +1 天扶智"的"1 +1"培训，广开脱贫门路。

通过开展党的惠农政策、法律法规、环境卫生、健康教育、传统文化、社会道德、励志教育、村规民约等进行宣传教育，引导农民传承本地优秀文化传统，营造崇尚科学、讲究诚信、积极向上的农村文化氛围，强化公民国家意识、社会责任意识、民主法治意识，弘扬社会公德、职业道德、家庭美德和个人品德，提高群众文明素质，增强勤劳致富的志气。

通过开展脱贫技术推广讲座和培训，让群众根据产业特点和家庭条件，自主选择适合自己的脱贫技能；帮群众用足用活技能扶持、劳动力培训等政策，打开了农民增收思路，搭建了致富桥梁。

该校以"便民就近"为原则，在全县建立 115 个流动培训点，送培到村，解决农村贫困劳动力后顾之忧；分类指导他们制订贫困家庭发展计划，增强贫困劳动力的致富信心，激发他们的脱贫斗志。

到目前"1 +1 培训"已开展 108 期、5 574 人次。它开阔了百姓视野，增强了致富信心，坚定了脱贫信念，使闭塞的农村贫困劳动力更好地与市场接轨，找到致富道路，实现与时俱进。

（2）实施"2 天富智 +5 天富技"的"2 +5"培训，强化致富技能。

在进一步开展励志教育、家训家风讲座，巩固学员向学之心的同时，汉阴职教中心根据学员需求及精准扶贫规划制定教学方案，组织编写了培训教材，并编制授课表。聘请具有丰富理论知识和实践经验的高级畜牧师、畜牧养殖专家、高级农艺师、果树修剪资深专家为讲师，集中开展畜禽养殖、果树修剪、烹饪、食用菌栽培、动物防疫、果树病虫害防治、酿酒、家政服务、电焊、钳工、电子商务、餐饮服务等专业技能讲座，帮助百姓详细了解相关知识，丰富贫困户的大脑。

在了解相关理论知识的基础上，设置了以实践操作为核心的 5 天技能强化课程。除了在村镇农民培训学校和职教中心实训教室授课外，教师和技术人员还将学员分门别类地送进田间地头、农产品加工店厂进行参观和操作演练，专家教师亲自示范技术要领，并让学员实践操作，老师最后点评、检测，把"用得上、能管用"的实用技术直观地送到老百姓手上。

两年内，"2 +5 培训"已开展 84 期、7 286 人次，为百姓提供畜禽养殖、食用菌栽、茶叶制作、计算机录入等技术 30 余种，大大增强了贫困劳动力的自我"造血"功能，为贫困人口的脱贫致富打开快速通道。

（3）实施项目培训，消除培训死角。

在开展以"1 +1""2 +5"为主线的扶贫培训的同时，为满足社会、企业、百姓的多种培训需求，保证培训无死角，该校紧扣县域特色，开发新型培训项目，使培训工作百花齐放。

积极开展订单培训。围绕县域贫困人口的不同特点，结合区域服务行业劳动力的市场需求，该校量身打造，培训"即插即用"的实用技术人才。2017 年以来开展了符合县域服务行业需求的修脚师培训 6 期、227 人，家政服务培训班 6 期、236 人，电焊工培训 4 期、150 人，参培学员在省、市、县顺利就业。

组织各类特色培训。作为我省第二个"陕菜之乡"，汉阴县有着悠久的饮食文化历史，富硒食材资源丰富，"富硒美食"品种繁多，饮食风格独特。该校紧密联系地域特点，利用饮食文化资源，开设了"陕菜之乡"烹饪精品课程，目前已培训 36 期、3 500 余人。学员兴趣浓厚，就业率高，收益快，市场受欢迎。烹饪培训已成为该校的一个特色培训项目。

（4）推行社区教育，探索职成教育发展新模式。

积极探索"4567"社区教育模式，建成以社区学院为龙头、社区学校为骨干、社区教育学习点为辅助、青少年校外活动中心（乡村少年宫）和家长学校为补充的三级社区教育网络系统，将新民风建设以及"三沈文化"、沈氏家训、红色文化、移民文化、民俗文化、农耕文化等县域地方特色文化与社区教育有机融合，推进"通识教育＋特色教育"，有效地将健康价值观根植于汉阴人的价值追求和精神追求中。

4）助推产业，赢得社会认可

（1）县委、县政府认可，社会地位攀升。

在汉阴县委、县政府的支持下，汉阴县职教中心立足县域经济开展技能培训，强力推动了汉阴特色产业发展。通过"扶志＋扶技"相结合的培训，学员不仅掌握了坚实的技能，更树立了积极向上、发家致富、健康生活的坚定信念，呈现"你追我赶、你无我有、你有我优"发家致富争先创优的氛围。2017 年以来，汉阴新增特色农家乐 87 家、特色小吃店 52 家，全县电子商务经营主体 381 家、村级电商服务站点 125 个；新建标准化村级服务站点 82 个，在淘宝网上建成汉阴县特色馆 129 个；新建乡村快递物流网点 134 个，实现电子商务网络交易额 4 亿元，从事电子商务的群众多达 5 000 多人；全年新增标准化养殖基地 45 个，销售有机鸡蛋 90 万千克、有机猪肉 10 万千克、有机牛肉 10 万千克、有机鸡肉 200 万千克，直接创收 9 000 余万元。汉阴县职教中心为汉阴县集体脱贫致富奔小康打下了坚实的人力资源基础，它已经不单单是所职业学校，更是脱贫攻坚战中的一块"高地"。

（2）百姓交口称赞，社会声誉提高。

在开展技能精准扶贫过程中，本着因地制宜、按需培训、方便村民、方便培训的原则，汉阴县职教中心将课堂搬到了每个村委，让技术员深入田间地头，使得村民生活、生产、培训"三不误"，大大减轻了农民培训负担。

2017 年以来，该校共实施烹饪、餐饮服务、电子商务、家畜饲养、乡村旅游等实用技术免费技能培训 156 期，参训学员就业率达 70% 以上。参加烹饪特色小吃、电子商务培训的学员，通过企业就业和自主创业，月收入分别达 3 900 元、3 300 元以上；参加家畜饲养培训的学员，有 213 人取得中高级职业资格证书，全部实现就业、创业；参加修脚师和家政服务培训的毕业学员，推荐就业后月保底工资都达到 4 200 元以上；参加电工、焊工培训的学员，有 80% 拿到了中级证书，有 95% 拿到了特种行业上岗操作证；参加乡村旅游培训的学员，通过互联网将农家乐、农产品大力宣传、推广，招引了客源，带动了地方旅游经济的发展。同时，通过引导外出务工人员回乡创业，带动更多的农村劳动力转移就业，全县有 9 200 余名农村劳力转移各类产业实现了在"家门口"就业增收。群众的口碑成为该校办学成果的丰碑。

（3）企业高度认同，校企合作扩大。

汉阴职教中心对口服务企业表示：该校切合企业实际情况的各类项目培训，简化了企业人力资源开发程序，缩短了从剩余劳动力过渡到企业紧缺人才所需的时长，为企业解决了专业劳动力不足或不合格的危机，且有利于企业实现岗前人才筛选，大大提高了企业的运作效率。校企合作的益处在此得到彰显。短短三年内，汉阴县职教中心的合作企业由 2 个上升到 16 个，合作方式也由以前的订单式培训的单一模式转变为校企共训、引企入校、顶岗实习等多种模式，正所谓"酒香不怕巷子深""巢好自会引凤来"。该校多形式、多层次的培训方式，拓宽了校企合作渠道，扩大了校企合作范围，赢得了企业的好评。

"三沈故里春潮涌，技能培训助脱贫。"汉阴职教中心将继续坚持"扶贫先扶志、扶贫必扶智"的工作思路，办强中职教育，创新职业技能培训，优化培训模式，精准施策，精准发力，阔步推进技能扶贫，奋力谱写职业教育助力精准扶贫、助推县域经济社会发展的新篇章。

七、学校党建

2020 年，陕西省中职学校从"党之大者、国之大者"的高度，认真贯彻落实新时代党的建设总要求，坚持办学正确的政治方向，以培养中国特色社会主义建设者和接班人的根本目标，以正确的目标导向"领航引路"，以鲜明的问题导向"堵漏补短"，以务实的结果导向"强基固本"，完善党建工作管理体制，充分发挥党组织的领导作用，大力加强党务工作队伍建设，全面提升党组织的组织力，持续推动党建工作全面进步、全面过硬。

安康市中等职业学校贯彻落实《关于加强中小学校党的建设工作的意见》，充分发挥党支部的战斗堡垒和政治核心作用，全面加强党对学校各项工作的领导，不断探索党建工作与教育教学业务工作深度融合的新路子。通过健全党建工作管理体制、推动德育和思想政治工作，夯实党建常规，抓实"三会一课"，抓好党员发展和教育管理等日常工作，切实加强中等职业学校党的建设，提高中等职业学校党建工作的科学化和规范化水平；充分发挥党员先锋模范作用，让党员教职工在学校重点工作中主动作为、勇挑重担，成为学校发展的中流砥柱；严格执行中、省、市廉洁自律各项制度，严格落实中央八项规定及其实施细则精神，着力打造一支勤勉自律、风清气正的职教团队。市教育体育局党委加强了对中等职业学校党建工作的指导、督促和检查工作，与教育教学业务同部署、同落实、同考评，各校党建工作水平都有了进一步的提高。

商洛市中职学校党建工作坚持以习近平新时代中国特色社会主义思想为指导，不断加强和改进党支部思想建设、组织建设和作风建设，增强党组织的战斗力和凝聚力，围绕教育教学中心，不忘初心、牢记使命，开拓创新，使学校的意识形态工作和师德师风建设提高到一个新的水平，为探索和完善职业学校办学管理机制、全面提高学校教育教学质量打下坚实的政治基础，为职业教育的发展提供坚强的组织保障和精神动力。

西安市各中职学校党组织能够认真落实党风廉政建设主体责任和"一岗双责"，坚持把党风廉政建设与教育教学各项工作同部署、同落实、同检查。组织党员干部认真学习贯彻《中国共产党廉洁自律准则》《中国共产党纪律处分条例》《中国共产党问责条例》，不断加强党的纪律建设、作风建设和廉政建设。

延安市教育局党委全面学习贯彻落实习近平新时代中国特色社会主义思想和十九大精神，紧紧围绕发展、改革、稳定、和谐主线，以"不忘初心 砥砺前行"学习教育为抓手，着力提升基层党建工作的创新创优能力，着力发挥基层党组织的引领保障作用，树立党员教师的示范榜样，实施优质均衡的教育惠民利民工程，为延安教育发展迈上新台阶、构筑新优势打下了扎实基础。

（1）制度保障，落实责任，基层组织建设切实加强。局党委牢固树立"抓好党建是本职、不抓党建是失职、抓不好党建是不称职"的意识，始终把党建工作纳入一把手工程，做到党建工作与业务工作一起部署、一起落实、一起考核，切实加强组织领导。

（2）学做互进，知行合一，党员思想建设有效提升。局党委通过宣传引导，全力营造学做氛围。各基层党组织深化服务理念，不断探索创新，有效地激发了基层党组织的蓬勃生机与活力，提升了中职学校党组织的整体服务能力和水平。

案例　陕西省石油化工学校以党建引领推动高质量内涵式发展。陕西省石油化工学校用新发展理念开创学校高质量发展新格局，强党建、保稳定、促改革、抓内涵，深刻分析"十四五"时期学校面临的机遇和挑战，全面规划学校未来发展，明确"党建观""安全观""德育观""课程观""考试观""发展观"六大办学指南。用"大视野新思维、大格局新机制、大改革新举措"的大党建理念，着力形成"齐抓共管、运行有效、保障到位"的工作格局。树牢安全是红线、是底线、是生命线的发展理念，把保证师生及学校安全放在第一位，安全管理与安全教育要警钟长鸣。全员德育、全程德育、全方位育人，人人都是德育形象，事事都是德育资源，处处都是德育契机。凡是有助于学生成长与发展的活动，凡是能够开发和利用的物质的、精神的材料和素材都列入课程资源；每项教育教学活动均按课程设定，系统规范"备课、上课、反馈"环节，引导师生以敬畏之心对待工作、学习。全体教职工以"赶考"精神对待工作，以"赶考"的清醒和坚定答好新时代的答卷。学校的发展伴随着每个人的进步、发展、受益，"共成长、永相随"，以每个人点滴发展汇成学校不竭的发展动力。全校上下聚焦党建引领，提升品牌内涵，推动发展、服务群众、凝聚人心、促进和谐，努力建成人民满意的中职学校，为学校"十四五"发展开好局。

案例 武功县职教中心用党建引领职业教育高质量发展，建强阵地，夯实党建根基。该校先后投入6万余元，对党员活动室进行了重新设计和布置。将职业教育亮点工作和特色工作融入党建工作中，让党建活动建起来、用起来、活起来、强起来。抓好常规，规范党务管理。健全党建各种制度，严格落实"三会一课""民主评议党员""主题党日"等制度。创新载体，促进深度融合。发挥了"五个载体"作用，确保立德树人根本任务的落实。一是以思政课课堂为载体，二是以团建为载体，三是以班会为载体，四是以名师工作室建设为载体，五是以"四史"学习教育活动为载体，坚持把党建工作融入日常教育教学之中，党建引领，助力学校发展。坚持以"五个助力"为抓手，推动学校高质量发展。一是以党建助力班子队伍建设，二是以党建助力学校建设提档升级，三是以党建助力学科建设，四是以党建助力学生专业成长，五是以党建助力脱贫攻坚。

案例 眉县职教中心党支部六项大活动 献礼"党的生日"。在庆祝中国共产党99周年华诞之际，眉县职教中心党支部创新载体，积极开展系列活动，大力宣传党的光辉历程和丰功伟绩，激励广大师生扎实工作，勤勉学习，以实干实绩献礼"党的生日"。一是"翰墨传情"颂党恩。以笔墨寄情抒发爱党、爱国之情。二是"感恩教育"扬美德。举办了庆祝建党99周年暨"我爱眉职"演讲赛，30余名参赛选手以感恩党、感恩时代、感恩母校、感恩师长、感恩同学为主题，向现场观众传达了感恩的丰富内涵。三是"主题党日"悟初心。组织全体党员重温入党誓词，瞻仰烈士纪念碑，参观扶眉战役纪念馆，让全体党员坚定理想信念，强化党性修养，永葆党员本色。四是"阵地建设"激活力。学校党支部升级改造了党员活动室，打造了党建新阵地。五是"主题班会"添动力。组织开展庆祝建党99周年主题班会，同学们以不同的方式颂扬了中国共产党的丰功伟绩，讴歌了中华民族实现伟大复兴的百年奋斗征程，受到了一次爱国主义的生动教育。六是"表彰先进"树典型。表彰奖励了一年来，在学校教育教学工作中涌现出的7名"优秀共产党员"和1名"优秀党务工作者"，营造了广大教职工学先进、赶先进、当先进的浓厚氛围。

案例 西安职业中等专业学校党支部以"三培两带"的建设思路打造德艺双馨党员教师队伍。"三培"即把骨干教师培养成党员，把党员教师培养成教学骨干，把骨干党员教师培养成学校管理干部；"两带"即党员教师带头抓教学质量，带头搞科研教改。要求党员教师身先士卒、率先垂范，增强学校发展的使命感，激发工作的成就感，通过搭建教师队伍建设与教育教学示范平台加大教师的师德师风建设力度。

八、问题和对策

（一）问题导向

1. 中等职业教育定位不够清晰

社会各界对职业教育体系建设和类型教育认识不深刻，对中等职业教育"基础"地位认识不足。部分学校办学定位、发展规划不清晰，工作目标不明确，办学特点不明显，专业建设薄弱，专业教师配备不足，缺乏专业建设动态调整机制，不能满足人民日益多元化和个性化的职业教育需求，影响中等职业教育的发展。

2. 中等职业教育基础能力建设有待加强

全省中职学校开展了办学条件和教学基本要求"双达标"活动，对中职学校办学条件不达标、教学管理不规范提出刚性政策要求。其中存在的问题是部分学校教学实习实训场地、设备无法保障，生均实习实训资产偏低，学生实操器材数量和质量难以满足学生教学需要，校园信息化滞后，办学条件有待进一步改善；中等职业教育经费保障水平偏低，各地给予的经费保障措施与职业教育发展需求相比差距较大。

3. 中等职业学校教学管理规范性有待提高

职业教育高质量发展需要推进内涵建设，提升教育教学水平。部分学校教学制度不够完善；现有制度中，有些已经比较陈旧；在政策制度的学习上不够深入、系统，对教学基本要求的学习贯彻落实比较滞后；教学管理基本文件，如专业教学标准、人才培养方案和课程标准不齐全，有的教师对其认识不足、重视不够，培养目标不清晰，教学管理不够规范，教育教学质量得不到保障。

4. "双师型"队伍建设不能满足职业教育快速发展的需要

部分县域中职学校专业教师由普通高中教师转型而来，职业教育教学经验不足，有企业工作经验、专业素养和专业水平较高的专业教师短缺。部分中等职业学校教师专业知识老化，实践能力不强，职业教育的水平和质量不高。"双师型"教师数量与质量严重不足。中等职业学校专业教师培养和补充机制还没有有效建立。

5. 专业结构设置不能很好地满足区域经济发展需求

陕西职业教育当前面临的主要矛盾是学校人才供给与社会人力需求之间的结构性矛盾。部分学校专业设置未充分调研区域经济发展需求，缺乏创新性和前瞻性，新专业发展滞后。部分学校专业设置存在一定的盲目性，不能结合学校自身具备的行业或区域优势，专业雷同现象严重，没有形成学校优势特色专业。

6. 现代职业教育体系建立有待推进

陕西职业教育单招本科专业招生计划不断缩减，与《关于推动现代职业教育高质量发展的意见》中提出的"到2025年，职业本科教育招生规模不低于高等职业教育招生规模的10%"要求有差距。中、高、本衔接通而不畅，缺乏专业人才培养方案一体化设计，内涵性的衔接难以体现，部分专业无法对接，仍存在断层。

7. 产教融合校企合作不够深入

行业企业参与产教融合的动力不足，政府、企业、学校、行业、社会协同推行的工作格局尚未形成。产教融合、校企合作深度不够，合作单一，企业参与人才培养方案的制定流于形式。有些企业和学校把产教融合做成了简单的专业工种的错位实习，走入了误区。

8. 中职教育评价制度体系有待完善

中职教育缺乏制度化顶层设计。没有建立统一的评价标准和指标体系，"指挥棒"作用缺失，仅个别地市开展中职学生学业水平评价。学校自身评价、教育行政部门的第二方评价和社会第三方评价尚未形成联动机制，行业、企业参与评价甚微，亟待建立健全全员参与、全程控制、全面管理的职业院校办学质量考核评价体系。

（二）对策建议

1. 明确办学定位，夯实中等职业教育基础地位，推进现代职教培养体系建设

明确中等职业学校办学定位，端正办学方向，改革和完善职教高考的指挥棒，引导中等职业学校内涵发展。坚持高中阶段职普大体相当的政策，贯彻《陕西省职业教育改革实施方案》及其配套文件，通过办好"职教论坛""职教活动周"等，营造职业教育良好氛围，提高社会各界对职业教育的认识。明确省与市县地方政府在职业教育方面的职能分工，理顺职业教育经费的投入责任及管理监督体制，确保职业教育足额、多元投入。开展"双达标"省级复核，督促市县政府进一步加大投入力度，为陕西职教发展打基础、强内涵、立长远。构建中职、高职、职业大学、应用型本科、专业学位研究生的职教培养体系，充分发挥高职院校在培养、就业等方面发挥引领性作用，中职学校在招生、培养等方面发挥基础性作用，在产教融合、专业建设、教育教学、资源共享等方面与联办高职院校加强合作。积极推进落实《陕西省五年制高等职业教育管理办法》。把"3 + 2"作为中高职衔接贯通培养的基本制度，鼓励中高职在课程设置、人才培养方案制定方面形成接续一体化，规范中高职衔接发展。

2. 加强中职学校基础能力建设

按照职普发展规模需求，统筹实施区域内学校的新建、改建和扩建工作，确保足够的中职学位供给。实施全省"中职教育发展三年行动计划"，设立专项资金，完善中职学校基础设施，改善各学校办学条件。完善生均拨款制度，中职学校生均公用经费应高于普通高中标准。组织实施"双达标"省级监测复核，规范教学基本要求。针对教学基本制度文件和教学标准执行环节进行严格规范，指导基层学校厘清专业教学标准、专业人才培养方案和课程标准的关系。规范教学管理，提升人才培养质量。继续落实各地教育附加费30%用于职业教育、新增教育经费向职业教育倾斜等政策。以项目化推动陕西中等职业教育高质量发展。

3. 坚持立德树人，强化思政教育

贯彻《新时代学校思想政治理论课改革创新实施方案》精神，落实立德树人根本任务，创新职业学校思想政治教育模式，坚持德技并修、工学结合的育人机制，结合职教特点，构建"思政课程"与"课程思政"大格局，增强思政教育的亲和力、针对性，强化内涵建设，推动整体提升，提高人才培养质量和中职学校德育工作水平，2021 年起把中职思想政治课教师"大练兵"纳入全省"大练兵"系列内容。

4. 坚持"三教改革"，强化内涵发展，赋能提质培优

落实《职业教育提质培优行动计划（2020—2023 年）》，全面布局新时代陕西职教改革发展的施工蓝图，提供资金保障。一是强化"双师型"教师队伍建设。加强师德师风建设，全面提升教师素养；健全师资补充机制，扩大中职学校选人用人自主权；加大教师特别是"双师型"教师培养培训力度，全面提升教师队伍素质；继续实施"职业院校教师素质提高计划"，校企共建"双师型"教师培训基地和教师企业实践基地，落实全员培训制度；提升教师国培、省培项目适用性。二是创新教学模式与方法。推广实施项目教学、情境教学、模块化教学、行动导向教学以及线上线下混合式教学，推动现代信息技术与教育教学深度融合，推动优质数字教学资源共建共享，提高课堂教学质量。三是改进教学内容与教材。完善"岗课赛证"综合育人机制，开发模块化、系统化的实训课程体系，提升学生实践能力；推进"1＋X"证书制度，完善认证管理办法，加强事中事后监管；及时更新教学标准，把职业技能等级证书所体现的先进标准融入人才培养方案；加强职业教育教材建设。

5. 深化产教融合校企合作

落实《国家产教融合建设试点实施方案》要求，发挥咸阳市作为国家产教融合试点城市的示范引领作用，建立以城市为节点、行业为支点、企业为重点的改革新路径新机制，统筹开展试点。积极推进我省第三批现代学徒制试点，完成第三批现代学徒制试点单位省级验收工作。深化校企合作协同育人模式的探索与改革，开发"1＋X"管理服务平台，组织开展专项课题研究，协调考试评价费用标准、审核试点项目及计划、推进课证融通，促进校企合作产教融合，深入推进项目试点。

6. 增强职业教育的服务力和贡献度

发挥职业学校优势，联合普通教育学校开展职业启蒙教育、劳动教育，将"工匠精神"培育融入基础教育，将职业体验活动纳入中、小学生综合素质评价体系，促进普职融通。围绕区域经济发展需求，加强专业建设理论研究，推动专业设置与产业发展同频共振。推动各中职学校在专业设置上与区域产业需求有效对接，课程内容与职业标准、教学过程与生产过程有效对接。人才培养方案进行中、高职一体化设计，推进特色品牌专业建设。落实《陕西省职业教育服务乡村振兴战略三年行动计划（2020—2022 年）》，做好职教服务脱贫攻坚与助力乡村振兴战略的有效衔接。充分发挥职业学校技能培训主阵地作用，开展实用技术培训、职业农民培训、劳动力转移培训，着力提升当地劳动力技能水平，打造陕西特色的致富培训品牌。通过增强职业教育的服务力和贡献度来产生良性回馈。

7. 建立健全中职教育质量评价协同机制

落实教育评价改革方案，建立健全中职教育质量多元评价协同机制，完善考核结果公开机制，落实考核结果的运用制度。深入推进"教学诊改"，健全学校内部质量保障制度，形成质量管理意识，完善质量年报发布制度，落实责任，使中职教育"提质培优、增值赋能"落到实处。加强教育教学标准的建设。在学校办学质量评价上，要建立基于标准要求的教育教学改革理念，提升标准意识和运用标准能力，以标准引领职业院校打造关注质量、注重素养、促进学生发展的职业院校新生态，以标准化推进职业教育现代化。构建陕西省中职学校办学质量评价的指标体系。坚持立德树人理念，明确中职学校办学定位、人才培养目标定位。在开展"双达标"的基础上，重点就《新时代深化教育评价改革总体方案》对职业教育评价改革提出的任务要求，着重围绕中职德技并修、产教融合、校企合作、育训结合、学生获取职业资格或职业技能等级证书、毕业生就业质量、"双师型"教师等评价内容，形成相应的中职办学质量评价标准和指标体系，加大职业培训、服务区域和行业的评价权重，通过多方面资源整合，探索对不同基础的中职学校进行增值评价，使评价体系能有效地提高我省中职教育整体质量。

陕西中等职业学校年度质量报告
（2022 年）

一、学生发展质量

（一）党建引领

1. 党建引领

在党史学习教育中，全省各中职学校以习近平总书记来陕考察重要讲话的重要指示精神为指引，认真学习贯彻习近平总书记对职业教育工作的重要指示，深刻领会全国职业教育大会新要求，坚持立德树人、德技并修，充分利用教育资源和各类学习平台载体，结合学校工作实际，开展一系列特色鲜明、形式多样的学习教育，教育引导师生学党史、听党话、感党恩、跟党走，推动党史学习教育走深走实。

2021年秋季，在省教育厅的统一安排下，各中职学校开始使用《习近平新时代中国特色社会主义思想学生读本》，并通过开设相关课程，让学生不断深化对习近平新时代中国特色社会主义思想的系统认识，逐步培养对拥护党的领导和社会主义制度、坚持和发展中国特色社会主义的自信和自觉。

案例　陕西省电子信息学校：强化党建引领，持续加强思想政治建设

陕西省电子信息学校认真学习贯彻习近平新时代中国特色社会主义思想，以"三会一课"为重要抓手，支部每月开展一次集中学习，严格落实党委书记、党委成员、支部书记带头讲党课，党委委员任《习近平新时代中国特色社会主义思想学生读本》思政课程教师，持续做好习近平新时代中国特色社会主义思想进课堂、进教材、进学生头脑工作，不断强化宣传阵地建设，唱响主旋律，营造好氛围，制定和落实意识形态工作责任制，不断加强师德师风建设，积极以"四有好老师"标准打造教师队伍，打造"3255"党建融合业务模式，把党建引领贯穿到教育教学、立德树人、管理服务等工作的全过程，推动学校高质量发展。

案例　韩城市职业中等专业学校：开展主题教育　擦亮党建品牌

韩城市职业中等专业学校组织开展习近平新时代中国特色社会主义思想、党史学习教育、"高举旗帜、响应号召、奋进新时代、启航新征程"主题教育、中小学有偿补课和教师违规收受礼品礼金问题专项整治、"强国有我、请党放心""大学习、大调研、大讨论、大培训、大转变、大提升"教育实践活动等，切实提高党员干部和全体教师的政治思想水平和工作作风，不断擦亮学校"135党建＋X"党建品牌。

案例　旬阳市职业中等专业学校开好《习近平新时代中国特色社会主义思想学生读本》课程

旬阳市职业中等专业学校征订《习近平新时代中国特色社会主义思想学生读本》，覆盖学校2020级、2021级所有学生。学校组建由党支部书记任团长，副书记、委员及优秀思政课教师为成员的习近平新时代中国特色社会主义思想宣讲团，分年级、分专业每周至少组织一次专题讲座，宣讲习近平新时代中国特色社会主义思想，教育学生深刻领会社会主义核心价值观，引导学生不断增强"四个意识"、坚定"四个自信"、做到"两个维护"，帮助学生建立热爱祖国、热爱中国共产党、热爱社会主义的正确人生观和价值观。

（二）立德树人

1. 思政课程和课程思政建设

省委教育工委、省教育厅组织开展陕西学校思政课教师"大练兵"省级展示活动，各校积极开展思政课和课程思政建设，旨在充分发挥课堂教学的主渠道作用，强化思政课程和课程思政建设，寓价值观引导于知识传授和能力培养之中，帮助学生塑造正确的世界观、人生观、价值观。

案例　落实立德树人根本任务，开展思政课教师"大练兵"省级展示活动

为深入学习贯彻习近平总书记在学校思想政治理论课教师座谈会上的重要讲话精神，按照《陕西学校"四好"思政课创优行动方案》（陕教工宣办〔2019〕1 号）安排，持续擦亮全省学校思政课教师"大练兵"主题活动品牌，省委教育工委、省教育厅组织开展了陕西学校思政课教师"大练兵"省级展示活动。中职学校"大练兵"省级现场展示活动于 2022 年 5 月 14 日在陕西省电子信息学校举办。经过专家网络初评，来自各地市和省属学校的 13 支代表队、30 名教师进入现场展示环节，通过现场教学展示和答辩，共评选出8 名思政课程教学标兵、13 名思政课程教学能手、4 名课程思政教学标兵、5 名课程思政教学能手。

2022 年 6 月 30 日，省教科院组织了陕西省中职思政大练兵线上展示活动，对 6 名思政课程和课程思政教学标兵的课堂实录进行展示，3 名专家分别进行点评，全省各中职学校通过网络组织教师认真观看学习。活动的开展，旨在充分发挥教学标兵和教学能手的示范引领作用，进一步推进思政课程和课程思政改革创新，锻造学校思政课教师队伍和课程育人队伍，充分发挥思政课和课程思政的重要育人作用，使各门课程与思政课同向同行、协同育人。

案例　镇安县职业高级中学打造特色思政课，创新德育主渠道

镇安县职业高级中学依托学校党支部和思政课教研组，以学前教育专业思政课为先导，将教学内容与社会生活、职业生活联系，设置职场情境，有机融入职业道德、劳动精神、劳模精神和工匠精神教育，突出实践取向；注重倡导知行合一、做中学做中教的教学方式，采用案例教学、情境教学、现场教学、社会调查、社会实践等多种方式更多地让学生参与、体验与实践；从注重知识掌握向注重素养培育方向转移，进一步增强学生思政课的沉浸感和获得感。

2. 德育主题活动

教育行政部门和各校认真落实立德树人根本任务，坚持活动育人、实践育人，通过开展一系列形式多样、丰富多彩的德育主题活动，引导学生积极培育和践行社会主义核心价值观，促进形成正确的世界观、人生观、价值观。陕西省教育科学研究院开展 2021 年全省中等职业学校"爱我中华·魅力职教"经典诵读活动，各校开展一系列德育主题教育活动。

案例 2021 年全省中等职业学校"爱我中华·魅力职教"经典诵读活动

2021 年 12 月—2022 年 7 月，陕西省教育科学研究院组织开展了 2021 年全省中等职业学校"爱我中华·魅力职教"经典诵读活动，旨在通过诵读红色经典、演绎红色经典的形式，以红色文化涵养培育工匠精神，用红色信仰为培育工匠精神立根铸魂，用红色意志为培育工匠精神强筋壮骨，用红色情怀为培育工匠精神注入温度。活动在各级教育行政部门、学校的充分重视和广大师生的积极参与下有序开展，共推荐作品 63 件。经过作品初审、网络投票和专家评审，活动评出获奖作品 38 个，其中学生组一等奖 5 个、二等奖 10 个、三等奖 15 个；教师组一等奖 1 个、二等奖 3 个、三等奖 4 个；优秀组织单位奖 5 个、优秀组织个人奖 5 个。活动的开展，对于进一步深化教育教学改革起到积极的推动作用，营造了传承中华优秀文化、展示中职学子风采的良好氛围。四年来，活动持续、健康、有效地开展，已经形成一项制度化、常态化的活动。

案例 陕西省商贸学校：打造思政教育"行走"的"课堂"

陕西省商贸学校举办"建党百年展芳华 凝心聚力再出发"之"打卡红色地标"爱国主义主题教育活动，师生走进了铜川照金陕甘边革命纪念馆、薛家寨革命旧址、陈家坡会议旧址，通过实地参观、听现场解说、祭奠英烈、重温入团誓词、观看红色电影、听老红军讲革命故事等多种形式的红色实践活动，深刻明白"没有共产党就没有新中国"的道理，坚定"感党恩"和"永远跟党走"的信念与信心，以红色文化认同感提升学生民族自豪感和时代责任感。

案例 陕西省城市经济学校开展"博悟·关爱"系列公益活动

陕西省城市经济学校与汉阳陵景帝博物院合作开展"博悟·关爱"系列公益活动。结合汉景帝阳陵博物院特色及学校学生的心理、专业特点，在全国助残日、中国自然与文化遗产日、国际聋人日、国际盲人节、国际残疾人日分别举办"博物馆之幻""博物馆之谜""博物馆之视""博物馆之触"以及"博物馆之仪"五场针对不同残疾学生的主题活动。以文物小课堂、VR 实景体验、汉代游戏体验相结合的方式，让同学们学习博大精深的汉代历史文化，增强文化自信。

（三）在校体验

陕西省教育厅扎实开展"技能成才，强国有我"主题教育活动，各校蓬勃开展"文明风采"展示、体育艺术节、劳动技能传承等活动，不断丰富学生校园生活，营造积极向上、和谐健康的校园氛围。

1. 开展"技能成才 强国有我"主题教育活动

2022 年 4 月，陕西省教育厅在全省职业院校启动"技能成才，强国有我"主题教育活动，引导学生衷心拥护中国共产党的领导和我国社会主义制度，培养爱国之情、砥砺报国之志，走技能成才、技能报国之路，履行好"请党放心，强国有我"的庄严承诺。

一年来全省各市（区）层面举办活动共计 56 场次，校级活动举办 2 324 场次，参与校级活动学生达 100 万人次。各职业院校提交视频类作品 144 份，图片类 596 份，文本类 150 份，省级遴选优秀作品推荐报送教育部，并在省级网站发布。

通过开展我们一起学党史、红色基因传承、"百年青年讲党史"团干部素质能力大赛、"党领导下的中国青年运动史"展览、"致敬峥嵘岁月，献礼建团百年"团课大赛等活动，切实推动习近平新时代中国特色社会主义思想入脑入心，增强广大团员和青年学生对职业教育的信心，加强职业精神和职业道德的培养。开展"未来工匠说"主题演讲征文活动、社团文化节系列活动，观看冬奥视频分享讨论会、"中国（陕西）青年五四奖章"获奖者（集体）事迹分享会、优秀毕业生评选活动、"三秦工匠"成才报告会等活动，激发广大学生的学习热情，引导他们树立远大理想，走实践成才之路，形成比学赶超、努力成才、奋进担当的良好局面。

2. 体育和美育工作

全省各中职学校开足开齐体育和美育课程，通过文明风采、运动会、艺术节、主题活动等形式，培养学生爱国主义、集体主义、社会主义精神和奋发向上、顽强拼搏的意志品质，提高审美情趣和人文素养。

案例　各校积极开展体育艺术活动

府谷县职业中等专业学校每年定期组织"职业教育活动周""校园文化艺术节""秋季运动会"等活动，组织播音主持大赛、演讲比赛、朗诵比赛、红歌比赛、手抄报比赛等活动，锤炼了学生的专业技能，厚植了爱国、爱家乡的情怀，坚定了文化自信；千阳县职业中等专业学校定期组织丰富多彩的朗诵比赛、青春诗会、演讲比赛、舞蹈表演、书法、绘画、剪纸等社团活动及成果展示，举办"庆元旦迎新年""校园文化艺术节"等大型文艺汇演，为学生搭建展示舞台，增强学生的自信心，展现了青春风采；咸阳市秦都区职业教育中心各系部根据各自特点，积极组织学生开展各项文体活动，如艺术系开展美术作品展、全能比赛，机电系开展 DIY 创意制作、篮球比赛、歌咏比赛等活动，信息系开展书法美术比赛、风采大赛，电商传媒部组织开展乒乓球赛、摄影展，通过一系列的技能竞赛活动，挖掘学生的个性才能，提高学生的就业竞争能力。

案例　陕西省自强中等专业学校"以运动为本，培养学生自强之基"

陕西省自强中等专业学校在校学生残疾人比例超过 80%，学校结合残疾学生专业学习需要，开齐开足体育课程，每周每班开展一次体能训练，每天开展一次早操、课间操"两操"运动，对特别有运动天赋的学生，积极推荐参加全国、省、市等各类残疾人运动会。在第十一届残疾人运动会暨第八届特殊奥林匹克运动会上，该校学生庞艳鹏等 20 名运动员发扬"自强自立、艰苦训练、勇于拼搏、顽强比赛"的精神，参加田径、多向飞碟、视残射箭、肢残射箭、网球和盲人门球等项目，勇夺四金、七银、六铜，展现了全省中职学生的良好风貌。

3. 劳动教育

各中职学校认真落实国家全面加强新时代大、中、小学劳动教育的意见，结合专业人才培养，以实习实训课为主要载体，扎实开展劳动教育，增强学生职业荣誉感，提高职业技能水平，培育学生精益求精的工匠精神和爱岗敬业的劳动态度。

案例　眉县职业教育中心"将劳动教育纳入人才培养全过程"

眉县职业教育中心坚持以"推动三个融合（劳动教育与学生日常生活、实习实训、实践活动融合）、构建四大课程（开发生活劳动、社会服务劳动、专业实践劳动、研学体验课程）、依托五个渠道（文化建设、课堂教学、校企合作、校外活动、县域产业）"为策略，大力弘扬"劳动精神、劳模精神、工匠精神"，将劳动教育纳入人才培养全过程，全面提升学生职业素养。

案例　陕西省商业学校"以专业技能拓展劳动教育第二课堂"

陕西省商业学校制冷专业积极拓展劳动教育资源，开展日常生活劳动教育，取得良好成效。在教学过程中，教师将一些生活中常用的技能点梳理出来，以螺丝刀、扳手、试电笔、万用表、电烙铁、管钳、剥线钳等常见工具的安全规范操作和使用为主，拓展为劳动教育资源，使学生能够解决家庭日常生活中可能出现的问题和故障。同时组织学生运用所学技能，对学校办公室空调进行维护保养，并在职教活动周期间，到汉台区第四中学、第八中学等单位开展技术服务，让学生在劳动实践中体验成功的快乐，增强职业认同感和自豪感。

（四）就业升学

2022 年，陕西省中等职业学校毕业生就业情况总体良好，呈现出升学率稳中有升、学校推荐就业为主、异地就业人数增加、就业满意度持续上升等特点。

1. 毕业生就业总体情况

2022 年，陕西省中等职业学校毕业生 75 958 人，就业学生 70 070 人，就业率 92.26%；直接就业 20 539 人，直接就业率 27.04%；对口就业 11 848 人，对口就业率 57.69%。

去向分布：升学成为中职毕业生就业主渠道。2022 年陕西省中职毕业生的就业去向，主要分为国家机关及企事业单位、个体经营、升入高一级学校及其他方式就业 4 种类型，其中：到国家机关、企事业单位就业 10 599 人，占 15.13%；毕业后从事个体经营 8 682 人，占 12.40%；升入各类高一级学校 49 540 人，占 70.74%；其他方式就业 1 249 人，占 1.74%。如图 5 - 1 - 1 所示。

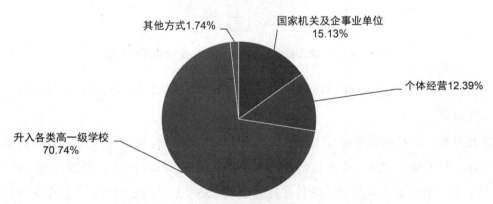

图 5 - 1 - 1　陕西省中等职业学校毕业生就业去向

产业分布：第三产业是中职毕业生就业的主方向。陕西省中职毕业生从事第一产业 2 108 人，占直接就业人数的 17.79%；从事第二产业 2 755 人，占直接就业人数的 23.25%；从事第三产业 6 985 人，占直接就业人数的 58.96%，如图 5 - 1 - 2 所示。从就业产业分布来看，大部分学生就业分布在交通运输、餐饮等第三产业，第一产业从业人数最少。

地域分布：中职毕业生异地就业人数增多。2022 年陕西省中职毕业生的就业地域主要分为本地就业和异地就业两种，其中：本省就业 3 609 人，占直接就业人数的 30.46%；异地就业 8 239 人，占直接就业人数的 69.54%，如图 5 - 1 - 3 所示。统计显示，陕西省

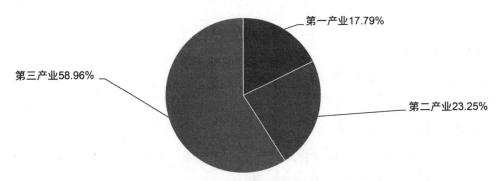

图 5 - 1 - 2　陕西省中等职业学校毕业生就业产业分布

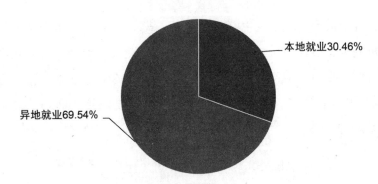

图 5 - 1 - 3　陕西省中等职业学校毕业生就业地域分布

中职毕业生去异地就业人数正在逐步增加，表明全省中等职业技术技能人才受全国认可程度在不断增强。

渠道分布：学校推荐就业是中职毕业生就业的主要途径。陕西省中职毕业生的就业渠道主要包括学校推荐就业、中介机构介绍就业、其他渠道就业三类，如图 5 - 1 - 4 所示。2022 年，陕西省中职毕业生中，学校推荐就业 11 255 人，占 94.99%；通过中介机构介绍就业 49 人，占 0.41%；通过其他渠道就业 544 人，占 4.60%。

质量分布情况：

（1）签订劳动合同是毕业生就业的主要方式。从全省中职毕业生与用人单位签订劳动合同的情况（见图 5 - 1 - 5）来看，直接就业的毕业生中，有 11 848 人签订劳动合同，其中签订 1 年及 1 年以内期限就业合同的 6 580 人，占 55.54%；签订 1~2（含）年期限就业合同的 3 854 人，占 32.53%；签订 2~3（含）年期限就业合同的 1 318 人，占 11.12%；签订 3 年以上期限就业合同的 96 人，仅占 0.81%。中职毕业生与用人单位签订 1 年及以内合同的比例最高，其次是签订 1~2 年合同的。

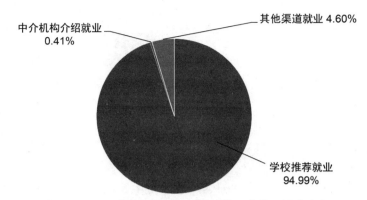

图 5 - 1 - 4　陕西省中等职业学校毕业生就业渠道分布

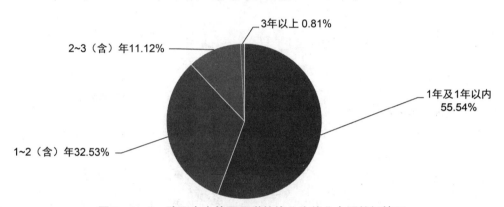

图 5 - 1 - 5　陕西省中等职业学校毕业生就业合同签订情况

案例　陕西省建筑材料工业学校与陕西生态水泥股份有限公司校企联合办学

2022 年，陕西省建筑材料工业学校与陕西生态水泥股份有限公司校企联合办学，通过校企联姻、三方协议、实习保险等，为 56 名学生顺利走上工作岗位提供了有力保障。学校与陕西生态水泥股份有限公司签订了校企联合办学协议，签订共建共享生产性实训基地协议，增进学校与企业的联系，推动校企合作深入开展，使职业教育更好地服务地方经济和产业发展。

（2）中职毕业生就业起薪待遇情况。2022 年陕西省中职学生就业的起薪待遇平均月薪为 3 485 元。2 000 元/月及以下的 659 人，占直接毕业生人数的 0.56%；2 001 ~ 3 000 元/月的 2 700 人，占直接毕业生人数 22.79%；3 001 ~ 4 000 元/月的 6 048 人，占直接毕业生人数的 51.05%；4 000 元/月以上的 2 441 人，占直接毕业生人数的 20.60%。如图 5 - 1 - 6 所示。

中职毕业生就业满意度情况：毕业生就业满意度进一步提高。2022 年陕西省中职毕业生就业非常满意度有所提高，如图 5 - 1 - 7 所示。满意度回复中无法评估、不满意、比较满意、满意、非常满意的人数分别为 241 人、168 人、5 510 人、9 095 人、5 525 人，分别占直接就业学生总数的 1.17%、0.82%、26.83%、44.28%、26.90%。

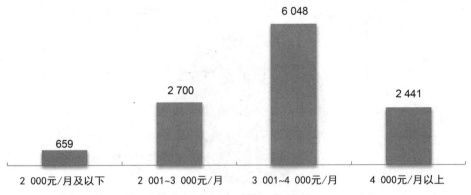

图 5-1-6　陕西省中等职业学校毕业生就业起薪情况（单位：人）

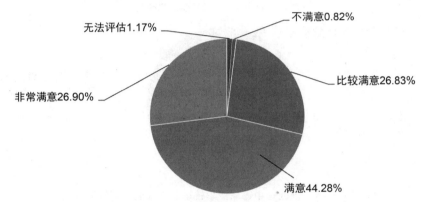

图 5-1-7　陕西省中等职业学校毕业生就业满意度情况

2. 各专业大类就业情况

第三产业相关的专业就业人数占比最高。根据教育部《职业教育专业目录（2022年）》，中等职业学校共分 19 个专业大类，其中农林牧渔 1 个专业大类属于第一产业；资源环境大类、能源与新能源大类、土木水利大类、装备制造大类、交通运输大类和石油化工类属于第二产业；电子与信息技术大类、医药卫生大类、财经商贸大类、旅游服务大类、文化艺术大类、体育与健康大类、公共管理与服务大类、教育大类、休闲保健大类、轻纺食品大类、司法服务大类和其他类属于第三产业。第二产业包含 6 个专业大类，第三产业包含 12 个专业大类，据数据分析，在第三产业就业的毕业生人数、就业生人数较多。2022 年陕西省中等职业学校毕业生各专业大类就业情况见表 5-1-1。

表 5-1-1　2022 年陕西省中等职业学校各专业大类毕业生就业情况　　　　　人

专业类别	毕业生数	直接就业人数	对口就业人数	升学人数	未就业人数
农林牧渔大类	1 992	466	22	869	657
资源环境与安全大类	232	16	6	214	2

专业类别	毕业生数	直接就业人数	对口就业人数	升学人数	未就业人数
能源动力与材料大类	176	22	6	154	0
土木建筑大类	631	159	45	464	8
水利大类	232	16	6	214	2
装备制造大类	7 357	1 713	486	5 220	424
生物与化工大类	690	55	51	399	236
轻工纺织大类	389	222	104	153	14
食品药品与粮食大类	83	38	0	31	14
交通运输大类	11 654	6 404	5 203	4 649	601
电子与信息大类	24 695	3 358	1 269	19 754	1 583
医药卫生大类	4 647	1 513	1 028	2 825	309
财经商贸大类	4 126	789	253	3 232	105
旅游大类	3 472	1 465	937	1 566	441
文化艺术大类	5 866	1 448	751	3 644	774
新闻传播大类	1 234	585	417	553	96
教育与体育大类	7 973	1 795	710	5 351	827
公安与司法大类	46	0	0	46	0
公共管理与服务大类	336	197	68	123	16
其他	127	42	2	79	6
合计	75 958	20 539	11 848	49 540	5 888

据表 5 - 1 - 1 中数据，2022 年交通运输大类、电子与信息技术大类、教育与体育大类、装备制造大类专业毕业人数较多，且毕业生就业率高。

中职毕业生就业率基本保持稳定。2022 年陕西省中职学校毕业生平均就业率为 92.26%，相对于 2020 年下降 5.15%，其中：资源环境大类、土木建筑大类、水利大类、财经商贸大类、能源动力与材料大类、公安与司法大类等就业情况较好，就业率均在 97% 以上；就业率最低的是生物与化工大类专业，为 65.80%，如图 5 - 1 - 8 所示。

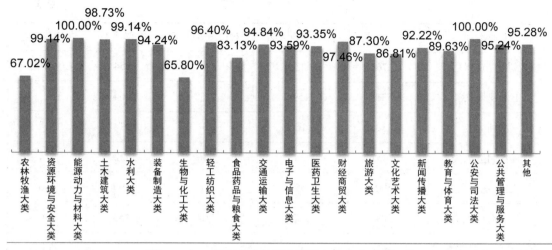

图5-1-8　陕西省中等职业学校各专业大类就业率

中职毕业生对口就业率较低。2022年，全省中职毕业生平均对口就业率为30.78%。其中：生物与化工大类毕业生对口就业率最高，为91.27%；交通运输大类、新闻传播大类、旅游大类、医药卫生大类毕业生对口就业率均高于60%；农林牧渔大类、资源环境与安全大类、能源动力与材料大类、土木建筑大类、水利大类等9个大类专业毕业生对口就业率均低于60%；食品药品与粮食大类、公安与司法大类专业对口就业率为0，如图5-1-9所示。

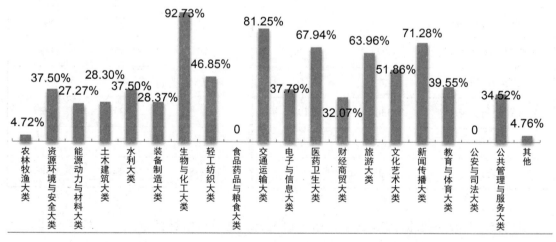

图5-1-9　陕西省中等职业学校各专业大类对口就业率

3. 中等职业学校毕业生就业主要特点

中职毕业生就业规模和质量实现双提升。2022年陕西省中等职业学校毕业生为75 958人，较2021年增加14 725人，保持一定规模的增长。就业学生受异地欢迎程度、就业合同签订率等较去年都有增长。

案例 安康市加强就业基地建设管理，提升就业质量

安康市石泉县职业教育中心机电专业与海尔集团、东莞利保迅电子有限公司、苏州佳能等知名企业长期合作，为企业提供优质毕业生；全国人民大会堂管理局先后定向到该市录用了28名中职毕业生到北京工作。一大批优秀毕业生已经成为当地企事业单位的管理人才和技术骨干，部分学生自主创业成为致富带头人，毕业生就业工作实现了"学生满意、家长放心、企业信赖"的目标。

在国民经济不同领域就业人数保持基本稳定。 2022年直接就业的陕西省中职毕业生中，58.96%的学生进入第三产业就业，比2021年低14.44%；进入第一产业就业的占直接就业学生的17.79%，比2021年高13.06%；进入第二产业就业的毕业生占直接就业学生的23.25%，比2021年高1.38%。三个产业平均比例基本持平，中职毕业生在国民经济不同领域就业人数保持基本稳定。

社会对技术技能人才的接受程度逐步提高。 2022年直接就业的陕西省中职毕业生中，平均月薪3 485元。起薪在2 000元以上的毕业生占总数的94.44%，比2021年高出14.74%。2022年就业满意度达到比较满意以上人数比例99.17%，较2021年的91.61%增加2.55%。由此反映出社会各个领域对技术技能人才的接受程度在逐步提高，学生对职业教育的认可程度也在稳步提升。

案例 西北工业学校现代学徒制订单班获各方好评

2019年，西北工业学校与陕西延长化建责任有限公司签订校企合作协议，组建化建现代学徒制班，并建立陕西化建技能大师工作室西北工业学校校园工作站，招收焊接技术应用专业学生32人，此次学徒制班的建立，在人才培养方案修订、教育教学改革、技能大赛指导、工匠精神培育等方面起到了积极的推动作用和示范效应，使学校职业教育创新和发展再上一个新台阶，有效服务企业，助力区域经济发展。2021年11月在岗位实习期间，企业全部接收该校学徒制班学生，并为学生办理实习责任保险，2022年6月，经陕西延长化建责任有限公司考核，28人成功被公司录用，企业给全体录用学生办理五险两金，现基本工资水平普遍在4 000元左右，最高达到6 000元。

4. 中等职业学校毕业生升学情况

1）职教单独招生考试

2022年全省高职单招考试科目与2021年相同，包括文化课考试和职业技能考试。文化课考试科目为语文、数学、英语三门，每门满分150分，总分450分，实行全省统考，试题由陕西省教育考试院依据现行职业高中教学大纲命制。职业技能考试满分300分，考试项目须与招生专业相对应，由承担2022年职教单招本科招生任务的省属高校组织实施，考核时间、内容及方式由招生院校自行确定，相同或相近专业以联考的形式组织。职业技能考试合格的考生方可报考相应本科专业，按照文化课考试成绩从高到低投档录取。

2022年高职教育单独招生本科分数线（不含职业技能考试分数）为333分，较2021年提升37分；专科分数线为120分，与2021年持平。全省共有8 118名学生报名职教高考，较2021年增加1 780人，1 893名考上并通过本科线。2022年省属普通高校招收中等教育毕业生本科招生计划为1 500人，较2020年减少35人，13所本科院校参与招生，涉及学前教育、小学教育、旅游管理、计算机科学与技术等20个专业。

（数据来自陕西招生信息网、西安文理学院招生信息网）

2）高职分类招生考试情况

2022年，全省共有53所高职教育院校参加高职分类考试招生工作，全省普通高中和中职学校共62 910名学生被录取，较2021年增加8 355名学生。

（数据来自陕西教育考试院网站）

（五）创新创业

在"大众创业、万众创新"的时代背景下，大力开展中职学生创新创业教育，构建学生创新创业能力培养机制，是提高人才培养质量、推进教育综合改革的重要举措。省级教育行政部门积极组织创新创业大赛，各中职学校通过健全课程体系、组织学生参赛、搭建双创平台等措施，推进学生创新创业教育工作。

1. 开展创新创业大赛

2022年4月至8月，陕西省教育厅举办了第八届中国国际"互联网＋"大学生创新创业大赛陕西赛区省级复赛。本届大赛主题是"我敢闯 我会创"，大赛总体目标凸显更中国、更国际、更教育、更全面、更创新，主体赛事设立高教主赛道、"青年红色筑梦之旅"赛道、职教赛道、萌芽赛道和产业命题赛道5个赛道。经学校推荐、专家评审、线上答辩，陕西省石油化工学校的创新创业项目《计算机维修＋》和陕西科技卫生学校的创新创业项目《洁颜如玉》获得职教赛道的铜奖。

2021年10月，由陕西省中华职业教育社主办的陕西省第五届中华职业教育创新创业大赛顺利进行，汉阴县职教中心两个项目分别获得一等奖、三等奖，陕西省电子信息学校两个项目获得二等奖，陕西省石油化工学校一个项目获得三等奖，三个学校均获得优秀组织奖。2022年1月，第五届中华职业教育创新创业大赛全国总决赛中，汉阴县职教中心参赛项目《秦巴菌类生态产业创意项目》喜获全国第三名。

2. 各校创新创业工作

各学校高度重视创新创业工作，通过开展创新创业指导、组织学生参赛、开设相关课程等措施，将创新创业教育融入区域经济社会产业发展，着力增强职业教育服务经济和社会发展能力。

案例　陕西省石油化工学校"让每一个学生都有人生出彩的机会"

陕西省石油化工学校深化学校教育综合改革，活跃在校学生的创业氛围，制定 2021 年学校"互联网＋"创新创业活动实施方案，举行"互联网＋"学生创新创业校级比赛。全校 101 位学生组成的 24 支团队参加比赛。通过网络初审，确定 12 支团队作品进入校赛路演答辩环节。路演环节，各项目负责人针对项目概述、业务展望、风险因素、投资回报等内容进行现场介绍，激情洋溢地阐述自己的创新思维与创业理念；答辩环节，各项目成员应答从容、冷静，表现出良好、默契的团队配合，考验了各组创业计划的周密程度及团队的现场应变能力。创新创业比赛凸显了"我敢创、我会创"的大赛主题和"让每一个学生都有人生出彩的机会"的办学理念，使同学们对创新和创业有更具体的认知，大赛迸发出的激情与朝气促使其成为学生素质教育的新载体。创新创业比赛对促进学校创新创业教育改革，激发学生创新意识、创业精神和创新创业活力，"以赛促教、以赛促学、以赛促创"，推动学校形成新型创新创业人才培养模式起到积极的作用。

案例　汉阴县职业技术教育培训中心抓实创新创业工作

汉阴县职业技术教育培训中心高度重视创新创业工作，建立了项目"选拔—保障—孵化—帮扶"创新创业机制，推出秦巴菌类生态产业和信息技术传承饮食文化两个创新项目，创建电子商务学生创业孵化园，指导学生首创淘宝店铺——职教学子阁，鼓励学生积极在抖音平台上推送自己的作品，为一批又一批职教学子树立自信。在 2022 年 6 月第五届"中国创翼"创业创新大赛暨第三届陕西"丝路创星"创业创新大赛安康市选拔赛决赛中，该校师生积极响应，经过资格审查，共有 4 个项目报名参加青年创意组比赛，10 余名学生参与其中，经过激烈的比拼，参赛项目《小装置，大安全——家庭入户总控装置》荣获青年创意组三等奖。

案例　凤翔区职业教育中心强化学生创新创业教育

凤翔区职业教育中心把加强学生创新创业教育摆在更加突出的地位，坚持以创新引领创业的工作思路，以提高学生培养质量为工作核心，不断丰富创新创业教育内涵。学校开展各种形式的创业指导活动，开展以职业生涯规划、就业指导、创业教育为主要内容的教学，并开展就业创业专题讲座，加强职场礼仪教育和职业素质培养，让学生树立正确的职业价值观，培养创业意识，提高职业竞争能力；积极组织学生开展就业市场调研、社会实践活动，指导学生进行小规模的创业尝试，让学生体味就业创业的酸甜苦辣，在实践中锻炼成长，培养学生树立正确的人生观、价值观和择业观。近年来学校有多名学生实现成功创业。

（六）技能大赛

定期举办职业院校技能大赛，展示职业院校学生学习技能，对于宣传职业教育重要战略地位，塑造职业院校新形象，推动国家重视技能、社会崇尚技能、人人学习技能、人人拥有技能的技能社会建设意义重大而深远。技能大赛的举办，也为推动职业院校"岗课赛证"融通、创新综合育人模式、建设教学创新团队、促进教师成长搭建了舞台。

1. 全国职业院校技能大赛获奖情况

在2022年全国职业院校技能大赛中职组40个赛项中，全省16所中职学校的74名选手在29个项目中斩获奖项，其中一等奖2项、二等奖10项、三等奖26项，秦都区职业教育中心的学生楚嘉豪、袁少杰在网络布线项目中获得一等奖，西安实验职业中等专业学校的学生宋思成、李毅飞在计算机检测维修与数据恢复项目中获得一等奖。

2. 陕西省职业院校技能大赛开展情况

2022年陕西省职业院校技能大赛于4月初启动，受新型冠状病毒影响，历时近两个月，顺利完成各项赛事。大赛在赛项设置上充分对接国赛，依据《职业教育专业目录（2021年）》，以职业院校开设面较广、在校生较多的专业为主体，兼顾产业分布和电子与信息技术、现代装备制造、新能源等战略性新兴产业发展需要设置，中职组设置赛项59项，覆盖13个专业大类，其中对接国赛赛项34项，全省传统赛项和特色创新赛项共25项，设置赛点18个，分布在西安、宝鸡、咸阳、渭南、榆林、安康、商洛7个地市，共计145支参赛队、1798名选手参赛，共评选出获奖选手一等奖105人（组）、二等奖200人（组）、三等奖306人（组），优秀指导教师奖135名；按获奖总积分排名，陕西省电子信息学校、咸阳市秦都区职业教育中心等10所中职学校获得优胜奖；西安、宝鸡、咸阳三市组织有力、成绩优异，获优秀组织奖。

2022年技能大赛与往年相比，呈现出四个突出特点：

一是高度重视，成立机构，统筹管理，组织得力。省教育厅高度重视2022年陕西省职业院校技能大赛，专门成立2022年陕西省职业院校技能大赛组织委员会，办公室设在陕西省教育科学研究院，负责大赛的组织协调和统筹管理工作。

二是众志成城，共克疫情，筑牢防线，精神可嘉。省厅和省教科院在疫情防控方面多方考虑、综合研判、周密部署，做好各项预案，强化大赛保障。各赛项承担学校认真落实省、市、区教育和疫情防控部门的要求，严格执行大赛和属地疫情防控要求，制定科学精准的疫情防控方案，在整个大赛期间采取全程闭环管理，严格落实场地消杀、扫码、测温、安全闭环运送、酒店餐饮配送等措施，防控科学有效、安排到位。各参赛队克服困难，坚持参与比赛，表现出对技能大赛的高度重视和参与热情。

三是比赛认真，过程扎实，裁判严谨，师生共进。"台上一分钟，台下十年功"，选手们一招一式、一笑一颦，精彩纷呈，展示了全省职业教育学生积极向上、奋发进取、精益求精的精神面貌和精湛的专业技能。在主办方、协办方、承办方的周密部署和齐心协力下，比赛现场秩序井然有序、流程规范、过程衔接紧密；学生沉着应赛，熟练操作，才华绽放；裁判认真严谨，执裁公开公正。赛后，各裁判长对比赛情况进行总结和点评，并提出建议。各参赛学校一致认为，此次大赛达到了以赛促改、以赛促学、赛教融合的目的。

四是现场直播，社会监督，政府重视，宣传到位。2022 年陕西省职业院校技能大赛，对赛事进行全程直播，全程接受社会监督。各地方政府高度重视本次大赛，尤其是承担赛点任务的中职学校所在的地市，政府主管领导亲临赛场，表现出当地政府对职业教育的重视和支持。安康市官媒、旬阳市官媒分别发表文章报道旬阳市职业中等专业学校赛点的赛事情况；商洛市、山阳县政府对山阳县职业教育中心赛事的宣传报道则把赛事推到高潮，山阳县制作的宣传片点击率达到上万人次。

3. 各市技能大赛开展情况

各地市教育行政部门积极组织中等职业学校学生技能大赛，形成"人人能参与、校校有比赛、层层有选拔"的良好局面，为社会培养了一大批技术技能人才，对提升办学质量、实现高质量发展、打造特色品牌的作用日益凸显。

2021 年 10 月 15—17 日，咸阳市 2021 年中等职业学校学生技能竞赛分别于武功和礼泉举行。竞赛以"高质量发展职业教育，高水平培育大国工匠"为主题，大赛设有财经商贸类、加工制造类、交通运输类、旅游服务类、教育类、文化艺术类、信息技术类 7 个专业大类、20 个竞赛项目。全市 16 所中等职业学校（含技工学校、民办学校）的 494 名选手参加比赛。

2021 年 10 月 20—27 日，宝鸡市举办 2021 年中等职业学校技能竞赛。此次竞赛由市教育局主办，旨在进一步弘扬工匠精神，充分发挥"以赛促教、以赛促学"的作用。竞赛共设 17 个项目，全市 17 所中职学校的 276 名学生分别在凤翔区职业教育中心、岐山县职业教育中心、陈仓区职业教育中心、千阳县职教中心 4 个赛点参赛。经过 8 天激烈角逐，产生一等奖 29 个、二等奖 47 个、三等奖 56 个。

2021 年 11 月 11—12 日，2021 年全省中职学校学生技能大赛商洛市选拔赛在山阳县举行。整个赛程历时一天半，设财经商贸、电子信息、交通运输、教育与体育、旅游、文化艺术、装备制造 7 个专业大类、16 个比赛项目，全市 7 个中职学校的 98 名选手参加了比赛。比赛的举办，为省赛选拔出优秀代表队，展现了该市中职学校教育教学改革成果，展示了各职业学校选手的专业技能，对提高人才培养质量、加快构建现代职业教育体系起到积极的推进作用。

二、教育教学质量

陕西省进一步加强中职学校基础能力建设，推进"双达标"工作，启动"双优"项目，深化教育教学改革，推动中职教育高质量发展；优化专业布局，加强专业建设，推进中高职贯通；聚焦课程改革，强化课程思政，启动中职学生学业水平测试标准及课程评价标准研制；课证融通，推进"1+X"证书制度试点，推广典型案例；推进教师队伍建设，加强师德师风，线上线下协同开展教师培训，举办职业院校教师教学能力、微课程教学设计比赛，开展中等职业学校教学能手评选，持续提升教师教书育人质量；完善教师评价机制，深化职称制度改革。

（一）专业建设质量

根据新版职业教育专业目录和专业设置管理办法，结合陕西经济社会高质量发展需要，优化专业布局，根据各学校办学定位、优势学科专业和办学条件，遵循职业教育规律，科学合理做好专业设置规划，支持学校在制造业等重点领域、家政养老托育等民生紧缺领域设置专业，扩大人才培养规模；稳固中高职贯通培养规模，提升培养质量，五年制高职教育的办学形式以"三二分段"为主，2021年招生14 632人；加强专业设置指导和监督，从严审核国控专业；推进专业群建设，职业教育专业设置管理一体化、信息化。

1. 专业分布

陕西现有中等职业教育学校223所，专业开设涉及18个专业大类、160个专业点，与陕西省产业发展规划布局基本相符。建立中等职业学校专业动态调整机制，完善专业结构，优化专业布局，更好地服务省内经济社会高质量发展需要。2021年18个专业大类招生人数为104 372人，水利大类无招生。招生情况详见图5-2-1。

电子与信息类、教育与体育类、医药卫生类、装备制造类、交通运输类5个专业大类的招生规模较大，其中：电子与信息类占总数的27.37%，教育与体育类占总数的13.05%，医药卫生类占总数的11.51%，装备制造类占总数的11.30%，交通运输类占总数的11.22%，5个专业大类招生总数占到全省中职招生的70%以上。

2020年，中等职业学校19个专业大类在校生人数，规模排在前5的专业大类依次是电子与信息类、教育与体育类、交通运输类、装备制造类、医药卫生类，分别占总人数的26.88%、12.79%、12.55%、11.68%、10.64%，由于2021年专业目录改版，故全省中职学校在校生人数与2020年相比，相近专业大类排名有所变化，排名靠后的5个专业大类分别是公安与司法类、食品药品与粮食类、能源动力与材料类、公共管理与服务类、轻工纺织类，其中公安与司法类（原"司法服务类"）2018—2020 年未招生，2021 年招生数、在校生数均为 64 人。如图 5 - 2 - 2 所示。

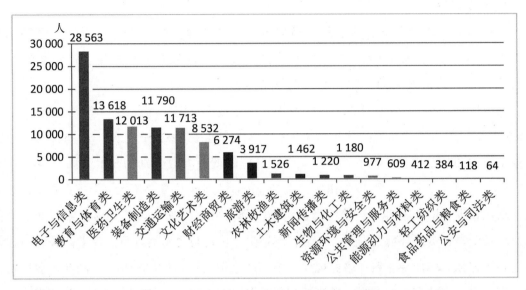

图 5 - 2 - 1　2021 年全省中等职业学校各专业招生情况

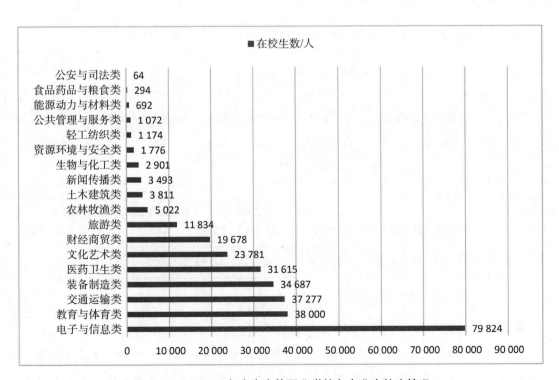

图 5 - 2 - 2　2021 年全省中等职业学校各专业在校生情况

从2020年、2021年招生人数、在校生人数、专业规模排序比较中可以看出，医药卫生类招生增幅较大，教育与体育类招生逐年增长，交通运输类招生开始下降，一定程度上反映了陕西区域经济社会发展的需要。

2. 专业调整

根据新职业教育专业目录，统筹调整专业设置，提高职业教育适应性。坚持职业教育类型特征，统筹用好基层专业建设实践成果，遵循教育教学规律，产教协同，凝聚合力，以专业群发展为方向，稳步调整老专业、增设新专业、拓展专业方向。

据《陕西省统计年鉴（2022）》数据显示，2021年陕西省第一产业生产总值为2 409.39亿元，占生产总值的比重为8.1%；第二产业13 802.52亿元，占46.3%；第三产业13 589.07亿元，占45.6%，三大产业对应的就业人数分别为611万人、444万人、1 030万人。由表5-2-1可以看出，三大产业就业人数占比变化不大，第二产业生产总值占比增幅较大，增长3.18%，第一产业略微下降，第三产业下降2.55%；第二产业产值占比增长明显，资源环境与安全类、装备制造类、生物与化工类等重点产业相关专业建设需进一步加强，增加专业点和培养规模；第三产业相关专业大类的专业布局与产业结构存在一定偏离，应结合地方实际，适当调整相关专业培养规模。2020—2021年陕西省三大产业生产总值及就业情况见表5-2-1。

表5-2-1   2020—2021年陕西省三大产业生产总值及就业情况

产业	2021生产总值/亿元	2020生产总值/亿元	2021年相比于2020年生产总值占比增幅/%	2021贡献率/%	2020贡献率/%	2021就业人数/万人	2020就业人数/万人	2021年相比于2020年就业人数占比增幅/%
第一产业	2 409.39	2 267.73	-0.63%	8.5	12.7	611	632	-0.63%
第二产业	13 802.52	11 222.03	3.18%	37.4	29.8	444	443	0.31%
第三产业	13 589.07	12 524.38	-2.55%	54.1	57.5	1 030	1 036	0.32%

数据来源：陕西省统计年鉴（2022）

案例   各地逐步完善中职学校专业建设体系

2022年，西安市20所中等职业学校依据市场需求，对接产业升级和技术变革趋势，提高区域产业与专业适切度，集中资源优势，通过推进专业群建设，系统谋划，调整专业布局，申请新设立30个专业。经过现场答辩、专家评审，最终市级备案设立20个、省级备案2个。

渭南市制定《渭南市中等职业教育示范专业建设标准（试行)》《渭南市中等职业教育特色专业建设标准（试行)》，先后完成合格专业、精品专业、示范专业和特色专业标准（试行）的制定，渭南市中职学校专业建设体系逐步得到完善。2022 年对各中职学校申报 21 个新增专业进行评估验收，决定新增 19 个专业，停止招生 8 个专业。截至目前，渭南市中职学校开设有 14 专业大类、29 个专业小类的 48 个专业，共计 131 个专业点。

榆林市重点建设传统长线专业和新型实用专业。2022 年共开设教育与体育、医药卫生、生物与化工、旅游等 24 个大类的 46 个专业。府谷县职教中心积极申报国家"双优计划遴选"，即优质中职学校和优质专业建设，争取 2023 年顺利通过遴选。

安康市统筹规划职业学校专业布局，引导和支持各中职学校结合县域经济社会发展实际，积极探索"专业＋实体"建设模式，打造"一县一特色"，全市中职学校开设装备制造、交通运输、医药卫生、电子与信息、旅游、教育与体育等 13 个专业大类、28 个专业小类的 45 个专业，形成了旬阳汽修、石泉数控、汉阴烹饪、育英计算机等具有安康地方特色的专业品牌。

3. 专业（群）建设

陕西着力突出职业教育类型特色，对应区域新经济、新技术、新业态、新职业，构建中高本纵向贯通、产教横向融通的现代职业教育体系；充分发挥学术组织、行业企业、研究机构、院校专家作用，形成合力、凝聚共识，引领"三教"改革；举办专业建设研讨和相关比赛活动；以《职业教育专业目录（2021 年）》落地实施为抓手，开展中职学校教学校长说专业建设、专业带头人说人才培养方案、骨干教师说课程展示活动，推动基于中高职一体化的学校专业建设和课程标准建设。

案例　发挥区域职教中心功能，建设以服务区域重大产业集群为导向的专业体系

咸阳市进一步优化中职学校布局和专业布点，结合"五主导、四特色、四新兴"特色现代产业体系，充分发挥咸阳现代服务业、先进制造业、现代农业、能源化工四个区域职教中心功能，建设以服务区域重大产业集群为导向的专业体系，实行"以产为主，动态管理"的专业设置原则。目前，全市共开设加工制造、信息技术、交通运输、轻纺食品、旅游服务、财经商贸、医药卫生、资源环境、文化艺术、教育 10 个专业门类、59 个专业，学生对口就业率较高。

（二）课程建设质量

立足课程标准，以标准建设引领课程改革，做好课程开发、标准建设、内容改革、教材建设、方法改进、质量评价等工作；强化课程思政意识，规范教学过程，创新教学设计，着力提高课堂教学质量；加强精品在线开放课程建设，课证有机融通。近3万人次在校生调研显示，在校生课堂育人满意度为94.94%，课外育人满意度为93.87%，思想政治课教学满意度为95.66%。

1. 强化思政课程和课程思政建设

加强思政课程和课程思政建设，落实立德树人根本任务。落实教育部《中等职业学校公共基础课程方案》，开齐、开足、开好公共基础课；发挥思想政治课主渠道作用，推进思政课程与课程思政同向同行，建设"思政课程+课程思政"大格局。依据《关于深化新时代学校思想政治理论课改革创新的若干意见》，按照《陕西学校"四好"思政课创优行动方案》安排，通过陕西省中等职业学校思政课教师"大练兵"主题活动，推动精品思政课程建设，抓好课堂教学主渠道，打造了一批思政教学标兵能手。石泉县职教中心扎实开展课程思政建设，构建"12345"课程思政建设模式，研究成果荣获陕西省第三届中等职业教育教学成果二等奖；陕西省建筑材料工业学校"工程识图与BIM基础"课程入选教育部2021年课程思政示范课程，郭利萍、韩宁、史亚妮、陈虹、王建华荣获国家级课程思政教学名师和团队。

案例 石泉县职业技术教育中心：全部课程有思政，全体教师齐育人

石泉县职教中心高度重视人才培养质量，按照"全部课程有思政，全体教师齐育人"的工作思路，扎实开展课程思政建设。一是构建"12345"课程思政建设模式（明确一个中心、立足两类课程、把握三个环节、涵盖四大主题、落实五项内容）；二是建立机制、完善制度，有效推进"三教"改革、实训"7S"管理、校企协同育人工作；三是强化师资队伍建设，开展系列专题培训、主题竞赛活动；四是全员参与元素提炼，立足中职学生特点，深入挖掘各类课程中蕴含的思政元素。

通过开展课程思政建设，教师教学能力不断提升，教育教学内容不断丰富，学生德育水平不断加强，取得一系列成果。该校多年被评为安康市"立德树人优秀学校"；该研究成果荣获陕西省第三届中等职业教育教学成果二等奖；多个教学团队在省市教师教学能力比赛、微课大赛中获奖；课题组成员在2021年陕西省中等职业学校思政课教师大练兵活动中，被表彰为"思政课程教学标兵"；在校内整理发布《学校课程思政元素汇编》，收集整理2本《课程思政优秀教学设计集》，为教师开展课程思政建设提供参考和借鉴。

2. 启动中职学生学业水平测试标准及课程评价标准研制

陕西省教育科学研究院组建中职公共基础课程、专业大类课程12个项目组共计140余人的测试标准研制团队，启动公共基础课、专业基础课及专业技能课程学业水平考试标准（大纲）研制工作，为启动实施中职学生综合素质评价和学业水平考试做好制度准备，并发挥省级专业（学科）教研中心组作用，线上线下协同教研，开展公开课展示、教学创新案例征集等活动。

案例　**陕西省教科院：以标准提高质量，以质量提升形象**

2022 年 7 月 2 日至 3 日，由陕西省教科院主办的全省中等职业学校学业水平考试标准研制暨教学改革研讨会在西安旅游职业中等专业学校成功举行。西安旅游职业中等专业学校校长冯相民致欢迎辞，省教科院党总支书记、副院长吴积军，省教育厅职成教处处长付仲锋出席并作了重要讲话，西安市教育局副局长王纲参加开幕式。会议线上线下同步进行，22 位高水平示范校教学校长、4 个实验基地校领导、14 位兼职教研员、168 位学业水平考试标准制定人员共计 200 多人参与线下会议，会议直播点击率超过 10 万次，近 11 万人点击直播参与会议。

省教科院职业教育与继续教育研究中心主任惠均芳介绍会议背景时表示，中等职业学校学业水平考试是中职学校保证质量的有力抓手，是国家推动职教高考改革的内在需要，我们将通过学业水平考试优化目前的高职分类招生和职业教育单独招生考试，调整和设计好"文化素质＋职业技能"考试的内容和形式，充分发挥考试的"指挥棒"作用，引领中职教育高质量发展。

3. 课程资源建设

以信息化技术为抓手，积极推动全省课程资源建设，支持和鼓励学校加大省级、国家级精品在线开放课程建设力度，推进全省中等职业教育在线精品课程建设与应用共享，促进信息技术与教育教学深度融合，推动教学改革，提高中等职业教育教学质量。

陕西省教育科学研究院持续开展全省中等职业学校微课程教学设计比赛，2021 年，全省 408 件作品（其中微课 270 件，微课程 138 件）参评，活动网络评审期间，共有 1 537 788 人次关注了微课程教学设计作品。活动的开展，对于引导中职学校落地职业教育国家教学标准，深化教师教材教法改革，推动职业教育人才培养模式和教学方法变革创新，促进信息技术与教学深度融合，推进线上、线下教育有机融合，提高教师信息素养、课程思政意识、教学反思能力起到积极的作用。

案例　**结合专业特色，融入课程思政，优化课程结构，推进混合式教学模式**

建筑行业是安居工程，关系到人民的生命财产安全，建筑文化的发展见证着历史的发展，陕西省建筑材料工业学校"工程识图与 BIM 基础"课程建设团队结合专业特色，以红色建筑、改革开放以来建设行业的成就等为主线，采用线上线下混合式教学模式，将原有教材进行重组，共分为"建筑鉴赏""基础知识""辉煌的中国梦 美丽的中国桥""建

万丈楼 筑中国梦"四个系列，对比传统课程模式，增加中华传统文化与建筑的融合、新中国道路桥梁建设事业的成就、美丽乡村等思政元素，实现课程思政有机融入，将党史、中华人民共和国史、改革开放史、社会主义发展史与建筑发展相结合，培养学生爱国情怀，有机融入工匠精神、劳动教育、社会主义核心价值观。

课程基本结构与内容："1234"结构，即在课程整体设计方面，本课程遵循土木类专业学习的认知规律，按照一个育人目标；设立建筑施工与道桥施工两个专业方向；划分激发兴趣、夯实基础、提升技能三个学习阶段，对第一阶段的建筑鉴赏模块、第二阶段的基础知识模块、第三阶段的建筑识图模块和道桥识图模块四大模块进行整体设计，形成64个任务点。该课程被评为2022年国家级和省级职业教育在线精品课程。

4. 课证有机融通

深入推进"1+X"证书试点。2022年，全省开展两次试点备案审核，公布两批费用协商达成一致的证书清单，优化课程结构和体系，推动课证有机融通，总结积累一批"1+X"证书制度试点成果和典型案例，引领带动全省职业教育教学改革，向教育部报送工作简报18份。遴选28件优秀案例上报省教育厅，通过"陕西职教研究"微信公众号推送宣传，推动全省"1+X"试点工作与职业教育教学模式和评价方式改革更好的发展。各中职学校注重将新技术、新工艺、新规范纳入课程标准和教学内容，将职业技能等级标准等有关内容融入专业课程教学，促进职业技能等级证书与学历证书相互融通。2022年，中职试点学校88个，参与考试学生3 002人，通过1 563人，通过率52%。

（三）教学方法改革

引导教师开展教学方法研究与探索，充分运用现代信息技术等手段，深入推进"有效教学理念下中职'行动体系课程'建设和教学改革的研究与实践"。

1. 基于有效教学，推动行动导向教学改革

聚焦职业岗位人才培养目标定位，关注学生职业能力、核心素养提升，融合技能大赛、"1+X"证书要求，岗课赛证融通，构建模块化课程体系，实施项目式、案例式、情境式等教学方法，实行多元化、多形式考核评价，深入推进混合式教学模式，改变教学样态，促进教学实施高效率、学生学习高效果。中职学校实践"行动导向教学"成效明显，2021年，教师团队参加全国职业院校技能大赛教学能力中职组比赛获一等奖1项、二等奖3项、三等奖4项；近3万人次在校生调研显示，在校生思想政治课教学满意度为95.66%，公共基础课（不含思想政治课）教学满意度为94.79%，专业课教学满意度为94.72%。

案例　西安市卫生学校推行"3356"教学法

西安市卫生学校践行"强基赋能、四维融通"育人模式，推行"3356"教学法，通过以立德树人为核心、以学习者为中心、以关爱服务对象为重心的"三心"理念设计教学，采用课前启化、课中内化、课后转化的"三阶段"学习管理，以护理程序"五阶递进"组织案例教学，通过课前启化定难点—病例分析导思路—角色扮演固重点—思政教育重育人—实操训练接实践—实践评价促反思"六步骤"实施教学，紧扣基本技能的应用性，深化护理人文属性，将课堂教学目标、教学技术、教学方法和评价等进行改良，破解岗课赛证融通难题。

2. 凝练教育教学改革成果

省市校以课题、项目、比赛为载体，强化教改意识，提高教改能力，提升教育教学质量，增强教改针对性和实效性；全面推进"课堂革命"，在教学改革和实践创新探索中，挖掘特色，凝练和推广教育教学成果；开展陕西省2021年中等职业教育教学成果奖省级评审工作，31项成果获奖，其中特等奖4项、一等奖8项、二等奖19项；遴选2019年、2021年两届省级中职优秀获奖成果，组织推荐参加2022年国家级教学成果奖评选，见表5-2-2。

表5-2-2　陕西省第三届中等职业教育教学成果奖获奖名单

序号	成果主要完成单位	成果名称	奖项
1	陕西省教育科学研究院	有效教学理念下中职"行动体系"课程建设和教学改革的研究与实践	特等奖
2	陕西省电子信息学校	陕西省中等职业学校物流服务与管理专业教学标准研究与实践	特等奖
3	西安交通职业学校	产教融合下汽车运用与维修专业人才培养模式创新与实践	特等奖
4	汉中市第一职业中等专业学校	基于大数据的中职心理健康教育创新实践	特等奖
5	陕西省教育科学研究院、陕西国防工业职业技术学院、陕西省渭南市合阳县职业技术教育中心、西安开元电子实业有限公司	"标准贯通、校企融通、中高职衔接"计算机网络技术专业人才培养研究与实践	一等奖

序号	成果主要完成单位	成果名称	奖项
6	陕西省电子信息学校	"岗课融合、赛教融通"中职机电技术应用专业人才培养模式创新与实践	一等奖
7	渭南技师学院	"数控车加工技术"手机移动端教学平台研究与实践	一等奖
8	旬阳市职业技术教育中心、中国汉江航运博物馆	汉江航运文化课程资源开发利用探索与研究	一等奖
9	神木市职业教育中心	"互联网+"背景下县级职教中心人才培养模式研究与实践	一等奖
10	眉县职业教育中心	中职机电技术应用、汽车运用与维修专业"岗课赛证"教学创新模式研究实践	一等奖
11	陕西省城市经济学校	基于"学以致用，知行合一"理念的残疾人美术鉴赏课程之开发与实施	一等奖
12	咸阳市秦都区职业教育中心	《幼儿园教育活动设计与指导·科学》教材	一等奖
13	陕西省城市经济学校	中职特殊教育视障学生经络腧穴学课程教学改革探索与实践	二等奖
14	陕西省石油化工学校	情境观视域下的中职学校"大德育"课程建设研究与实践	二等奖
15	西安市卫生学校	基于在线开放课程建设及SPOC混合式教学范式的实践应用	二等奖
16	彬州市职业教育中心	中职学校专业技能课程"教、学、做、产四融合"创新教学模式研究	二等奖
17	石泉县职业技术教育中心	中职学校课程思政建设研究	二等奖
18	咸阳市秦都区职业教育中心	中职平面设计（数字出版）专业产教融合实践探究	二等奖
19	西安市临潼区徐杨高级职业中学	思想政治课教学素材的选取和有效利用研究	二等奖
20	陕西省商业学校	空调器制冷原理与常见故障实训台的研制与应用	二等奖
21	西安旅游职业中专	基于"学导析练展评拓"七步法的中职旅游管理专业理论课高效课堂构建研究报告	二等奖

续表

序号	成果主要完成单位	成果名称	奖项
22	榆林市职业教育中心	在学前教育专业各学科融合中提高中职学生语文素养的研究	二等奖
23	汉中市南郑区职业教育中心	"1＋X"证书背景下中职汽修专业教学改革实践研究	二等奖
24	西安综合职业中等专业学校	中职英语课堂新教学模式的构建与实施	二等奖
25	眉县职业教育中心	"产教融合、共育共建共成长"教学模式在中职汽车专业的改革与实践	二等奖
26	汉中市洋县职业技术教育中心	项目教学法在电子技术应用专业课中的应用实践研究	二等奖
27	陈仓区职业教育中心	网络媒体下中职生家国情怀培养研究	二等奖
28	山阳县职业教育中心	基于工作过程的项目教学改革实施报告	二等奖
29	西安市临潼区徐杨高级职业中学	基于"以赛促教"的"双师型"教师教学能力提升模式的探索与实践	二等奖
30	凤县职业教育中心	提高现代文阅读和写作成绩的试题解析	二等奖
31	永寿县职业教育中心	方正出版书刊《排版案例实训》教材	二等奖

3. 加强教科研骨干队伍建设，推进中等职业教育教学改革

建设省级职业教育教科研实验基地，加强教科研骨干队伍建设，聚焦职业教育重点、热点问题研究，推进教育教学改革。陕西省教科院制定《陕西省教育科学研究院职业教育教科研实验基地管理办法》《陕西省职业教育兼职研究员（教研员）聘任与管理办法（试行)》，确定陕西省石油化工学校"德育实践教育"、西安旅游职业中等专业学校"教师教学能力提升"、眉县职业教育中心"职业教育服务乡村振兴"、旬阳市职业教育中心"课程建设"首批 4 个省级职业教育教科研实验基地，聘任 26 名兼职研究员（教研员），聘期三年。

（四）教材建设质量

贯彻落实习近平总书记关于教材建设的重要指示精神、教育部《"十四五"职业教育规划教材建设实施方案》，陕西省按照"提站位、建制度、夯基础"的工作思路，稳步推进教材建设。

1. 完善职业教育教材制度框架

贯彻《国家职业教育改革实施方案》，落实《职业院校教材管理办法》，制定《陕西省职业院校教材建设规划（2020—2022年)》《陕西省职业院校教材管理实施细则》，实施教材选用备案制度。

2. 推动职业教育教材建设

结合"1+X"证书试点、技能大赛赛项，推行校企合作开发教材，岗课赛证融通，充分融入数字化素材，开发、推广、使用新型活页式和工作手册式教材，配套相关信息化资源，不断提升教材质量；坚持教材编审符合国家相关政策，落实国家"十四五"规划，培育符合职业教育发展需求的优秀教材；持续完善国家统编教材、国家规划教材、省级规划教材以及职业院校校本教材的教材体系，遴选并推荐12本中职教材参评"十四五"首批职业教育国家规划教材；开展陕西省2022年职业教育优秀教材奖评选工作，以评促建，引领教材建设方向，带动教材质量水平整体提升，提高人才培养质量。陕西省教科院教研员张建文主编的《计算机网络技术基础（第2版)》在首届全国教材建设奖评选工作中，获职业教育与继续教育类国家教材一等奖。

案例 《计算机网络技术基础（第2版)》（张建文主编）获首届全国教材建设奖职业教育与继续教育类国家教材一等奖

10月12日，国家教材委员会发布首届全国教材建设奖奖励决定，陕西省教育科学研究院职业教育与继续教育研究中心教研员张建文主编的《计算机网络技术基础（第2版)》在首届全国教材建设奖评选工作中，获职业教育与继续教育类国家教材一等奖。这是陕西省主编教材在同类型评奖中获得的最高国家级等次奖，实现了陕西省教科院教材建设国家级奖项零的突破。12月8日，根据教育部办公厅印发《"十四五"职业教育规划教材建设实施方案》，《计算机网络技术基础（第2版)》教材将直接纳入"十四五"职业教育国家规划教材。

案例 西安旅游职业中等专业学校：融入数字化资源，开发新形态教材

西安旅游职业中等专业学校与优智课教育科技有限公司、超星集团合作，完成《乐理视唱练耳》《学前教育声乐曲集》《礼仪行为训练手册》《高星级饭店餐厅服务》《钢琴基础教程》《西式面点制作教程》《影视后期特效合成》7本新形态教材建设。教材结合岗位新标准、新要求，采用项目教学的方法，增加大量信息化教学资源，包括二维动画、三维动画、多媒体课件、视频等，共14.5 GB。在试用过程中，学生及教师评价反馈较好，其中，与超星集团合作的《钢琴基础教程》《西式面点制作教程》在学银在线平台上线，并参与省市级精品课评选。

3. 规范职业教育教材选用、使用

守牢教材意识形态阵地。按照《职业院校教材管理办法》《陕西省职业院校教材管理实施细则》等规定，规范教材选用、使用；制定"十四五"全省职业教育规划教材目录，加强中职学校教学用书管理；各中职学校建立校级教材选用委员会，规范教材选用程序与要求；公共基础课必修课程教材及专业核心课程教材原则上必须使用国家规划教材，对于国家规划教材目录中没有的教材，则优先在省级规划教材中选用。

（五）数字化教学资源建设

推进职业教育数字化升级。大力发展"互联网＋教育"新形态，推进教育新型基础设施建设，打造智慧校园，加强虚拟仿真实训基地培育项目建设，强化数据挖掘和分析，积极利用现代信息技术推动人才培养模式改革，满足学生的多样化学习需求，开展专业教学资源库验收评议，提升职业院校信息化管理和教学应用水平。

1. 基础设施建设

根据《陕西省教育信息化年度发展报告（2021）》调查数据，30.77% 的中职学校实现了无线网络的校内全覆盖；40.77% 的中职学校建设了虚拟仿真实训室；中职学校仿真实训资源 11.54% 处于仪器/技能级阶段，20.77% 处于实验室/车间级阶段，7.49% 处于元件/工具级阶段，5.38% 处于专业群/产业链级阶段，4.62% 处于工种/工厂级阶段。

案例 彬州市职业教育中心：打造"1＋3＋N"数字化产教融合平台，促进学校快速进行数字化转型

根据咸阳市职业教育产教融合数字化转型研讨会精神，彬州市职业教育中心提出打造"云中彬职"，服务省级双高建设，努力创建陕西省智慧校园示范校、全国职业教育信息化标杆学校的智慧校园建设总体目标。2022 年 8 月开始，先后赴省内院校交流产教融合与智慧校园建设情况，着手制定"智慧校园建设方案"，并先后到咸阳职业技术学院、陕西省建筑材料工业学校、陕西工业职业技术学院、西北工业学校等院校，交流产教融合与智慧校园建设情况。目前建设方案已初步定稿，通过打造"1＋3＋N"数字化产教融合平台，构建平台＋伙伴的标准化架构，更好地支撑未来业务的创新，同时促进学校快速进行数字化转型，其具体建设项目包括智慧门禁、智慧党建、校园智能运营、智慧食堂、慧图书馆、慧实训室、智慧教室、智慧宿舍管理等模块。

2. 信息技术应用

加强网络安全教育，提升师生信息素养。调查数据显示，中职学校 81.54% 通过增加信息技术在教学中的应用来促进信息技术应用，77.69% 进行网络安全教育，35.38% 开展信息素养专项培训，33.85% 提供普通话学习数字化资源，并组织学生参加创新创业比赛。

加强信息化应用服务。适应疫情防控常态化，建立信息化服务平台实现管理服务水平的提升；持续推进信息化融合教育教学，围绕教学模式改革、专业教学资源库建设、在线开放课程开发、教师信息化能力提高等方面，提升教育教学质量。

3. 数字教学资源

调查数据显示，24.44% 的职业院校建立了校本数字资源库。中职教师最常用的数字教学资源以 PPT 课件为主，占 98.46%；其次是授课视频，占 60.77%。在校企合作建设的在线开放资源方面，中职学校人才需求信息库最多，达 21.54%，岗位技能标准库占 16.92%，企业信息库占 15.38%，创新创业案例占 13.08%，用工信息占 10.77%，而对于高职院校，创新创业案例、岗位技能标准库占比较高，分别占 30.56%、27.78%，如图 5 - 2 - 3 和图 5 - 2 - 4 所示。

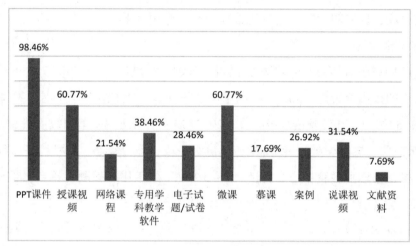

图 5 - 2 - 3　陕西省中等职业学校教师常使用的数字教育教学资源情况示意图

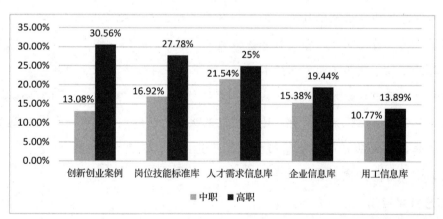

图 5 - 2 - 4　陕西省职业院校校企合作建设在线开放资源类型情况示意图

（六）师资队伍建设

加强教师队伍建设，强化师德师风建设，提高教书育人能力，提升教育教学质量。研制"双师型"教师认定标准，启动深化职业院校"双师型"教师队伍改革试点；实施职业院校教师素质提高计划，完善省、市、校三级教师培训体系；建立省级职业教育师资培训基地绩效评估制度，实行培训项目动态调整；开展中职教学能手评选，启动建设省级职业教育教师教学创新团队。

1. 教师队伍结构

全省中等职业教育学校教职工总数为 20 961 人（其中，在编人员 14 373 人），生师比18.37，如图 5 - 2 - 5 所示。

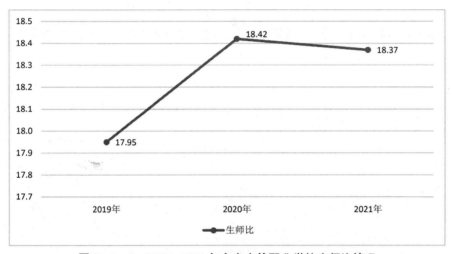

图 5 - 2 - 5　2019—2021 年全省中等职业学校生师比情况

专任教师 16 171 人，比 2020 年增加 981 人，增长 6.46%；专业课、实习指导教师6 743 人，比 2020 年减少 280 人，下降 3.99%。专业课及实习指导教师占比逐年降低，如表 5 - 2 - 3 和图 5 - 2 - 6 所示。

表 5 - 2 - 3　2020—2021 年陕西省中等职业学校专任教师及教职工数

项目	2021 年人数	2020 年人数	2021 年比 2020 年增减		中等职业学校师资数量占全省各学段比例
			人数	百分比	
专业课、实习指导教师	6 743	7 023	↓280	↓3.99%	—
专任教师	16 171	15 190	↑981	↑6.46%	2.97%
教职工	20 961	19 741	↑1 220	↑6.18%	2.97%

全省中等职业学校专任教师中，副高及以上教师占比为 20.97%；硕士及以上学历的占比为 9.46%，本科学历的占比为 84.05%；"双师型"教师占比 45.60%，比 2020 年的42.70% 提升了 2.9%。如图 5 - 2 - 7、图 5 - 2 - 8 及表 5 - 2 - 4 和表 5 - 2 - 5 所示。

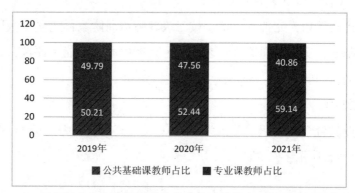

图 5 - 2 - 6　近三年全省中等职业学校公共基础课与专业课及实习指导教师情况

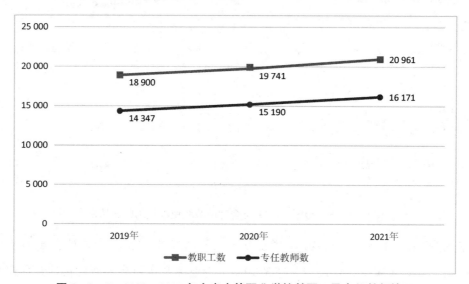

图 5 - 2 - 7　2019—2021 年全省中等职业学校教职工及专任教师情况

表 5 - 2 - 4　近三年全省中职学校专任教师与外聘教师、各学历教师占比情况

师资队伍指标	2019 年	2020 年	2021 年
专任教师与外聘教师占比	94. 81：5. 19	94. 65：5. 35	97. 05：2. 95
本科以上学历专任教师占比	0. 924 0	0. 930 8	0. 935 1
硕士以上学历专任教师占比	0. 071 6	0. 082 2	0. 094 6

表 5 - 2 - 5　近三年全省中等职业学校专任教师职称情况

师资队伍指标	2019 年	2020 年	2021 年
正高级教师占比	0. 001 7	0. 002 6	0. 003 4
副高级教师占比	0. 199 9	0. 189 3	0. 206 3
中级职称教师占比	0. 411 0	0. 391 1	0. 384 1
初级职称教师占比	0. 266 5	0. 259 5	0. 238 4
未定级教师占比	0. 120 9	0. 157 4	0. 167 9

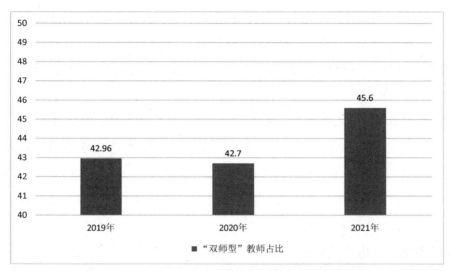

图 5 - 2 - 8　近三年全省中等职业学校双师型教师比例

2. 持续提升师德师风水平

持续推进《加强和改进新时代师德师风建设实施意见》《陕西省师德师风建设三年行动计划（2021—2023 年)》的实施，细化师德师风考核评价方式，完善师德建设长效机制；加强师德师风教育培训，加大优秀教师及团队的宣传力度，组织开展师德标兵（示范团队）评选和全国教书育人楷模推荐活动，见表 5 - 2 - 6 和表 5 - 2 - 7；加强师德师风模范先进典型宣介，遴选建设一批师德教育基地，推动师德建设常态化、长效化。

表 5 - 2 - 6　2022 年陕西省师德标兵名单（中等职业教育）

姓名	所在单位
付思宇	西安综合职业中等专业学校
邱社军	陕西省商业学校
马洁	陕西省自强中专学校

表 5 - 2 - 7　2022 年陕西省师德建设示范团队（中等职业教育）

单位名称
西北工业学校
宝鸡市眉县职业教育中心
旬阳市职业中等专业学校

3. "双师型"教师队伍建设

进一步实施职业院校教师素质提高计划，深化"双师型"教师队伍建设改革。陕西省中职双达标、高水平示范校建设等职业教育高质量发展项目中将"双师型"教师建设绩效列为重要评价指标。制定《陕西省职业院校'双师型'教师认定标准（草案）》，探索制定职业教育"双师型"教师培训管理制度，结合全省"深化职业院校'双师型'教师队伍改革"教育评价改革试点，探索构建分层分类标准体系及培训培养制度体系。

案例 咸阳市：落实教师编制，加大企业实训，认定"双师型"教师

咸阳市将大力培育"两支队伍"建设作为提升质量与水平的重要切入点和突破口。2022年全市从具有3年企业工作经历的技术人员中招聘专业教师数52人，在企业或实训基地实训1个月以上的教师181人次，参加市（区、县）级教师培训（不含国培、省培）1 339人次，认定"双师型"教师人数477人。

4. 教师教学能力提升培训

优化职业教育类型定位，深化中等职业学校"教师、教材、教法"改革，强化标准落实，规范教学，组织中等职业学校教师开展多种形式培训，全面提高教师教学能力。2021年，全省中职学校共有13 937人次专任教师参加各级各类培训。2021年度职业院校教师素质提高计划国培项目有序组织实施，包括教学改革与教师能力提升培训、访学研修、"1+X"证书制度种子教师培训、名师（名匠）团队培育、课程实施能力提升、教师赛教融合与技能提升培训、信息技术应用能力提升和教师企业实践系列项目，国培项目培训教师2 174人次，省培项目培训教师3 036人次，教师教学能力得到有效提升（见表5-2-8）；组织参加2022年"职教国培"示范项目培训，举办全省中职学校教师教学能力提升培训会。

表5-2-8 2021年度陕西省职业院校教师素质提高计划国培项目（中职）情况

序号	培训项目	专业	培训人数	培训天数
1	教师教学能力提升培训	不限专业	100	7
2	课程思政实施能力提升培训	不限专业	150	7
3	课程实施能力提升（计算机类）培训	计算机应用、软件技术、大数据技术、计算机网络技术	50	7
4	课程实施能力提升（旅游类）培训	酒店管理、导游、旅游管理	40	7
5	课程实施能力提升（自动化类）培训	机电一体化、工业机器人、电气自动化技术等相近专业	50	7

续表

序号	培训项目	专业	培训人数	培训天数
6	课程能力提升 （财经商贸大类）培训	电子商务、市场营销、会计	50	7
7	新形态课程开发及 教学能力提升培训	不限专业	100	7
8	教师赛教融合与技能提升培训	市场营销技能、电子商务技能	28	10
9	教师赛教融合与技能提升培训	新能源汽车检测与维修、 汽车机电维修	58	10
10	教师赛教融合与技能提升培训	电子电路装调与应用	58	10
11	教师赛教融合与技能提升培训	数控车加工技术、车加工技术	58	10
12	教师赛教融合与技能提升培训	酒店服务、导游模拟、 导游知识竞答	58	10
13	新教师职业能力与教学能力培训	不限专业	100	7
14	线上（或混合式）教学组织 实施与教学管理信息化	不限专业	30	7
15	VR. AR. MR. AI 等新一代 信息技术应用培训	不限专业	30	7
16	"1+X"证书制度种子教师培训	财经商贸类	30	7
17	"1+X"证书制度种子教师培训	电子与信息类	30	7
18	"1+X"证书制度种子教师培训	装备制造类	30	7
19	教学改革与教师教学能力提升培训	思想政治、语文、历史	100	7
20	教学改革与教师教学能力提升培训	心理健康教师培训	100	7
21	教学改革与教师教学能力提升培训	英语教师	100	7
22	教学改革与教师教学能力提升培训	计算机应用基础教师培训	50	7
23	教学改革与教师教学能力提升培训	体育与健康教师培训	100	7
24	访学研修	幼儿保育	20	20
25	访学研修	化工技术类	10	20
26	访学研修	电子商务类	10	20

续表

序号	培训项目	专业	培训人数	培训天数
27	访学研修	城市轨道交通类	10	20
28	访学研修	电子信息类	10	20
29	访学研修	物流管理	10	20
30	访学研修	土木建筑类	10	20
31	访学研修	医药卫生（康复治疗技术）	10	20
32	新任校级领导能力提升培训	不限专业	100	10
33	职业院校治理能力提升培训	不限专业	100	10
34	中职学校双达标及学校管理规范化培训	不限专业	150	7
35	班主任示范培训	不限专业	150	7
36	教师教学创新团队建设培训	教学创新团队建设培训	50	7
37	教师企业实践	护理	10	40
38	教师企业实践	物流类	10	40
39	教师企业实践	汽车运用与维修	10	40
40	教师企业实践	交通运输大类	20	40
41	教师企业实践	计算机应用类	10	40
42	教师企业实践	土木建筑类	10	40

5. 名班主任工作室、思想政治课教学创新团队建设

推进职业院校"三全育人"典型学校建设，举办职业学校思想政治教育课程教师教学能力比赛和中职学校班主任能力比赛。2021 年，各市（区）和省属中等职业学校共 64 名教师参加全省中等职业学校班主任能力比赛，评出一等奖 4 名、二等奖 6 名、三等奖 16 名，以及优秀组织奖 5 个。

探索适应中职学生特点和技术技能人才成长规律的班主任工作室建设机制、方法，培育建设一批班主任工作室，推动各中职学校进一步提高班主任队伍专业化水平；广泛开展班主任业务能力提升活动，大力提升班主任的业务素养和育人能力，以班主任能力比赛推动名班主任工作室建设等工作；各市（区）教育行政部门指导本地区中职学校，对照《中等职业学校班主任工作室建设标准》加强工作室培育建设工作，省教育厅根据各地各校班主任工作室培育建设情况，探索开展省级名班主任工作室培育遴选工作。

6. 开展企业实践

陕西省教育厅依据《职业学校教师企业实践规定》，制定中职学校教师企业实践工作规划和管理办法，确定教师企业实践基地，对各地（市）教师企业实践工作进行指导、监督和评估；加快推进固定岗与流动岗相结合、校企互聘兼职的教师队伍建设改革，将企业实践经历作为中职学校教师职称评审、教学能手评选的重要条件。教师下企业实践锻炼人数大幅提升，参与企业的多项技术关、科技推广、技术服务等工作，大幅度提高了教师的实践教学能力，持续推动教师企业实践轮训计划。

7. 组织 2022 年中等职业学校教师教学能手评选

贯彻落实教育部等四部门印发的《深化新时代职业教育"双师型"教师队伍建设改革实施方案》和省委、省政府《关于全面深化新时代教师队伍建设改革的实施意见》，构建教师专业成长的激励机制，提高广大教师的教科研能力，建设一支高素质"双师型"的教师队伍。省教育厅、省人力资源和社会保障厅组织开展了 2022 年全省中等职业学校教学能手评选工作，102 名教师荣获"陕西省中等职业学校教学能手"称号。

8. 举办教师教学能力比赛，促进教师教学能力提升

举办 2021 年陕西省职业院校技能大赛教学能力比赛，以赛促教、赛教结合，全面促进教师教学能力提升。全省 11 个市（区）、7 所省属中职学校、1 所高职中专部提交作品 174 件，103 支队伍中 393 名教师获奖。在 2021 年全国职业院校教学能力比赛上，陕西省中职组 8 个教学团队获奖，其中一等奖 1 项、二等奖 3 项、三等奖 4 项，创近年最好成绩，见表 5 - 2 - 9。

表 5 - 2 - 9　2021 年全国职业院校教学能力比赛（中职组）陕西省获奖名单

一等奖			
组别	作品名称	学校名称	教师团队
专业课程二组	穆桂英马鞭枪法训练	陕西艺术职业学院	张冬、梁少琴、王萍、刘治国
二等奖			
组别	作品名称	学校名称	教师团队
公共基础课程组	中国舞鉴赏与实践	宝鸡职业技术学院附属中专学校	李晓君、张红丽、伊兰、董利红

续表

二等奖			
组别	作品名称	学校名称	教师团队
公共基础课程组	古诗文专题教学	陕西省石油化工学校	陈超男、杨薇、白雪、李瑞
专业课程二组	汽车电源系统 故障诊断与排除	咸阳市秦都区 职业教育中心	薛燕、姜权、贾小亮、张宏
三等奖			
组别	作品名称	学校名称	教师团队
专业课程一组	新农村小型民居施工图 的识图与 BIM 建模	陕西省建筑材料 工业学校	陈红、韩宁、史亚妮、王建华
专业课程一组	网店商品信息的发布	陕西省商业学校	刘阳阳、韩峻月、胡丹、雷洁
专业课程一组	注重规范得体 塑造职业形象	西安旅游职业 中等专业学校	陈静、薛蓓蕾、杨清茹
专业课程二组	传送工作站安装与调试	陕西省电子信息学校	周闯、许睿、马娟、张红梅

9. 教师发展评价

印发《关于深化中等职业学校教师职称制度改革有关问题的通知》（陕人社发〔2021〕8号），通过健全制度体系、完善评价标准、创新评价机制、实现有效衔接、加强评审监管和优化评审服务等措施，形成设置合理、评价科学、管理规范的中等职业学校教师职称制度；完善职称设置，促进职称制度与中等职业学校人才培养相结合，推进职称评审与专业技术人员继续教育制度相衔接，加快中等职业学校教师知识更新。

开展2022年度陕西省教师教育改革与教师发展研究项目相关工作。

（七）校企双元育人

中职学校采取引企入校、订单培养、工学交替等多元化校企合作模式，从专业设置到招生计划、从课程开发到技能培育、从素养提升到就业创业，多方位建立合作标准、实施体系，探索"岗课赛证"融通综合育人模式，实现校企育人双主体，鼓励职业学校教师与企业技术专家任教任职，不断推进校企紧密合作，实现产教无缝对接。

促进产教融合校企合作。推进产教融合试点城市建设，认定第二批产教融合型试点企业，启动产教融合型学校建设，推动高水平专业化产教融合实训基地建设；组织职业院校积极服务秦创原；开展职业院校书记校长走访企业活动；联合中国银行开展职业教育发展支持行动计划。

案例　咸阳市秦都区职业教育中心：以行业产教联盟为桥梁，努力探索人才培养新模式

咸阳市秦都区职业教育中心依托国家大力发展职业教育的良好契机，与陕西省近30

家印刷企业共同组建产业教学合作联盟，并引入咸阳市萌芽激光照排部入驻秦都区职业教育中心，共建平面设计（数字出版方向）专业。在产教联盟的框架下，与企业共同开发了适应市场需求的课程体系，研发实用性校本实训教材，创立冠名班，定期举办数字排版大赛，承接全国印刷行业大赛制版行业陕西预选赛赛点业务，并将企业员工引入秦都区职业教育中心担任指导教师，将联盟企业的业务引入秦都区职业教育中心，给学生提供实训的机会。通过一整套的校企深度合作，学生的技术技能水平得到了很大的提高，也为企业量身打造了一批批优秀的专业人才，推动了本专业的不断发展。

案例　汉阴县职教中心：依靠地域优势，以职业教育为经济升级铺路

汉阴县职教中心依靠"中国厨师之乡""中国富硒生态美食之都"的地域优势，以职业教育为经济升级铺路，紧扣"陕菜之乡"的县域经济布局，对接"汉阴富硒美食"的产业链，与石叁珍蘑菇宴博物馆、凤凰国际酒店、龙岗大酒店、星汉酒店、新华饭庄等餐饮企业合作，实现学生由学校到企业的零过渡。同时，研发完善《汉阴十四大名菜》《汉阴特色小吃烹饪》等校本教材，聘请谢丰金、王晓杰等陕菜名厨担任讲师，推行"实训室＋后厨"工学结合模式，采取"理论讲解—师傅演示—学生练习—师傅评价—学生实操"的教学法，夯实学生技能，使烹饪专业做大做强，彰显本地特色。

三、合作交流成效

（一）职教合作与交流

以"开放·合作·共赢——共商丝路职业教育国际标准认证"为主题的 2022 年丝绸之路教育合作交流会暨"一带一路"职教联盟第六届国际职教论坛在西安举办。省教科院加强与重庆、四川教科院的联系、协调和沟通，充分准备，通过线上活动形式成功举办第三届西部职业教育论坛，分享陕西职业教育教科研的创新成果，扩大陕西职教的影响力。

案例　丝路职业教育标准认证推动职业教育与终身教育

以"开放·合作·共赢——共商丝路职业教育国际标准认证"为主题的 2022 年丝绸之路教育合作交流会暨"一带一路"职教联盟第六届国际职教论坛在西安举办。论坛旨在聚力推进职业教育国际交流合作，以国家"一带一路"倡议及国家对外开放战略为契机，聚焦国际职业教育与终身教育，为助推乡村振兴、可持续发展提供新思路，搭建新平台，增加新动力，为"一带一路"区域经济、文化的发展作出贡献，以丝路职业教育标准认证推动职业教育与终身教育的结合，从而构建一个有益于人才培养与可持续发展的国际化职业教育体系。

案例　携手西部职教论坛，分享教改实践成果

2022 年，陕西省教育科学研究院继续携手重庆市教育科学研究院、四川省教育科学研究院联合主办第三届西部职业教育论坛。论坛以"增强职业教育适应性，服务技能型社会建设"为主题，共话职业教育改革与发展。主论坛上，陕西省教育科学研究院高居红作《推进职业学校"行动导向教学改革"实践过程及成效》专题报告；分论坛上，眉县职业教育中心朱小强、旬阳市职业技术教育中心陈强围绕"行动导向课程和专业数字化转型"主题进行了交流分享。

（二）中高职贯通

深化职业教育体系建设改革，推动中高职贯通衔接培养，进一步提升中职吸引力，推动转变中职培养定位，提高技能人才培养质量。省内各地市挖掘区域优势资源潜力，中高职结对，在专业建设、师资交流、资源共享、教科研团队共建等方面开展深度合作，一体化协同发展。

案例　搭建职业教育平台，推进职业教育一体化联动发展

本着优势互补、合作共赢的原则，共同搭建职业教育平台，推进职业教育一体化联动发展的重要工作举措。陕西职业技术学院与三原县职教中心，西安航空职业技术学院与高陵区职教中心，陕西交通职业技术学院与咸阳秦都区职教中心，陕西能源职业技术学院与西安市卫生学校，陕西电子信息学校分别与秦都、彬州、武功职教中心，高陵区职教中心与武功县职教中心，西安旅游职业中等专业学校与礼泉县职教中心等进行集中签约仪式。签约学校按照"挖掘优势资源潜力发展中等职业教育西咸一体协同发展"的指导思想，在专业建设、师资交流、资源共享，教科研团队共建等方面进行深度合作，努力实现共同发展。

案例　合作办学　优势互补　共育人才

白水县职业中专与陕西铁路工程职业技术学院签订"中高职衔接"合作办学协议，在师资培训、专业建设、实训室建设、课程设置、中高职一体化办学、技能鉴定等方面深度合作，提高教学、科研、培训等方面的实力，增强服务社会的能力。此次签约授牌仪式，标志着中高职院校"相互合作、资源互补、优势互补、共育人才、实现双赢"培养模式的开启。白水县职业中专将以"中高职一体化办学"为契机，依托高职院校优质的教育资源和成熟的办学经验，积极探索"中职—高职"贯通培养模式，构筑职业教育"中职—高职—职业本科"的"立交桥"，为更多的优秀学生进入高职院校学习打开快捷通道，为社会培养高质量技术技能型人才发挥积极作用，共同促进白水职业教育快速、高效发展，实现互利双赢，为区域经济发展和现代化建设培养更多更优的技术人才。

（三）苏陕职业教育协作

优化实施职业教育东西部协作行动计划，扎实做好两地学校结对帮扶共建工作，采取

"二对一"或"多对一"的形式，形成江苏和省内高职学校、厅属中等职业学校多层次、多专业共同帮扶、优势互补的工作机制，进一步提升帮扶实效，并借助苏陕协作平台，不断推动职业教育高质量发展。

案例 从"输血"到"造血"，苏陕教育"联姻"结出硕果

在苏陕职业教育协作的大背景下，由渭南市教育局牵头，组织澄城县职业教育中心和镇江职业技术学院组成了协作对象，在双方相互考察的基础上，结合两校实际，就师资培养、学生实习、共建专业和实训室建设项目等签署《合作执行协议》。镇江职业技术学院领导来学校进行实地考察，澄城县职业教育中心派出7名专业课教师、学校领导等赴镇江职业技术学院与常州职业技术学院开展学习交流和技能培训，安排二、三年级学生赴江苏开展跟岗实习和顶岗实习。通过交流、考察和学习，双方针对学校发展中的优势和短板进行认真分析，并提出发展方向及今后合作的工作重点，为学校发展明晰方向带来了先进的职业教育发展理念、科学的管理经验和成熟的做法，为澄城县职业教育中心提升管理水平和办学质量奠定了基础。

案例 苏陕协作共携手 交流汇报促提升

为进一步加强苏陕职教协作，为优秀教师搭建成长平台，促进两地教师专业化发展，将苏陕两地两校结对帮扶推向深入，如东中等专业学校与陕西省汉中市南郑区职教中心"苏陕协作共携手 交流汇报促提升"开展在线互动教学研讨活动，此次联合教研活动实现了课堂互通和资源共享，加强了两校的交流，拓宽了教育教研的渠道和思路，有力推动了职业教育课堂教学研究发展。两校将继续深入合作交流，在课堂、教研和专业建设上更进一步地深入互动，促进两校教育教学高质量发展。

案例 苏陕合作共圆职教梦，进击国赛同绘新篇章

江苏省高淳中等专业学校钱自豪、陈佳球、陈祥三名教师，怀着对教育事业的热爱，代表江苏南京职业教育来到柞水县职业中等专业学校开展帮扶工作。在柞水职专康定国书记、韩毅副校长的支持与协调下，帮扶团队先后邀请江苏职教专家进行线上线下全流程指导和培训。陈佳球、陈祥两位老师作为国赛选手和2018年、2022年江苏省省赛一等奖团队的核心人物，教学理念先进，参赛经验丰富，他们与柞水职专三支省赛参赛团队"一对一"结对，以"团队带团队"的形式开展备赛指导。帮扶团队和12名参赛选手高质量奋战35天，最终"中餐宴会服务技能"团队成功晋级2022全国职业院校技能大赛教学能力比赛。在组团式帮扶教师的帮助下，柞水职专在该项重大赛事上首次获得省级一等奖，更是首次入围国赛，实现了学校发展的一次跨越式突破。柞水职专要依托苏陕合作平台，进一步加强与江苏南京各帮扶院校的紧密联系，为青年教师搭建成长平台，提高学校教师教育教学水平，通过人才帮扶为柞水职专留下一支带不走的高素质教师队伍。

案例　借助苏陕协作平台 不断推动职业教育高质量发展

优化实施职业教育东西部协作行动计划，扎实做好两地学校结对帮扶共建工作，积极争取常州市能够在职业学校课程资源开发、专业建设、实训基地建设等方面给予安康更大支持。江苏常州职业院校成立团队、派驻校长，对安康汉滨新建职中和岚皋、紫阳、白河职教中心4所学校进行"组团式"帮扶；石泉县职教中心紧扣服装设计与工艺特色专业建设相关工作，积极主动与金坛中等专业学校进行"线上"对接商讨，推动两地职教协作稳步深入开展；白河县职教中心校长代表县教体科技局到溧阳就职教合作、教育人才组团式帮扶、项目资金扶持等工作，与溧阳市教育局开展对接联系，双方就新能源汽车和电梯安装专业合作达成初步意向。2022年10月，旬阳职教中心等6所中职学校中的13名教职工（管理人员）参加了陕西省教育厅组织的脱贫县区中职学校管理人员赴江苏培训，其中线上集中培训10天已完成。

（四）职业代培模式 开创援藏新局面

贯彻落实党中央援藏政策，高度重视教育援藏工作，把职业教育对口帮扶工作打造成为陕西援藏工作亮点工程。三年来，根据阿里地区职业学校的培养实际，结合阿里社会发展需求，陕西省教育援藏开创"职业代培"新模式，累计为阿里培养300余名职业技能人才，打开阿里职业教育发展的新局面。

案例　陕西省电子信息学校："职业代培"育人才 阿里教育开新局

在陕西省第九批援藏工作队的协调下，陕西省教育厅将陕西省电子信息学校正式确定为教育部东西协作对口帮扶学校，承担阿里职业类培训工作，陕西省电子信息学校高度重视此项援藏工作，该项目的实施，进一步拓展了陕西省对口支援阿里合作办学的深度，共建"陕西阿里职教班"，让大量阿里地区学子的思想观念得到转变，通过合作办学，阿里的学生在学习成绩和民族团结意识方面有了显著提高，落实了立德树人根本任务，有效促进"铸牢中华民族共同体意识"在阿里青少年心中扎根开花，完成了既定的目标。

案例　西安旅游职业中等专业学校：倾情援藏 使命如磐

选派干部人才支援西藏，是党中央为保持西藏政治稳定、加快西藏经济社会全面发展、促进民族团结和各民族共同繁荣、维护祖国统一的一项重大决策。西安旅游职业中等专业学校苟明辉同志积极响应、踊跃报名，经学校党委会议研究推荐，最终被上级领导充分肯定、委以重托，肩负西旅师生的深情厚谊和殷切期盼，启程奔赴西藏。苟明辉同志表示，感谢组织的信任，将坚决拥护上级决定，在新的工作岗位上恪尽职守、顽强拼搏、不负重托，发扬"老西藏精神"，为促进民族团结融合贡献青春力量。真正的奋斗者，永远不会停止前行的脚步，支援边疆教育发展，既是一个教师的修行，也是一名党员的使命，更是西旅的责任和荣誉。

四、服务贡献质量

近年来，陕西职业教育牢牢把握服务发展、促进就业的办学方向，深化产教融合、校企合作，服务行业企业，服务地方发展，服务乡村振兴，服务地方社区。

（一）服务行业企业

陕西省印发《陕西省职业教育改革实施方案》《陕西省职业技能提升行动实施方案 (2019—2021 年)》《陕西省职业教育服务乡村振兴战略三年行动计划（2020—2022 年)》，为陕西省落实《中国制造 2025》，推动制造业转型升级、培养大国工匠提供有力支撑。

为行业企业培养高素质的技能型毕业生。2021 年，全省中等职业学校招生 104 372 人，比 2020 年减少 2 269 人。全省中等职业学校面向社会培养 19 个专业大类、97 个专业类、1 349 个专业高素质职业人才 71 322 人，比 2020 年减少 2 619 人。各类中职学校毕业生中共有 30 010 人获得职业技能等级证书或职业资格证书，比 2020 年减少 19 860 人。如图 5 - 4 - 1、图 5 - 4 - 2 及表 5 - 4 - 1 所示。

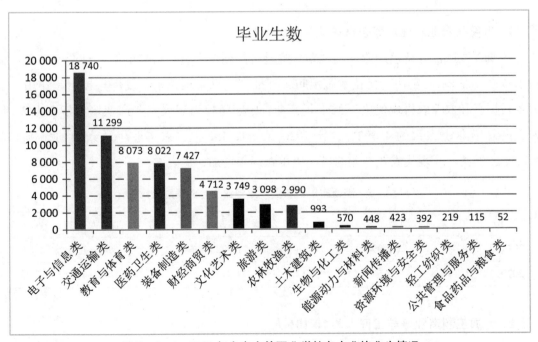

图 5 - 4 - 1　2021 年全省中等职业学校各专业毕业生情况

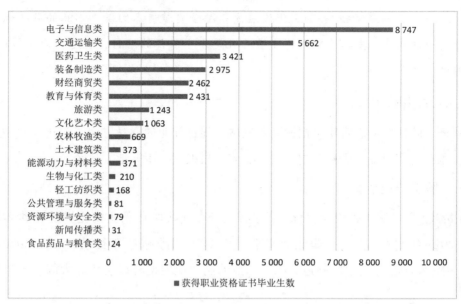

图 5 – 4 – 2　2021 年全省中等职业学校各专业毕业生取得职业资格证书情况

表 5 – 4 – 1　陕西省中等职业学校招生、毕（结）业、获得职业资格证书人数统计

年份	招生人数/人	毕（结）业生人数/人	获得职业资格证书数/份
2021 年	104 372	71 322	30 010
2020 年	107 041	73 941	49 960

1. 为现代农业产业培养合格毕业生 2 990 人

陕西省按照优势特色产业发展规划，整合科技创新力量与科技资源，打造一批重点试验示范站（基地），解决一批技术瓶颈问题，推广一批主推技术，发挥科技引领作用，助力乡村振兴和农业农村现代化。2021 年，全省中职学校为现代农业产业培养毕业生 2 990 人，占总毕业生人数的 4.192%，比 2020 年增加 452 人，占毕业生总人数的比例上升0.76%，近两年，现代农业产业的毕业生正在逐年增加，见表 5 – 4 – 2。

表 5 – 4 – 2　陕西省现代农业产业毕业生专业类别对比统计

年份	农林牧渔类毕业生人数/人	毕业生总人数/人	占毕业生总人数的百分比/%
2021 年	2 990	71 322	4.192
2020 年	2 538	73 941	3.432

2. 为加工制造业培养工匠人才 10 101 人

陕西省加大第二产业投入力度，支持新兴产业快速发展，输送区域发展急需的高素质技术技能人才。2021 年，全省中职学校培养加工制造业工匠人才 10 101 人，占总毕业生人数的

14.163%，比2020年减少911人，占毕业生总人数的比例下降0.73%，见表5-4-3。

表5-4-3 陕西省加工制造业毕业生专业类别对比统计

年份	毕业生人数/人						合计/人	占毕业生总人数的百分比/%
	资源环境类	能源与新能源类	土木水利类	加工制造类	石油化工类	轻纺食品类		
2021	392	448	993	7 427	570	271	10 101	14.163
2020	299	159	973	8 899	515	167	11 012	14.893

3. 为现代服务业输送高素质技能人才58 231 人

全省中职学校依托陕西地位优势和人才资源强势，厚实旅游资源，丰富科教资源，着力发展现代物流、绿色生产、红色旅游、中医保健、信息服务、交通运输、文化艺术等第三产业，2021 年，为现代服务业输送58 231 人，占总毕业生人数的81.645%，比2020 年减少1 209 人，占毕业生总人数的比例提高1.257%，见表5-4-4和图5-4-3。近几年，第三产业的毕业生占有率正在逐年增加，为全省现代服务业品质化、多元化、数字化发展提供人力保障。

表5-4-4 陕西省现代服务业毕业生专业类别对比统计

年份	毕业生人数/人										合计/人	占毕业生总人数的百分比/%
	交通运输类	信息技术类	医药卫生类	休闲保健类	财经商贸类	旅游服务类	文化艺术类	体育与健康类	教育类	公共管理与服务类		
2021	11 299	18 740	8 022	423	4 712	3 098	3 749	1 005	7 008	115	58 231	81.645%
2020	12 820	18 831	72 65	214	2 714	4 194	3 612	1 248	8 154	388	59 440	80.388%

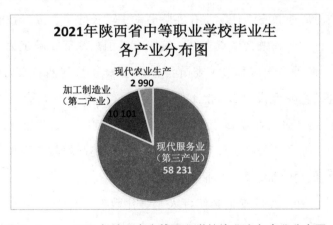

图5-4-3 2021 年陕西省中等职业学校毕业生各产业分布图

（二）服务地方发展

结合区域经济高质量发展需要，依托地方特色资源，提供有力人才和技能支撑。

1. 为地方经济高质量发展保驾护航

全省各中职学校坚持为县域经济高质量发展服务，依托地方特色资源，向一、二、三产业融合发展要效益，推动乡村振兴更新升级，提质增效，增强市场竞争力和可持续发展力，为经济高质量发展提供技术技能型蓝领人才。据不完全统计，2021 年，全省中职学校承担各级各类培训 4 500 多期，参加培训人数 40.8 万人次，其中劳动力转移培训 11.2 万人次，专业技术人员公需科目培训 10.9 万人次，乡村振兴培训 0.85 万人次，企业行业职业技能培训 9.7 万人次，农村实用技术等培训 8.13 万人次，实现"双返生"职业教育技能培训全覆盖。同时进一步提升一线蓝领人才技能和熟练水平，充分发挥职业教育服务县域的职能，为全省经济高质量发展保驾护航。

"十四五"期间，陕西把促进技能培训与企业转型升级、乡村振兴战略与县域经济发展相结合，建设数控加工、飞机制造与维修、数据管理等 100 个重点专业工种，着力培育"陕西制造""三秦加工""秦巴康养" 3 个技能人才品牌。实施职业教育强基工程，重点建设 10 个旗舰院校、40 个产教融合高水平示范校，提升中职教育质量。开展校企合作、校县合作、校校（技校－高校）合作，将职业院校打造成重点就业群体培训主阵地、企业职工技能提升主阵地、技能人才培养主阵地，培训农民工 100 万人次、重点群体和企业职工 100 万人次，让无业者有业可就、有业者技能提升、从业者收入增加，为奋力谱写新时代陕西追赶超越新篇章，全面建设社会主义现代化国家提供人才保障。

2. 产教融合校企合作

瞄准技术变革和产业优化升级的方向，让专业对接市场需求，以产教融合、工学结合作为切入点，形成"人才共育、过程共管、成果共享、责任共担"的人才培养模式。同时鼓励企业举办高质量职业教育，让学生在实际劳动中增长才干、提升技能。

陕西被确定为首批产教融合试点省份，咸阳市被国家六部委确定为全国首批产教融合型试点城市之一。《陕西省发展和改革委员会 陕西省教育厅 陕西省人力资源和社会保障厅关于开展产教融合型企业建设培育试点的通告》确定陕西石羊农业科技股份有限公司等 23 家企业为陕西首批产教融合型试点企业。西安市高陵区、宝鸡市、汉中市等地启动职教园区、研学基地和综合性公共实训基地建设，全力构建产教融合发展格局，探索创新型应用型人才培养路径，推动教育与产业融合发展。

创建职业教育联盟，实行校企合作育人是强化政府、行业、企业、学校、科研院所和社会组织等多元主体的协同配合，有效整合职业教育资源，实现在人力、设备、资金、市场、技术和文化等方面的共建共享，发挥行业企业在职业教育办学中的参与和主体作用。

平利县职教中心引入"上海天坤"民营教育投资管理公司，采用政企合作委托管理模式，借助其优质的教育资源和灵活的办学机制体制，推进校企深度合作，成为我省中等职业教育发展的一块试验田。

陕西省商业学校与四川八依教育科技有限公司签订联合办学协议，充分利用双方优势，开展三年制烹饪专业建设。从四川八依公司引进烹饪师傅进学校、进课堂，共同制定人才培养方案，即将企业文化与学校文化相结合、教学过程与岗位实践相结合、企业专家与一线教师相结合，实现课堂即岗位、教学即实践、作业即产品的教学模式。

案例　咸阳"三动三新"积极探索国家产教融合发展路径

咸阳市围绕"544"特色现代产业体系，通过"行政推动、示范带动、校企联动"，积极探索产教融合发展"新机制、新平台、新格局"，加快推进国家产教融合试点城市建设，着力构建服务咸阳特色现代产业需求的技术技能人才和创新创业人才培养体系。

行政推动。咸阳市将产教融合由学校职能提升到政府职责，把试点工作纳入《咸阳市高质量发展综合绩效评价指标体系》，形成《2022 年咸阳市国家产教融合试点城市建设任务清单》，召开全市职业教育工作推进会，推动试点工作在发展格局上求突破，在校企合作上求深入，在重点项目上求实效。

示范带动。市政府主导，陕西工业职业技术学院牵头，成立包含 72 家成员单位的产教融合战略联盟。以奖代补协同推进，授予陕西工业职业技术学院、陕西能源职业技术学院、咸阳职业技术学院"咸阳市产教融合示范高校"称号，奖补 45 万元，发挥国家"双高计划"高职院校示范引领作用。发挥四个区域职教中心的带动作用，奖补 1 180 余万元，加强产教融合重点专业建设，提升专业实训室建设水平。已建成秦都职教中心电子商务、武功职教中心机械加工技术、礼泉职教中心机电技术应用、彬州职教中心信息技术 4 个共享型产教融合实训基地和礼泉劳动教育基地等 9 个职业体验中心。投入 82.4 万元，建成产教融合共享信息平台，推进信息共用成果共享。

校企联动。出台 13 项政策，加大产教融合型企业培育力度，提高市域内企业在实训基地、学科专业、教学课程建设和技术研发等方面积极参与，发挥企业在产教融合中的主体作用。印发《咸阳市首批产教融合型企业培育试点建设名单》，认定 4 家企业为咸阳市首批产教融合型企业。开展中职学校校长"进村访企"活动，全市 21 所中职学校书记、校长通过线上线下方式，走访企业 248 家，召开校企座谈会 326 场次。

2022 年咸阳市累计投入 1 380.2 万元，培育产教融合型企业 4 家，建成产教融合实训基地 4 个、职业体验中心 9 个，初步形成以 1 个产教融合战略联盟为统揽、1 个科技创新走廊为依托、3 所产教融合示范高校为引领、5 个产教融合产业板块为支撑的具有咸阳特色的"1135"产教融合新格局。

案例　平利县职教中心：政企牵手实行委托管理　公私合营打造办学新模式

平利县职教中心积极探索职业教育合作办学，引入"上海天坤"民营教育投资管理公司，采用政企合作委托管理模式，借助其优质的教育资源和灵活的办学机制体制，实质性推进校企深度合作。通过"职业教育 + 人力资源"协同发展模式，为地方政府、职业院校和技能型人才提供高质量职业教育解决方案。

双方合作坚持三个不变原则，即"学校国有性质不变，教师公办身份不变，政府对学校的财政保障不变"，保留学校国有公办的基本属性，明确政府的基本职能，减轻企业投资压力，增强企业参与政府公共服务的信心；合作办学促使教师积极性高涨、专业建设快速发展、教学质量全面提高、毕业生就业质量提升、学校规模快速发展，助力地方精准扶贫、技能培训效果显著。

学校引入民营机制，上海天坤教育集团按照协议内容承担办学责任和办学风险，自主管理，自负盈亏，独立承担民事责任，独立享受民事权利。政府给予政策支持和业务指导，行使监督和管理职能，政府与学校管办分离，学校办学自主权得到充分保障。政府强调通过引入社会力量提高职业教育办学水平，助推地方经济发展，改善民生，创造社会效益。

（三）服务乡村振兴

中共陕西省委、陕西省人民政府印发《关于做好 2022 年全面推进乡村振兴重点工作的实施意见》，"实施意见"是全面推进乡村振兴的实化、细化、具体化，也是 2022 年陕西省全面推进乡村振兴的任务书、路线图。全面推进乡村振兴，走具有陕西特色的乡村振兴之路，立足资源禀赋，推进特色产业，加快建设现代农业产业园、农村产业融合发展示范园，优化乡村旅游产品供给，落实保障和规范农村一、二、三产业融合发展政策，推进乡村产业融合发展。陕西省教科院依据《陕西省教育科学研究院职业教育教科研实验基地管理办法》，确定眉县职业教育中心为首批职业教育服务乡村振兴实验基地。

科技示范，产业带动，是职业教育服务乡村振兴战略的有力实践。全省各职业中等专业学校通过"技能培训、劳务对接、依法维权、就业指导"开展巩固脱贫攻坚与乡村振兴有效衔接，派有农村工作经验的教师定期入户解决实际问题。

千阳县职业中等专业学校与千阳县农业农村局、千阳县果业中心联合成立苹果培训学院，借助"中国矮砧苹果之乡"美誉，培育千阳苹果师傅，年均开展苹果产业培训 1 000 人，实现产值上亿元；聘请"西秦刺绣"非遗传承人王秀萍担任刺绣专业教师，积极引进"秀萍绣庄"专业合作社，培育千阳绣娘；开展校社无缝合作，年均培训刺绣人才 500 人；依托千阳县首位产业——莎能奶山羊，学校与县畜牧局合作，举办莎能奶山羊养殖技术培训班，培育奶山羊专家，年均培训 60 人次，开展新型职业农民技能培训，推动乡村振兴高质量发展。

案例 眉县职业教育中心：主动担当积极作为 服务乡村振兴实践

眉县职业教育中心谋划为乡村振兴服务的"大职教"格局，聚焦县域产业发展需求，着力技能技术人才培养，服务区域乡村振兴；立足县域实际，探索形成"153（1 体系、5 平台、3 保障）"服务乡村振兴新模式，在乡村振兴战略下，积极发挥农村职业教育的桥头堡作用。

学校形成"一中心（县级职教中心）、八骨干（镇街农科教服务中心）、86 个辐射点（村级成技校）"的职教为农服务网络体系；逐步建立多方参与、多元合作的办学模式，形成融职业教育、成人培训、科技示范、技术服务为一体的大职教格局。依托学历教育平台，每年为县域培养千余名技能人才；打造基地平台，投资 2 600 余万元新建占地 100 余亩的现代农业产业示范基地，形成"一中心、五分区"的布局，推行"学校＋企业＋田园"运营模式，服务就业创业；搭建交流平台，开展"双培双带"项目，每年从全县农村后备干部、优秀职业农民、产业带头人致富能手中遴选 50 名农民，培养农村实用型人才，为保障助学，县财政每年列支 7 万元经费，给予奖学金补助；搭建 3－25 育训平台，立足县域三大产业特点，实施"3 大类、25 个项目"的培训行动，助推产业发展；搭建扶贫平台，开展农村实用技术培训及家政服务、电子商务等培训，帮其脱贫致富，助力乡村振兴。

强化基础保障，完善服务环境；强化人力保障，打造优秀师资团队；强化舆论保障，塑造教育氛围。

案例 千阳县职业中专：传承千阳刺绣 助力乡村振兴

加强职业教育与民间传统文化的有机结合，培养千阳刺绣传承人，助力千阳刺绣产业快速发展。千阳县职业中等专业学校引进秀萍绣庄合作社，聘请中国非遗传承人王秀萍担任刺绣专业教师，开展刺绣专业课教学，先后投资 30 万元建设集刺绣展、研、培、销一体化的实训基地。

2022 年，千阳县职业中专刺绣实训基地先后接待全县中小学生开展劳动启蒙教育 3 000 人次；通过社团活动，让中职学生了解千阳刺绣的制作工艺与针法技能；通过举办刺绣培训，教会千阳待业家庭妇女刺绣针法技能，帮助困难家庭增收，助力脱贫攻坚与乡村振兴有效衔接，推进千阳经济社会发展。

（四）服务地方社区

1. 志愿服务

全省中等职业学校志愿服务团队近350个，覆盖100 000多名在校学生和教职工，走进校外社会实践基地600个，参与公益活动、社区服务的学生90 000余人次。

疫情防控期间，全省各中职学校结合各地市疫情防控总任务，按照"外防输入、内防感染"的要求，毫不放松，抓紧、抓实、抓细疫情防控工作，合理有序地安排线上教学，丰富课程资源，认真落实"停课不停教、停课不停学"，同时积极服务地方抗疫工作。西安市卫生学校先后派出35批次共650多名学生赴西安市疫情防控指挥部、西安市急救中心参与流调、社区防控、疫情处置、医疗救治、后勤保障等防控工作。工作期间，志愿者积极工作、乐于奉献、吃苦耐劳的工作作风和敬业精神得到西安市卫生健康委员会的一致好评。

案例　榆林市职业教育中心：持续开展专题教育 让疫情防控入脑入心

榆林市职业教育中心持续开展预防新冠疫情防控知识专题教育活动，收假前学校以班级微信群、QQ群、微信公众号、抖音公众平台等宣传媒体向学生推送疫情防控知识和心理疏导等内容，入校时学校采取分批次分时段入学方式，有效预防学生聚集，开学时采取校园广播、LED大屏、手抄报、黑板报、微信群、抖音短视频等形式向学生宣传预防新型冠状病毒的知识，同时分班分年级进行预防新型冠状病毒知识讲座，让疫情防控知识入脑入心。

案例　西安市卫生学校：职业教育进社区　为民服务零距离

2022年5月，西安市卫生学校组织志愿者来到碑林区永宁社区荣城小区，为居民科普疫情防控、中医养生保健及婴儿抚触等医学相关知识。向居民们介绍学校护理、医学检验技术及老年人服务与管理专业的基本情况，普及了中医鼻部养生和腿部养生的方法以及常用穴位的定位方法和穴位按摩方式，教授婴儿抚触操作及注意事项等知识。志愿者进社区，使社区居民近距离接触到职业教育与生活息息相关的技术技能。

案例　宁强县职业高级中学：志愿者进社区入敬老院　开展爱心帮扶助残活动

宁强县职业高级中学成立青年志愿者协会，为每一位学生提供展示自我的平台。青年志愿者通过走社区、进敬老院帮助孤寡老人、爱心助残活动，零距离接触需要帮助的人。让大家明白"助人为乐是人人能为、人人可为"的道理，达成延伸爱心舞台、传递爱心音符的育人目标，帮助社会弱势群体是自己的一份责任和义务，同时从帮老助残、公益慈善、帮困救扶的活动中感受到生活的艰辛，体谅父母外出打工经商的不易，形成尊敬师长、尊重他人、孝敬父母、勤俭节约的良好习惯；看到许多老人、残疾人尽管生活多灾多难，面对生活的窘迫和无奈，依然对生活充满着希望和美好愿景，从而让学生树立乐观向上、勇敢面对挫折的思想。

2. 社区教育

创建社区教育实验区、示范区，推进全省社区教育改革与发展，提升社区教育服务经济社会发展和服务民生能力。

全省创建国家级社区教育示范区3个：西安市碑林区、宝鸡市金台区、宝鸡市渭滨区；国家级社区教育实验区5个：西安市莲湖区、西安市新城区、西安市未央区、西安市雁塔区、宝鸡市陈仓区。创建省级社区教育示范区8个，创建省级社区教育实验区22个。

根据《陕西省教育厅办公室关于开展2021年"百姓学习之星"和"终身学习品牌项目"征集认定工作的通知》（陕教职办〔2021〕11号）要求，铜川市宜君县职业教育中心任岗虎、渭南市合阳县职业技术教育中心白雪峰、商洛市洛南县职业教育中心王娟被评为2021年陕西省"百姓学习之星"；安康市旬阳市职业教育中心的"传承汉江航运文化 丰富社区教育资源"和宝鸡市渭滨区职业教育中心的"红色芳华"项目评为2021年陕西省"终身学习品牌项目"。

案例　凤翔区职业教育中心：学习传承民间工艺 提升社区教育水平

凤翔区职业教育中心以开发特色学习资源为突破，从内涵上不断提升社区教育水平。在社区教育的过程中，与宝鸡凯凯民间工艺有限公司联合，开发民间工艺品制作培训课程，指导学员学习制作马勺脸谱等工艺品，使受训居民学员既学习劳动技能、促进劳动就业，又提高生活质量及审美能力，传承民俗工艺，激发民族归属感。

案例　旬阳市职业教育中心：传承汉江航运文化 丰富社区教育资源

汉江航运博物馆是为展示"三千里汉江黄金水道，五千年中华航运文明"而建设的博物馆。该馆属汉江流域内第一家航运博物馆，邀请原国家交通运输部部长钱永昌先生为该馆题字，题名为"中国汉江航运博物馆"。博物馆面积400平方米，由汉水汉韵、利涉大川、文武辉映、扬帆未来四大部分组成，通过挑选珍贵的历史照片、珍贵的历史文物和3处电子互动展项设置，生动展现了汉江悠久的航运文明和厚重的历史故事。

该馆被命名旬阳市青少年教育实践活动基地、旬阳市社区教育示范点、全国爱故乡博物馆，年均接待游客、社区居民、青少年参观学习达5 000余人次。

多年以来，汉江航运博物馆积极实施"环保润苗"公益课堂志愿服务，开展"争当秦岭卫士——保护汉江母亲河"主题宣传活动，通过"流动汉江航运博物馆进校园""文物故事进课堂""文博知识进园地""文博知识竞赛"等形式，极大地丰富了社区教育和青少年教育实践活动，以实际行动书写新时代的"最美"篇章。

案例 宝鸡市渭滨区职业教育中心"红色芳华"终身学习项目

渭滨区社区教育学院秉承习近平总书记"满足人民过上美好生活的新期待，必须提供丰富的精神食粮"的要求，对接热点形势，立足社区实际，创新培训模式，开发"红色芳华"社区培训项目，将优质培训资源更好地送到群众"家门口"，服务社区，促进"红色学习型社会"发展。针对不同社区、不同单位、不同年龄阶段的培训需求，渭滨区社区教育学院采用组合培训的形式开展"红色党史感党恩""红色芳华赞中华""红色剪纸传技艺""红色手编心向党""环保手工可持续"等项目。两年来吸引党员、居民、单位职工共5 000 余人次走进各社区培训点。居民们在这里学习党史，增长技艺，浸润家国情怀，营造庆祝建党100 周年浓厚红色氛围，一朵朵爱国、向党、文明、和谐之花在渭滨区各社区绽放。

（五）地域特色服务

彬州市职教中心煤安培训中心取得咸阳市煤炭局、宝鸡市煤炭局的认可，得到彬州市工业局、永寿县煤炭局、麟游县应急局的备案许可，开展煤矿特种作业培训。先后与雅店煤矿、下沟煤矿、精煤公司、蒋家河煤矿、永寿国电、永寿毛家山煤矿、宝鸡招贤七家煤矿签订培训合同，与胡家河煤矿、孟村煤矿签订培训协议。2021 年共举办培训班 60 期，培训 2 737 人；2022 年因疫情原因共举办培训班 10 期、培训 615 人。

旬阳市职业中等专业学校打造"旬阳建工"劳务品牌。学校的省级示范专业——建筑专业，有 20 多年办学历史，为地域经济乃至全国建筑行业输送技工近万人，塑造了"旬阳建工"劳务品牌。2021 年 10 月 16 日在吉林省长春市举办的"第三届全国创业就业服务展示交流会"上，"旬阳建工"劳务品牌代表陕西展区参选项目摘得"就业带动类劳务品牌"。

镇安县职业高级中学加入全国现代服务业职业教育集团、陕西机电职教集团、陕西现代服务职教集团、西安动漫职业教育集团、商洛职教"1 + 8"联盟等职教联盟，相应专业与联盟内成员合作开发课程、合作开发教材、合作开发人才培养方案、对口升入集团内高职院校、与联盟内企业开展订单培养，教师到联盟内企业实践，联盟内企业人员到学校兼职等形式的合作办学。探索多元化合作办学模式，建设紧密型产教融合、校企合作共同体，加强集团院校与企业的联系，发挥职业教育优质资源带动作用，加快技能人才培养模式和创新步伐，为助力镇安乡村振兴提供强大的人才智力支撑。

陕西省电子信息学校分别与秦都区职教中心、彬州市职教中心、武功县职教中心签订合作协议。签约单位按照"挖掘优势资源潜力发展中等职业教育西咸一体协同发展"的指导思想，在专业建设、师资交流、资源共享、教科研团队共建等方面进行深度合作，努力实现共同发展。将服务行业企业和专业建设紧密合作起来，以服务行业企业为抓手推动电梯专业建设，成为"西安市电梯协会副会长单位"。

陕西省城市经济学校经省残联、省教育厅同意，成立"陕西省国家通用手语和通用盲文推广中心"。面向全省各地特教学校教师、残疾人社会工作者、听力言语障碍人员共计107 人开展了国家通用手语、国家通用盲文骨干培训。与省残联、陕西广播电视台新闻综合频道合作，开展多期残疾人电视手语栏目，从学校选拔 3 名优秀教师作为手语节目播报员，从事手语电视新闻播报，为全省听障残疾人准确传达党和政府的声音，共享"声音"与视觉传送新闻故事与精彩，共享文明成果，传递正能量，不断提升他们的幸福感、获得感和安全感。

五、政策落实质量

陕西省加强顶层设计，推进中职教育政策措施落实建设，持续加大职业教育经费投入力度，全力保障中等职业教育改革发展，不断提高中职学校经费水平和人才培养质量，2021 年全省教育经费总投入为 1 676.17 亿元，比 2020 年增长 7.02%。2021 年省教育厅印发了《陕西省中等职业学校教学工作诊断与改进实施方案（2021—2025 年)》《陕西省教育厅办公室关于做好全国中等职业学校管理信息系统应用准备工作的通知》，就完善现代职业教育体系、深入推进职业学校教学工作诊断与改进制度建设、提高教育质量、深化教育大数据应用、提升治理水平和服务等方面提出了一系列的政策措施，为发展陕西省中等职业教育提供了良好的政策指引和保障。

（一）国家政策落实

陕西省贯彻落实国家《关于推动现代职业教育高质量发展的意见》精神，不断深化中等职业教育教学改革，健全职业学校内部治理结构，深入推进职业学校教学工作诊断与改进制度建设，切实发挥学校质量保证主体的作用，全面提高中等职业学校人才培养质量。省教育厅制定《陕西省中等职业学校教学工作诊断与改进实施方案（2021—2025 年)》（陕教职办〔2021〕6 号)，通过实施中等职业学校教学工作诊断与改进，完善以章程为核心的校内规则制度体系，健全职业学校内部治理结构，深入推进职业学校教学工作诊断与改进制度建设，形成学校自主诊改、教育行政部门根据需要抽样复核的人才培养质量评价机制，促进全省中等职业学校人才培养质量持续提升。

贯彻落实国家教育数字化战略决策部署的实际行动，陕西省中等职业教育招生管理平台上线应用，招生平台赋能中职教育改革发展，加快推进数字化校园建设，规范中职招生行为，提升中职学校现代化治理能力和水平。

印发《陕西省教育厅办公室关于进一步加强中等职业学校德育工作和学生管理工作的通知》（陕教职办〔2021〕7号），切实落实以学生为本的育人理念和管理理念，强化教育引导和实践养成，加强组织制度保障，确保新时代中等职业学校德育工作和学生管理工作的各项任务落细、落小、落到实处；始终把德育工作放在学校工作的首要位置，完善学校德育工作和学生管理制度机制，强化教育引导和实践养成，强化突出问题管理，加强德育和学生管理工作队伍建设，强化机制保障。

印发《陕西省教育厅办公室关于做好2022年全省中等职业教育拟招生专业设置管理工作的通知》（陕教职办〔2021〕21号），根据《职业教育专业目录（2021年）》（以下简称新版《目录》）和中职专业设置管理办法等要求，统筹谋划，不断优化专业布局，加强指导，做好专业设置监督，逐级审核，按时完成信息填报。

协同推进"1+X"证书制度试点。2022年，中职试点学校88个，参与考试学生3 002人，通过1 563人，通过率52%；高职试点学校35个，参与考试学生12 064人，通过7 935人，通过率65.7%；本科试点学校25个，参与考试学生4 434人，通过2 883人，通过率65%。根据《关于做好2022年度"1+X"证书制度实施工作的通知》（教职成司函〔2022〕5号）精神要求，支持和引导职业院校面向社会开展职业技能评价，做好2022年度证书制度实施计划备案、教师培训、书证融通、监督评价等工作。

2021年陕西省关于中等职业教育改革的相关政策文件见表5-5-1。

表5-5-1 2021年陕西省关于中等职业教育改革的相关政策文件

类型	文件名称	政策要点（目标）	发文机构及发文时间
教学诊改	《陕西省教育厅办公室关于组织开展2020年中等职业学校教学工作诊断与改进现场复核的通知》	根据省教育厅办公室《关于开展2020年中等职业学校教学工作诊断与改进省级复核的通知》（陕教职办〔2020〕31号），省教育厅委托省中等职业学校教学工作诊改专家委员会组织专家，对各市（区）和省属中等职业学校申报的2020年中等职业学校教学工作诊断与改进（以下简称"教学诊改"），省级待复核学校开展现场复核，并对2019年省级复核结论为"待改进"学校的落实改进情况进行答辩检查	陕教职办〔2021〕6号

续表

类型	文件名称	政策要点（目标）	发文机构及发文时间
教学改革	《陕西省中等职业学校教学工作诊断与改进实施方案（2021—2025 年)》	贯彻落实《关于推动现代职业教育高质量发展的意见》精神，不断深化中等职业教育教学改革，健全职业学校内部治理结构，深入推进职业学校教学工作诊断与改进制度建设，切实发挥学校质量保证主体作用，全面提高中等职业学校人才培养质量	陕教职办〔2021〕25 号
	《陕西省教育厅 陕西省人力资源和社会保障厅关于开展 2021 年省级基础教育、中等职业教育教学成果奖评审工作的通知》	为贯彻习近平新时代中国特色社会主义思想，坚持把教育放在优先发展的位置，落实党的十九大和全国教育大会精神，根据国务院《教学成果奖励条例》等有关规定，省教育厅、省人力资源和社会保障厅决定在全省范围开展 2021 年省级基础教育、中等职业教育教学成果奖评审工作	
学生管理	《陕西省教育厅办公室关于举办 2021 年全省中等职业学校班主任能力比赛的通知》	按照 2021 年全国职业院校技能大赛中等职业学校班主任能力比赛安排部署，省教育厅决定举办 2021 年陕西省中等职业学校班主任能力比赛，由省教科院和陕西省电子信息学校承办	陕教职办〔2021〕12 号
	《陕西省教育厅办公室关于进一步加强中等职业学校德育工作和学生管理工作的通知》	深入贯彻落实《教育部办公厅关于加强和改进新时代中等职业学校德育工作的意见》（教职成厅〔2019〕7 号）和《关于进一步加强职业院校学生管理的通知》（教职成司函〔2021〕6 号），坚持立德树人根本任务，全面提高学生的思想道德素质，规范和加强中等职业学校管理，全力营造良好育人环境	陕教职办〔2021〕7 号

类型	文件名称	政策要点（目标）	发文机构及发文时间
常规工作	《陕西省教育厅办公室关于做好全国中等职业学校管理信息系统应用准备工作的通知》	系统建成后将有效有序实现全国中等职业教育信息系统的优化整合，推动数据实现"一数一源"，打通数据孤岛，深化教育大数据应用，有利于为教育教学规范管理、事业统计和科学决策等提供全面、真实、客观的动态数据，对促进教育公平、提高教育质量、提升治理水平和服务具有重要意义	陕教职办〔2021〕23 号
规范招生	《陕西省教育厅办公室关于做好 2022 年全省中等职业教育拟招生专业设置管理工作的通知》	为学习贯彻习近平总书记关于职业教育工作的重要指示和全国职业教育大会精神，推动现代职业教育高质量发展，根据《职业教育专业目录（2021 年）》（以下简称新版《目录》）和中职专业设置管理办法等要求，对做好 2022 年全省中等职业教育拟招生专业设置管理有关事项进行通知	陕教职办〔2021〕21 号
	《陕西省教育厅办公室转发教育部办公厅关于严格规范中等职业学校招生、学籍和资助管理工作的通知》	规范中职招生。各市（区）教育局要严格核查所属中职学校招生资质，落实招生信息公开制度，做好招生简章审核备案工作，严肃查处违法违规招生行为，严格学籍管理。各中职学校、有关高校要及时注册和维护中职学生学籍信息，确保人籍一致，严禁"双重学籍""空挂学籍"。加强资助管理，各地各校要严格把好资助申请关，严格核查资助名单，严肃查处套取中职资助资金等违法违规行为	陕教职办〔2021〕16 号

续表

类型	文件名称	政策要点（目标）	发文机构及发文时间
规范招生	《陕西省教育厅 陕西省人力资源和社会保障厅关于公布 2021 年陕西省具有招生资质的中等职业学校名录的通知》	各市（区）要将辖区内 2021 年具有招生资质的中等职业学校名录在官方网站或当地有关媒体向社会公布。未列入招生资质名录的中等职业学校不得招生，对于虚假宣传、欺骗招生等行为要及时严肃查处。各市（区）和省属中等职业学校要按照国家和全省有关招生办学的规定和政策要求，切实加强管理，严格规范招生行为	陕教〔2021〕130 号
	《陕西省教育厅办公室关于做好 2021 年全省中等职业学校春季招生工作的通知》	组织春季招生的学校应为具有学历教育招生资格的中等职业学校，不包括普通中专学校。招收往届初中毕业生、未升学高中毕业生、退役军人、退役运动员、下岗职工、返乡农民工等人员的，于 2021 年 4 月 20 日前在全国中等职业学校学生学籍系统中完成电子学籍注册。严禁任何中等职业学校以任何理由招收初一、初二年级学生。招收初三年级学业困难学生的，必须保障学生完成义务教育，明确落实控辍保学责任，此类学生于 2021 年秋季进行学籍接续。各市（区、县）要严格审核辖区内春季招生学校资格，落实监督管理主体责任，规范学校招生行为	陕教职办〔2021〕1 号

（二）地方政策落实

根据国家职业教育政策，陕西省出台多项鼓励职业教育的政策，突出职业教育的特色，明确职业教育发展目标，各地市开展职业教育专题调研，就进一步深化改革职业教育进行部署落实。

健全省级职业教育发展激励机制，充分调动各地推进职业教育改革发展的积极性、主动性和创造性，开展 2021 年度职业教育改革发展成效明显的市、县（区）督查激励工作，榆林市、安康市，蒲城县、汉阴县、眉县、彬州市、宁强县、府谷县被陕西省人民政府予以"职业教育改革发展成效明显的地方"通报表彰激励。

案例　安康市"立足实际、守正创新，夯基础、提内涵"

安康市委、市政府制定下发《安康市职业教育改革实施方案》《安康市教育体育事业发展"十四五"规划》等文件，明确职业教育发展目标、总体要求和政策措施，不断夯实职业教育发展基础，提升职业学校办学内涵。统筹推进职普协调发展，将高中阶段教育招生职普比纳入对县（市、区）政府及党政领导干部履行教育职责评价考核重点内容。加大职教宣传，市政府连续七年举办"职教活动周"系列活动，并利用政府网站和微信、抖音、快手等自媒体平台，讲好"学生成长、校友成才、良师育人"故事，宣传技能大师、技能名师、劳动模范等先进事迹，弘扬工匠精神，营造全社会关心支持职业教育发展的良好氛围，从源头上扭转重普教轻职教观念，为职教学生成才成长提供良好环境。安康市、汉阴县被陕西省人民政府予以"职业教育改革发展成效明显的地方"通报表彰激励。

案例　商洛市"构建'1 + 8'职业教育联盟，'6 统一'优化区域资源，形成发展合力"

商洛市委、市政府高度重视职业教育发展，市委常委会、市政府常务会议多次研究全市职业教育发展工作。市委、市人大、市政府、市政协四套班子主要领导和分管领导参加了全市职业教育高质量发展会议。全市制定印发《关于统筹推进全市职业教育高质量发展的实施方案》，通过构建以商洛职业技术学院为龙头，商洛开放大学、7 个县区高标准中职学校为网格的全市"1 + 8"职业教育联盟，通过统一办学模式、统一专业设置、统一招生管理、统一师资建设、统一就业推介、统一技能培训，打通学历上升通道，进一步优化区域职业教育资源配置，形成全市发展合力。通过半年的努力，全市职业教育发展有了新的提升。

案例　榆林市"落实工作要点，细化方案措施，给予资金支持，加快培养适需技能人才"

榆林市职成教育工作围绕全市 2022 年职成教育工作要点，落实《榆林市人民政府关于深化职业教育改革发展的意见》《榆林市人民政府办公室关于深化职业教育校企合作产教融合的实施意见》《榆林市职业教育"十四五"发展规划》《榆林市中等职业教育高质量发展十条措施》等文件精神，每年给予一定资金支持，评选出部分校企合作试点学校和特色专业，加快培养全市经济社会发展急需的技术技能人才。

（三）学校治理

1. 落实党组织领导的校长负责制

一是健全各级各类学校党的组织体系，选优配强领导班子，培育教师党支部书记"双带头人"，建设高素质专业化干部队伍；二是推进基层党支部标准化、规范化建设，把学校基层党组织建设成为宣传党的主张、贯彻党的决定、团结动员师生推进改革发展的坚强战斗堡垒；三是推进制度建设，健全"三会一课"、民主生活会、组织生活会、民主评议党员、请示报告等组织生活制度，强化党员日常管理，充分发挥师生党员的先锋模范作用。

案例　高陵区职教中心：党组织领导的校长负责制赋能学校发展

高陵区职教中心认真执行相关法律法规，坚持依法办学、依法治校，积极出台提升学校办学水平的政策和制度。学校有较强的办学自主权，落实党组织领导的校长负责制，由校长全面负责学校各项工作，定期召开校务会议、教职工周三全干会、教职工代表大会等，审议表决学校重大工作，保证政务公开透明。学校实行严格的干部管理制度，建立部门目标责任制和责任追究制。建立健全工会组织，坚持校务公开和民主决策，学校的重大决定必须在教职工代表大会上表决通过，使得各项办学行为合乎规范，学校无违法违纪行为，社会影响良好。聘请高陵区通远派出所所长为学校法制副校长，有效监督学校依法办学水平。学校实行全员聘任，实施绩效管理，聘任的结果与教师评优、评先、晋升、晋级挂钩。根据"多劳多得、优绩优酬"的原则，不断完善《高陵区奖励性绩效工资考核发放办法》，根据教师和工勤不同的工作特点，着重从完成工作量和取得的实绩等方面进行严格、认真、细致、公开、公正的考核，拉开奖励性绩效工资收入差距，受到教职工广泛拥护和支持。

2. 推进高水平示范校建设

根据《陕西省高水平示范性中等职业学校建设三年行动计划（2018—2020 年)》精神和要求，经各市及有关学校申报、专家评审，省教育厅认定咸阳市秦都区职业教育中心等22 所学校为陕西省级高水平示范性中等职业学校，高水平示范校的建设进一步加强师资队伍建设，深化教育教学改革，深入开展产教融合、校企合作，不断提高人才培养质量，充分发挥示范引领作用。

案例　高举质量大旗 推动职业教育快速发展——渭南市中职学校质量提升工程

渭南市在原市教育学会职教分会的基础上，成立渭南市职业教育学会，开展学术研究与交流，搭建合作平台，开展咨询、评估、鉴定等活动，成为渭南职教事业健康发展的重要助推器。市职教学会邀请市域内职教专家、基层领导和一线教师，围绕职业教育核心问题展开充分的讨论，从办学的核心要素——教学质量抓起。渭南市教育局下发《渭南市教育局关于组织开展全市中等职业学校质量检测统一考试工作的通知》（渭教职成〔2020〕7号），规范教学行为，提高育人质量，办好人民满意的职业教育的重要教学管理措施。在2021年职教活动周组织举办全市中职学校首届教育教学工作研讨会，旨在夯实基础学科教学，建立有效课堂机制，进而助推高效课堂的实现，促使全市中职学校沿着良性健康的轨道发展前行。研讨涵盖所有文化课基础学科和十大类专业学科，主要内容包括学科、课堂如何落实以德树人的办学宗旨，新课程标准的实践探索，实现教学目标，落实"双基"的推动过程和方法；如何在提高学生动手操作能力的前提下，提升技能大赛和职教高考的成绩，专业课的校本研修和管理考核办法，教育教学管理常规的落实和创新实践总结。

案例　旬邑县职教中心：职校育人现新措，科研添翼再助力

旬邑县职教中心以认真贯彻落实《中华人民共和国预防未成年人犯罪法》为出发点，以科研立项课题《高危中职生临界预防实践研究》为依托，与兄弟学校、旬邑县人民检察院等单位相关研究人员合作展开研究，对学生中不良行为、严重不良行为等进行分级预防与干预，并展开积极探索，探索家庭、学校和社会共同育人模式，在旬邑县人民检察院和学生家长的合力推动下，为开展预防未成年人犯罪提供一个有尺度、有温度的行动方案，为预防中职生违法犯罪提供了新颖的研究和实践视角。该课题的实施为学校及兄弟学校开展"三全育人"、强化德育工作、营造良好的育人生态提供积极而有益的探索。

（四）质量保证体系建设

健全质量保障体系，启动实施职业教育评价改革试点，开展职业教育办学质量评价，制定"316工程"中职学校高质量发展督导评价指标体系，编制发布职业院校质量年度报告。

1. 深化新时代教育评价改革试点

陕西省被列为全国深化新时代教育评价改革试点省，2022年，深入贯彻中央《深化新时代教育评价改革总体方案》和陕西省《贯彻落实〈深化新时代教育评价改革总体方案〉若干措施》精神，推动职业教育评价改革在全省落实落地，发挥好试点对全局性改革的示范、突破、带动作用。聚焦"健全职业学校分级分类评价体系"和"深化职业院校'双师型'教师队伍改革"两大试点主题，研制陕西省职业教育评价改革试点项目实施方案，遴选试点地市和院校66个。

陕西省教科院完成省教育事业发展"十四五"规划和教育重大问题研究重点课题"陕西省中等职业学校办学质量评价体系及标准研究"，形成中职学校办学质量评价、中职学生综合素质评价和学业水平测试指标体系，拟订中职学校办学质量评价方案，研制中职学生学业水平考试（测试）标准，推进中职学生综合素质评价。

2. 制定第四轮"316 工程"中职学校高质量发展督导评价指标体系

陕西省进一步完善政府督导评估制度，根据国务院《教育督导条例》《中共陕西省委陕西省人民政府关于印发贯彻落实〈深化新时代教育评价改革总体方案〉若干措施的通知》等有关文件精神，启动实施第四轮"316 工程"学校高质量发展督导评价工作。基于第三轮"316 工程"督导指标体系，结合新时代国、省职教政策和职业教育改革发展的成果经验，制定《陕西省第四轮"316 工程"学校高质量发展督导评价中等职业学校指标体系》，突出职业教育特色，紧紧围绕增强适应性和推动高质量发展两大主题，构建包括基础性指标、地方性指标和负面清单三部分，共计 42 个二级指标、281 个观测点的《指标体系》，更好地发挥积极导向作用，促使新时代国、省职教政策落地落实落细。

3. 建立健全中等职业教育质量年报制度

陕西省教育厅将中职质量年报制度作为提升中等职业教育质量的重要举措，根据新修订《职业教育法》"建立健全教育质量评价制度"的要求和教育部职成司《关于做好 2023 年职业教育质量年度报告编制、发布和报送工作的通知》的要求，发布专项通知，明确相关要求，强化对年报编写质量、应用宣传及公开情况的监督检查，严把年报质量关，指导全省中职学校质量年报编制、数据填报，实施省市校三级公示制度，开展合规性检查，充分发挥年报对职业教育高质量发展的推动作用。

案例 安康市建立职业教育均衡发展督导机制

安康市中职学校探索建立职业教育均衡发展督导机制，定期开展职业教育督导，重点督导财政经费投入、高中阶段教育职普比、技能培训资源整合、教师队伍建设以及中职规范办学等，落实督导报告、约谈、限期整改、奖惩等制度，将督导结果作为政策支持、绩效考核、表彰奖励的重要依据，推动全市职业教育均衡发展。常态化开展中职学校教学诊断与改进工作，引导学校建立内部质量保证制度体系。积极参与陕西省深化新时代教育改革评价试点工作，探索建立符合安康实际的职业教育教学质量评价标准和监测体系，引导中等职业学校不断增强提高人才培养质量和社会声誉的内在动力，促进学校办学水平和质量的不断提升。

案例 眉县职业教育中心：家校行企协同育人，构建"四横三纵网格式"多元评价体系

眉县职业教育中心实施学校、企业、行业、家庭共同参与，德育、学业、顶岗实习多维度评价的"四横三纵网格式"多元评价体系。将学业评价体系拓展为包括学生基本素质、计算机能力、普通话水平、专业技能、学业成绩在内的 5 项考核内容，形成学生学业评价、职业资格证书评价、生产性实训评价、订单培养企业评价、顶岗实习评价有机结合的多元化评价体系，使学生的职业素养、职业能力得到显著提升。

（五）经费投入

2021 年，全省教育经费总投入为 1 676.17 亿元，比 2020 年增长 7.02%。其中，国家财政性教育经费（主要包括一般公共预算安排的教育经费，政府性基金预算安排的教育经费，国有及国有控股企业办学中的企业拨款，校办产业和社会服务收入用于教育的经费等）为 1 277.53 亿元，比 2020 年增长 4.50%。全省中等职业学校生均一般公共预算教育经费为 14 117.67 元，比 2020 年下降 0.76%，增长最快的是铜川市（63.60%）。全省中等职业学校生均一般公共预算教育事业费支出为 13 495.16 元，比 2020 年下降 0.02%，增长最快的是铜川市（6.55%）。各级教育生均一般公共预算经费增长、教育事业费支出增长及公共经费支出增长情况分别见表 5 - 5 - 2 ~ 表 5 - 5 - 4。

表 5 - 5 - 2　各级教育生均一般公共预算教育经费增长情况

地区	普通高中增长		中等职业学校增长		普通高等学校增长	
	2021 年/元	同口径增长率/%	2021 年/元	同口径增长率/%	2021 年/元	同口径增长率/%
陕西省	19 003.69	-1.37	14 117.67	-0.76	16 579.02	-4.87
西安市	23 365.26	-5.67	24 674.79	-1.62	19 015.73	9.30
铜川市	17 267.41	0.71	91 452.19	63.60	13 925.23	-17.89
宝鸡市	16 391.27	2.85	12 568.66	3.26	12 007.12	42.81
咸阳市	12 844.84	5.38	11 769.09	3.28	13 537.05	-7.41
渭南市	17 730.66	1.99	23 753.03	2.17	13 106.40	5.77
延安市	15 867.90	-33.35	11 457.27	7.30	13 914.69	-12.30
汉中市	15 397.62	9.72	17 847.32	0.34	23 095.41	-43.86
榆林市	30 261.83	3.57	24 814.33	-17.03	41 285.86	-22.97
安康市	16 865.67	2.03	19 980.55	0.22	21 398.79	25.47
商洛市	19 023.63	0.11	13 186.58	2.09	9 690.70	0.01
杨凌示范区	18 947.28	-0.99	13 065.56	-3.69	/	/

表 5 - 5 - 3　各级教育生均一般公共预算教育事业费支出增长情况

地区	普通高中增长		中等职业学校增长		普通高等学校增长	
	2021 年/元	增长率/%	2021 年/元	增长率/%	2021 年/元	增长率/%
陕西省	17 387.28	0.16	13 495.16	-0.02	15 800.40	-6.09
西安市	21 577.19	-6.89	24 001.51	-4.45	19 015.73	-11.19
铜川市	17 140.87	4.58	84 010.86	69.55	13 708.54	-38.10
宝鸡市	15 805.47	3.47	11 933.44	4.58	11 641.55	39.33
咸阳市	12 247.70	3.81	10 912.49	2.06	13 537.05	-7.40
渭南市	15 477.96	3.67	20 898.50	7.33	13 248.04	1.33
延安市	14 914.87	-6.19	10 942.58	-2.73	13 914.69	-30.59
汉中市	15 287.96	10.27	17 473.79	0.36	23 095.41	-49.77
榆林市	25 192.34	-2.65	23 290.07	-15.32	33 558.58	-7.44
安康市	16 645.15	0.12	20 261.26	1.96	18 129.89	5.84
商洛市	15 471.44	3.41	13 291.24	4.20	9 690.70	0.01
杨凌示范区	17 962.34	-2.71	13 065.56	-3.69	/	/

表 5 - 5 - 4　各级教育生均一般公共预算公用经费支出增长情况

地区	普通高中增长		中等职业学校增长		普通高等学校增长	
	2021 年/元	增长率/%	2021 年/元	增长率/%	2021 年/元	增长率/%
陕西省	5 414.89	-3.74	4 723.87	-0.95	7 446.70	-3.15
西安市	6 300.64	-9.91	8 253.48	8.69	7 142.26	-12.99
铜川市	4 486.96	-6.27	37 391.67	156.46	5 417.85	-38.33
宝鸡市	4 461.28	4.16	3 341.13	9.64	4 725.35	104.15
咸阳市	4 409.63	-1.71	4 372.38	-4.38	7 845.18	-1.48
渭南市	5 103.30	2.46	6 979.20	7.67	6 173.19	0.80
延安市	4 301.13	-7.82	3 184.21	5.99	7 990.23	-28.27
汉中市	4 500.36	8.15	6 456.90	3.00	10 032.51	-24.27
榆林市	8 313.34	-11.13	8 721.32	-16.89	21 603.51	-17.08
安康市	6 373.77	-9.03	11 186.60	16.80	4 625.60	-42.16
商洛市	3 702.51	2.79	3 021.27	4.18	1 312.76	0.43
杨凌示范区	5 956.53	-6.00	5 005.25	-18.54	/	/

备注：（1）表 5 - 5 - 2 ~ 表 5 - 5 - 4 中，各市统计数据含市本级学校。

（2）表 5 - 5 - 2 ~ 表 5 - 5 - 4 中，数据涉及比例及增长率均以实际数值进行计算，其中部分数据采用四舍五入并以亿元为单位展示,不影响实际比例及增长率。

六、面临的挑战

全面贯彻落实党的十九大精神,以习近平新时代中国特色社会主义思想为指引,陕西省中等职业教育深化改革,优化布局,突出特色,提高质量,努力完成各项工作任务,但与经济社会发展的要求相比,与人民群众的期望相比,还面临着一定的挑战,需要进一步强化中等职业教育体系建设,并做了具体规划和布局,推进职普融通、产教融合,促进职业教育增值赋能发展,促进学生成长成才;抓顶层设计,促内涵发展,提高培养质量,加快中等职业教育教师队伍建设,促进陕西省中等职业教育实现更高质量的发展。

(一) 落实职业教育"类型教育"地位

党的二十大强调"优化职业教育类型定位",新修订的《职业教育法》明确职业教育是与普通教育具有同等重要地位的教育类型。陕西中等职业教育要强化基础性作用,巩固中等职业教育基础地位,落实国家职普协同发展政策要求,促进中职学校"双达标"和"高水平示范"建设;健全高中阶段招生计划备案审核制度,加强学籍管理和监测分析,促进高中阶段招生职普比大体相当;做好"陕西省高水平示范性中等职业学校"建设,实行"资金支持、项目带动、分类管理、动态监管";加强县级职教中心基础能力建设,提升办学水平;发展残疾人职业教育;探索中国特色学徒制,积极稳妥推进职业教育"1+X"证书制度改革;优化职业教育单招本科政策,强化中高职衔接,畅通中等职业教育学生成才上升渠道。

(二) 缩小中等职业教育区域发展不平衡的差距

当前,陕西省中等职业教育发展存在区域、城乡、校际间的差距,省会城市西安的中等职业学校发展比较好,优质教育资源相对较多,关中地区的教育资源与质量高于陕南和陕北地区。省属与市属职业学校发展不平衡,部分中职学校办学条件相对薄弱,与经济社会发展和群众需求存在差距。全省中等职业教育专业设置布局不尽合理,与区域劳动力需求存在着结构性错位,服务新兴产业、战略性产业的专业设置较少。各级教育行政部门和学校要切实做好中等职业教育改革发展的顶层设计,提高办学能力和水平,落实立德树人的根本任务,办好适应地方发展需要的人民满意的教育。围绕地方支柱产业与战略性新兴产业,校企共同设置新专业;建立中等职业教育专业信息平台,扩大学校专业设置自主权;保障中等职业教育投入,优先地向办学条件相对薄弱的地区和学校倾斜。

(三) 加快中等职业教育教师队伍建设

补齐建强乡村教师队伍,提升教师地位待遇,加强教师培养培训,完善教师队伍体制机制，增强综合治理。探索中等职业教育"双师型"教师标准和规范，提升职业教育师资队伍的质量。各地市结合实际，拓宽"双师型"教师的培养途径，组织中等职业学校的教师参加由政府有关部门或授权机构组织的职业技能鉴定考评人员资格培训班；获取第二职称或职业资格；组织基于校企合作的双向流动、角色搭配的双主体教学活动，促进学校理论老师和技术骨干共同成长；组织开展"双师素质"专项竞赛，考核参赛者的双教学能力，以激发教师教学潜能，获得初级"双师型"教师资格。

（四）对接促进产教融合

陕西中等职业教育人才供给与地方经济发展所需存在部分矛盾突出，无法从区域经济发展和产业特色等角度及时调整专业设置和专业技能提升。职业教育应加强校企沟通，推行产教融合、校企合作的办学体制。分类指导，发挥职教集团作用，建设一批产教融合型企业、产教融合型学校。陕西中等职业教育要在人才培养模式、岗位能力要求等方面，深化产教融合、校企合作机制，推动产业先进元素深度融入教育教学之中，深入推进职业教育改革。产教深度融合的体制机制有待完善，必须持续提升职业教育的适应性，加强学校专业自主诊断和教育行政部门督导监测的联动机制，鼓励学校开设符合市场需求的专业，健全对接产业、动态调整的发展机制。

说明：全书数据除特殊备注外，均来自《陕西教育事业统计年鉴》。

附　　录

附表 1　中等职业教育质量数据表

序号	指标	单位	2022 年	备注
1	思政课程教师数	人	1 250	引用
2	德育工作人员数	人	2 195	引用
3	班主任数	人	4 504	引用
4	德育活动学生参与数	人	876 401	引用
	其中：国家级	人	30 360	引用
	省级	人	258 852	引用
	地市级	人	587 189	引用
5	体育课专任教师数	人	626	引用
6	美育课专任教师数	人	883	引用
7	升学总人数	人	49 540	引用
	其中：通过贯通培养升学人数	人	7 048	引用
	通过五年—贯制培养升学人数	人	12 921	引用
	通过职教高考升学人数	人	43 085	引用
	升入职业本科人数	人	156	引用
	升入普通本科人数	人	3 071	引用
	升入专科人数	人	43 224	引用
8	全日制在校生数	人	296 995	引用
9	专业数量	个	160	引用
10	课程总量	门	13 904	引用
11	参加国家学生体质健康标准测试人数	人	233 023	学校填报
12	学生体质测评合格率	%	87.75	学校填报
13	全国职业院校技能大赛学生获奖人数	人	74	引用
14	全国职业技能大赛学生获奖人数	人	53	引用
15	职业技能等级证书（含职业资格证书）获取人数	人	30 010	引用
16	生均校园用地面积	平方米	30.44	引用
17	生均校舍建筑面积	平方米	16.21	引用
18	生均教学、实习仪器设备资产值	元	5 283.46	引用
19	年生均财政拨款	元	4 723.87	引用

序号	指标	单位	2022 年	备注
20	纸质图书数	册	8 543 352	引用
21	电子图书资源数	册	3 172 699	引用
22	校园网主干最大带宽	Mb/s	10 000	引用
23	教职员工额定编制数	人	19 384	引用
24	教职员工总数	人	20 961	引用
25	专任教师数	人	16 171	引用
	其中：专业教师数	人	6 743	引用
26	生师比	/	18.43：1	引用
27	双师型教师总数	人	3 075	引用
28	高级专业技术职务专任教师占比	%	20.97	引用
29	硕士研究生及以上学历专任教师占比	%	9.46	引用
30	兼职教师总数	人	491	引用
31	毕业生总数	人	75 958	引用
32	就业人数	人	70 070	引用
33	毕业生专业对口就业（升学）人数	人	61 388	学校填报
34	毕业生服务三次产业人数	人	11 848	学校填报
	其中：服务第一产业人数	人	2 108	学校填报
	服务第二产业人数	人	2 755	学校填报
	服务第三产业人数	人	6 985	学校填报
35	合作企业接收教师企业实践人数	人	1 448	引用
36	合作企业接收学生实习比例	%	65.6	引用
37	企业对学校捐赠设备总值	万元	2 567.4	引用
38	接收国际学生人数	人	/	引用
39	开展分段培养中外合作专业数	个	/	引用
40	开发并被国（境）外采用的课程数	门	/	引用

附表 2　中等职业教育满意度调查表

序号	指标	单位	2022 年	调查人次	调查方式
1	在校生满意度	%	95.74	29 399	问卷
	其中：课堂育人满意度	%	94.94	29 399	问卷
	课外育人满意度	%	93.87	29 399	问卷
	思想政治课教学满意度	%	95.66	29 399	问卷
	公共基础课（不含思想政治课）教学满意度	%	94.79	29 399	问卷
	专业课教学满意度	%	94.72	29 399	问卷
2	毕业生满意度	/	/	20 318	/
	其中：应届毕业生满意度	%	95.92	7 102	抽样调查
	毕业三年内毕业生满意度	%	94.84	13 216	抽样调查
3	教职工满意度	%	97.02	3 094	抽样调查
4	用人单位满意度	%	95.54	1 132	抽样调查
5	家长满意度	%	96.10	18 691	抽样调查

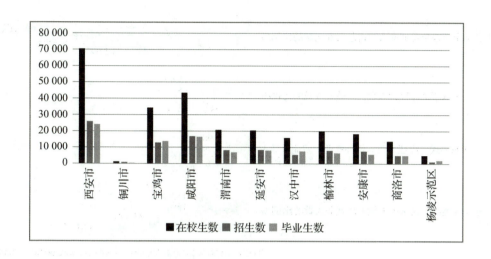

图 1 - 1 - 1 2017 年陕西省中等职业学校分市区学生统计（单位：人）

（说明：图中数据源自 2017 年陕西教育事业统计年鉴，不含技工学校。）

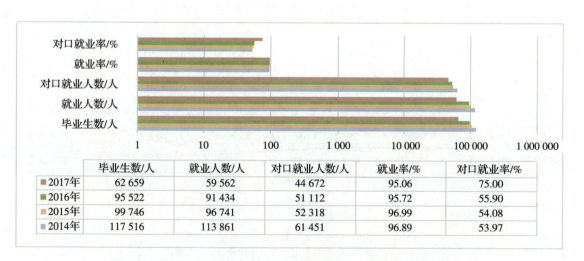

	毕业生数/人	就业人数/人	对口就业人数/人	就业率/%	对口就业率/%
2017年	62 659	59 562	44 672	95.06	75.00
2016年	95 522	91 434	51 112	95.72	55.90
2015年	99 746	96 741	52 318	96.99	54.08
2014年	117 516	113 861	61 451	96.89	53.97

图 1 - 2 - 1 2014—2017 年陕西省中等职业学校毕业生就业统计及对比

（说明：数据来源于 2014—2017 年陕西省中等职业学校毕业生就业分析报告，不含技工学校。）

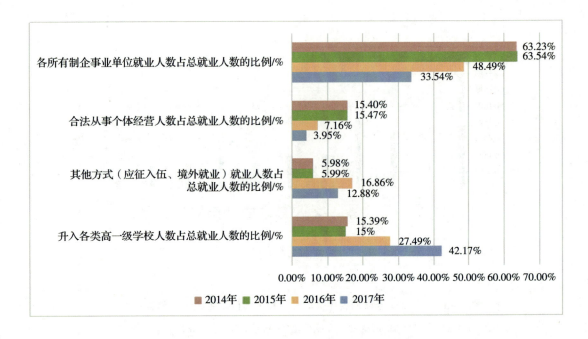

图 1 – 2 – 2　2014—2017 年陕西省中等职业学校毕业生就业去向分布

（说明：数据来源于 2014—2017 年陕西省中等职业学校毕业生就业分析报告，不含技工学校。）

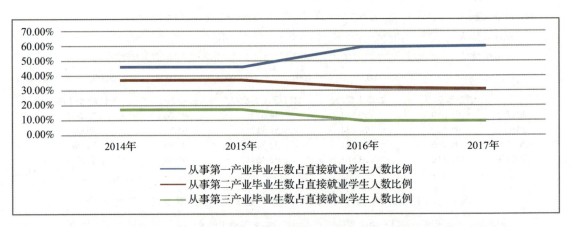

图 1 – 2 – 3　2014—2017 年陕西省中等职业学校直接就业学生就业去向分布变化情况

（说明：数据来源于 2014—2017 年陕西省中等职业学校毕业生就业分析报告，不含技工学校。）

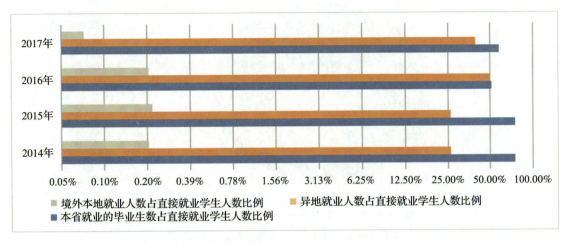

图 1 – 2 – 4　陕西省中等职业学校毕业生就业地域分布

（说明：数据来源于 2014—2017 年陕西省中等职业学校毕业生就业分析报告，不含技工学校。）

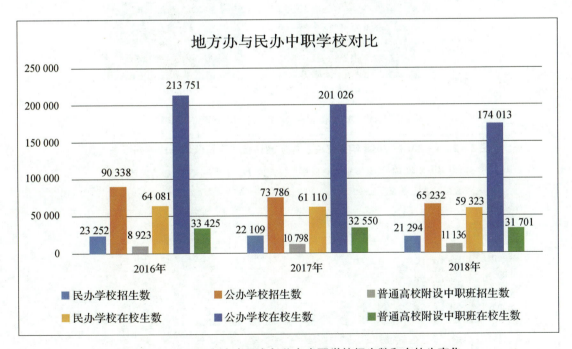

图 2 – 1 – 4　近三年全省民办与公办中职学校招生数和在校生变化

数据来源：《陕西教育事业统计年鉴（2016—2018）》

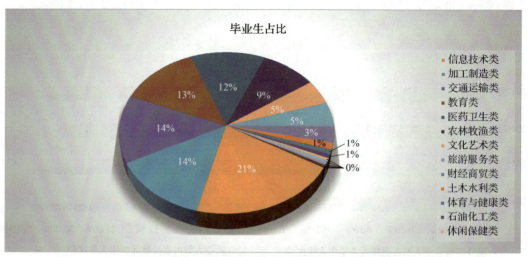

图 2 - 1 - 8　2018 年全省中职学校各专业毕业生数

数据来源：《陕西教育事业统计年鉴（2018）》

图 2 - 2 - 1　2017—2018 年文化课、体质测评合格率及获取职业资格证书比例

（数据来源：各市区中等职业教育质量报告，2017—2018 年陕西省教育统计年鉴）

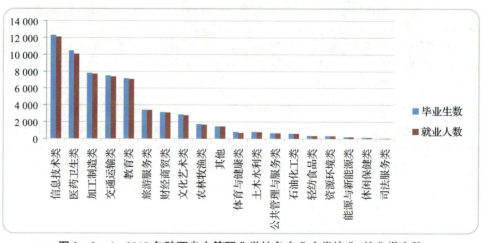

图 2 - 2 - 6　2018 年陕西省中等职业学校各专业大类毕业/就业学生数

（数据来源：2018 年陕西省中等职业学校毕业生就业分析报告）

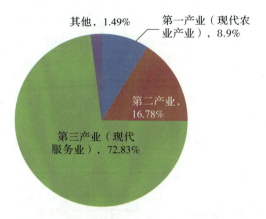

图 2 – 5 – 1　2018 年陕西省中等职业学校毕业生分布各产业大类构成

数据来源：《陕西教育事业统计年鉴（2018）》

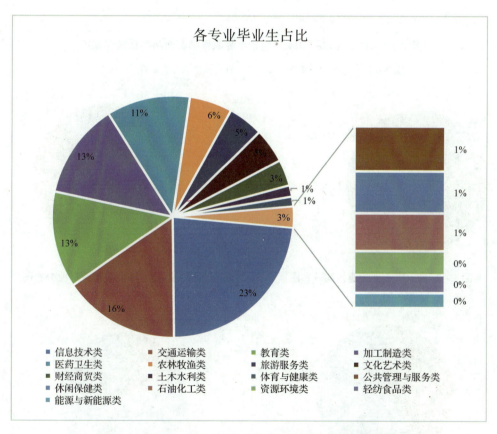

图 3 – 1 – 10　2019 年全省中等职业学校各专业毕业生情况

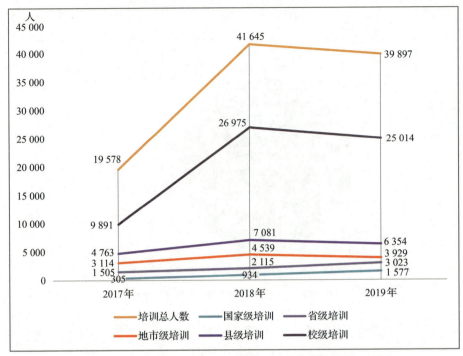

图 3-1-17 2017—2019 年全省中等职业学校教师参加培训情况

说明：以上数据除特殊备注外，均来自《陕西教育事业统计年鉴》。

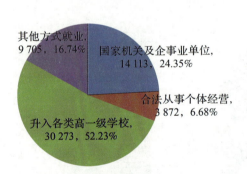

图 3-2-2 毕业生就业去向分布图

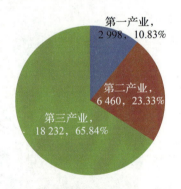

图 3-2-3 毕业生就业产业分布图

图 3-2-4 毕业生就业地域分布图

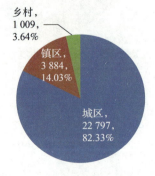

图 3-2-5 毕业生就业地点分布图

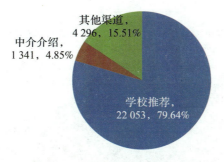

图 3 - 2 - 6　毕业生就业渠道分布图

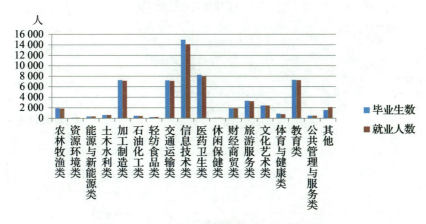

图 3 - 2 - 11　各专业大类毕业/就业学生数

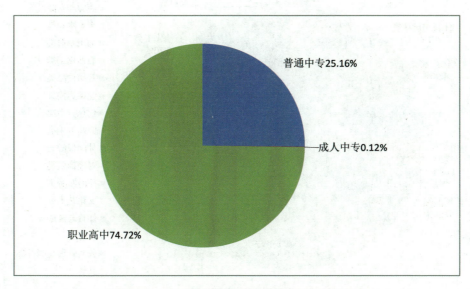

图 4 - 1 - 2　2020 年全省中等职业学校在校生构成

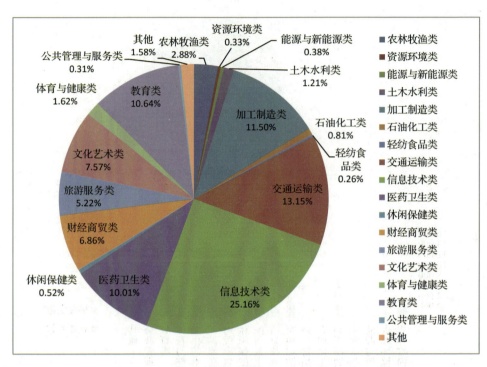

图 4 - 1 - 11　2020 年全省中等职业学校各专业在校生情况

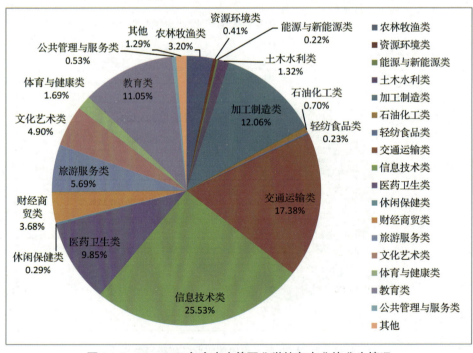

图 4 - 1 - 12　2020 年全省中等职业学校各专业毕业生情况

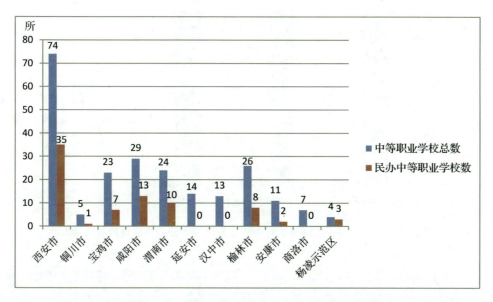

图 4 – 1 – 14　2020 年全省民办中等职业学校分布情况

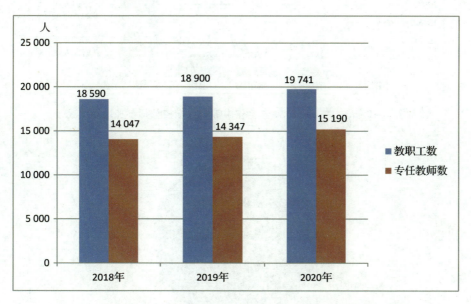

图 4 – 1 – 15　2018—2020 年全省中等职业学校教职工及专任教师情况

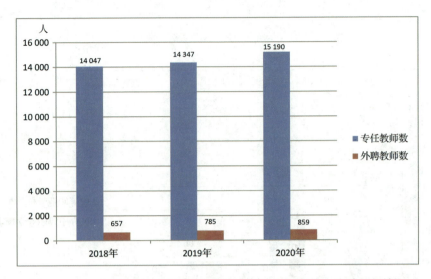

图 4 – 1 – 19　2018—2020 年全省中等职业学校专任教师、外聘教师情况

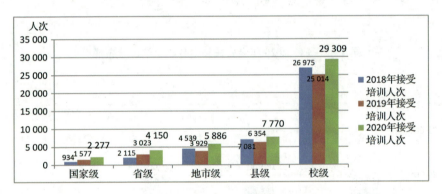

图 4 – 1 – 21　2018—2020 年全省中等职业学校教师参加培训情况

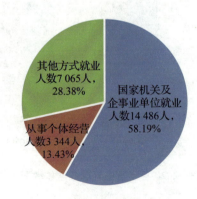

图 4 – 2 – 1　陕西中职学校毕业生就业去向

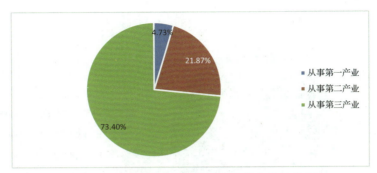

图 4 - 2 - 2　陕西中职学校毕业生就业产业分布

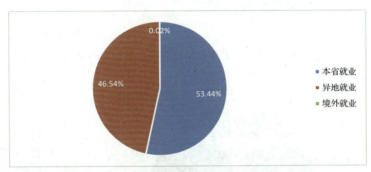

图 4 - 2 - 3　陕西中职学校毕业生就业地域分布

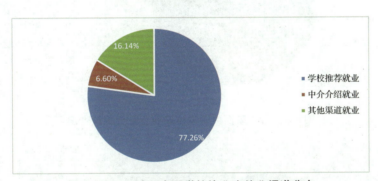

图 4 - 2 - 4　陕西中职学校毕业生就业渠道分布

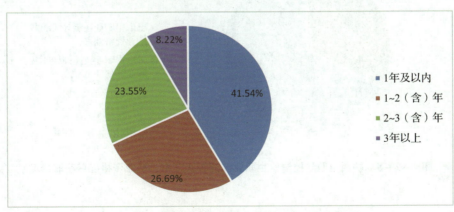

图 4 - 2 - 5　陕西中职学校毕业生就业合同签订情况

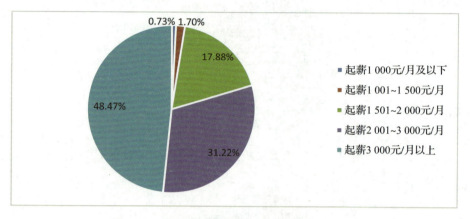

图 4 - 2 - 6   陕西中职学校毕业生就业起薪情况

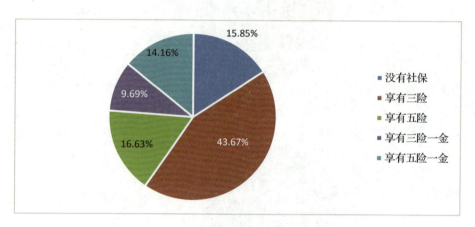

图 4 - 2 - 7   陕西中职学校毕业生社会保险情况

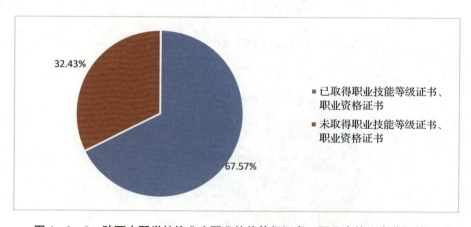

图 4 - 2 - 8   陕西中职学校毕业生职业技能等级证书、职业资格证书获取情况

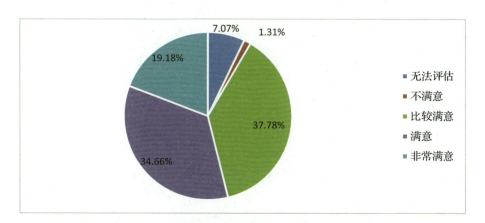

图 4 – 2 – 9　陕西中职学校毕业生就业满意度情况

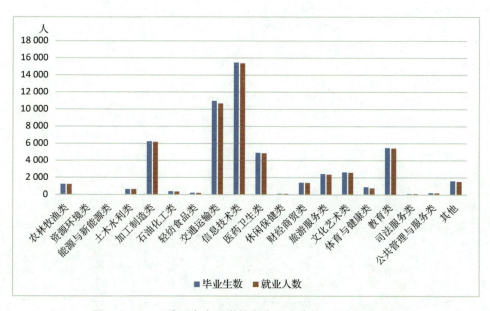

图 4 – 2 – 10　陕西省中职学校各专业大类毕业/就业学生数